세대와 소통

세대와 소통

초판 1쇄 펴낸날 | 2020년 7월 20일
초판 5쇄 펴낸날 | 2024년 7월 1일

지은이 | 유범상 · 박기범 · 성미애 · 이지혜 · 장호준 · 정준영
펴낸이 | 고성환
펴낸곳 | (사)한국방송통신대학교출판문화원
　　　　주소 서울특별시 종로구 이화장길 54 (03088)
　　　　대표전화 1644-1232
　　　　팩스 (02) 741-4570
　　　　http://press.knou.ac.kr
　　　　출판등록 1982.6.7. 제1-491호

출판위원장 | 박지호
편집 | 신경진 · 박혜림
편집 디자인 | (주)성지이디피
표지 디자인 | bookdesign SM

ⓒ 유범상 · 박기범 · 성미애 · 이지혜 · 장호준 · 정준영, 2020

ISBN 978-89-20-03741-2　03300
값 18,000원

세대와 소통

유범상
박기범
성미애
이지혜
장호준
정준영
지음

지식의날개

프롤로그: 세대는 소통할 수 있을까?

세대, 갈등 혹은 차이의 사이에서

세대는 상이한 연령의 인구학적인 집단을 의미한다. 20대와 70대의 세대가 존재하는데 이 세대들은 생각, 문화, 경험, 정치의식 등에서 차이가 생겨난다. 만하임은 내적 시간이 서로 달랐기 때문이라고 설명하는데, 특히 내적 시간 중 기층경험의 차이에 주목한다. 17살에서 25살 사이에 겪은 기층경험이 세대에 핵심적인 영향을 주었다는 것이다.

차이는 갈등의 잠재성을 내포한다. 자칫 옳고 그름 혹은 우열로 인식되기 때문이다. 하지만 이것은 차이일 뿐이고 서로 인정할 수 있다면 갈등은 관리될 수 있다. 그렇다면 어떤 세대는 옳고, 다른 세대는 틀린 것일까? 세대는 차이를 인정하고 서로의 경험과 지혜를 배우면서 공존할 수 있지 않을까?

세대에 대한 또 다른 근본적인 질문이 있다. 모든 청년이 촛불에 참여하지 않는다. 개인에 따라 계급에 따라 태극기 부대에 참여하기도 한다. 역으로 모든 노인 세대가 태극기 부대에 참여하는 것은 아니다. 따라서 세대를 통해 모든 것을 설명할 수는 없다. 그렇다면 세대는 어떤 관점에서 봐야 하는가?

이 책은 이상의 질문에 응답하고자 기획되었다. 즉 세대를 둘러싸고 나타나는 현상을 살펴보고, 갈등과 소통의 사잇길에서 공존을 모색하고

자 한다. 공존의 핵심은 세대를 차이로 인정하고 소통하는 방법을 찾는 것이다.

무엇을 담았나

이 책은 우선 갈등의 개념과 한국의 갈등의 양상을 다룬다. 1장은 세대 위치, 세대 단위, 트라우마적 사건과 엔텔레키 등의 개념을 통해 세대 개념을 정의한다. 2장은 이 개념으로 한국의 세대담론을 시대적 배경 속에서 살펴본다. 이때 산업화, 민주화 I, 민주화 II, 정보화 등의 개념으로 한국의 세대를 규정한다.

3장부터 10장까지는 세대를 둘러싼 다양한 영역의 논의를 제시하고자 한다. 3장은 세대 간 문화 갈등의 맥락에서 세대 문화와 세대 차이를 살펴보고 문화 갈등을 완화하기 위한 대안을 모색한다. 4장은 아날로그 시대와 디지털 시대의 시민성에 대해 살펴본다. 그리고 공동체주의와 자유주의의 맥락에서 디지털 시대의 시민성을 규정한다. 5장은 세대를 젠더와 인권의 관점에서 살펴보고 인권의 관점에서 세대 간 젠더 갈등의 해소 방안을 살펴본다. 그리고 6장과 7장은 세대를 가족의 문제에서 접근한다. 6장이 중년기 부모 세대와 청소년기 자녀 세대 간의 갈등을 다룬다면, 7장은 노년기 부모 세대와 성인 전기 자녀 세대의 갈등을 다룬다. 그리고 가족 내 세대 갈등의 해소 전략에 대해 논의한다.

8장부터 10장까지는 세대 갈등의 핵심적인 쟁점인 이념 갈등, 분배 갈등, 고용 갈등을 논의한다. 이 장에서는 세대는 분명히 존재하지만, 세대주의는 경계해야 한다고 주장한다. 세대주의는 문제의 원인을 모두 세대의 관점에서 파악하는 것이다. 따라서 이념, 분배, 고용의 문제를 세대 간의 문제만이 아니라 계급 및 계층의 문제와 연관해서 살펴보고 대안을 모색한다.

이상의 각 장에서는 나름대로 갈등의 대안을 모색하며 세대 간 소통의 방법과 방향을 담았다. 그리고 11장에서부터 15장까지는 세대 갈등에 대한 대안을 본격적으로 모색한다. 11장은 세대 문제의 시선을 해외로 돌린다. 미국과 일본의 세대 문제를 사회적 구성과 사회보장의 맥락에서 살펴보고 이런 논의가 한국 사회의 세대 문제에 던지는 시사점을 논의한다. 12장과 13장은 디지털 시대의 새로운 시민성에 대한 논의이다. 12장에서 시민교육의 관점에서 살펴본다면, 13장에서는 지적역량의 관점에서 새로운 세대를 조망한다. 15장은 갈등 관리의 관점에서 세대 갈등의 해소 방안을 제안한다. 그리고 책의 후반부에는 워크북을 수록해서 앞서 배운 내용을 복습하고 연습문제를 통해 확인할 수 있도록 했다.

의미를 만들다

이 책은 한국방송통신대학교와 서울교육대학교에 재직 중인 교수 총 6인이 썼다. 이들이 만나게 된 계기는 교육부의 2019년 〈국립대 육성사업〉 덕분이다. 이 사업의 일환으로 공동 교과목 개발을 논의했고, 총 5개 교과목이 개발되었다. 이처럼 국립대가 함께 교과목을 개발한 것은 아마도 최초가 아닐까 생각한다. 따라서 이 교과목의 개발은 학교 간 연구뿐만 아니라 다양한 학문을 배경으로 한 연구자들이 참여한다는 점에서 학제 간 융합교육이라고 할 수 있다.

이 책은 〈세대와 소통〉이라는 교양교과목 교재로 사용할 예정이다. 이 책이 나오기까지 저자들이 서로 만나 여러 차례 토론하는 과정을 거쳤다. 함께 해 준 저자 분들께 감사한다. 방송대 주형선 연구원은 이 모임의 마중물 역할을 해 주었고, 방송대출판문화원에서는 상이한 색깔의 글을 다듬어 주었다. 감사드린다. 특히 이 모임의 책임을 맡은 성미애 교수님은 모임의 처음부터 끝까지 헌신을 아끼지 않았다. 무엇보다 〈세대와 소통〉 강의에서 이 책과 만나게 될 서울교육대학교와 한국방송통신대학교 학생들에게 기쁜 인사를 전한다.

저자를 대표해서 유범상 씀

차례

제 1 장

시선의 정치:
세대인가 세대주의인가

① 세대, 너는 누구냐

국민학생과 초등학생

[그림 1-1]은 1970년대 국민학교 졸업사진이다. 언뜻 보기에도 지금의 초등학교와 매우 다른 모습임을 알 수 있다. 어떻게 다를까?

첫째, 학생이 한 반에 70명 가까이 있다. 이것은 현재 초등학생이 한 반에 20명 전후인 것과 크게 다르다.

둘째, 학교에서 반공주의와 발전주의의 가치에 기반하여 국민교육을 한 흔적이 보인다. 건물 벽면에 "유신으로"오른쪽 나무 뒤라는 글귀와 "첩"왼쪽 위이라는 글자가 보인다. 여기에서 '첩'은 반공방첩이라는 이다.

유신은 1972년 10월 17일 대통령의 특별선언으로 시작된다. 이때 국회가 해산되고 기존 헌법이 정지되었다. 유신헌법은 사법, 입법, 행정의 모든 사항을 대통령 권한에 종속시키고, 종신대통령제도를 선언했다. 또 국회의원의 1/3을 대통령이 지명하고, 국회해산권과 법관임명권

[그림 1-1] 국민학교 졸업식

[그림 1-2] 반공주의와 발전주의

을 대통령이 가졌다. 이처럼 유신헌법은 박정희 군부 독재를 영속시키는 근거가 되었다.

　박정희 정부는 한국적 민주주의를 표방했다. 한국적 민주주의는 서유럽의 민주주의와 완전히 다른 체제였다. 즉 두 개의 이념적 기둥인 반공주의anti-communism 와 발전주의developmentalism 가 한국적 민주주의의 기반이었다. [그림 1-2]의 왼쪽 그림은 만화영화 '똘이장군'이다. 이 영화는 반공애니메이션으로 북한의 김일성 주석을 돼지로 비유했다. 이 당시 학생들은 반공 글짓기, 표어, 동화 경연에 동원되었는데, 내용이 반공주의를 고취하는 것이었다. 당시의 가장 흔한 표어는 '때려잡자 김일성, 무찌르자 공산당'이었고, 학교뿐만 아니라 고무줄놀이를 할 때 부르던 구전 동요에도 반공주의가 담겨 있었다.

　　"무찌르자 공산당 몇 천만이냐 / 대한 남아 가는 데 초개草芥로구나1절
　　쳐부수자 공산군 몇 천만이냐 / 우리 국군 진격에 섬멸뿐이다 나가자2절
　　용감하다 UN군 우리와 함께 / 지쳐간다 적진에 맹호와 같이 어서3절
　　가자 승리의 길로 / 나가자 가자 어서 가자 / 올려주세요후렴"

　후렴의 마지막 '올려주세요'는 고무줄의 높이를 올리라는 뜻이다. 이 노래는 '승리의 노래'일명 '무찌르자 오랑캐'이다. 이처럼 일상에서도 반공주의

교육이 이루어졌다.

반공방첩은 무슨 뜻일까? 반공이 공산주의를 반대한다는 뜻이라면 방첩은 공산주의자의 첩보 활동을 막는다는 뜻이다.

> "박정희 시절, 우리의 이념적 좌표는 명확했다. 반공·방첩이다. 이것 이 1970년대 후반에는 '멸공·방첩'으로 한층 더 업그레이드되었다. 국 가보안법을 엄격하게 적용하여 공산주의자·사회주의자, 소위 '민주화' 로 위장한 이념과 체제 변혁세력의 대공세로부터 대한민국을 효율적으로 지켜내는 데 성공했다. 누가 뭐래도 이것이 박정희의 큰 업적이다" (펜앤드마이크, 2019)

최근 보수적인 성격의 인터넷 신문에 나온 칼럼이다. 여전히 반공방 첩 의식이 한국 사회에 존재하고 있음을 알 수 있다. 반공방첩은 국시로 서 한동안 학교, 공장, 일상에서 만연했다.

한국적 민주주의의 또 다른 축은 발전주의이다. 1968년 서울대 졸업 식에서 박정희 대통령은 '일하면서 싸우고, 싸우면서 일하자'를 제창했 다. 이는 향토예비군 창설로 이어졌다. 따라서 노동자는 충실히 일한다 는 의미에서 근로자라는 이름을 얻었고 산업역군으로 칭송받았다. 일 종의 군인과 같이 공산당과 맞선다는 의미로 근로자를 산업전사라고도 불렀다. 이처럼 발전주의는 성장제일주의로 이해되었고, 사회복지는 한 국적 민주주의에 대립되는 것이었다.

셋째, 요즘 아이들은 초등학교를 다닌다. 하지만 1996년 이전까지 아이들은 국민학교를 다녔다. 국민학교는 1941년 〈제4차 조선교육령〉 에 따라 생긴 명칭으로 황국신민이라는 뜻이었기 때문에 1996년 일제 잔재 청산이라는 명분하에 초등학교로 이름이 바뀌었다.

국민학교에서 교육을 받은 사람과 초등학교에서 교육을 받은 사람 은 어떻게 다를까? 먼저 나이가 다르다. 2020년 현재 1996년에 초등학교에 입학한 사람들의 연령이 40세 이전이라면, 국민학교를 경험한 사람들은 40세 이후 연령대이다.

다음으로, 교육의 내용이 다르다. 군사독재 시절의 국민학교는 한국적 민주주의가 기본적인 교육목표였다. "우리는 민족중흥의 역사적 사명을 띠고 이 땅에 태어났다"라는 국민교육헌장에서 보듯이, '나'가 아니라 '우리'였고, 내 삶의 의미는 민족중흥의 사명을 다하기 위해서였다. 그런데 이제 더이상 초등학교에서는 한국적 민주주의에 기반한 교육을 하지 않는다. 또한 전체가 아니라 개인의 권리의식이 민주화 이후 신장되어 왔다.

국민학교와 초등학교는 문화가 다르다. 국민학교에서 강조한 것은 충효였고, '스승의 그림자도 밟지 말라는 것'이며, '군사부일체'였다. 국가, 스승, 부모의 권위에 대한 인정은 권위주의 문화로 귀결되었다. 가족은 아버지를 중심으로 돌아갔다. 가부장제는 '회사를 가족처럼'이라는 구호에서 보듯이 일터에서도 관철되었다.

반면 초등학교 세대는 국민학교 세대와 다른 교육을 받았다. 민주화를 바탕으로 교육과정이 개편되어 왔고, 현재 학교 현장에서는 민주시민교육이 이루어지고 있다. 당연히 가부장제 문화나 권위주의 문화는 큰 도전을 받았다.

이상에서 보듯이 양자는 큰 차이가 있다. 그런데 초등학교를 다닌 사람과 국민학교를 다닌 사람은 살아온 정치적 환경뿐만 아니라 경제적 환경도 매우 달랐다. 국민학교 세대는 초등학교 세대와 달리 고도 성장의 시기에 성장했다. 대학생이라면 누구나 취업을 할 수 있었고, 대학 진학을 하지 않더라도 직장을 얻을 수 있었다. 비정규직과 정규직 간의 격차도 크지 않았다. 이런 환경에서 '개천에서 용 난다,' '노력하면 안 되는 것이 없다,' '어른을 공경하라'는 말이 통용될 수 있었다. 하지만 초등학교 세대는 저성장의 시대에 살고 있다. 특히 1990년대 말 경제 위기 이후 비정규직이 보편화되었고, 부모의 능력이 자식의 학력, 취업, 건강 등을 결정하는 시대가 되었다.

이상에서 보듯이 양 세대는 서로 다르기 때문에 문제의 원인을 인식하는 태도도 다르다. 국민학교 세대가 문제의 원인을 개인 측면에서 본다면, 상대적으로 초등학교 세대는 환경과 구조적인 측면으로 본다. 예를 들어 보자. 국민학교를 다녔던 할아버지와 초등학교를 다녔던 대학생이 만났다고 하자. 대학생이 말한다.

"우리는 N포 세대예요. 연애도 포기, 결혼도 포기, 정규직도 포기, … 무한대 포기 세대입니다!"

이 말을 들은 할아버지가 말한다.

"우리도 보릿고개를 살았다. 그때 우리는 열심히 노력해서 극복했어. 너희들이 게으르고 자립심이 없어서 그래!"

둘 사이의 대화는 서로의 삶을 반영한다. 더는 대화가 이어지지 않는다. 대학생은 할아버지를 꼰대로 여길 것이고, 할아버지는 '요새 애들의 나약성'을 보면서 혀를 끌끌 찰 것이다.

세대에 대한 정의

세대란 무엇일까? 국민학교와 초등학교라는 상이한 학교를 다닌 사람들을 통상 세대라고 하고, 이들 간의 다름을 세대 차이라고 한다. 여기에서 세대란 연령집단과 관련이 있음을 알 수 있다. 연령집단은 동시대에 동일한 사건과 경험을 공유한다. 초등학생 세대는 산업화 시대를 모른다. 1987년 민주화 시기에 태어나서 살았을지는 몰라도 이때는 너

[그림 1-3] 세대의 지형도

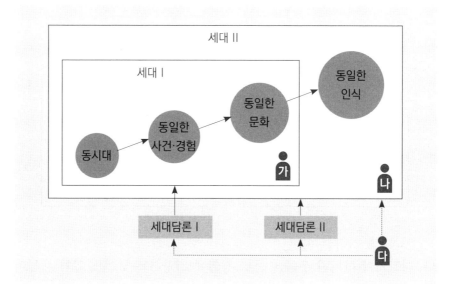

무 어려서 기억이 없을 것이다. 즉 그 시기의 삶이 자신을 규정하지 않는다. 이들은 학교에서 선생님에게 체벌을 받지도 않았다. 교련시간에 군사교육을 받는다는 것은 상상도 하지 못한다. 공장이 군대와 같은 방식으로 운영된다는 것은 더더욱 상상하지 못할 것이다. 이처럼 국민학교를 다닌 사람과 초등학교를 다닌 사람은 서로 다른 문화를 경험하고 체현하며 살고 있다.

이처럼 상이한 세대를 흔히 코호트에 초점을 맞추어 구분한다. 코호트는 인구학적 연령집단으로, 흔히 10대, 20대, 30대처럼 그룹을 지어 구분한다. 즉 생물학적인 출생과 죽음의 리듬에 기반해서 이들을 특징짓는다. 이처럼 [그림 1-3]에서 보듯이 세대 I은 동일한 사건을 경험하고 동일한 문화를 갖고 있는 인구학적인 집단이다. 즉 [그림 1-3]의 ㉮형 인간을 구분할 때 세대라는 용어를 사용한다.

그런데 세대에 대한 정의가 이것으로 충분할까? 그렇지 않을 것이다. 80대 노인세대에 있는 사람이 모두 동일한 의식을 가진 것은 아니

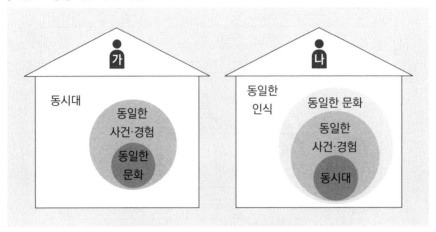

[그림 1-4] 상이한 세대 개념

다. 태극기가 아니라 촛불을 들고 정권에 저항하는 노인도 있기 때문이다. 따라서 세대는 코호트 변수로 충분히 설명된다고 할 수 없다. 이런 점에서 [그림 1-3]의 '세대 Ⅱ'에서 보듯이 세대를 구분할 때 세대의 동일한 인식에 초점을 두는 경향도 있다. 이것은 [그림 1-4]의 ⊕형 그룹을 의미한다.

⊕형 세대의 예를 들어 보자. 국민학교를 다닌 세대는 가난은 개인과 가족의 책임이라는 의식이 강하다. 또한 '선성장 후분배'에 대한 믿음도 갖고 있다. 이것은 권위주의 국가체제에서 받은 교육의 효과이다. 이런 점에서 [그림 1-4]의 ⊕형 인간은 동일한 인식을 가진 집단으로 자기정체성을 갖는다.

[그림 1-3]을 다시 살펴보자. 아래 쪽에 ⊕형 인간이 있다. ⊕형은 세대에 대한 정의를 내리는 존재이다. 즉 산업화 세대, 정보화 세대, 노인 세대, 386세대 등의 담론을 만들고 이것의 의미를 생산해 낸다. 누가 이런 일을 할까? 주로 정치가, 언론, 기업, 학자 등이다. 이들은 상이한 목적을 갖고 세대담론을 주조한다. 예를 들어, 학자는 현실을 분석하는 개념으로 담론을 만들기를 원한다면, 기업은 판매와 이윤을 목적으로

만들 수 있다. 언론은 세대담론을 통해 현상을 좀 더 쉽고, 명확하고, 자극적으로 전달하고 싶을 것이다. [그림 1-3]의 '세대담론 Ⅰ'과 '세대담론 Ⅱ'는 동일한 현상이 세대 주체와 의도에 따라 다르게 형성될 수 있음을 표현한 것이다. 이처럼 세대는 존재하는 것이 아니라 세대담론을 통해 만들어지는 것이다.

이상에서 보듯이 세대 문제를 이해할 때는 정의세대 Ⅰ 유형의 ㉮형 인간과 세대 Ⅱ의 ㉯형 인간 되고, 정의하는 자㉰형 인간를 보아야 한다. 이렇게 보면 특정한 사람들이 존재하지만, 이를 특정 세대로 지칭하는 행위는 형성된 것이다. 즉 어떤 특정한 존재들이 '있다는 것'은 코호트나 의식과 같은 물리적인 실체가 있지만, 이 존재들이 특정한 '어떤 성격을 지닌 무엇'이라고 정의하는 행위는 구성적이다.

만하임의 정의

만하임의 저서 《세대 문제》는 세대를 논의할 때 바이블 같은 책이다. 만하임은 이 책에서 세대에 대한 기존의 논의를 비판하면서 시작한다. 이전까지는 세대를 정의하는 방법으로 실증주의적 방법과 낭만주의적·역사주의적 방법의 두 가지가 존재했다. 만하임은 "실증주의자들이 자기들이 다루고자 하는 문제를 양적인 용어로 환원하는 것을 방법론적인 이상으로 삼는다면, 낭만주의·역사학파는 질적인 방법을 채택했으며, 수학적인 방법을 피하고 전체 문제를 정신화"하고자 했다고 본다 (만하임, 2013: 17-18).

구체적으로 실증주의자들은 공통적으로 생물학적인 사실에 기반해서 세대 문제를 정의하는 경향이 있다.

"실증주의자들은 모두 역사 리듬의 일반법칙을, 너욱 정확하게 말하면 인간의 유한한 수명이라는 생물학적 법칙과 연령층의 소여성에 의거해 발견하고자 한다"(만하임, 2013: 21).

실증주의자들은 생물학적인 사실에서 세대의 특성을 도출한다. 즉 "연장자는 항상 보수적인 요소로 그리고 청년은 저돌성의 상태"에 있다는 것이다(만하임, 2013: 21). 실증주의자들은 세대의 한 주기를 30년으로 생각하는 경향이 있다. 첫 30년까지는 학습기이고, 다음 30년은 창조적인 시기이며, 60년 이후는 공적 생활에서 은퇴한다(만하임, 2013: 21-22).

한편, 낭만주의·역사학파는 질적인 내적 시간에 주목한다. 물리적인 흐름인 시간 속에서 특정한 시기에 특정한 경험을 한 시간이 있다. 딜타이는 다음과 같이 말한다.

"동시대에 성장한 개인들은 대부분의 학습기 시절에도 나이가 든 뒤에도 자신에게 영향을 준 지적 문화뿐만 아니라, 사회적·정치적 환경에서 도출된 동일한 지배적 영향들을 경험한다. 그들은 동시대인이고 그들이 세대를 구성한다"(만하임, 2013: 27).

이처럼 낭만주의·역사학파는 동시대인의 '내적 시간'에 초점을 두고 세대를 정의한다. 따라서 연령대가 아니라 경험한 내용이 중요하다. 이런 점에서 실증주의자들이 젊은이가 진보적이라고 주장한다면, '질적으로 파악한 내적 시간의 현존'이라는 측면에서 볼 때 반드시 젊은이가 노인보다 진보적이라고 할 수 없다. 왜냐하면 어떤 시대를 경험했는지에 따라 의식이 결정되기 때문이다.

만하임은 이상의 두 입장에 대해 실증주의를 객관주의로, 낭만주의를 주관주의로 규정한다.

"하나는 일군의 출생코호트들이 중대한 사건을 경험하면 자동적으

[그림 1-5] 세대 정의의 방법론

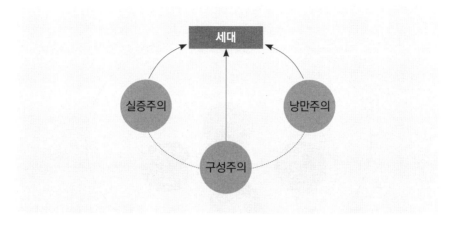

로 세대가 등장한다고 보는 객관주의적 입장이고, 다른 하나는 반대로 세대 형성의 계기로 세대 간의 상호관계를 중시하면서 특정 집단세대 단위이 세대의식을 발명하고 일군의 출생코호트들이 이를 개인 및 집단 정체성의 잣대로 수용하면서 세대가 만들어진다는 주관주의적 입장이다"(김선기, 2016: 9).

그렇다면 실증주의와 낭만주의 중 만하임은 어떤 입장에 있을까? 만하임은 자신이 두 가지 입장을 취합하여 만든 구성주의 입장에 서 있다고 말한다. 구성주의는 코호트가 주관적인 의식을 통해 세대로 구성된다는 입장이다. 이것을 세대 위치와 실제 세대를 통해 설명한다. 세대 위치generation location는 비슷한 시기에 태어나서 경험을 공유하는 상태를 의미한다. 이때, 경험의 성층화stratification of experience 개념이 중요하다. 출생시기가 다른 이들이 성장하면서 당연히 누적적으로 경험하는 구조의 차이가 발생하는데, 이것이 경험의 성층화이다.

경험의 성층화에서 가장 중요한 경험이 기층경험primary stratum of experience이다. 기층경험은 다른 경험들에 특정한 의미와 성격을 부여하는 것으로, 성층화된 경험 중에 결정적인 영향을 미치는데 대체로 17

[그림 1-6] 만하임의 세대 정의

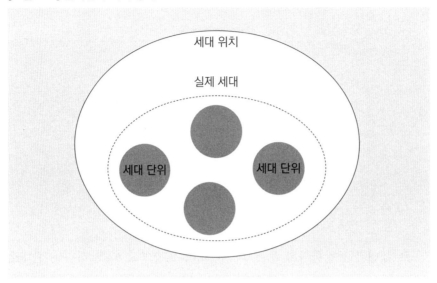

세에 시작해서 25세까지 이어진다.

경험의 성층화는 의식화로 이어진다. 즉 이 집단군은 상호간의 연계와 유사성에 기반한 공동 연대를 만들어 갈 때 진짜 세대, 즉 만하임이 말한 실제 세대generation as an actuality 가 된다. 이처럼 실제 세대는 "세대 위치를 공유하는 사람들이 '역동적 동요 과정의 사회적·지적 징후'에 노출됨으로써 상호간에 구체적 연대감이 형성되고 새로운 상황을 창출하는 힘의 상호작용을 능동적·수동적으로 경험"함으로써 구성된다(박재홍, 2001: 52).

실제 세대에게 중요한 것은 '특정한 개인의 코호트를 의식적인 연령 단층으로 묶어 주는 트라우마적 사건'이다. 이는 일종의 '집합기억'으로(김선기, 2014: 221), 역사적·문화적 경험을 공유하는 동류의식의 바탕이 된다. 이런 맥락에서 만하임은 생물학적인 요인이 바로 세대가 되는 것이 아니기 때문에 역사학적 접근 방식과 사회학적 접근 방식이 필요하다고 주장한다.

한편, 세대 단위는 실제 세대가 좀 더 현실에 개입한 부류로, 사회운동 조직처럼 훨씬 더 구체적인 연대감을 가진 집단이다. 세대 위치에 있는 세대 단위는 한 단위만 존재하는 것이 아니라 경합하는 세대 단위들이 존재한다.

실제 세대와 세대 단위를 이해할 때 중요한 개념이 엔텔레키 entelechie 이다. 엔텔레키는 일종의 공유된 의식으로 세대 스타일이라고 할 수 있다.

"핀더에 따르면 한 세대의 엔텔레키는 그 세대의 '내적 목적의 통일성', 다시 말하면 삶과 세계를 지각하는 타고난 방식의 표현이다"(만하임, 2013: 30).

이처럼 엔텔레키는 세대 특유의 스타일, 세대의식, 동류의식 등을 일컫는다(김선기, 2014: 220). 만하임은 "모든 연령집단이 새로운 세대 엔텔레키와 형성 원리에 도달할 수 있는 것은 아니며, 이전 세대에 기생하거나 더 어린 세대에 빌붙는 경향이 있다"(만하임, 2013: 77)라고 주장한다.

엔텔레키는 세대 위치가 실제 세대와 세대 단위가 되는 중요한 정신적인 접착제 역할을 한다. 이는 즉자적 계급 class in itself 과 대자적 계급 class for itself 에 비유해 볼 수 있다. 불평등과 착취로 억압받는 계급이지

[그림 1-7] 엔텔레키

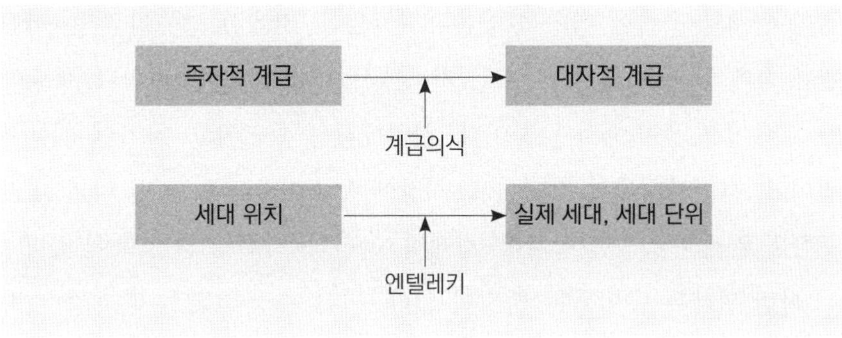

만 이것을 인식하지 못하는 계급이 즉자적 계급이라면, 계급의식을 통해 자신의 존재를 집합적으로 인식한 존재가 대자적 계급이다. 전위정당의 역할은 대자적 계급으로서 의식화를 진행하는 것이다. 엔텔레키는 세대 위치에 있는 잠재적인 세대를 실제 세대를 넘어 세대 단위가 되도록 하는 의식을 의미한다.

이상에서 보듯이 기층경험과 엔텔레키가 다르기 때문에 동시대의 비동시성이 발생한다. 즉 동시대에서 같은 것을 보고도 서로 다르게 인식하기 때문에 같은 시대에 세대 단위들이 상이한 목소리를 내는 것이다.

앞서 설명에 대입하자면 세대 위치가 ㉮형 인간을 의미한다면, 실제 세대는 ㉯형 인간이다. 그렇다면 ㉰형 인간은 누구인가? 이들은 전위정당처럼 계급의식을 갖게 만들어 엔텔레키를 생산하는 존재라고 할 수 있다.

② 세대를 보는 눈

제도는 세력 관계의 응축

나는 누구일까? 나는 하늘에서 뚝 떨어져서 홀로 존재하지 않고 특정한 관계와 구조에 영향을 받는다. [그림 1-8]에서 보듯이 나는 어떤 관계 속에 있다. 예를 들어, 나는 가족에서 아버지이자 남편이다. 학교에서 교수이고, 성별에서 남자이다. 지역에서는 주민이고, 국가에서는 국민이고, 시민사회에서 시민이고, 시장에서 소비자이다. 이런 나와 내가 포함된 관계는 특정한 정치적·경제적·문화적·사회적 환경 속에 있다.

이런 관계는 구별되는 특징이 있다. 이런 특징이 있는 관계가 지속

[그림 1-8] 관계와 제도

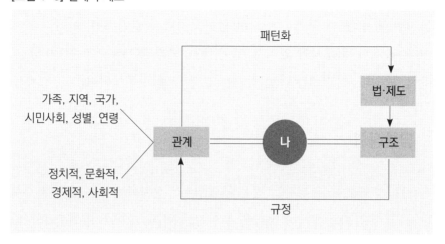

되다 보면, 즉 패턴화되면 이것을 안정화하려는 경향이 생기고 법과 제도가 만들어진다. 이런 법과 제도에 따라 관계는 더욱 일정한 패턴을 지니는데, 이 과정에서 어떤 구조가 만들어진다(유범상, 2019: 113-115).

관계−제도−구조의 메커니즘을 예를 들어 설명해 보자. 장자에게 재산을 물려주는 관습이 있었다. 이 관계가 지속되다 보면 장자상속제를 제도로 만들고 싶을 것이다. 만약 법적으로 강제해서 일반화된다면, 나중에는 장자중심의 사회로 구조화될 것이다. 어떻게 하면 이것을 바꿀 수 있을까? 먼저 장자에게만 상속하는 행위가 불합리하고 정당하지 않다는 사회적 운동이 일어난다. 그리고 민주화 과정을 거치면서 가부장제 중심적인 장자상속이 문제라는 의식이 확산된다. 그러면 다시 법이 만들어지고 점차 반복되는 과정에서 구조가 될 것이다. 이제 나는 새로운 관계와 구조 속에 영향을 받는 존재가 된다.

이처럼 나는 관계와 구조 속에서 영향을 받는 관계적인 존재이자 이 속에서 적응해 나가는 전략적인 존재이다. 이 설명은 제숍의 전략관계적 접근법에 기반한다(제숍, 2000). 이 관점에서 볼 때 법은 특정한 세력관계가 일정하게 패턴화되어 응축된 것이다. 이는 제도적 총체인 국가에도 적용해 볼 수 있다. 국가는 어떤 형태가 결정된 사회적 관계이다. 이 맥락에서 볼 때 구조는 딱딱한 당구공처럼 응결된 것이 아니라 관계이다. 관계가 응집되어 있어서 이 관계가 변화된다면 구조는 얼마든지 바뀔 수 있다. 이렇게 본다면 정치는 법과 구조의 부모이다.

담론정치

사회적 관계를 규정하는 것은 무엇일까? 정치학에서는 권력에 주목한다. 권력은 타인에게 영향력을 행사하는 힘이다. 이 영향력을 행사하는 두 가지 수단에 주목해야 한다. 바로 폭력과 동의이다.

예를 들어 보자. 부모는 아이가 말을 듣지 않으면 회초리를 들 때가 있다. 일종의 폭력을 행사하는 것이다. 겁에 질린 아이는 복종할 것이다. 그런데 어느 정도 성장한 뒤에는 더 이상 폭력에 호락호락 당하지 않는다. 심지어는 가출까지 할 수도 있다. 이때 회초리는 더 이상 영향력을 행사하는 유효한 수단이 되지 못한다. 이때 부모는 "엄마가 너에게 이렇게 간곡하게 말하는 건 다 너 잘되라고 하는 소리야! 열심히 하면 노트북 사 주마!"라고 말하면서 훈계하고, 감동시키고, 인센티브^{용돈}를 제시하면서 회유한다. 폭력이 아닌 동의를 시도하는 것이다.

폭력이 직접적이고 물리적이라면, 동의는 설득의 과정을 거치는 것으로 폭력에 비해 간접적이다. 국가는 폭력의 수단으로 군대, 경찰, 사형제도 등을 발전시키는 동시에 동의의 장치로 교육, 복지, 언론 등을 활용한다.

담론과 헤게모니는 동의를 설명하는 이론 틀이자 동의의 핵심적인 수단이다. 담론은 체계화된 언술로서 특정한 지식을 바탕으로 조작된 말, 해석의 틀, 인지적 틀을 의미한다. 다시 말해 정당성과 보편성을 담고 있는 어떤 의도를 가진 말이자 글이다. 예를 들어 보자. 미국 공화당

[그림 1-9] 세금구제

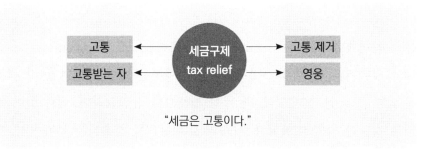

의 전술은 '세금구제'이다. 이는 부자의 세금 삭감을 의미하는데, 세금에다가 구제라는 말을 붙여 마치 세금 삭감이 고통받는 자의 고통을 줄여 주는 것처럼 인식하게 만든다. 그리고 이 세금을 줄여 주는 자를 영웅으로 인식하게 한다. 이 맥락에서 '세금구제'라는 말은 '세금=고통 : 고통 제거=영웅'이라는 프레임을 갖고 있다.[1] 이처럼 담론은 어떤 프레임을 통해 영향력을 행사한다(레이코프, 2006).

헤게모니는 그람시의 개념으로, 정치적·지적·도덕적 리더십을 의미한다. 즉 헤게모니는 일반이익 관념을 통해 능동적 동의를 이끌어 낸다. 예를 들어 보자. 앞서 언급했던 한국적 민주주의를 주장했던 정치세력은 '선성장 후분배'라는 담론을 통해 동의, 즉 헤게모니를 갖고자 한다. 이것은 '시민들의 분배 요구'를 성장할 때까지 기다려야 하는 것, 나쁜 것, 심지어 북한을 이롭게 하는 빨갱이와 같은 것으로 인식하게 만든다. 즉 '분배=좌파=빨갱이=나쁜 것'이라는 담론의 프레임을 통해 특정 정치세력의 헤게모니를 생산한다.

이상에서 보듯이 헤게모니를 갖기 위해 정당은 시민들이 이해하고 동의할 수 있는 상식에 기반해서 말해야 한다. 그리고 이런 헤게모니는 지식을 바탕으로 해야 하는데, 헤게모니를 생산해 내는 존재가 바로 유

---

1 이와 관련하여 EBS 지식채널 e, '프레임(frame)' 참조.

기적 지식인이다. 따라서 헤게모니는 지식과 공모해서 영향력을 행사한다. 이런 점에서 푸코는 지식의 이면에는 늘 권력이 있다는 지식-권력론을 전개했다.

그렇다면 이런 지배의 헤게모니에 저항하는 방법은 무엇일까? 새로운 담론, 프레임, 헤게모니, 즉 대항 헤게모니가 필요하다. 예를 들어 복지는 정당한 일의 대가이고, 사회의 유효수요를 창출하는 투자이며, 지속 가능한 성장을 이룬 국가는 보편적 복지국가이다. 이런 주장에 기반해서 '복지=투자=성장동력=정의로운 일'이라는 담론과 프레임을 바탕으로 대항 헤게모니를 만들어야 한다.

세대담론의 정치학

세대도 일종의 담론이고 프레임이며 헤게모니가 될 수 있다. 즉 세대론은 특정한 의도를 가진 언어이며 영향력을 행사하는 헤게모니일 수 있다. 이런 관점에서 보면 세대와 세대담론을 구분할 수 있다. 세대는 특정한 존재를 설명하는 단어이다. [그림 1-3]에서 보듯이 ㉮형 인간과 ㉯형 인간은 어떤 조건 속에서 특성을 갖고 있는 존재이다. 하지만 "요새 애들은 왜 이래? 자기만 생각하잖아!"라고 말하면서 특정 세대를

[그림 1-10] 세대 담론

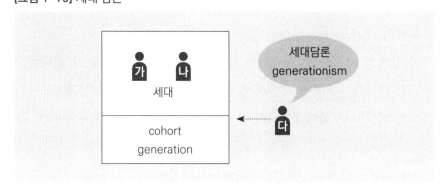

거론했을 때, 이것은 특정한 의도를 갖는다.

세대를 담론, 프레임, 헤게모니와 관련하여 볼 때, 세대generation 와 세대주의generationism 가 구분된다. 이것을 지역과 지역주의에 빗대어 설명해 보자. 고향사람을 만나면 좋은 것은 인지상정이다. 고향의 향수를 느낄 수 있고, 공감대가 쉽게 형성될 수도 있다. 어쩌면 같은 학교를 나왔을 수도 있고, 동일한 인물을 서로 알고 있을 수도 있다. 이것이 지역 사람이 푸근하게 느껴지는 이유이다. 하지만 이 사람이 특정 영역의 경력도 없고 전문가도 아닌데 고향사람이라는 이유로 중용한다면, 이것은 정의로울까? 이 경우를 지역주의라고 할 수 있다. 즉 지역주의는 선거, 채용 등에서 고향사람에게 특혜를 주는 행동양식으로 나타난다.

지역과 지역주의처럼 세대와 세대주의는 다르다. 세대는 20대, 30대처럼 코호트적인 구분이다. 지역처럼 일정한 나이대에 있는 ㉮형 인간군을 의미한다. 하지만 이들을 모두 하나의 특징으로 설명할 수 있을까? 예를 들어 지역이 강원도라서 강원도 사람은 모두 어떻다는 특징으로 일반화할 수 있을까? 지역도 마찬가지이다. 특정한 시대에 속한 사람이 모두 태극기를 들지는 않는다. 또한 의식의 요소를 첨가하여 ㉯형 인간군을 세대로 정했다면, 특정 나이에 있는 세대가 전부 ㉯형 인간의 특징을 갖지는 않는다. 따라서 세대를 세대주의로 규정해서는 안 된다.

세대와 세대주의를 구분하면 우리는 세대담론에 좀 더 신중하게 접근할 수 있다. 담론은 기본적으로 정치적이기 때문이다. 그렇다면 이런 세대담론을 만들어 내는 자는 누구일까? 왜 만들었을까? 세대담론을 믿고 따르면 어떤 일이 벌어지고 그 일은 누구에게 유리할까?

세대 게임론은 이것을 잘 설명해 준다. 세대 게임은 "참가한 사람들이 세대를 이뤄 서로 경쟁하고 다투는 활동과, 게임의 판을 짠 집단이 어떤 이익을 취하기 위해 세대를 활용하여 사람들의 경쟁이나 싸움을 부추기는 움직임"을 의미한다(전상진, 2018). [그림 1-11]에서 보듯이 세

[그림 1-11] 세대 게임

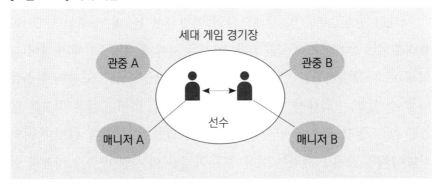

대 게임에는 이익이 다른 매니저와 이들의 후원을 받는 선수, 그리고 세대 게임 경기장이 있다. 일반 스포츠 경기로 예를 들어 보자. 메이저리거 야구선수 박찬호와 류현진의 매니저 보라스는 이들의 상품가치를 높여 이득을 얻는다. 이때 박찬호와 류현진은 선수이고, 보라스는 매니저이다. 선수의 몸값을 높이려면 관중들이 지지해야 한다. 매니저는 이들의 몸값을 높이기 위해 노력한다. 그렇게 해야 자신도 돈을 벌 수 있기 때문이다. 세대 게임의 선수가 청년층이라고 해 보자. 매니저인 기업은 청년을 'X세대'로 호명하고 이 세대라면 이런 것을 소비해야 한다고 선전한다.

왜 세대 게임이 매력적일까? 전상진(2018)은 세대가 쉽게 나와 타자의 정체성을 만들 수 있는 개념이기 때문이라고 주장한다.

"세대는 차이를 만들거나 유사성을 찾는 데 유용한 정체성의 근거이자 도구이다. 그 덕에 세대는 일상에 깊이 뿌리박은 최적의 정치 언어 그리고 정치적 게임의 도구가 된다. 쉽고 빠르게 우리 편과 상대편을 갈라내어, 지지자를 만들거나 책임을 전가할 대상을 내세울 수 있다"(전상진, 2018: 22).

이상에서 보듯이 세대를 그대로 받아들이지 않아야 한다. 세대 게임의 눈에서 세대의 매니저가 누구인지를 봐야 한다. 왜냐하면 세대 자체가 세대 갈등이나 그 세대만의 특징을 그대로 반영하지 않기 때문이다. 세대의 공통된 이해가 존재하기 때문에 세대 타협도 가능할 수 있다. 특히 세대에 대한 특정한 시선은 누가 만든 것일 수도 있다는 점을 고려해서 접근해야 한다. 이런 점에서 세대는 정치적으로 구성되는 것이다. 따라서 이제 세대의 정치학이 필요하다.

③ 쟁점과 방향

젊은 세대는 늘 진보적인가

20대는 진보적이고 80대는 보수적인가? 우리는 흔히 그렇게 알고 있다. 이 맥락에서 인터넷에 늙은이는 '늘 그런 이'로, 젊은이는 '저를 묻는 이'로 묘사된다. 이것은 젊은이가 호기심을 가지고 자꾸 질문하면서 변화를 추구한다면, 노인은 '늘 그렇지 뭐'라는 태도로 일관해서 보수적이라는 의미를 담고 있다. 만하임은 다음과 같이 말한다.

"노인이 청년보다 경험이 많다는 것은 여러 면에서 장점이 있다. 반면 청년에게 경험이 부족하다는 것은 젊은이에게 거추장스러운 짐의 감소, 다시 말하면 그 덕분에 변화 중인 세계에서 쉽게 삶을 영위할 수 있다는 것을 의미한다"(만하임, 2013: 55-56).

만하임은 늘 과거의 경험 안에 살고 있으면 나이 든 사람이고, 항상 새로운 상황을 주조하려고 한다면 청년이라고 언급한다. 이를 보면 만하임이 노인은 보수, 청년은 진보의 도식을 따르는 것처럼 보일지도 모른다. 하지만 그는 이런 시선을 염두에 둔 것인지 바로 다음과 같이 언급한다.

> "이와 같은 의미에서 '새롭게 시작하는 능력'은 일상적인 의미의 '보수적인' 또는 '진보적인' 것과 아무 연관이 없다. 대부분의 세대 연구자가 무비판적으로 공유하고 있는, 청년세대는 진보적이며 구세대는 그 자체로 보수적이라는 가정만큼 허구적인 것은 없다"(만하임, 2013: 144).

만하임은 그 사례로 비스마르크 시대의 청년들보다 그 이전의 세대를 경험한 자유주의 세대의 청년들이 훨씬 더 진보적이라고 말한다. 비스마르크 시대의 청년들은 "보수주의 내에서 그 상황의 요구에 가장 적합한 특수한 형태의 정치적·지적 경향"을 체득한다(만하임, 2013: 145). 이런 점에서 "생물학적인 요소들은 명백한 지적 또는 실천적 성향과 아무 상관이 없다. 즉 청년은 자동적으로 진보적인 태도와 상호 연관될 수 없다"(만하임, 2013: 145).

1940년대 복지국가를 살았던 시대의 청년이 1980년대 신자유주의 시대에 노인이 되었고, 이들이 신자유시대의 청년과 만났다면, 누가 더 진보적일까? 이것은 한국의 상황에서도 할 수 있는 질문이다. 1980년대에 소위 386세대가 지금 586세대가 되었다. 이들을 IMF 위기 이후의 요즘 20대보다 보수적이라고 할 수 있을까? 20대 남성은 특히 젠더 문제에서 586세대보다 보수적일 수 있다. 반면 50대가 된 386세대는 민주화를 경험하면서 오히려 진보적일 수 있다. 젊은 늙은이가 보수적이고 체념적인 젊은이를 의미한다면, 늙은 젊은이는 몸은 늙었지만 생각은 오히려 진취적이고 보수적인 사람을 의미한다. 이때 "나이는 달력이 아니라 인식론적인 호기심"이라는 프레이리의 말을 떠올릴 수 있다. 이런 점에서 연령이 진보와 보수를 결정하는 기준이라고 할 수 없다. 따라서 세대론은 집단적인 경험과 더불어 주관적인 의식을 고려해야 한다.

세대인가 계급인가

2020년 코로나19 팬데믹은 전세계적인 사회적 위험이다. 위험은 모두에게 공통적으로 닥쳤지만, 위험에 대한 피해는 취약계층에게 더 컸다. 예를 들어 코로나19로 노동자들은 위기에 처해졌다. 특히 '잊혀진 노동자 The Forgotten'들은 더 위험해졌다. 노숙인 시설, 이민자 수용소, 아메리칸 원주민 보호구역의 노동자들은 더 위험하다. 미국 인구의 14%가 흑인인데, 흑인 사망률은 33%이다(Guardian, 2020). 《위험사회》의 저자 울리히 벡은 위험이 차별적이라는 점을 다음과 같이 언급한다.

> "부는 상층에 축적되지만, 위험은 하층에 축적된다. 그런 만큼 위험은 계급사회를 폐지하지 않고 강화하는 것으로 보인다. 빈곤은 불행하게도 위험을 만연시킨다. 그와 반대로 수입, 권력, 또는 교육의 면에서 부자는 위험으로부터 안전과 자유를 사들일 수 있다"(벡, 1997: 75).

이상에서 보듯이 인종 문제는 계급 문제와 함께 연관해서 봐야 한다. 이는 세대 문제를 볼 때도 적용할 수 있다. [그림 1-12]를 보자. A, D군의 사람들은 신세대이다. 즉 나이가 젊은 측에 속한다. 여기에서 젊은 사람이 나이 든 사람보다 진보적이라고 가정하자. 그렇다면 B, C군의 나이 든 사람들은 보수적인 성향일 것이다. 한편, 계급의 측면에서 보면 C, D는 하층이고 A, B는 상층이다. 여기에서 하층은 보편적 복지를 지지하고, 상층은 종합부동산세 종부세를 반대한다고 가정하자. 그렇다면 A군에 속한 사람, 즉 신세대이면서 상층인 사람은 보수적이라고 봐야 할까, 진보적이라고 봐야 할까? 이것을 이해하기 위해 우리나라의 선거 결과를 보자. 보통 강남에서는 보수정당이 당선된다. 이들은 종부세를 반대하는 등 보수적인 성향을 지녔다. 그렇다면 강남에 사는 신세대는 다른 지역의 청년들과 성향이 같을까? 이런 점에서 세대 문제를

[그림 1-12] 세대와 계급

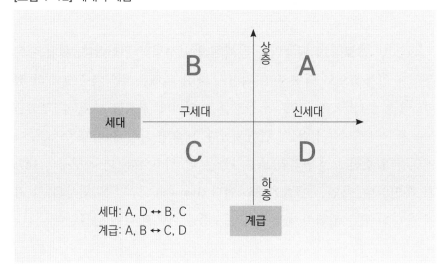

다룰 때는 계급 문제와 연동해서 봐야 한다.

이것은 인종 문제에서도 마찬가지이다. 내가 가난한 백인이라면 나는 계급의 입장에서 가난한 흑인과 한편일까? 모든 백인과 한편일까? 《왜 미국인들은 복지를 싫어하는가》(길렌스, 2012)라는 책에 따르면, 미국인들은 복지 혜택이 모두 흑인에게 돌아간다고 생각한다. 즉 복지라는 계급적인 문제가 흑인이라는 인종 문제에 가려져 부정당한다. 이처럼 세대 문제가 계급, 젠더, 환경 등의 다른 문제를 소외시켜서는 안 된다. 이 문제들은 긴밀히 연결되어 있기 때문이다.

세대 문제를 어떻게 할 것인가

이 책은 세대와 관련된 쟁점을 드러내고, 문제가 있다면 해결의 방법을 모색하는 데 목적이 있다. 보통 '세대 문제'라는 단어를 사용하고 그 핵심은 세대 갈등이다. 실제 세대는 갈등적인 요소를 담고 있다. 상이한 문화, 상이한 이해관계, 상이한 경험은 늘 갈등을 잠재하고 있다.

갈등은 좋은 것일까, 나쁜 것일까? 흔히 갈등을 부정적으로 인식하는 경향이 있다. 하지만 상이한 생각과 경험, 이해를 가진 사람들이 만났을 때 갈등은 자연스러운 것이다. 즉 갈등은 오히려 상이한 의식과 경험, 더 나아가 이익을 갖고 있는 인간사의 존재론적인 본성이기 때문이다. 쟁점은 모든 갈등이 파국으로만 끝나지 않는다는 것이다. 갈등은 관리를 통해 갈등에 잠재된 긍정적인 요소를 상호 발전과 조직의 성장에 활용할 수 있다. 이처럼 세대 갈등은 자연스러운 것이다. 따라서 갈등 관리에 정치가 개입한다면, 세대 타협으로 갈등을 관리할 수 있다.

세대 갈등을 바라보는 또 다른 시선은 갈등을 차이의 관점에서 바라보는 것이다. 즉 세대 갈등이 아니라 세대 차이라고 해 보자. 노인을 '틀딱세대'로 규정하는 것은 구시대, 잔소리, 꼴통보수 등의 부정적인 평가를 담고 있다. 하지만 이러한 면을 부정적인 것이 아니라 청년층과 상이한 경험, 생각, 문화로 인한 차이로 볼 수도 있다. 이런 태도에서는 차이가 편안히 드러나기 때문에 소통과 이해, 공존으로 문제를 해결할 수 있을 것이다.

세대 갈등의 관리 혹은 차이의 관점에서 세대 문제를 해결하기 위해 우선 그동안 제시되었던 세대담론을 의심하면서 검토해야 한다. 담론의 이면에 있는 담론 생산자와 이 담론으로 나타나는 현상에 대한 분석이 필요하다. 이를 위해서는 언론, 정치권, 자본 등의 매니저에 대한 분석

[그림 1-13] 세대의 갈등 관리

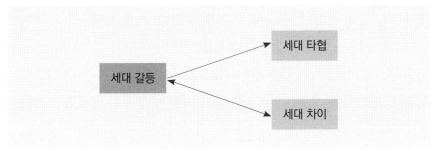

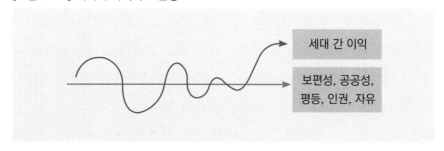

[그림 1-14] 세대의 이익과 보편성

세대 간 이익

보편성, 공공성,
평등, 인권, 자유

이 필수적이다.

둘째, 세대 갈등의 핵심에는 세대 간 상이한 이해관계가 존재한다. 따라서 세대 간 이익관계에 대한 토론과 합의가 필수적이다. 세대 간 합의는 반드시 제도적인 방안으로 나아가야 한다.

셋째, 세대 갈등을 다루는 방법으로, 세대 갈등을 논의할 때 세대보다 더 보편적인 가치, 즉 인권, 자유, 평등 등의 보편성과 공공성을 전제에 둘 필요가 있다. 즉 세대 갈등이 특정 세대의 이익이 아니라 공공성을 실현하는 방향으로 해소되어야 한다. 이런 관점에서 갈등 당사자들을 설득하고 토론해야 한다.

설득의 과정에서 핵심적인 역할을 하는 것이 교육, 그리고 민주시민교육이다. 시민들이 공동체의 지향과 공동체의 방향을 함께 공유하는 과정에서 세대 갈등은 세대 타협과 세대 합의로 나타날 수 있다. 시민교육은 우선 시민문해교육부터 시작해야 한다. 이 세상이 어떻게 생겼는지를 읽을 수 있어야 한다. 이때 필수적으로 [그림 1-3]에서 보듯이 세대담론을 만든 존재인 매니저, 즉 ㉯형 인간의 존재와 의도를 파악해야 한다. 그런 다음 인권과 같은 보편성을 세대의 이익과 대비시키면서 공감을 만드는 방향으로 이끌어야 한다. 더 나아가 대항담론과 ㉯형 인간의 존재에 맞서는 시민을 형성하고 실천하는 방향으로 나아가야 한다.

세대를 찾아 떠나는 여행

이 책에서는 다양한 영역 가족, 성 등과 다양한 쟁점 문화, 고용, 복지, 디지털과 아날로그 등에서 세대 담론과 갈등을 살펴보고 갈등 관리와 시민교육의 관점에서 대안을 모색하고자 한다.

이 책은 갈등을 자연스러운 것으로 보고 갈등을 어떻게 관리할 것인지에 초점을 맞춘다. 상이한 세대를 우열을 차이로, 갈등 문제를 갈등 조정과 갈등 관리로 어떻게 바꿀 것인지를 고민하는 것이다. 그리고 하나의 견해에 동의하는 것이 아니라 그 견해를 있는 그대로 인정하고 소통하는 방법을 모색하는 것이다.

📚 참고문헌

김선기(2014). "세대연구를 다시 생각한다: 세대주의적 경향에 대한 비판적 검토."《문화와 사회》. 2014 가을/겨울호 통권 17권.

김선기(2016). "'청년세대' 구성의 문화정치학: 2010년 이후 청년세대담론에 관한 비판적 분석.".

마틴 길렌스(2012). 엄자현 역.《왜 미국인들은 복지를 싫어하는가》. 영림카디널.

박재홍(2001). "세대연구의 이론적·방법론적 쟁점."《한국인구학》. 제24권 제2호.

밥 제솝(2000). 유범상·김문귀 역.《전략관계적 국가이론》. 한울.

울리히 벡(1997). 홍성태 역.《위험사회》. 새물결.

유범상·김종해·여유진(2019).《사회복지개론》. 한국방송통신대학교출판문화원.

전상진(2018).《세대 게임: '세대 프레임'을 넘어서》. 문학과지성사.

조지 레이코프(2006). 유나영 역.《코끼리는 생각하지마: 미국의 진보세력은 왜 선거에서 패배하는가》. 삼인.

카를 만하임(2013). 이남석 역.《세대 문제》. 책세상.

펜앤드마이크(2019). "김용삼칼럼－멸공·방첩을 다시 돌아본다." 2019. 10. 14.

The Guardian. 2020. Covid-19 pandemic shines a light on a new kind of class divide and its inequalities. Reich, R. 26 Apr.

제 2 장

한국의 세대담론

① 상이한 생각의 사람들

세 편의 흥미로운 영화가 있다. 바로 〈국제시장〉, 〈1987〉, 〈기생충〉이다. 〈국제시장〉은 산업화 시대의 아버지를 보여 준다. 1950년 한국전쟁이 터지자 피난을 내려오던 아버지가 덕수의 손을 놓친다. 아버지는 덕수에게 말한다.

"아바이가 없으면 장남인 덕수 니가 가장이지?"

아버지의 말씀을 유언으로 삼은 덕수는 아버지의 역할을 다한다. 덕수는 열심히 일하면 무엇이든지 가능하다고 생각한다. 문제의 원인은 의지가 약한 개인이다. 아버지가 된 덕수는 가족을 책임지려고 한다.

"아버지. 내 약속 잘 지켰지예. 근데 내 진짜 힘들었거든예"

영화의 한 장면으로 노인이 된 덕수가 피난시절 잃어버린 자신의 아버지에게 자신이 아이들을 키우며 얼마나 헌신했는지에 대해 한 말이

[그림 2-1] 세 영화

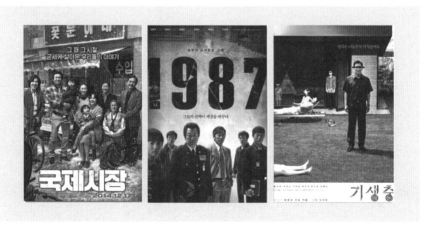

다. 이처럼 가족을 책임지기 위해 공돌이와 공순이가 되고, 월남전에도 참전하고 독일의 탄광으로도 간다. 이 아버지는 '가난은 나라도 구하지 못한다'는 신화를 믿으며, 국가의 복지를 부정적인 것으로 인식한다. 빨갱이를 싫어하고, 늘 국가에 대한 충성심을 이야기한다.

〈1987〉은 민주화 과정에서 숨진 박종철과 이한열, 두 청년을 소재로 했다. 이 영화에서 1987년 1월, 스물두 살 대학생이 경찰조사 도중 물고문으로 사망한다. 하지만 경찰을 이것을 은폐하려고 한다.

　　"조사관이 책상을 '탁' 치니, '억' 하고"

이처럼 물고문을 은폐하기 위해 사망원인을 겁에 질린 대학생의 단순 쇼크사로 발표한다. 당시 언론사에는 매일 정부 문화공보부 홍보정책실에서 기사보도를 위한 가이드라인인 '보도지침'이 전달되었다. 기사를 검열하기 위한 목적이었다.

　　"경찰이 고문해서 대학생이 죽었는데, 보도지침이 대수야? 앞뒤 재
　　지 말고 들이박아!"

이 대사는 박종철 고문 사건의 진상을 보도하라는 언론사 간부의 말이다. 이 영화는 사건의 진실을 밝히기 위해 용기를 냈던 사람들의 이야기로서 민주화투쟁을 조명한다. 당시 청년들은 전두환 정권의 독재에 맞서 '호헌철폐 독재타도'를 외쳤다. 그들의 희생으로 한국은 민주화로 이행했다.

영화 〈국제시장〉이 1950년대를 배경으로 한 산업화의 이야기라면, 영화 〈1987〉은 1980년대를 배경으로 한 민주화 시기를 다룬다. 그리고 영화 〈기생충〉은 오늘날 불평등의 현실을 보여 준다.

영화 초반 빈곤층의 아버지 기택은 "아들아, 역시 너는 계획이 다 있

구나"라면서 자랑스러워한다. 이것은 고졸 출신 아들 기우가 가짜 재학
증명서를 만들어 과외 알바를 하러 가는 장면에서 나온 대사이다. 기택
은 그동안 계획 없이 살아 왔다. 그는 "가장 완벽한 계획이 뭔지 알아?
무계획이야"라고 말한다. 그리고 덧붙인다. "사람이 계획을 세우면 실
패할 수 있지만, 계획이 없으면 실패할 일도 없다. 그러니까 계획을 세
우지 않는 거야." 빈곤층은 하루하루 먹고사는 것 자체가 목적이기 때
문에 계획이 없는 삶을 살고 있다는 사실을 암시한다. 실제로 빈곤층은
중산층보다 인생을 운명으로 믿는다. 영화에서 기우네 가족이 기생하는
집안의 가장 박 사장은 다음과 같이 말한다.

> "김 기사 그 양반, 선을 넘을 듯 말 듯 하면서 절대 넘지 않아. 근데,
> 냄새가 선을 넘지."

박 사장은 운전기사인 기택에게 절대 선을 넘지 말라고 한다. 그러
면서 반지하방에서 나는 캐캐 묵은 냄새에 반감을 표시한다. 박 사장은
기택의 냄새를 맡고 "가끔 지하철 타다 보면 나는 냄새 있어"라고 말한
다. 결국 이 냄새에 대한 비하가 비극을 만든다.

계단 밑 반지하방은 홍수가 나면 잠긴다. 기택네는 비를 싫어할 수
밖에 없다. 하지만 박 사장의 부인 연교는 비를 다르게 해석한다.

> "비 와서 그런지 미세먼지가 없네요", "비가 안 왔음 어쩔 뻔 했어
> 요? 전화위복이 됐네요.", "비 와서 캠핑 나가리, 가든파티 콜!"

이처럼 동일한 현상이 계급에 따라 다른 영향을 미친다. 이 영화에
서 특히 주목할 것은 기택의 아들 기우가 부자가 되기 위해 하는 선택
이다. 기우는 대저택의 지하실에 피신해 있는 아버지 기택에게 모스부
호로 희망을 전한다. "열심히 돈을 벌어 그 집을 살 테니 아빠는 지하실

에서 그냥 걸어 올라오면 된다." 과연 오늘날 기택 가족의 희망은 실현되었을까? 이 영화는 오늘날 빈부격차의 실상을 보여 준다.

② 한국의 세대 위치와 세대 단위

세대 위치와 기층경험

세대는 기본적으로 세대 위치가 동일하다. 세대 위치는 비슷한 시기에 태어나서 성층화된 경험을 가진 세대를 의미한다. 만하임에 따르면, 이때 중요한 것은 17세에서 25세 정도까지의 기층경험이다.

오늘날 노인들의 기층경험은 무엇일까? 경제적으로는 급격한 산업화이고, 정치적으로는 한국전쟁과 군부독재이다. 이 세대는 보통 1940년대에서 1950년대에 태어난 사람들로 현재 70대 이상의 노인이다.

[그림 2-2] 세대 위치

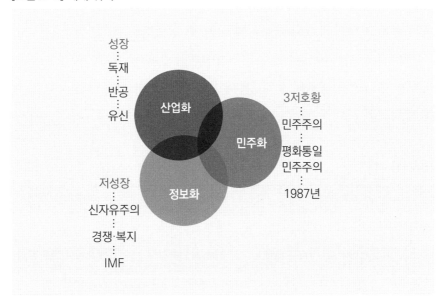

1945년 해방 이후 우리나라 경제는 원조에 의존해 있었다. 군사정변으로 집권한 박정희 정권은 재벌 중심의 성장제일주의를 기반으로 급격한 경제 성장을 이루었다. 따라서 이 시기의 노인들은 소위 '보릿고개'에서 빈곤탈출을 경험한 세대라서 한강의 기적이라는 신화를 박정희 체제에서 찾는다.

이 세대는 정치적으로는 한국전쟁을 겪었다. 이 과정을 통해 반공주의를 국시로 하는 데 누구보다도 동의한 세대이다. 이들의 반공은 반反북주의 혹은 반反김일성주의로 표현될 수 있다. 따라서 군부독재는 반공주의와 발전주의를 위해 불가피하다고 이해한다. 한국적 민주주의는 이들의 적극적인 지지를 받았다.

또 다른 세대는 지속적인 경제 성장 과정에서 정치적으로 민주화를 요구하고 실현한 기층경험을 지닌 사람들이다. 이 세대는 대체적으로 1960년대에서 1970년대 중반에 태어난 세대로 50대에서 60대의 장년층이다.

이 시기에는 10% 전후의 경제성장률을 기록했다. 특히 3저 호황의 특수를 누렸을 뿐만 아니라 안정적인 고용과 부동산 특수 등을 통해 집을 마련하고 자녀에게 대학교육을 시킬 수 있었다.

정치적으로는 1980년 광주민주항쟁부터 1987년 6·10 항쟁을 통해 독재를 무너뜨린 경험이 있다. 특히 1989년 소련과 동유럽의 붕괴로 인해 탈냉전의 시대 속에서 자유로운 표현을 했던 세대이다.

[표 2-1] 세대 위치

	기층경험	정치적 세대 위치	경제적 세대 위치
산업화	1940년대~1950년대	냉전, 군부독재	산업화
민주화	1960년대~1970년대 중반	탈냉전, 민주화	3저 호황과 경제 성장
정보화	1970년대 중반 이후	세계화, 정보화, 신자유주의	경제 위기

마지막으로 오늘날 세대는 정치적인 민주화와 경제적인 풍요를 누린 세대이다. 또한 1990년대 말의 경제 위기를 통해 신자유주의와 세계화를 경험했고, 인터넷의 보급과 함께 시작된 정보화 시대 속에서 자랐다. "20대는 새로운 소통 수단을 통해 엄청난 정보를 주고받으며, 자신들의 생각을 여과 없이 표출하고, SNS가 제공하는 공론장에서 여론의 향방을 가름하는 적극적이고 결정적인 행위자일 수도 있다"(곽관용·마인섭, 2019: 36). 이 세대는 1970년대 중반 이후의 세대로서 오늘날 20대에서 40대에 해당한다.

한편, 이들은 어려움 없이 자라기도 했지만, IMF 경제 위기를 경험하면서 좌절을 겪었다. 특히 신자유주의의 전면화로 인한 고용 불안, 승자독식 체제의 경쟁 속에서 결혼, 연애, 취업을 포기한다는 뜻의 3포세대라 부르기도 한다.

트라우마적 사건과 엔텔레키

만하임에 따르면 세대 위치는 트라우마적 사건을 겪으면서 실제 세대가 된다. 산업화, 민주화, 정보화라는 세 개의 세대 위치는 각각 트라우마적 사건을 겪으면서 실제 세대를 구성한다. 그렇다면 트라우마적 사건을 통해서 공통 의식을 갖게 된 세대에 대해 논의해 보자.

우선 산업화 시기의 세대 위치는 1950년 한국전쟁, 5·16 군사정변, 새마을 운동, 박정희 대통령의 서거 등을 통해 실제 세대가 된다. 이 사건들 중에서 한국전쟁은 모든 의식과 행동의 준거점이다. 한국전쟁은 죽음, 이산, 공포, 혐오 등의 원천이 되었다. 박정희 군사정부가 쿠데타를 성공시킨 요인도 반공주의의 명분이 있었기 때문인데, 이것은 한국전쟁이라는 집단적인 트라우마 사건으로 가능했다.

그 후 박정희 정부는 반공주의를 넘어 새로운 정당화의 기제가 필요

[그림 2-3] 트라우마적 사건과 엔텔레키

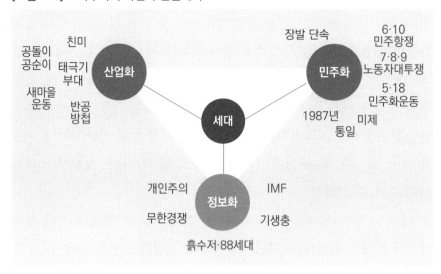

했다. 그것은 발전주의였다. 즉 먹고살게 해 주겠다는 의미로 새마을 운동이 상징적인 사건이라고 할 수 있다. '잘 살아 보세, 잘 살아 보세, 우리도 한번 잘 살아보세'라는 노래는 새마을 운동의 목표를 상징적으로 보여 준다. 이 운동은 농촌에만 그친 것이 아니라 공장 새마을 운동으로 나아갔다. 이런 상황에서 박정희의 비극적인 죽음은 그가 신화가 되는 또 하나의 계기를 만들었다.

민주화 세대는 1949년 4·19, 1970년 전태일, 1980년 광주, 1987년 민주항쟁, 남북정상회담 등을 통해 실제 세대로서 정체성을 형성한다. 민주화 세대에게 집단적인 기억은 1987년 민주항쟁이다. 이것은 박정희와 전두환으로 이어지는 군부독재에 대한 저항과 전복을 의미한다. 이들은 민주화 운동을 소급한다. 4·19와 광주민주항쟁이 그것이다. 4·19는 이승만 정부의 독재에 저항했다는 의미에서 심리적 연대의식을 갖게 한다. 그리고 광주민주항쟁은 민주화운동인 동시에 군부를 지원했다는 측면에서 미국에 대한 비판적인 의식이 생긴 사건이다.

한편, 2000년 남북 정상 간의 역사적인 회담이 성사되었고, 6·15 남북공동선언이 발표되었다. 남북정상회담은 북한을 적대적인 대상으로 간주했던 것에서 하나의 국가체제로 인정하는 것을 의미했다. 이것은 산업화 세대에게는 충격이었고 용납될 수 없는 것이었다.

마지막으로 정보화 세대를 들 수 있다. 이 세대의 트라우마적 사건으로 1988년 올림픽, 1997년 IMF, 2002년 월드컵, 《88만원 세대》(우석훈·박권일, 2007) 출간, 촛불집회 등을 들 수 있다.

88올림픽과 2002년 월드컵에서 붉은 악마가 등장했다. 기존에는 '빨갱이'를 상징하는 붉은색이 금기였다. 따라서 거리에서 붉은색이 넘쳐나는 것은 새로운 세대가 등장했음을 의미한다. 이 세대는 촛불집회에서도 기존의 방식과 다른 저항을 보여 줬다. 우선 계급, 노동, 민주화 등의 정치적인 주제를 넘어서 효순·미순 사건, 2008년 미국산 쇠고기 파동 등 생활상의 주제가 촛불집회의 어젠다였다. 또한 특정 운동단체의 주도라기보다는 인터넷상의 제안으로 시민들이 자발적으로 참여했다는 점도 특이한 현상이었다(박재흥, 2009: 11-12).

한편, 이 세대는 IMF 경제 위기를 겪으면서 심각한 트라우마적 사건으로 빠져들었다. IMF 구제금융 요청 1997년 12월 3일 ~ 2001년 8월 23일은 국가부도 위기에 처한 대한민국이 IMF에서 자금을 지원받는 양해각서를 체결한 사건이다.

특히 주목할 것은 2007~2008년 미국산 쇠고기 반대 촛불시위뿐만 아니라 세대담론 활성화의 중심에 《88만원 세대》가 있다는 것이다. 우석훈이 쓴 이 책은 1997년 IMF 경제 위기 이후 20대의 현상을 '88만원 세대'라는 담론으로 표현했고(박재흥, 2009: 11-12), 이는 광범위한 공감을 불러일으켰다(박재흥, 2009: 11-12).

《88만원 세대》는 경제적인 측면에서 비정규직 알바 인생인 20대의 암울한 현실을 담았다. 그런데 주목할 점은 이 책이 이들의 탈정치적인 측면을 부각시킨다는 점이다. 따라서 다음과 같이 주장한다.

"지금 우리나라의 88만원 세대에게 가장 필요한 것은 그들만의 바리케이드와 그들이 한 발이라도 자신의 삶을 개선시키기 위해 필요한 짱돌이지, 토플이나 GRE 점수는 결코 아니다(우석훈·박권일, 2007: 289)."

또한 이 책은 20대의 현실이 세대 내 전쟁이기도 하지만, 세대 간 전쟁이라고 주장한다. "극렬한 경쟁 속에서 20대가 부딪히는 근본적인 문제는 동기들끼리의 경쟁이 아니다. 그들 스스로는 이 싸움을 자신들끼리의 경쟁, 즉 '세대 내 경쟁'이라고 인식하지만, 사실 그들의 싸움은 '세대 간 경쟁'에 편입되어 있다. … 이것이 2007년 승자독식 게임의 특징이다. 승자독식 게임의 특징은 이기면 된다는 것이다. 하지만 새파란 20대가 관록으로 뭉친 40대와 50대를 무슨 수로 이길 수 있는가? 그것도 비정규직이 대부분인 뻔한 상황에서…"(우석훈·박권일, 2007).

2008년 5월 촛불집회가 시작되자, '88만원 세대'는 집회 초기 국면의 주력인 10대 '촛불소녀'들과 선명하게 대비된다. 왜 이런 현상이 벌어졌을까? "광장 세대들이 사회참여에 뜸한 바탕에는 취업 문제가 깊숙이 자리잡고 있다. 대학 새내기건, 졸업반이건 한결같은 고민은 '취업'이다. 사회생활을 하고 있는 20대들도 '취업'은 가장 첫째 가는 고민거리다"(한겨레, 2008).

이에 대해 "최근에는 40대 386세대에 해당하는 논객들이 20대 88만

[표 2-2] 트라우마적 사건과 엔텔레키

	트라우마적 사건	엔텔레키
산업화	5·16, 새마을 운동, 박정희 사망	국가(국민), 가족, 성장제일주의, 희생
민주화	4·19, 전태일, 광주민주항쟁, 6·10 민주항쟁, 남북정상회담	민주주의, 민족(통일), 노동자의 발견
정보화	88올림픽, 2002년 월드컵, IMF 구제금융, 《88만원 세대》출간, 촛불집회	개인, 경쟁, 불평등, 삶의 질, 사이버 광장의 발견

원 세대의 보수화와 탈정치화를 꾸짖는 흐름"이 나타난다(박재홍, 2009: 13).

그렇다면 각각의 세대를 상징하는 엔텔레키는 무엇일까? 산업화 세대에게 엔텔레키는 국가국민, 가족, 성장제일주의, 희생 등이다. '우리는 민족중흥의 역사적 사명을 띠고 이 땅에 태어났다'로 시작하는 국민교육헌장은 개인의 삶보다는 국민과 국가를 중심에 둔다. 특히 개인은 가족을 위해 희생되어야 한다. 회사도 또 하나의 가족이다. 따라서 개인보다는 가족, 가족보다는 국가가 우선되는 삶을 사는 것이 정상적인 국민의 모습이다.

민주화 세대의 엔텔레키로는 민주주의, 민족통일, 노동자의 발견 등을 들 수 있다. 민주주의는 국민에서 시민으로 구성원의 지위가 바뀌었다는 것을 의미한다. 그리고 최소한 정치인은 국민이 직접 손으로 뽑아야 한다. 한편 민족과 북한에 대한 태도도 재정립된다. 산업화 세대가 북한을 적대적인 주적으로 보았다면, 이 시기에는 파트너십을 가진 협력의 주체로 본다. 과거에는 북진통일로 통일전략을 구상했다면, 이 시기에는 상호 협력과 체제 인정의 점진적인 통일관을 제시한다.

이 시기에 나타난 중요한 변화는 노동자의 발견이다. 이전의 시기에 일하는 사람은 근로자이다. 근로자는 열심히 근로하는 수동적인 존재로 공돌이, 공순이라는 다소 비하적인 표현으로 지칭되었다. 하지만 1970년 공장 노동자 전태일의 분신 이후 노동자는 하나의 주체로 인식되기 시작한다. 특히 1980년 광주민주항쟁의 과정에서 사회현상을 계급으로 이해하기 시작한다. 1980년대 여성 노동자들을 중심으로 시작된 공장 내 노동운동은 1987년을 거치면서 노동자들의 조직, 노동조합의 건설 운동으로 나아간다. 공장 내에서 민주화가 시작된 것이다.

1987년을 상징하는 것이 민주주의 엔텔레키였다면, 정보화 세대를 상징하는 것은 개인, 경쟁, 불평등, 삶의 질, 사이버 광장의 발견 등의 엔텔레키이다. 이 시기에 무엇보다 중요한 발견은 개인이다. 그동안 국민, 시민, 민중 등의 담론에 가려 개인은 개인주의의 맥락에서 부정적인 담론이었다. 하지만 정보화, 신자유주의, 경쟁력 등의 담론은 개인을 집단에서 떼어 내어 스스로 사고하는 조건과 방법을 가르쳐 주었다. 이 개인은 사이버 광장에 나와 주체적으로 자신을 표현할 수 있다.

한편, 개인은 결코 행복해 보이지 않는다. 불평등이 심화되면서 삶의 질이 추락하기 시작했다. 직장은 정규직과 비정규직으로 나뉘고 정규직이 되는 것은 하늘의 별따기가 되었다. 더 이상 '개천에서 용 나지 않는다'.

세대 단위

세대 단위는 실제 세대 중에서 의식화된 실천적인 동질적인 집단을 의미한다. 세대 단위는 동시대를 살면서 비슷한 경험을 하더라도 상이한 이견 그룹으로 나뉠 수 있다. 산업화 세대의 세대 단위로 가장 적극적인 활동을 하는 집단은 소위 '태극기 부대'이다. 태극기 부대는 앞서 언급한 산업화 세대의 특징을 극단적인 형태로 간직하고 있다. 즉 냉전 시기의 반공주의를 여전히 신봉하고 군부독재 세력과 신념을 공유한다.

[그림 2-4] 세대 단위

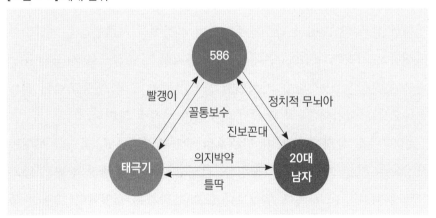

이들은 민주화 세력을 빨갱이로 치부하고 아스팔트 투쟁을 지속한다.

한편, 민주화 세대의 세대 단위는 386세대 그룹이다. 이들은 30대, 80년대 학번, 60년대 출생자를 의미한다. 하지만 이들은 현재 50대가 되었다는 점에서 586세대라고 부른다.

386세대의 경우 반미 사회주의 이념과 현실변혁이론에 기반하여 대학생활을 보내며 역사적으로 성공한 학생운동의 경험을 가졌다는 점, 그리고 나이가 들어서도 정치적 진보성을 유지하고 있다는 점 등을 특징으로 한다(은석 외, 2018: 50).

이들은 현재 한국 사회의 기득권이다. 민주화에 대한 열망은 크지만 분배 문제에서는 산업화 세대와 큰 차이가 없다. "386세대의 정치적 정체성이 민주주의에 대한 부정적 태도는 약하지만, 소득 재분배 등의 전통적인 좌/우 인식에서는 다른 코호트와 별로 구분되지 않는다는 지적"이 있다(박병영, 2007, 은석 외, 2018: 49 재인용).

정보화 세대 중에는 촛불집회를 지지하는 세대도 있지만 비판하고 반대하는 세대도 있다. 또한 북한에 우호적인 사람들도 있지만 비판적인 세대도 있다. 그런데 '20대 남자론'에 초점을 맞추면 이들은 개인의 경쟁력을 추구하는 그룹이다. "실제 세대로의 전환 경험 없이 신자유주의적 압력에 '스펙 쌓기'라는 개인적 차원의 방식으로 대응하기에 청년 문제가 심화되고 있다"(은석 외, 2018: 50).

2008년 촛불을 든 10대를 바라보면서 《88만원 세대》의 저자인 우석훈은 20대를 '끝장 세대'라고 명명한다. 이들은 냉소주의에 빠져 있고, 집단적인 자각을 하지 않는다는 것이다(한겨레, 2008).

세대담론

다양한 세대 명칭이 마케팅 차원에서 소비자를 층화·차별화하기 위

[그림 2-5] 세대의 역사

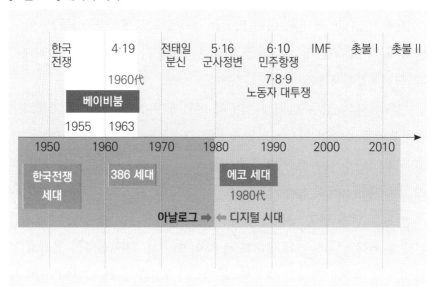

해 고안되고 생산·유포되는데, 연령 기준에 따른 세대명도 마찬가지이다. 10~20대 청소년들은 1990년대 이래 구매력이 높은 핵심 소비자층으로서 의류, 패션잡화, 전자제품 시장의 주요 공략 대상이 되어 왔다. 학교 급별 연령 범위를 이용해 작명한 1318세대 등이 상업적 목적의 층화·차별화 전략을 전형적으로 동원한 세대명이다. 정도는 덜하지만 1020세대나 2030세대 역시 마케팅 목적으로 사용되기도 하며, 고령층을 상징하는 실버 세대라는 작명에서도 실버산업의 유혹이 감지된다(박재흥, 2009: 17).

세대는 여러 가지 관점에서 분류될 수 있다. 대체적으로 역사적 경험, 나이·생애단계, 문화적·행태적 특성 등에 따라 구분한다. 예를 들어 나이·생애단계의 특성에 따른 2030세대, 1318세대와 같은 세대명은 1990년대 중반 처음으로 모습을 드러냈다. 문화적·행태적 특성에 따른 분류는 광고기획사의 소비자 행태에 대한 분석과 언론과 연구자의 차별화를 목적으로 한다. 예를 들어 1993년의 무렵의 '신세대' 담론이 있다. 이는 큰 어려움 없이 자란 젊은층의 소비 지향, 개인 지향, 탈권위 지향의 특성을 설명한다. 이 밖에도 1993년말 화장품 회사가 만든 'X세대', 1990년대 말의 정보화와 연관된 'N세대'나 '디지털 세대', 2002년 월드컵 거리응원의 '월드컵세대'W세대, '붉은 악마 세대'R세대, '광장 세대' 등이 있다. 광고기획사 제일기획의 작품으로는 P세대 2003, WINE 세대 2004,[1] MOSAIC세대 2006, 2.0소비자 2007 등이 있다. 최평길 교수는 IP세대 '실용파 세대' Independent Producer 를 창조했다(박재흥, 2009: 17-18).

그런데 동일한 세대 위치에 있는 세대가 모두 실제 세대가 되는 것은 아니다. 또한 실제 세대 내에 있는 세대들이 모두 동일한 세대 단위가 되는 것도 아니다. 더 나아가 동일한 세대 단위가 일관성을 가지지도 않는다. 예를 들어 2002년 노무현 후보를 지지했던 20~30대가 이후 대통령 선거에서 이명박 후보와 박근혜 후보를 50% 이상 지지했다.

이상에서 보듯이 세대담론의 프레임을 만든 주체를 문제 삼아야 한다. 또한 세대담론의 범주가 무엇에 있는지도 평가해야 한다. 실제 세대를 동일한 경험과 엔텔레키를 가진 것으로 상정한다면, 앞서 정의된 세대담론에 비판적으로 접근해야 한다.

세대 분류

세대 분류는 명확하게 정해진 기준이 존재하지 않는다. 따라서 학자에 따라 기업에 따라 목표와 기준에 따라 다르다. 박재흥(2009)은 세대 명칭을 구성하는 기준을 ① 역사적 경험, ② 나이 혹은 생애주기단계,

---

1 "'P세대'는 2002년 월드컵, 촛불시위, 대선에서 드러났듯이 적극적 참여 (participation), 열정(passion), 힘(potential power), 패러다임 변화 주도자 (paradigm-shifter)라는 키워드로 특징지어지며, 'WINE세대'는 "사회적·개인적으로 잘 통합되고 숙성된 어른세대(well integrated new elder)"를 뜻한다"(박재흥, 2009: 19).

③ 문화적·행태적 특성 등 세 가지로 나누어 설명한다. 첫째로, 비슷한 시기에 출생한 코호트birth cohort의 역사적 경험이나 시대 특성을 세대 명칭에 반영한 유형이라면, 다른 유형은 나이·생애단계와 문화적·행태적 특성에 따른 유형이다. 박재흥은 나머지 두 유형에 비해 역사적 경험에 따른 구분이 마케팅 목적의 사용 빈도가 가장 낮아 세대명을 붙일 때 가장 적절하다고 주장한다(박재흥, 2009: 16).

[표 2-3]에서 보듯이 박재흥(2009)은 역사적 사건에 근거하여 한국전쟁 세대, 4.19세대, 유신 세대, IMF세대, R세대, 광장 세대 등으로, 시대적 특성에 따라 산업화 세대, 민주화 세대, 탈냉전 세대, 베이비붐 세대, 386세대, 88만원 세대 등으로 세대를 구분했다(박재흥 2009, 15).

[표 2-3] 세대 구분

구성기준		세대명칭
역사적 경험	역사적 사건	한국전쟁 세대, 4.19세대, 유신 세대, IMF세대, W세대, R세대, 광장 세대
	시대특성	산업화 세대, 민주화 세대, 탈냉전 세대, 베이비붐 세대, 386세대, 88만원 세대
나이·생애단계	10년 단위	2030세대, 5060세대, 1020세대
	학교 급별 연령 범위	1318세대(중고생), 1315세대(중학생), 1618세대(고등학생), 1924세대(대학생)
	생애단계	청년세대, 대학생 세대, 노년 세대, 실버 세대
문화적·행태적 특성	문화적·행태적 특성	신세대, X세대, N세대, 디지털 세대, IP세대, 실용파 세대(P세대), (웹)2.0세대, 실크 세대
	소비행태	P세대, WINE세대, MOSAIC세대, 2.0소비자

출처: 박재흥, 2009: 15.

한편 곽관용·마인섭(2019)의 구분은 박재흥의 구분과 맥락이 비슷지만 쓰고 있는 담론이나 용어에서 다소 차이가 난다.

[표 2-4] 역사적 경험에 따른 세대 구분

세대 구분	출생연도	역사적 경험에 따른 세대 명칭
20대	1990~1999년	촛불 세대, 광장 세대
30대	1980~1989년	월드컵 세대(W세대), R세대
40대	1970~1979년	IMF세대, 탈냉전 세대
50대	1960~1969년	386세대, 민주화 세대
60대	1950~1959년	유신 세대, 베이비붐 세대
70대 이상	~1949	한국전쟁 세대, 산업화 세대, 4·19세대

출처: 곽관용·마인섭, 2019: 36.

한편, 은석 외(2018)의 구분은 경제적인 상황과 세대 단위가 되는 대학생의 비율을 중심에 놓고 세대 구분을 시도했다.

[표 2-5] 우리나라의 세대 구분

	유신 세대	386세대	IMF세대	88만원 세대
출생연도	1957~1961년	1962~1971년	1972~1982년	1983~1994년
1인당 GNI 연평균 증가율	6% (1976~1980)	9% (1981~1990)	5% (1991~2001)	3% (2002~2013)
평균 대학등록률	9.8% (1976~1980)	29.1% (1981~1990)	57.3% (1991~2001)	95.6% (2002~2013)
초기 성년기 역사적 사건	1차 베이비붐 1972년 유신	1980년 광주항쟁 1987년 민주항쟁	1991년 동구권 붕괴 1997년 외환 위기	2002년 월드컵 노무현 당선 2008년 금융위기 촛불집회

출처: 은석 외, 2018: 49.

전상진은 특정 코호트를 어떠어떠한 세대로 명명하기 위해서는, ① 이들이 "집합적 행위자로 공적인 영역에 등장"해야 하고, ② "고유의 세

[그림 2-6] 세대 단위

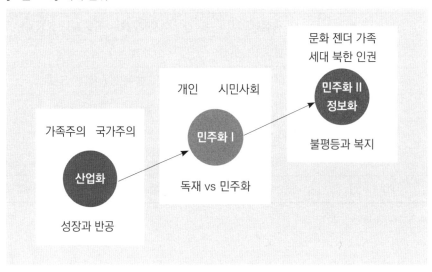

대의식을 발전시키고 공유"해야 하며, ③ 세대 특성이 청소년기 이후에도 어느 정도 지속되어야 하고, ④ 그런 특성의 소지 여부가 그 세대를 타 세대와 구별하는 기준이 되어야 한다는 네 가지 조건을 제시한다(박재홍, 2009: 20에서 재인용).

우리나라 세대 연구의 유형화에 대한 일정한 합의는 다음과 같다. 주요한 '결정적 집단경험'을 한국전쟁, 민주화, 탈냉전으로 본다. 즉 첫째, 한국전쟁과 관련하여 1930년이나 1950년경에 출생한 사람들, 둘째, 민주화 경험과 관련하여 1950년이나 1960년경 출생한 사람들, 마지막으로 1990년대 탈냉전과 정보화라는 변화된 환경에서 성장한 사람들이다.

이와 관련하여, 박재홍은 한국 사회의 세대를, ① 식민지·전쟁 체험 세대, ② 산업화·민주화 세대, ③ 탈냉전·정보화 세대로 구분한다(박재홍, 2005). 이상에서 보듯이 세대 분류가 다양한 호칭으로 명명되었지만, 학문적으로는 대체로 세 가지 세대호칭이 있다. 여기서는 이상의 구분에 기반하여 산업화, 민주화Ⅰ, 민주화Ⅱ·정보화 등의 세대로 구분하고자 한다.

산업화와 민주화 I 은 기존의 구분과 범주와 내용에서 큰 차이가 없다. 다만 이 책에서는 민주화를 I 과 II 로 나누었다. 보통 정치학에서 민주주의를 언론, 출판, 집회, 결사, 사상, 표현 등에 초점을 맞춘 절차적 민주주의와, 사회권, 즉 소득, 주택, 의료, 교육 등에 초점을 맞춘 실질적 민주주의로 구분한다. 따라서 민주화 II 를 사회권의 과제를 갖고 있는 시기로 본다. 이것은 88만원 세대들의 지향을 담은 것이다. 한편 민주화 II 의 시기를 정보화 세대로도 명명해서 젊은층의 특성을 포착하고자 한다.

③ 세대 갈등의 쟁점

2020년 현재 상이한 세대가 동시대를 살아가고 있다. 이들은 상이한 생각을 하고 상이한 판단을 내린다. 이것을 '동시대의 비동시대성'이라고 표현한다. 독일의 미술사학자 핀더는 동시대인일지라도 출생 시기가 다르면 역사적 경험의 차이 때문에 세상을 다르게 이해하고 살아가는 현상이라고 설명한다.

왜 세대 갈등이 일어날까? 한국에서 세대 갈등은 어떤 쟁점이 있을까? 여기서는 세대 갈등의 쟁점으로 이념 갈등을 꼽는다. 우리나라 정치는 늘 진보와 보수를 이야기한다. 특히 2002년 노무현 후보자를 당선시킨 대통령 선거에서 이념 갈등이 나타나기 시작했다. 그 이전에는 주로 지역 갈등이 정치균열의 핵심이었다. 그런데 다음과 같은 질문이 제기된다. "60대 이상의 노년 세대가 대체로 보수적이고, 30~50대의 중·장년 세대는 대체로 진보적이라고 인식되어 왔다면, 20대의 청년들은 보수적일까 아니면 진보적일까?"(곽관용·마인섭, 2019: 37). 이것은 신세대의 등장, 특히 20대의 보수화 현상을 보면서 제기된 의문이다.

또 다른 쟁점으로 북한을 어떻게 볼 것인가, 평창 올림픽을 평양 올림픽으로 보는 주요 세력은 기존의 산업화 세대의 태극기 부대이기도 하지만, 여기에는 20대 남자들도 있다.

다른 한편, 이익 갈등도 세대 갈등의 쟁점으로 주목해야 한다. 이 분야에는 분배를 둘러싼 갈등과 고용을 둘러싼 갈등이 존재한다. 《88만원 세대》는 신자유주의 이후 세대 내 경쟁보다는 세대 간 착취가 본질적인 문제가 되었다고 진단한다. 즉 386세대는 포식자로서 기득권이 되었고 현재의 20대는 "다음 세대들의 비참한 모습을 먼저 경험하는 새 시대의 첫 세대"(우석훈·박권일, 2007: 296)이다.

문화 갈등도 심각하다. 노인을 틀딱으로 보고, 꼰대로 표현하는 젊은 이들에게 문화 갈등은 중요한 문제이다. 다른 한편, 젠더 갈등이 심각해 지고 있다. 20대 남성들은 더 이상 여성이 약자가 아니라 불공정한 경쟁을 만들고 있는 존재라고 비판한다.

이 책에서는 갈등이 일어나는 장소에도 주목한다. 이런 갈등은 국가와 가족, 그리고 회사 내부에서 일어난다. 또한 세대 단위에도 주목한다. 즉 태극기 부대, 586세대 그리고 20대 남자라는 세대 단위는 우리나라의 현 세대를 이해하는 데 중요한 집단이다.

마지막으로 주의할 점이 있다. 세대론에는 몇 가지 약점이 있다. 연속선상에 있는 사람들 출생 시점이든 태도 측면이든 을 임의적 기준에 따라 나누는 것도 그렇고, 동질적이라 볼 수 없는 어떤 연령층을 단일 세대로 명명하는 것도 그러하다. 이런 약점들이 있음에도 세대담론이 꾸준히 재생산되는 것은 '세대' 개념만큼 시대 변화를 담아 내는 은유로서의 매력을 가진 용어가 별로 없기 때문이 아닐까 생각한다(박재홍, 2009: 30).

📚 참고문헌

곽관용·마인섭(2019). "한국 20대의 보수와 진보: 세대 간 및 세대 내 비교." 《비교민주주의연구》. 제15집 2호.

박병영(2007). "1980년대 민주화운동 세대의 정치적 정체성." 《현상과 인식》. (Vol. 31-2).

박재흥(2005). "한국사회의 세대 구성." 《문학과 사회》. Vol. 18-3.

박재흥(2009). "세대명칭과 세대갈등 담론에 대한 비판적 검토." 《경제와 사회》. 2009년 봄호(통권 제81호).

우석훈·박권일(2007). 《88만원 세대: 절망의 시대에 쓰는 희망의 경제학》. 레디앙.

은석 외(2018). "세대 차이인가, 계층 차이인가?." 《아시아리뷰》. 8(1)(통권 15호).

한겨레신문(2008). "그 많던 20대 '광장세대'는 어디로 갔나." 2008. 5. 19.

제3장

세대와 문화

① 문화의 개념, 세대 문화

문화의 다양한 의미

세대와 문화에 대해 알아보려면 먼저 문화의 개념을 정리할 필요가 있다. 그런데 문화라는 말은 정리하기 매우 힘든 개념이다. 시대에 따라 문화의 개념이 달라져 왔을 뿐만 아니라 지금 우리가 사용하는 문화라는 단어에도 서로 구별되는 뜻이 혼재하기 때문이다. 영국의 문화연구가 레이먼드 윌리엄스는 우리가 흔히 사용하는 문화라는 말에 "① 정신의 특정한 발전 상태, ② 정신의 발전 과정, ③ 정신을 발전시키는 과정에서의 수단, ④ 특정 민족이나 여타 사회집단의 삶의 방식 전체"와 같은 여러 의미가 뒤섞여 있다고 한다. 그렇다면 문화라는 단일한 용어에 왜 이런 복합적인 의미가 담기게 되었을까?

원래 문화^{culture}라는 말은 '경작하다, 재배하다'라는 뜻을 지닌 라틴어^{colere}에서 파생된 용어이다. 지금도 농업^{agriculture} 같은 단어에서 사용되는 culture가 이 어원의 의미를 간직하고 있다. 이처럼 경작이나 재배의 행위가 문화의 어원이 되었다는 것은 문화가 인간과 동물을 구분 짓는 핵심 요소로서 파악되었음을 시사한다. 그리고 이로부터 인간이 동물과 구분되어 했던 온갖 행위의 결과들이 문화를 이루게 되었다. 따라서 문화에는 일차적으로 인간적이라고 할 수 있는 요소들이 포함된다.

그러다가 신분제 사회가 발전하면서 문화의 개념에 변화가 나타났다. 스스로는 생산활동을 하지 않고 다른 사람이 생산활동을 한 결과를 빼앗아 생활하는 사람과, 그들을 위해 생산활동을 하는 사람이 구분되기 시작한 것이다. 전자의 사람은 생산활동에서 해방되어 학문이나 예술 등의 활동에 눈을 돌렸고, 이로부터 이른바 정신노동과 육체노동이 구분되었다. 그리고 이 과정에서 정신노동의 결과물만을 인간적인 것으

[그림 3-1] 모내기 풍경

농업의 시작은 인간이 동물과 구분되는 출발점을 이루었고 문화가 만들어지는 계기를 형성했다.
©픽스타

로 생각하고 정신노동의 결과물에만 문화라는 용어를 사용하는 관습이 발전했다. 결국 신분사회의 도래와 함께 문화는 상위 신분인 사람들이 하는 행위의 결과들을 가리키는 단어로 그 의미가 축소된 것이다.

이처럼 상위 신분의 사람들이 문화의 개념을 독점하게 된 데는 노예 노동에 종사하는 사람들을 동물과 비슷한 수준으로 격하시킴으로써 자신과 구분되는 존재로 만들고, 다른 한편으로 그 구분을 통해 자신들의 지배행위를 정당화하고자 하는 욕구가 작용했다고 할 수 있다. 결국 문화의 개념에 좀 더 인간적인 요소와 좀 덜 인간적인 요소의 구분이 개입한 것이다.

그런데 대략 18세기에 접어들면서 문화 개념에 중요한 변화가 일어났다. 이 시기에 독일의 철학자 헤르더는 문화들cultures 이라는 복수 표현을 사용했다. 그때까지 문화는 오직 단수로만 사용되었으나 헤르더로부터 문화의 복수 표현이 처음 나타난 것이다. 그리고 이런 변화의 결과 문화는 다시 삶의 양식이라는 원래의 의미를 회복했다.

사실 문화의 복수 표현을 사용했다는 것은 하나가 아니라 여러 문화가 존재한다는 생각이 싹텄음을 알려준다. 문화를 단수로만 표현하는 데는 문화와 문화 아닌 것을 규정하는 어떤 하나의 기준이 존재한다는 생각이 전제된다. 즉 문화적인 것과 야만적인 것이 구별되고 고상함의 정도에 따라 더 문화적인 것과 덜 문화적인 것이 나뉠 수 있다는 것이다. 따라서 그런 관점에서는 다양한 문화가 존재할 수 있다는 생각이 나타날 수 없다.

반면 문화의 복수 표현을 사용하기 시작했다는 사실은 문화적인 것을 정의하는 단일한 기준을 더 이상 고집하지 않게 되었음을 시사한다. 그리고 이렇게 문화의 개념이 바뀌면서 그전까지 문화라는 말에 포함되어 있던 단일한 기준은 문명civilization이란 말 속으로 넘어가게 되었다. 그리고 이런 변화의 과정에서 19세기에 이른바 인류학적 문화 개념이 발전했다.

문화의 개념을 정의할 때 흔히 광의의 문화 개념과 협의의 문화 개념을 구분한다. 인류학적 문화 개념이라고 부르기도 하는 광의의 문화 개념은 인간이 동물과 구분되어 했던 온갖 행위의 결과라는 원래의 개념과 연결된 것이다. 19세기 인류학자 E. B. 타일러가 문화란 "지식, 신앙, 예술, 법률, 도덕, 풍습 등 사회구성원으로서 인간이 획득한 능력과 습관의 총체"라고 정의했던 것이 대표적이다. 청소년 문화, 인터넷 문화, 지역 문화 같은 말에서 사용된 문화의 용법이 이 광의의 문화 개념을 보여 준다. 반면 문화인, 문화제, 문화의 거리 같은 말에서 사용된 문화의 용법처럼 무언가 고상하고 품위 있는 것, 나아가 예술과 비슷한 것으로서 문화를 보는 협의의 문화 개념은 신분제 사회가 발전한 이후에 나타난 문화의 개념과 연결되어 있다.

이 장의 주제인 세대와 문화라는 주제에서 사용된 문화의 개념은 광의의 문화 개념에 속한다. 세대 문화라는 개념은 각 세대의 생활양식 중 고상하고 품위 있는 것만을 다루는 것이 아니라 전반적인 것을 모두 포괄하기 때문이다. 특히 여기에서는 문화를 보는 관점으로 적응양식으로서의 문화라는 관점을 취하고자 한다. 이는 우리를 둘러싸고 있는 삶의 조건이 그에 적합하고 특정하게 유형화된 행위양식을 만들어 내며, 이것이 문화라는 의미이다. 결국 문화는 사회의 구성원들을 둘러싼 환경에 가장 효과적으로 적응하기 위해 사회의 구성원들이 발전시킨 생활양식이라고 할 수 있다.

문화의 종류

일반적으로 문화라는 표현을 쓰지만 그 범위가 워낙 넓다 보니 문화 자체도 여러 종류로 구분될 수 있다. 그리고 문화는 구분의 기준이 무엇이냐에 따라 다양하게 나뉜다.

먼저 문화의 내용에 따른 구분이 가능하다. 이를테면 볼드리지는 문화를 내용에 따라 경험적 문화와 심미적 문화, 규범적 문화로 구분한다. 먼저 경험적 문화란 주어진 환경에 적응하며 얻은 기술, 지식이 축적된 문화를 가리킨다. 두 번째로 심미적 문화란 한 사회 내에서 정립된 아름다움의 기준을 말한다. 마지막으로 규범적 문화란 특정 사회에서 바람직하게 생각하는 인간의 행동은 어떤 것인가를 규정하는 것을 의미한다.

규범적 문화와 관련해서 섬너는 규제력의 정도에 따라 세 가지 서로다른 규범을 구분하기도 했다. 그중 첫 번째인 민습folkways은 가장 규제력이 약한 것으로, 우리가 흔히 상식이나 매너 또는 에티켓이라 부르는 종류의 규범이다. 반면 원규mores는 사회가 중요하다고 생각하는 가치와 관련된 규범이다. 따라서 원규의 규제력은 민습보다 월등히 강한 편인데, 대표적으로 근친상간금기 incest taboo를 들 수 있다. 마지막으로 법률law은 사회에서 반드시 지켜야 할 규범으로서 공식적으로 명문화된 규범이다. 형법과 민법, 상법 등 법전에 따라 규정된 규범이 법률을 구성한다. 민습이나 원규를 위반했을 경우 대체로 공동체가 처벌의 주체가 되지만, 법률을 위반했을 때는 국가의 사법기구와 같은 공식 제도가 처벌의 주체가 된다. 전통적인 공동체가 약화된 현대 사회에서는 법률이 가장 대표적인 규범의 형태로 부각되어 있다.

한편 문화는 포괄하는 범위에 따라 구분할 수도 있다. 이와 관련해서는 문화가 적용되는 포괄 범위가 한 사회의 전체인지 아니면 일부분인지를 나눠 볼 수 있다. 전자의 경우를 가리키는 표현이 전체문화이고 후자를 가리키는 표현은 부분문화 또는 하위문화인데, 이때 하위문화라는 표현은 청년이나 범죄집단 등 문화가 적용되는 특정한 집단의 성격을 강조하는 의미를 지닌다. 이런 부분문화나 하위문화 중에는 전체문화를 단지 특정하게 변화시킨 것도 있는 반면 의식적으로 전체문화를 바꾸고자 하는 문화도 있다.

이처럼 의식적으로 전체문화를 바꾸려는 문화의 경우 속성에 따라 대항문화와 반문화로 구분하기도 한다. 이때 반문화란 범죄집단의 하위문화와 같이 전체문화와 자신들의 부분문화를 구분하는 데 일차적인 목적을 두는 문화를 말한다. 반면 이들 부분문화 중 적극적으로 기존의 전체문화를 변경시켜서 새로운 문화로 바꾸고자 하는 문화를 대항문화라고 부른다. 서구사회에서 1960년대에 펼쳐졌던 청년문화가 대항문화의 대표적 예이다.

마지막으로 문화의 시간적 지배력에 따른 구분도 가능하다. 레이먼드 윌리엄스는 특정 문화의 시간적 지배력에 따라 지배적 문화, 잔여적 문화, 신생적 문화를 구분하는데, 지배적 문화란 현재 그 사회의 다수 구성원에게 통용되며 일종의 규범으로 존재하는 문화이다. 반면 잔여적 문화란 과거에 지배적이었지만 지금은 일부 집단에게만 영향력을 유지한 채 사멸하고 있는 문화이며, 신생적 문화란 아직 지배적 문화의 위치에 오르지는 못했지만 새로운 세대의 지지를 받아 미래에 지배적 문화가 될 가능성이 높은 문화이다. 예를 들어 우리 사회에서 바람직하게 생각되는 가족의 형태를 보자. 전통사회에서 주된 형태였지만 지금은 거의 남아 있지 않은 확대가족이 잔여적 문화의 사례라면, 부부와 미혼 자녀로 구성되는 핵가족이 지난 반 세기 이상을 지배해 온 지배적 문화이고, 비혼가구, 이혼가구, 사별가구 등을 포괄하는 일인 가구 등 다양한 형태의 신가족이 신생적 문화가 될 수 있다.

세대 문화

이제 이상의 논의를 염두에 두고 세대 문화에 대해 이야기해 보자. 세대 문화란 특정한 세대가 지닌 부분문화의 일종이다. 이런 문화가 만들어지는 배경으로는 특정 세대가 지닌 경험의 차이를 꼽을 수 있다. 각각의 세대는 그들을 둘러싼 역사적·사회적 조건의 차이에 따라 서로 경험하는 내용에 차이가 있다. 따라서 그 경험에 대응하는 방식에도 차이가 나타날 수밖에 없다. 이 차이가 바로 세대에 따라 서로 다른 세대 문화의 기반이 된다.

결국 세대란 역사적·사회적 조건의 차이에 따라 비슷한 경험을 공유한 집단이다. 그리고 이처럼 비슷한 경험을 공유한 결과 다른 세대와 구분되는 특정한 생활양식을 발전시킨다. 그리고 이처럼 구분되는 독특한 생활양식이 바로 세대 문화를 구성한다. 따라서 세대란 서로 구분되는 생활양식을 지닌 서로 다른 연령대 사람들의 모임이라고 할 수 있다. 다시 말해 세대란 기본적으로 문화적으로 규정되는 존재이다.

② 세대 차이와 세대 내 차이

세대 차이의 역사성, 사회성

평소 일상생활이나 언론을 통해서 세대 차이에 대한 논의를 자주 볼 수 있다. 그렇다면 이런 세대 차이는 왜 생기는 것일까?

세대 차이가 발생하는 기본 배경으로는 서로 다른 연령집단 간에 존재하는 삶의 조건 차이를 꼽을 수 있다. 이 삶의 조건이 다르기 때문에 문화의 차이가 만들어지고 그 차이가 사회적으로 의미 있을 만큼 구분되었을 때 세대 차이가 만들어진다는 것이다. 결국 세대를 나누는 기준은 역사적이고 사회적이다. 즉 시대에 따라 사회에 따라 기준이 달라진다. 이는 기본적으로 세대를 나누는 기준이 절대적인 것이 아니라는 점을 시사한다. 어떤 사회에서 세대를 구분하는 중요한 기준으로 취급되는 것도, 다른 사회에서는 별다른 중요성을 지니지 못하는 요인으로 취급될 수 있다. 그러므로 세대란 단지 생물학적인 연령에 따라 규정되지 않으며 사회적 속성을 지닌다.

그렇다면 이처럼 세대 간의 문화 차이를 만들어 내는 삶의 조건에는 어떤 것이 있을까? 여기에 대해서는 크게 생물학적인 요인과 사회적인 요인을 나눠 볼 수 있다. 이제 각각의 조건을 좀 더 상세히 살펴보도록 하자.

먼저 생물학적인 요인으로는 성장과 노화에 따른 육체의 변화를 꼽을 수 있다. 세대는 기본적으로 공통 경험을 통해 규정되고 이 경험은 성장과정에서 자연스럽게 만들어지는 것이 가장 중요하다. 즉 성장과정에서 겪은 특정 경험을 절대화할 때 세대가 만들어진다. 하지만 일상적인 용법에서 세대의 개념은 이런 세대의 개념과 다소 차이가 있다. 이를테면 기성세대와 청년세대라는 개념은 그 세대가 지녔던 특정 역사적 경험과는 무관하게 생물학적인 요인의 차이를 염두에 둔 개념이라 할 수 있다. 이 경우 기성세대란 특정 연령대의 사람들이 그 연령대에 속함으로써 공통적으로 갖게 되는 경험에 기반하여 형성되는 것이며, 젊은 세대도 마찬가지이다.

그렇다면 기성세대와 청년세대의 개념이 전제하는 경험의 차이는 무엇일까? 모든 사람은 동식물과 마찬가지로 어쩔 수 없는 성장과 노화의 과정을 겪는다. 그 결과 당연히 기성세대와 청년세대의 행동방식과 의식은 달라질 수밖에 없다. 흔히 나이가 들수록 보수적이 된다고 말한다. 여기서 보수적이라는 의미는 정치적이라는 좁은 뜻을 넘어선다. 즉 특정 정당에 대한 지지 여부를 넘어 전반적으로 변화에 좀 더 수동적이고 나아가 변화를 거부하는 성향을 이야기하는 것이다. 그런데 이처럼 기성세대가 변화를 거부하는 이유는 일반적으로 변화에 대한 기성세대의 적응력이 상대적으로 떨어지기 때문이다. 그들은 더 오랫동안 기존 체제에 적응했고 그에 익숙해졌기 때문에 새로운 체제에 그만큼 적응하기 어렵다. 반면 젊은 세대의 경우 기존 체제에 대한 경험이 그리 길지 않기 때문에 새로운 체제가 만들어지더라도 별 어려움 없이 적응할 수 있다. 결국 이로부터 자연스럽게 새로운 체제에 대한 수용력에 차이가 생겨나는 것이다.

연령에 따라 경험의 폭과 종류가 달라진다는 점도 지적할 수 있다. 현대 사회에서는 일반적으로 나이가 들수록 더 많고 다양한 사람을 만날 가능성이 높다. 당장 사회경제적인 요소를 살펴보자. 어렸을 때는 부모의 사회경제적 형편에 따라 비슷한 조건을 지닌 사람들이 같은 마을에서 함께 살아갈 가능성이 높다. 하지만 학교를 다니면서 이 범위는 점차 확장된다. 특히 대학에 진학하면서 만나는 사람들은 고등학교 때까지 만났던 사람들과 사회경제적 조건이나 지역의 배경이 전혀 다른 사람들이다. 그리고 직장에 가면 그 범위는 더욱 확장된다. 물론 같은 직장에 다니는 사람들의 조건은 전체적인 면에서 보면 상대적으로 유사할 수 있지만 업무의 수행과정에서 만나는 사람들은 훨씬 더 다양한 범위를 지니고 있을 가능성이 높기 때문이다.

이런 경험의 차이는 당연히 생각과 행동에도 영향을 미친다. 내가 속했던 좁은 집단에서의 경험이 성장과정에서 다양한 집단과 만나면서 겪은 경험에 따라 확장되기 때문이다. 경험을 어떤 식으로 처리하는가는 사람에 따라 차이가 있겠지만 어쨌든 그런 경험이 있는 사람과 없는 사람 사이에는 분명한 차이가 있을 수밖에 없다. 즉 경험을 겪은 기성세대와 그런 경험을 아직 겪지 못한 젊은 세대는 경험의 폭에서 차이가 있을 수밖에 없다는 것이다.

생물학적인 요인과 더불어 사회적인 요인의 차이도 무시할 수 없다. 사회적인 요인과 관련해 일차적으로 각 연령대의 사람들에게 기대되는 사회적 역할의 차이를 생각해 볼 수 있다. 나이가 들면서 자연스럽게 우리의 사회적 역할, 즉 특정한 사회적 지위를 지닌 사람에게 기대되는 행동방식에는 차이가 생겨나며, 그에 따라 그의 행위 또는 문화 역시 바뀔 수밖에 없다. 결과적으로 세대 차이는 이런 사회적 지위의 변화와도 연관되어 있다.

기술 발전 등의 영향으로 발생하는 삶의 조건의 차이도 무시할 수 없다. 주지하듯이 현대 사회는 변화의 속도가 매우 빠른 사회이다. 변화의 결과 생기는 각 연령대의 경험 차이는 매우 큰 편이다. 예를 들어 산업혁명 이후 여러 세대의 경험을 생각해 보자. 어떤 사람은 마차와 범선으로 이동한 사람이고 어떤 사람은 증기선과 기차, 자동차, 비행기로 이동한 사람이다. 또 어떤 사람은 인편이나 편지로 연락을 주고받은 사람이고 어떤 사람은 유선전화나 나아가 이메일과 휴대전화로 연락을 주고받은 사람이다. 과연 이렇게 서로 다른 사람들이 동일한 생각을 하고 동일한 행동을 할 것으로 생각할 수 있겠는가?

[그림 3-2] 마차의 시대, 마차의 사고

마차를 타고 다니던 사람들은 기차나 비행기로 이동하는 사람들의 생각과 의식을 전혀 이해하지 못할 것이다. ©픽스타

마지막으로 역시 앞에서 지적한 바 있는 경제적 차이도 거론할 수 있다. 사람에 따라 당연히 차이는 있지만 일반적인 경향에서 보면, 연령이 높아짐에 따라 경제적인 면에서 수입도 늘어나고 그것이 계층 또는 계급을 변화시키는 정도까지는 아니더라도 여러 가지 점에서 이전과 다른 경험을 할 수 있도록 만드는 것은 분명하기 때문이다. 유사한 계층에 속한 사람이라도 연령이 어떻게 되느냐에 따라 경험의 폭과 종류는 크게 달라질 수 있다.

세대 차이는 얼마나 절대적인가?

지금까지 우리는 세대 차이를 만들어 내는 다양한 요인에 대해 알아보았다. 하지만 세대 차이가 항상 절대적인 것은 아니다. 세대와 무관하게 사람 사이의 차이를 만들어 내는 요인 역시 많기 때문이다. 당장 흔히 세대 차이와 대비되는 세대 내 차이가 있다. 세대 차이가 서로 다른 연령대의 사람들 사이에서 나타나는 차이를 가리키는 것과 달리 세대

[표 3-1] 세대 간, 세대 내 정치적 견해의 차이

	20대	30대	40대	50대	60세 이상
긍정 평가	55.1%	58.1%	63.0%	42.7%	39.6%
부정 평가	42.6%	38.6%	35.8%	52.8%	55.8%

출처: 문재인 대통령 국정운영 여론조사(2019년 11월 30일부터 12월 2일까지 전국 유권자 1,002명을 대상으로 조사). 중앙선거관리위원회 홈페이지(저자 재구성).

내 차이는 유사한 연령대의 사람들이 보여주는 차이이다. [표 3-1]과 [표 3-2]에서 이런 차이를 잘 확인할 수 있다.

[표 3-1]은 문재인 대통령의 국정운영에 대해 연령별로 어떻게 평가하고 있는지 여론조사를 한 결과이다. 표에서 알 수 있듯이 연령에 따라 긍정 평가와 부정 평가의 차이가 매우 크게 나타난다. 특히 40대와 60세 이상의 긍정 평가와 부정 평가의 비율은 거의 반대라고 할 수 있다. 이는 우리 사회에서 세대에 따라 정치적 견해가 크게 다름을 의미한다.

하지만 동시에 우리는 같은 연령대 내의 사람들 사이에서도 정치적 견해의 차이가 매우 크다는 점 역시 확인할 수 있다. 긍정 평가와 부정 평가 사이의 차이가 가장 커서 가장 동질적으로 보이는 40대에서조차 견해가 다른 35.8%의 사람들이 존재하기 때문이다. 그렇다면 이런 차이는 그저 정치적인 면에서만 존재하는 현상일까? 우리 사회처럼 정치적으로 극단화된 사회라면 세대 내의 극단적 차이도 당연하다고 생각할 수 있다. 하지만 [표 3-2]는 이런 세대 내 차이가 단지 정치 부문에만

[표 3-2] 세대 간, 세대 내 경제적 수입의 차이

	29세 이하	30대	40대	50대	60세 이상
중위소득	190만 원	276만 원	300만 원	250만 원	152만 원
평균소득	215만 원	319만 원	383만 원	386만 원	256만 원

출처: 통계청, 2018년 연령별 중위소득과 평균소득.

한정된 것이 아님을 보여 준다.

[표 3-2]는 통계청에서 발표한 연령별 중위소득과 평균소득을 보여 준다. 여기서 평균소득이란 같은 연령대에 속한 사람들이 벌어들인 수입을 전부 더해 그 연령대에 속한 사람의 수로 나눈 것이며, 중위소득이란 같은 연령대에 속한 사람들을 소득 크기에 따라 일렬로 배치했을 때 가운데에 위치한 사람의 소득을 가리키는 것이다. 이 표를 보면 평균소득은 50대까지 증가하다가 60세 이상이 되면서 급격히 하락하는 반면, 중위소득은 40대까지 증가하다가 50대부터 떨어지기 시작한다. 또 평균소득이 가장 많은 50대는 평균소득이 가장 적은 20대에 비해 171만 원을 더 벌어 세대 간 소득 차이도 매우 크다. 그런데 이처럼 세대 간 소득 차이가 큰 것과 아울러 세대 내 소득 차이도 결코 적지 않다는 점역시 확인된다. 50대의 경우 평균소득과 중위소득의 차이가 136만 원에 이르러 그만큼 동일 연령대 내에서 소득 격차가 크다는 사실을 알 수 있기 때문이다.

한편 이처럼 객관적 수치만으로 확인하기는 쉽지 않지만 문화적인 면에서도 세대 내 차이가 적지 않을 것으로 보인다. 당장 근자에 우리나라에서 사회 문제로까지 대두하고 있는 젊은 세대 내의 성별 갈등이 대표적이다. 이 밖에도 계층 간 차이라든지 그와 연결되어 있는 지역 간 차이도 이미 충분히 확인되는 요소이다.

세대 내 차이의 주요 원인

그렇다면 이처럼 동일한 연령대에 속한 사람들 사이에서 차이가 빚어지는 원인은 무엇일까? 앞에서 우리는 세대 차이를 만들어 내는 일차적 요인이 삶의 조건의 차이라고 이야기한 바 있다. 마찬가지로 세대 내 차이를 만들어 내는 일차적 요인도 동일한 연령대에 속하지만 여러

[그림 3-3] 여성은 남성과 다르다

미투와 관련된 대학로 여성 집회: 같은 세대에 속해 있더라도 여성의 경험과 남성의 경험은 차이가 있으며, 이는 여성들이 독자적인 운동을 조직하도록 만들었다.

출처: '인권위, 세계인권선언 70주년 기념 전시회 개최', 국가인권위원회 홈페이지.

요인으로 삶의 조건이 달라지는 것과 연관되어 있다.

위에서 예로 든 성별 차이가 대표적이다. 같은 연령대에 속한 사람이라도 여성과 남성은 삶의 조건이 크게 다르다. 우선 흔히 차별적 사회화라고 부르는, 딸과 아들의 양육 방식이 다른 것이 있으며 주변 사람들이 여성과 남성을 대하는 방식에도 차이가 있다.

두 번째로 경제적 지위의 차이도 있다. 부유한 집안에서 태어났느냐 가난한 집안에서 태어났느냐에 따라 교육을 비롯한 갖가지 부문에서 차이가 발생한다. 학원을 다니느냐 다니지 않느냐, 어떤 학원을 다니느냐부터 옷차림이나 사용 물품까지 달라지며 나아가 생각까지 달라질 수 있다.

세 번째로 우리 사회에서도 점차 심각성이 더해지고 있는 인종 차이도 있다. 통계청의 인구주택총조사 결과를 보면 2018년 기준 우리나라에 거주하는 외국인 수는 165만 명으로 그 전 해에 비해 11.6%나 증가했다. 사실 과학적으로 보면 인종에 따른 차이는 존재하지 않지만 피부

색을 비롯한 외모 차이가 사람들이 서로를 대하는 방식이나 생각, 생활양식에 큰 영향을 미치는 것이 현실이다. 또 인종 차이는 대체로 경제적 지위의 차이와도 연결되어 있어 차이를 더욱 강화시키기도 한다.

네 번째로 종교 차이도 생각해 볼 수 있다. 종교에 따라 교류하는 사람들이 달라질 수 있으며 생각도 달라질 수 있기 때문이다. 나아가 종교는 선호하는 음식이나 옷차림에도 영향을 미친다.

다섯 번째로 거주지역의 차이가 발생시키는 차이도 있다. 거주지역은 그 사람의 경제적 지위와 밀접한 연관이 있으며, 각각의 지역은 그 지역의 독특한 문화를 지니고 있기도 하다. 과거 우리 사회처럼 이동률, 다시 말해 매년 이사를 하는 사람의 비율이 매우 높았을 때는 상대적으로 지역 문화가 발전하기 힘들었지만, 이동률이 점차 하락하면서 지역 주민의 성향에 따라 그 지역의 독특한 문화가 발전하는 경향이 관찰되기 시작했다. 또 대도시를 제외한 지역에는 상대적으로 인구의 유출입이 적어 예부터 내려오는 전통문화의 흔적이 그만큼 많이 남아 있기도 하다. 따라서 이런 지역에서는 새로운 구성원에게 지역문화를 받아들이라는 압박도 그만큼 커질 수밖에 없다.

여섯 번째로 혼인 상태와 나아가 가족 형태에 따라 차이가 나타날 수도 있다. 결혼을 했는가 안 했는가 또는 결혼을 안 했다면 의식적으로 결혼을 거부한 것인가 그렇지 않은가에 따라 사람들 사이에 차이가 발생할 수 있다. 또 그 사람이 속한 가족이 어떤 형태인가도 그의 생각과 행동에 영향을 미칠 수 있다.

결국 다양한 요인에 따라 동일 세대에 속한 사람이라도 여러 가지 점에서 차이를 보일 수밖에 없다. 그래서 학자들 중에는 세대라는 개념 자체가 허구라고 주장하기도 한다. 단순히 유사한 시기에 태어났다는 점이 그들을 동질적인 존재로 묶을 근거가 되기는 힘들다는 것이다. 또 세대를 단지 유사한 연령대를 넘어 유사한 연령대에서 동일한 경험을 겪고 그에 유사한 반응을 보이는 집단으로 규정하더라도 마찬가지 난점이 제기된다. 우선 이 경우 세대란 연령에 따라 자동적으로 형성되는 것이 아니라 경험에 따라 규정되는 것이므로 경험의 존재 유무에 따라 세대가 존재할 수도 있고 존재하지 않을 수도 있다. 게다가 같은 연령대에 속했더라도 아예 그 경험에서 제외된 사람이 있을 수 있다. 이 경우 그들을 같은 세대로 묶기는 힘들 수밖에 없다. 그렇다면 같은 연령대의 사람들 중 일부 사람들만 지닌 공통 경험을 근거로 하나의 세대를 이야기하는 것이 도대체 어떤 의미를 지닐 수 있을까?

그럼에도 세대 간 차이가 강조되는 이유는?

위의 논의는 세대 개념이 지닌 허구성을 잘 보여 준다. 그럼에도 불구하고 세대는 일상적인 용법에서는 물론 사회과학적인 논의에서도 자주 등장하는 개념이다. 그렇다면 그들은 왜 세대를 강조하는 것일까?

세대를 강조하는 이유에 대해서는 흔히 두 가지 상이한 설명이 제시되곤 한다. 먼저 비판적 관점에서는 세대 개념의 이용을 부정적으로 파악한다. 이를테면 마르크스주의의 입장에서 볼 때 연령에 따라 규정되는 세대란 경제적 지위에 따라 규정되는 계급에 비해 부차적인 것에 지나지 않는다. 세대란 여러 가지 요인의 영향으로 내적인 차이를 지닌 집단이다 보니 다른 집단과 구분되는 객관적 집단으로서의 성격이 모호하다는 점에서이다. 그래서 이들 입장에서 세대는 대부분 허구적인 것으로 취급된다.

그런데 이 허구적 집단인 세대가 전면에 등장하는 이유는 무엇일까? 마르크스주의의 입장에서 보자면 세대를 강조하는 것은 계층의 차이를 가림으로써 사회의 진정한 차이를 은폐하려는 전술의 결과일 뿐이다. 즉 그들의 입장에서 보면 실제적인 차이는 계급, 즉 경제적 지위 차이에서 생겨나는 것일 뿐인데 이것이 지닌 위험성을 축소시키고자 마치 다른 요인으로 차이가 발생한 것처럼 호도하는 수단이 세대라는 것이다.

유사한 논의를 페미니즘의 논의에서도 찾아볼 수 있다. 주지하듯이 페미니즘이란 남녀 사이에 존재하는 차별을 문제로 보고 이를 없애고자 하는 사상이나 운동을 가리킨다. 마르크스주의의 틀 속에서 핵심적인 차이가 계급 차이였듯이 페미니즘의 틀에서 핵심적인 것은 남녀 간의 차이이다. 그리고 페미니즘은 이 차이를 만들어 내고 지속시키는 주요 요인으로 가부장제를 든다. 가부장제야말로 사람들 사이의 가장 원초적 차이인 성별 차이를 만들어 낸 일차적 요인이라는 것이다. 그리고 이런 페미니즘의 입장에서 세대란 성별 차이를 은폐하는 하나의 수단일 뿐이다.

그렇다면 이런 한계에도 불구하고 세대 개념이 여전히 사용되는 이유는 무엇일까? 먼저 세대는 외적으로 좀 더 분명하게 차이가 드러나는 속성이기 때문이다. 고도 소비사회로 진입한 여러 사회에서 계급 차이가 상대적으로 잘 보이지 않는 것과 달리 세대는 겉으로도 쉽게 확인된다. 이런 세대의 가시성은 세대가 좀 더 주목받게 만드는 기반이 된다.

그렇다면 외적으로 훨씬 더 분명하게 드러나는 성별 차이에 비해서도 세대 간 차이가 주목받는 이유는 무엇일까? 여기에는 한편으로 가부장제 사회에서 성별 차이는 날 때부터 주어진 것으로 상정되어 그 차이가 당연하게 여겨진다는 점을 지적할 수 있다. 즉 여성이냐 남성이냐에 따라 양육 방식이 달라지는 차별적 사회화에 대한 논의가 보여 주듯이 성별의 차이가 실제로는 많은 부분이 인위적으로 만들어진 것임에도 불구하고, 그 차이가 마치 생물학적으로 결정되어 변화하지 않는 것으로 상정되다 보니 차이의 의미에 대해 별로 주목하지 않는다는 것이다. 물론 젊은 세대의 진보적 성향과 노년 세대의 보수적 성향에 대한 일반적 논의처럼 세대 차이 역시 생물학적인 성격을 어느 정도 지니고 있는 것은 사실이나 이 차이가 성별 차이만큼 확고한 것으로 취급되지는 않는 편이다. 다른 한편으로 세대 간 차이에 못지 않은 세대 내 차이가 존재하는 것과 마찬가지로 성별 차이에 못지 않은 동일한 성 내의 차이도 성별 차이에 비해 세대 간 차이에 더 주목하도록 만드는 요인으로 작용했다. 동일한 성 내부에서도 계급 차이, 세대 차이 등 여러 요인에 따라 다양성이 나타나지만 세대와 관련해서는 그 차이를 만드는 변수가 상대적으로 적은 편이어서 그 결과 성별 차이보다는 세대 간 차이에 좀 더 주목하게 되었다는 것이다. 특히 문화와 관련하여 이런 세대 간 차이가 더욱 가시적인 편이다.

③ 세대 차이와 세대 갈등

세대 간의 권력관계에 영향을 미치는 요인

역사적으로 보자면 어느 시대, 어느 사회에서나 세대 차이는 일정 정도 존재했다. 그런데 이런 차이가 그냥 차이로서 인정되고 용인되느냐 아니면 이 차이를 없애기 위해 억압이 이루어지고 그 과정에서 갈등이 발생하느냐는 다른 문제이다. 그렇다면 세대 차이가 세대 갈등으로 발전하는 이유는 무엇일까?

이와 관련하여 일차적으로 생각해 볼 수 있는 요인은 세대 간의 권력 차이이다. 일반적으로 젊은 세대는 기성세대에 비해 여러 가지 점에서 약한 처지에 있다. 당장 사회의 중요 결정을 내리는 자리에 있는 사람은 대부분 기성세대이며, 기성세대는 젊은 세대에 비해 경제적으로도 우월한 지위를 차지하고 있다. 또 전통사회에서 두드러졌던 것처럼 기성세대는 젊은 세대에 비해 좀 더 지혜로운 존재로 상정되기도 한다.

그런데 세대 간에 존재하는 권력 차이가 어느 정도로 커지는가는 사회적 상황에 영향을 받는다. 사회적 상황이 기성세대에 더 유리하게 작용하면 세대 간의 권력 격차가 더 커지는 반면 사회적 상황이 젊은 세대에게 더 유리하게 작용하면 상대적으로 이 권력의 격차가 좁아지는 것이다. 그렇다면 이처럼 세대 간의 권력 격차에 영향을 주는 사회적 상황에는 어떤 것이 있을까? 이와 관련해서는 경제적 상황과 각 세대의 인구수, 사회적 권위가 어느 세대에 더 부여되어 있는가와 사회적 분위기 등을 꼽아 볼 수 있다.

먼저 경제적 상황과 관련해서 대체로 기성세대는 좀 더 경제적 형편이 좋은 쪽에 속하는 집단이고 젊은 세대는 좀 더 경제적 형편이 떨어지는 쪽에 속하는 집단이라고 할 수 있다. 따라서 호황기가 되면 젊은 세대의 경제적 형편이 상대적으로 좋아짐으로써 경제적 자원을 이용한 기성세대의 통제에 저항할 힘이 커진다. 반면 불황기에는 경제적으로 더 큰 피해를 입은 젊은 세대가 기성세대에게 경제적으로 더 의존할 수밖에 없고 그 결과 젊은 세대에 대한 기성세대의 통제력 역시 커질 것이다.

두 번째로는 각 세대를 구성하는 인구수가 미치는 영향이다. 정치적으로는 민주주의와 경제적으로는 자본주의 체제를 지닌 사회에서 인구수는 그 자체로 힘의 원천이 된다. 정치적으로는 인구수가 유권자의 수를 의미하며, 경제적으로는 곧 소비자의 수를 의미하기 때문이다. 물론 경제적인 부문에서 인구수가 가지는 영향력은 다소 제한적이다. 일정 연령에 도달한 사람이면 모두 동일한 한 표의 권리를 갖는 정치 부문에서와 달리, 경제 부문에서는 단지 소비자의 수가 아니라 각각의 소비자가 지닌 구매력의 크기를 함께 고려해야 하기 때문이다. 그럼에도 인구수가 많다는 것이 잠재적인 힘의 원천이 된다는 점은 부인할 수 없다.

특히 상대적으로 저렴한 상품으로 구성되어 있는 대중문화의 영역에서는 수의 힘이 지닌 영향력이 좀 더 커진다.

세 번째로 들 수 있는 것은 상대적으로 권력 관계에서 우위를 점하고 있는 기성세대가 얼마나 사회적 권위를 지니고 있는가의 여부이다. 사회학자 막스 베버는 권위authority를 정당화된 권력power으로 정의한다. 즉 권력을 지닌 측에서 그 권력을 행사할 때 그 행위가 얼마나 정당한 것으로 인정받는가의 여부가 권위의 존재를 결정한다는 것이다. 그런데 사회변화나 기술변화가 급속하게 이루어지는 시대에는 기성세대의 사회적 권위가 약화되는 반면 젊은 세대의 발언권은 높아지는 현상을 확인할 수 있다. 우리 사회가 정보사회로 본격 진입해 신기술에 대한 기성세대와 젊은 세대의 적응력 차이가 두드러지게 드러났던 1990년대가 대표적 사례이다. 자연스럽게 이 시기의 젊은 세대는 정치경제적인 면에서의 실질적인 권력과는 별개로 사회적인 권위를 획득할 수 있었다.

네 번째로 지적할 수 있는 것은 사회적 분위기의 차이이다. 다시 말해 사회가 얼마나 미래지향적인지 아니면 과거지향적인지에 따라 세대 간의 권력관계가 달라질 수 있다는 것이다. 사회적 분위기가 전반적으로 보수화되어 새로운 변화에 대해 강한 거부감을 보인다면 기성세대가 젊은 세대를 억압하려는 경향도 그만큼 커질 것이다. 반면 사회적 분위기가 좀 더 진취적이어서 새로운 변화에 수용성이 높거나 이를 높이 평가하는 분위기라면 새로운 변화를 대변한다고 생각되는 젊은 세대의 발언권이 강해질 것이다.

사회적 분위기는 경기 상황이나 기술의 발전속도, 연령별 인구 구성 등 앞에서 말한 여러 가지 요인에 영향을 받지만 동시에 현재의 주류 문화를 이끌고 있는 세대의 특성도 영향을 미친다. 이 세대가 성장기의 경험을 통해 변화를 거부하는 성향을 보인다면 상대적으로 전체 사회의 분위기 역시 과거지향적인 모습을 보일 가능성이 높은 반면, 이 세대

[그림 3-4] 정보사회의 새로운 기술

정보사회에 나타난 새로운 기술은 기성세대의 사회적 권위를 약화시키는 데 기여했다.
ⓒ픽스타

가 변화에 좀 더 수용적이라면 전체 사회의 분위기 역시 미래지향적인 모습을 보일 가능성이 높다는 것이다. 그리고 이런 차이는 젊은 세대의 새로운 움직임에 어느 정도의 수용성을 보일 것이냐로 연결될 것이다.

　결국 이상의 여러 요인에 따라 세대 간의 권력관계가 영향을 받는 가운데, 세대 갈등은 기성세대와 젊은 세대 사이의 상대적인 권력 격차는 줄어들었지만 기성세대가 이를 용인하지 못하고 과거와 유사한 방식으로 젊은 세대를 억압하려 할 때 발생한다. 서구 사회의 1960년대와 우리 사회의 1980년대가 그런 사례를 보여 준다. 1960년대의 서구 사회에서 기성세대는 새로운 세대의 요구를 억압하고 과거의 틀을 지켜 나가고자 했으며, 그 결과 68혁명과 같은 젊은 세대의 반발을 불러일으켰다. 1980년대 우리 사회에서 대학생을 중심으로 한 젊은 세대의 요구는 기득권을 지키려고 한 독재정권과 그에 기생한 세력들에 의해 억압되었으며, 그 결과 1987년 민주항쟁으로 이어졌다. 1987년 민주항쟁은 기본적으로 독재정권에 저항하여 민주주의를 쟁취하려는 투쟁이었지만 저변에는 세대 갈등의 속성도 지니고 있었다는 것이다.

마지막으로 지적해야 할 측면은 세대 내 응집성이 어느 정도인가 하는 점이다. 즉 각 세대가 얼마나 세대 의식, 말하자면 같은 세대에 속해 있다는 동질감을 강하게 지니고 있는가도 세대 갈등의 정도에 영향을 미친다는 의미이다. 다른 요인들이 동일하다면 세내 대 응집성이 강한 세대는 다른 세대에 대해 더 큰 지배력을 행사하거나 또는 더 강한 저항의식을 표출할 것이다. 반면 세대 내 응집성이 약한 세대는 기성세대가 되었을 때 젊은 세대의 새로운 요구에 더 많은 수용성을 보이거나 젊은 세대라면 기성세대의 요구에 더 수용적인 태도를 보일 것이다.

④ 세대 간의 문화적 갈등을 완화하기 위하여

세대 간 갈등은 항상 부정적인가?

사실 세대 간에 문화적 차이가 존재하고 이로부터 일정 정도의 갈등이 발전하는 것은 자연스러운 현상이다. 원칙적으로 문화는 본능에 기반을 둔 것이 아니라 후천적 학습으로 습득되는 것인데, 문화를 전수하는 기제인 사회화 과정은 결코 완벽한 것이 아니어서 어느 정도 빈틈을 남길 수밖에 없으며 그것이 세대 간 문화 차이가 발생하는 일차적 원인이기 때문이다. 사실 사회화가 완벽하게 이루어진다면 어느 사회에서도 사회변화는 일어나지 않을 것이다. 따라서 사회화의 불완전성으로 나타나는 세대 차이는 자연스러운 일로 받아들여져야 한다.

나아가 세대 차이가 세대 갈등으로 발전한다고 하더라도 이를 반드시 부정적으로 볼 필요는 없다. 일반적으로 보수적 입장에서는 갈등을 부정적으로 보고 가능한 한 갈등이 존재하지 않는 것이 바람직하다고 생각하지만 갈등이 지닌 순기능도 무시할 수 없기 때문이다. 예를 들어 사회학자 루이스 코저Lewis Coser는 때에 따라서는 갈등을 통해 사회의 문제를 파악하고 오히려 사회를 더 결속시키는 기반으로 삼을 수도 있다고 주장한 바 있다.

나아가 세대에 초점을 맞춘다면 세대 간의 갈등은 다른 방식으로도 기능적인 역할을 할 수 있다. 앞에서 지적한 바 있듯이 사회화가 완벽하게 이루어진다면 사회변화를 기대하기는 쉽지 않다. 불완전한 사회화가 혁신의 기초가 되어 새로운 사회변화를 이루어낼 수 있기 때문이다. 그리고 이런 점에서 사회화의 불완정성은 일정한 긍정성을 지닐 수 있다.

세대 간의 갈등과 관련해서도 유사한 이야기가 가능하다. 사회화의 불완전성 때문에 어느 시대, 어느 사회에서나 일정한 정도의 사회변화는 불가피하다. 그런데 이 변화가 얼마나 빠르게 일어나느냐 아니면 느리게 일어나느냐는 상황적 요인에 영향을 받을 수밖에 없다. 그리고 그에 영향을 미치는 여러 요인 중 세대 갈등은 사회변화를 더 빠르게 진행시키는 요인이라 할 수 있다. 사회화의 불완전성 때문에 어느 경우든 변화는 일어나지만 새로운 세대가 불완전성에 기인한 세대 간 차이에 더 예민하게 반응하고 적극적으로 변화를 추구한다면 변화의 속도 역시 빨라질 수 있기 때문이다. 물론 그 변화가 얼마나 긍정적인 성격을 지니고 있는가는 기존 체제에 대한 가치판단의 문제와 연관되어 있기 때문에 쉽게 판단할 수 없지만 적어도 사회의 빠른 변화를 지향한다면 갈등은 이를 가능하게 만드는 좋은 기반이 된다.

세대 갈등의 부정적 측면

하지만 갈등이 지닌 긍정적 성격에도 불구하고 갈등이 사회 해체로 이어진다면 이는 일정한 위험성을 지닌 것이라 할 수 있다. 물론 사회의 해체가 항상 부정적인가에 대해서는 여러 입장이 존재할 수 있지만, 인간이 사회적 존재이고 사회를 떠나서 생존할 수 없는 존재라면 어떤 형태로든지 사회는 지속되어야 한다는 논의가 가능하다.

그렇다면 세대 차이가 심화되어 세대 갈등으로 발전하고 나아가 사회 해체로까지 확대되는 것을 방지하기 위해서는 무엇이 필요할까? 갈등을 완화하기 위해서는 무엇보다도 권력관계에서 우월한 위치에 있는 세대의 일정한 양보가 필요하다. 권력관계에서 약한 위치에 있는 쪽의 양보는 대체로 억압의 결과로 나타나는 것일 가능성이 높아서 자발적인 양보라고 보기 어렵고, 잠재적으로 갈등의 불씨를 더욱 깊게 만드는 결과로 연결될 수 있기 때문이다. 따라서 권력관계에서 우월한 위치에 있는 세대가 자발적으로 자신의 이익을 양보하며 약한 쪽에 손을 내민다면 세대 간 화해로 나아갈 길이 더욱 넓어질 것이다.

한편 권력관계에서 약한 쪽에 있는 세대에게는 강한 쪽에 있는 세대의 일정한 양보가 이루어졌을 경우 그를 이해하고 수용하려는 태도가 필요하다. 약한 세대는 강한 세대가 지니고 있는 차이가 단순히 기득권층의 완고한 수구적 태도나 약한 세대를 억압하고 더 많은 이익을 가져가려는 태도의 결과가 아니라, 강한 세대가 이미 경험했으며 현재도 하고 있는 현실 경험의 차이와 연관되어 있어서 일정한 불가피성이 있음을 받아들여야 한다는 것이다. 물론 이런 이해는 강한 세대에게도 필요한 것이지만 세대 간의 화해가 약한 세대에게 일종의 굴종으로 인식되지 않으려면 약한 세대 측에서 좀 더 이해가 절실히 필요하다는 것이다.

그리고 이처럼 양보와 이해가 이루어졌다면, 화해를 공고하게 만드는 제도를 마련하는 데 합의가 이루어져야 한다. 사실 우리 사회에서도 자주 사회적 논란의 불씨가 되듯이 제도의 변화는 그 제도의 영향을 받는 여러 사람의 삶에 직접적으로 영향을 미치며 이런 영향을 받는 사람들의 집단에는 세대 역시 존재한다. 당장 정치적으로 보자면 투표 연령 하향 조정과 같은 제도가 세대 내의 이해관계와 연결되어 있고, 근자에 우리 사회에서 첨예한 갈등의 원인이 되는 연금 관련 제도나 정년 관련 제도, 최저임금 관련 제도, 노동 관련 제도 등이 모두 세대와 일정 정도 연결되어 있다. 따라서 이들 제도를 마련 또는 개정할 경우 각각의 세대가 어느 정도 부담을 짐으로써 제도의 지속 가능성을 확보할 것인지 결정할 때 어느 한쪽이 일방적으로 결정하고 다른 쪽은 따라가는 방식이 아니라 사회적 논의를 통해 타협하고 합의를 이뤄가는 과정이 선행되어야 할 것이다.

참고문헌

강상현·채백 편(2009).《디지털 시대 미디어의 이해와 활용》. 한나래.
강준만(2000).《대중문화의 겉과 속》. 인물과 사상.
그래엄 터너(1995). 김연종 역.《문화연구입문》. 한나래.
김창남(2010).《대중문화의 이해》. 한울.
레이먼드 윌리엄즈(1984). 설준규·송승철 역.《문화사회학》. 까치.
박명진 외 편(1996).《문화, 일상, 대중: 문화에 관한 8개의 탐구》. 한나래.
백영경·정준영·정태석(2014).《인간과 사회》. 한국방송통신대학교출판문화원.
앤드류 애드거·피터 세즈윅(2003). 박명진 외 역.《문화 이론 사전》. 한나래.
일레인 볼드윈·브라이언 롱허스트(2017). 조애리 외 역.《문화 코드, 어떻게 읽을 것인가?》. 한울아카데미.
정성조(2019). "청년 세대 담론의 비판적 재구성."《경제와 사회》. 123. 2019년 가을호.
조나턴 터너(2001). 정태환·한상근 외 역.《현대 사회학 이론》. 나남.
존 스토리(2012). 박만준 역.《대중문화와 문화이론》. 경문사(한헌주).
중앙선거관리위원회 홈페이지. 문재인 대통령 국정운영 여론조사. 2019년 11월 30일부터 12월 2일까지 전국 유권자 1,002명을 대상으로 조사(쿠키뉴스 의뢰, 조원씨앤아이 조사).

최종숙(2020). "'20대 남성 현상' 다시 보기."《경제와 사회》. 125. 2020년 봄호.
카를 만하임(1976). 임석진 역.《이데올로기와 유토피아》. 지학사.
통계청(2019).《2018년 연령별 중위소득과 평균소득》.

제4장

아날로그 세대와
디지털 세대의 시민*

* 이 장은 '박기범(2014). 디지털 시대의 시민성 탐색. 한국초등교육, 25(4), pp.33-46.'을 수정 보완했다.

① 아날로그 세대와 디지털 세대의 특징과 시민성

디지털 시대의 사회 문제

디지털 미디어의 발달은 시민의 삶을 변화시키고, 21세기 사회변화의 동인이 되고 있다. 디지털 공간의 확산으로 시민의 사회 참여는 확장되었다. 네트워크의 개방과 공유 정신을 기반으로 하는 정보접근의 편재성 ubiquity과 집단지성의 활성화는 연결을 통한 시민의 참여와 합리적 사고에 도움을 준다. 북아프리카 국가들의 민주화 운동에서 디지털 디바이스와 이를 통한 소통이 결정적인 요인이 되었다는 분석은 널리 회자되고 있다. 이처럼 디지털 문화는 시민의 참여와 합리적 사고에 긍정적인 영향을 준다. 그러나 네트워크에 기반한 디지털 미디어는 순기능과 함께 역기능의 속성을 지닌다. 예를 들어, 개인정보 유출과 사생활 침해, 단편적 정보의 병렬적 수집과 활용, 검색어와 SNS 조작을 통한 시민 여론의 왜곡, 게임 중독, 확인되지 않은 정보의 무책임한 배포 등 이루 말할 수 없이 많은 문제를 발생시키기도 한다. 이는 디지털 미디어의 오용과 남용에 따른 것으로, 근본적인 원인은 디지털 시대를 살아가는 시민으로서 책임 accountability 결핍에서 찾을 수 있다.

디지털 시민성[1]은 디지털 환경에서의 시민성으로 이해할 수 있다. 시민의 디지털 생활은 확장·심화되고 있으나, 시민교육 차원에서 디지털 생활의 위기와 가능성에 대한 고민은 미약하다. 국내외의 디지털 시민성에 관한 연구를 조망하면, 전통적 시민성을 디지털 환경에 이식하거나, 테크놀로지에 편중된 협의의 시민성 연구에 머무는 경향이 있다. 아날로그 사회와 디지털 사회의 성격은 확연한 차이를 보이기 때문에,

---

1 이 장에서는 '디지털 세대의 시민성'을 '디지털 시민성'으로 명명한다.

디지털 시민성은 기존의 시민성과 차별되는 지점이 있을 것이다. 또한 디지털 사회에서 디지털 미디어를 단순한 도구로 간주해서 테크놀로지의 활용에 초점을 두는 협의의 디지털 시민성 연구는 디지털 시민성의 성격을 규명하는 데 한계가 있다.

이 장에서는 디지털 세대의 시민의 성격을 규명하기 위해 선행 연구를 참고해서 분석 틀을 추출하고, 분석 틀을 중심으로 아날로그 세대와 디지털 세대의 시민성을 비교해서 21세 디지털 세대의 시민을 알아본다.

전통적 세대와 디지털 세대의 시민 성향

디지털 시대에서 시민들의 상호작용은 주로 인터넷 기반의 가상공간에서 이루어지는데, 가상공간은 익명성을 보장하고 구성원들이 수평적 관계를 형성하도록 돕는다. 익명성과 수평적 관계는 시민들의 역동적 상호작용에 기여하지만, 시민을 비도덕적이고 불법적 행위에 빠져들게도 한다.

미국의 커먼센스미디어(Common sense Media, 2009: 1-3)는 디지털 시민성과 이를 위한 전략을 큰 틀에서 제시한다. 여기서 디지털 시민성이란 '네트워크에 기반하여 시민들이 구성한 내용과 그들의 행위에 대하여 책임감을 갖는 것'을 의미한다. 디지털 미디어 시대에 시민은 안전하고 합법적이며 도덕적으로 행동할 필요가 있다고 한다. 특히 오바마 대통령은 디지털 세계에서 시민은 자기 행위를 뒷받침할 수 있는 강력한 디지털 능력과 윤리적 기반을 습득해야 한다고 주장했다. 여기서 디지털 능력이란 정보통신기술ICT 소양 능력과 활용 능력을 말하며, ICT 능력은 도덕성에 기반해야 한다고 해석할 수 있다.

리블과 베일리(2004a)는 디지털 시민성이 학교 문화의 한 부분이어야 한다고 주장한다. 그들은 '테크놀로지 사용에 대한 행위의 규범'으로 정의하고, 디지털 시민성에 대한 수많은 연구물을 종합하여 디지털 시민성을 아홉 가지 속성으로 범주화했다. 다음은 리블과 베일리가 제시한 디지털 시민성의 속성들이다(Ribble & Bailey, 2004a: 7).

- **예절**: 행위나 절차에 대한 전자적 규범
- **의사소통**: 정보의 전자적 소통
- **교육**: 기술과 기술의 활용에 대한 교수−학습 과정
- **접속**: 사회에서 충분한 전자적 참여
- **거래**: 상품의 전자적 매매
- **책임**: 행위의 전자적 책임
- **권리**: 모든 사람에게 디지털 세계로 확장된 자유
- **안전**: 디지털 세계에서의 물리적 복리
- **보안**_{자기 보호} : 안전을 담보하기 위한 전자적 예방책

리블과 베일리가 디지털 시민성의 범위를 테크놀로지로 한정 지은 것에서도 알 수 있듯이, 이들은 디지털 시민성의 요소를 기능적 수준에서 논의하고 있다. 기능적 위계를 포괄할 수 있는 상위 수준의 시민적 속성이나 합리성에 기반한 사고 능력은 제시되지 않았다. 리블과 베일리의 연구는 디지털 시민성에 대한 본질적 논의라기보다는 기존의 전통적 시민성에 필요한 시민성의 하위 요소를 디지털 환경에 이식한 것으로 해석할 수 있다. 디지털 시민성에 대한 논의는 좀 더 본질적인 측면에서 심도 있게 전개될 필요가 있다.

잉글하르트(Inglehart, 1997)는 개인의 가치가 사회의 성향을 변화시킨다고 한다. 특히 전통적인 물질 사회에서 시민은 '정당과 선거'와 같은 것에 관심을 갖지만, 탈물질주의_{post material}가 확산되는 현대 사회에서, 젊은 시민은 환경, 인권, 소비자 정치와 같은 삶의 이슈에 관심을 갖

[표 4-1] 전통적 시민성과 디지털 시민의 특성

의무적 시민(DC)	역동적 시민(AC)
정부 참여에 대한 강한 책임감	정부 참여에 대한 약한 책임감
선거는 민주주의의 핵심적 행동	생활정치 중심: 정치적 소비주의, 자발적, 사회적 행동
지도자와 미디어에 대한 높은 신뢰 – 뉴스를 통해 이슈와 정부에 대해 정보 접촉	미디어와 정치인에 대한 불신 – 뉴스를 통한 정치적 추종 거부
사회조직, 이익단체, 정당에 가입 – 대중매체를 통한 의사소통	사회적 행동을 위해 느슨한 관계망에 가입 – 디지털 미디어를 통한 의사소통

출처: Bennett et al, 2008: 8

는 경향이 있다고 한다.

돌턴(Dalton, 2008)은 선거나 캠페인과 같은 정치 참여율은 변화가 거의 없거나 떨어지고 있으나, 이익단체에 참여하고 개인 또는 공동체의 문제에 관련하여 청원하거나 지역 문제에 참여community action하는 시민은 점차 증가하는 경향을 발견했다. 그는 이러한 경향을 정치 활동의 절대적인 감소라기보다는 시민성의 준거와 참여방식의 변화로 해석한다. 같은 맥락에서 베넷(Bennett, 2008)은 전통적 정치 참여와 선거 중심의 시민에서 생활양식이나 환경의 질과 같은 것에 더 많은 관심을 갖는 시민으로 시민성이 변화하고 있다고 말하며, 전통적 시민을 '의무적 시민 dutiful citizen, DC'으로 새로운 시대의 시민을 '역동적 시민actualizing citizen, AC'으로 명명하고 그들의 특성을 [표 4-1]과 같이 비교했다.

[표 4-1]을 보면 디지털 시대의 역동적 시민은 선거나 정당 참여에 대한 의무감은 약하지만, 자신의 생활 주변에서 발생하는 문제의 해결이나 네트워크에 기반한 양방향적 소통과 참여에 관심을 갖고 있음을 알 수 있다. 이는 책임감과 같은 도덕성은 약화되고, 네트워크에 기반한 소통과 협업을 통해 사회적 문제를 해결하려는 성향이 활성화되고 있

다고 해석할 수 있다. 즉 규범적 실천성은 약화되나 자신의 삶에 대한 자발적 실천성이 강화되는 것이다. 오늘날, 지도자를 선출하는 단순한 투표율은 떨어졌지만 사회적 관계망 시스템을 이용한 소통과 정치 참여는 활발하게 이루어지는 양상은 돌턴과 베넷의 논리로 해석이 가능하다.

디지털 세대의 시민성의 논의 동향

시민성의 개념을 큰 틀에서 조망한 오관석(2009b)은 〈민주주의의 가치실현을 위한 시민성 교육에 관한 연구〉에서, 시민성에 대한 논의를 크게 두 가지로 구분하여 논의한다. 하나는 형식적 관점에서 합리성이며 다른 하나는 내용적 관점에서 도덕성이다. 특히 의사결정의 합리성을 강조하는데, 여기서 의사결정의 합리성이란 공동체에서 선택의 옳고 그름의 판단을 의미한다. 도덕성은 덕목이나 규범과 같은 활동양식에 초점을 둔다. 이를 바탕으로 시민성 교육은 사회적 문제해결을 위한 합리적 의사결정의 능력을 기르고 도덕적 가치를 실현하기 위한 인간의 존엄성을 내면화하는 방향으로 나아가야 함을 강조한다(오관석, 2009a: 70). 여기서 눈여겨볼 만한 것은, 시민성 논의를 크게 합리성과 도덕성으로 범주화하고, 이를 시민교육의 지표로 설정했다는 것이다.

한편 젠킨스(Jenkins, 2006)는 디지털 세대의 문화를 인터넷을 통한 젊은 세대의 참여문화participatory culture로 언급한다. 그는 참여문화의 특성을 ① 연대affiliations, ② 표현, ③ 협동적 문제해결, ④ 정보의 순환적 유통circulations으로 구분하여 설명한다. 연대는 페이스북, 트위터, 게임 연대game clans와 같이 다양한 양상의 형식·비형식적 관계 맺기를 의미한다. 표현은 노래 믹스, 웹진, UCC 등과 같은 창조적 산출물로 표현하는 것을 말하며, 협동적 문제해결은 어떤 과제를 수행하거나 새로운 지식을 산출하기 위해 팀을 구성하고 함께 작업하는 것을 의미한다. 이러한 예로는 위키피디아, 게임의 미션 해결 등이 있다. 유통은 팟캐스팅, 블로깅 등과 같이 미디어의 연결을 통하여 주어진 정보를 공유하고 재구성하며 수용하는 정보의 순환적 유통을 의미한다. 젠킨스가 언급한 새로운 세대의 시민 문화는 웹 2.0으로 규정되는 정보의 개방, 공유, 참여, 생산의 고리와 맥락을 같이 한다.

젠킨스는 시민 문화에 필요한 11가지의 역량을 제시했는데, 이를 표로 제시하면 [표 4-2]와 같다. 젠킨스가 제시한 디지털 시민의 자질은 디지털 시민성에 대한 논의를 기술적 차원의 논의에서 좀 더 확장시켰다는 데 의의가 있다. 디지털 환경의 특성인 네트워킹에 기반한 상호작용, 정보 생산, 개방과 공유, 집단지성 등을 충분히 반영하여 학습자의 디지털 능력을 설정했다. 이는 디지털을 단순한 도구적 차원에서 받아들이기보다는 환경적 차원에서 이해하기 때문에 가능한 것으로 판단된다. 특히 '실행', '맥락적 적응', '상황'을 언급한 것은 실제 상황에서 다중적 표상에 기반한 맥락적 사고를 중시하고 있음을 의미한다. 또한, 젠킨스의 디지털 시민성에 대한 논의는 규범적인 도덕성에 대하여 논하지 않는다. 합리성을 기반으로 하는 협업, 소통, 공유, 생산된 지식의 적용과 실천에 중심을 둔다.

교육 정책적 차원에서 디지털 시민성을 언급한 예로 미국의 캘리포니아 교육청을 들 수 있다. 캘리포니아 교육청은 디지털 시민성을 위한 K12 교육과정을 수립했다. 그들은 교육과정 수립에 앞서 디지털 시민성을 정의하고 있다. 정의를 보면, 기술을 사용할 때, ① 안전하고, ② 책임감 있게, ③ 비판적이며, ④ 생산적으로, ⑤ 디지털 사회에 기여할 수 있는 시민적 자질을 디지털 시민성으로 규정한다. 기술을 사용할 때, 비판적이고 생산적이어야 한다는 것은 합리성 측면에서 비판적 사고와 창의적 사고를 염두에 두는 것으로 보이며, 안전하며 책임감 있게 디지

[표 4-2] 디지털 시민성의 요소

요소	세부 내용
실행(play)	문제해결의 한 형태로 자신의 주변에 실험하거나 적용해 보는 능력
맥락적 적응 (performance)	즉흥적인 문제해결과 발견을 목적으로 상황적 대안을 수용하는 능력
상황(simulation)	역동적인 실제 상황의 과정을 해석하거나 구성하는 능력
적정화 (appropriation)	의미 있는 샘플을 추출하거나 변형하는 능력
다중작업 (multitasking)	주변 환경을 살피고 중요하다고 생각될 때 초점을 바꿀 수 있는 능력
분산 인지 (distributed cognition)	정보와 자원을 활용하여 개인의 지적 능력을 확장하는 능력
집단지성 (collective intelligence)	지식을 수집하고 공통된 목적을 위해 다른 사람들과 의견을 교환하는 능력
판단 (judgment)	다양한 정보의 신뢰성을 평가하는 능력
미디어 간의 항해 (transmedia navigation)	정보의 다중적 표상의 흐름을 인지하는 능력
연결(networking)	정보에 대한 연구, 융합, 배포에 대한 능력
협상(negotiation)	다양한 공동체와의 접촉, 다중적 관점에 대한 관심과 존중, 대안적 규범의 포착과 인정에 대한 능력

출처: Jenkins, 2006: 4.

털 사회에 기여하는 시민은 도덕성 측면에서 디지털 시민성의 가치와 태도를 함의하는 것으로 해석할 수 있다. 또한 디지털 사회에 기여할 수 있는 시민적 자질은 디지털 시민으로서 참여와 실천의지의 함양에 중점을 두는 것으로 해석할 수 있다.

② 디지털 세대의 시민성

디지털 시민성의 논의 영역

디지털 시민성에 대한 선행 연구들은 디지털 시대의 문제점을 제시하고 이러한 문제점을 효과적으로 해결하기 위한 디지털 시대의 시민교육의 방향을 제언한다. 선행 연구에서 얻을 수 있는 시사점은, 먼저 디지털 시대는 피할 수 없는 필연적 물결이라는 것이다. 디지털 환경과 도구의 활용은 거스를 수 없는 대세임을 인정한다. 다만, 이로 인해 발생하는 문제점을 해결하기 위해, 디지털 시민성의 속성을 규정하고 이를 시민교육에 적용해야 한다는 것이 디지털 시민성 연구들의 공통된 논리이다.

디지털 시민성에 대한 선행 연구의 논의 관점을 분석해 보면, 디지털 시민성에 대한 논의는 시민성 본질에 대한 논의와 디지털 세계의 특성을 반영한 구체적인 기능skill 중심의 논의로 범주화할 수 있다.

베넷(2008a, 2008b)은 전통적인 시민과 디지털 시대의 시민성을 차별화하여, 전통적 시민성을 규범 중심의 시민성으로 해석하고, 역동적 시민성을 미디어를 통한 자유로운 참여와 소통을 선호하는 생활 속 실천적 시민으로 규정한다.

오관석(2009a)은 디지털 시대에 시민성의 본질에 대한 논의에서, 디지털 세계의 문제점은 가상공간에서의 전통적인 시민성 부재에서 초래된다고 진단하며, 문제점을 해결하기 위한 대안으로 전통적 시민성을 디지털 세계의 군중에게 이식해야 한다고 강조했다. 특히 시민성에 대한 논의를 합리성과 도덕성으로 범주화하여 시민성의 성격을 탐색한다. 합리성과 도덕성으로 범주화한 시민성 논의는 전통적 시민성의 논의를 총체적으로 포괄하고 있다는 측면에서 의의가 있다.

디지털 시민성에 대한 다른 관점은 디지털 세계의 특성에 기반한 '디지털 기능'에 중점을 두는 양상으로 전개된다. 디지털 시민성에 대한 기능 수준의 구체적인 논의는 리블(2004a, 2004b)과 젠킨스(2006)의 연구가 대표적이다. 리블과 그의 동료들은 디지털 시민성을, '테크놀로지 활용에 관련된 행위 규범'으로 정의한다. 나아가 디지털 시민성의 복잡성을 이해하고 테크놀로지의 남용과 오용 문제를 해결하기 위해 디지털 시민성을 구성하는 아홉 가지의 행위영역을 전술한 바와 같이 제시했다.

젠킨스(2006)는 인터넷과 같은 미디어의 발달이 시민의 공동체 참여를 자극하고 수월하게 한다는 데 초점을 두었다. 그는 디지털 시민성의 논의를 기술적 차원에서 확장하여 참여를 활성화하는 디지털 네트워킹이라는 디지털 환경 차원에서 논의한다는 점에 의의가 있다.

결국 디지털 시민성의 논의는 본질적 차원에서 디지털 시민성을 구성하는 핵심 요소에 대한 연구를 바탕으로 상위 속성을 따져 보는 연구와, 이러한 시민성을 함양시키기 위한 구체적인 기능이나 역량에 대한 연구로 체계화할 수 있다. 특히 상위 수준의 디지털 시민성 논의는 크게

[그림 4-1] 디지털 시민성의 속성

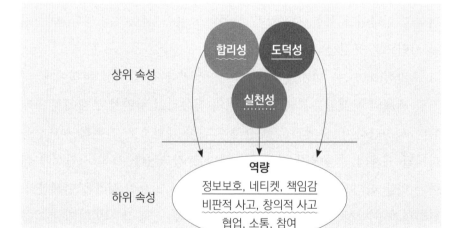

합리성, 도덕성, 실천성이라는 영역으로 나눌 수 있다. 디지털 시민성의 논의 구조를 도식화하면 [그림 4-1]과 같다.

[그림 4-1]에서, 디지털 시민성에 대한 논의를 디지털 시민성의 개념적 위계에 기반하여 정리하면, 본질적 차원에서 디지털 시민성의 상위 속성을 '합리성', '실천성', '도덕성'의 영역으로 범주화할 수 있고, 이러한 세 가지 영역의 하위 속성을 역량 차원에서 논의할 수 있다. [그림 4-1]에 제시한 디지털 시민성의 구성요소를 볼 때, 전통적인 시민성 논의에서 크게 벗어나지 않는다. 그러나 디지털 시민성에서 구성요소의 활성화 정도와, 디지털 시민성의 하위 구성요소를 중심으로 분석할 때 디지털 시민성은 전통적인 시민성과 구별되는 특징을 지녔을 것으로 판단된다.

전통적 시민성의 특성

베넷과 그의 동료들(2008a, 2008b)은 산업사회와 후기 산업사회의 시민성 차이를 제시한다. 전술한 바와 같이, 시민성이 의무적 시민성에서 미디어 발달에 기인한 역동적 시민성으로 변화하고 있음을 주장했다. 그에 따르면 전통적인 산업사회에서의 시민은 정부 중심의 활동에 참여하는 데 의무감을 갖는다. 이들은 선거에 참여하는 것을 바람직한 시민의 핵심 행동으로 받아들인다. 나아가 사회적 이슈와 정부에 대한 정보를 단방향적인 대중매체에서 습득하고 이를 신뢰한다. 그들은 사회단체나 이익단체에 가입하는데, 이는 전형적으로 전통적인 컨벤션 의사소통의 경향을 갖는다고 한다(Bennett, 2008a: 14). 전통적 시민성은 선거에 참여하고 정당에 가입하는 것을 바람직한 시민성의 핵심 자질로 본다. 이러한 의무적 시민성의 풍토에서, 시민들 사이의 역동적 상호작용을 바탕으로 하는 집단지성의 창출, 충분한 정보 수집을 통한 합리적 사

[그림 4-2] 전통적 시민성의 특성

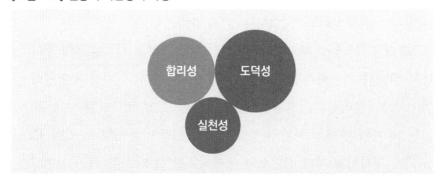

고와 판단, 주도적이고 자발적인 참여 등과 같은, 시민성의 본질적 차원에서 추구해야 하는 핵심 속성이 약화될 수 있다. 전통적 시민성의 특성을 시민성의 논의 관점에서 도식화하면 [그림 4-2]과 같다.

　[그림 4-2]에서 원의 크기는 활성화 정도를 의미한다. 전통적 시민성은 합리성과 실천성의 속성을 지닌다. 그러나 합리성과 실천성은 도덕성에 비하여 그 활동성이 떨어진다. 합리성 측면에서 충분한 정보 수집에 의한 비판적 사고, 창의적 대안 산출, 합리적 의사결정과 같은 시민적 활동성은 단방향적인 미디어 속성 때문에 한계에 봉착할 수 있다. 실천성 측면에서, 인터넷과 같이 전통적 권력관계를 약화시킬 수 있는 디지털 미디어의 등장 이전에는, 시민들이 권력과 같은 아날로그적 위계를 극복하며 공동체에 능동적으로 참여하는 데 한계가 있었을 것이다. 결국 디지털 미디어가 확산되기 이전에는 현실 환경의 한계로 합리성과 실천성이 약하게 작동하는 도덕성 중심의 시민성이 주류를 이루었다고 볼 수 있다. 이는 의무적 시민성을 중심으로 논의하는 베넷의 논리와 맥락을 같이 한다.

21세기 디지털 시민성의 특성

그렇다면 21세기 디지털 시민성의 성격은 어떠할까? 디지털 시민성의 성격은 디지털 시대의 특성에 대한 논의를 전제로 해야 할 것이다. 디지털 시대의 특징으로 박기범(2009)은 ① 시·공간의 초월성, ② 정보 공유의 평등성, ③ 민주성, ④ 정보 생산의 대중성을 제시하고 있다. 이를 자세히 살펴보면 다음과 같다.

시·공간의 초월성을 특징으로 하는 네트워크 기반의 디지털 미디어는 양방향 참여를 돕는다. 시·공간의 제약으로 발생하는 참여의 한계는 상당 부분 극복되었다. 이슬람 국가의 성적 차별과 사형제도, 유럽의 소수자 차별 문제는 글로벌 수준의 문제이지만 다양한 네트워크 공간을 통해 참여할 수 있는 주변의 이슈이다. 정보 공유의 평등성 측면에서, 기존의 아날로그 사회에서 정보는 특정 집단이나 계층만이 점유해 왔다. 또한 정보 접근의 어려움으로 정보 습득이 제한되는 경우가 많았다. 그러나 디지털 네트워크 사회에서는 아날로그 사회의 한계였던 정보 접근의 폐쇄성이 극복되었다. 이제 정보는 특정한 개인이나 전문가의 소유가 아니며 보편적 대중의 소유인 것이다.

한편 디지털 네트워크는 시민이 사회적 수평관계를 맺도록 유도한다. 과거에는 사회 문제를 쟁점화하는 것이 특정 매체나 권력가로 제한되어 있었다. 그러나 인터넷의 보급은 사회구성원에게 막강한 권력을 선물했다. 개인은 실제 세계의 계층에 상관없이 간단한 계정 등록을 통해 자신이 갖고 있는 문제 인식을 가상공간을 통해 쟁점화시킬 수 있다. 뜻을 함께 하는 누리꾼들과 힘을 모아 정보를 공유하고 쟁점의 주체에게 문제를 해결하도록 압력을 행사할 수 있다. 실제 세계의 계층과 같은 굴레를 벗어날 수 있는 네트워크 환경에서 민주성은 가상공간이라는 익명성과 사회적 수평관계에 기인한다고 볼 수 있다. 정보 생산의 대

[그림 4-3] 디지털 사회의 특징

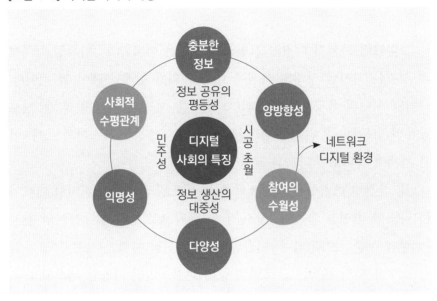

중성 측면에서, 전통적 사회에서는 특정 집단이나 전문가들이 정보 생산을 지배해 왔다. 문학은 문학 전공자와 전문가들이 주도했고, 언론 매체는 해당 직업에 종사하는 전문가들이 점유했다. 그러나 디지털 네트워크 사회는 해당 분야에 관심 있는 누구나가 정보 생산자로서 참여할 수 있다(박기범, 2009: 16-20 일부 재인용). 결국 디지털 사회의 특징은 상술한 정보 공유의 평등성, 민주성, 시·공간의 초월성, 정보 생산의 대중성에 기인한다고 볼 수 있다. 이러한 디지털 사회의 특징은 디지털 네트워크 환경의 속성인 ① 충분한 정보, ② 양방향성, ③ 참여의 편리성, ④ 다양성, ⑤ 익명성, ⑥ 사회적 수평관계를 통해 발현되는 현상이다. 이러한 디지털 사회의 특징을 도표로 제시하면 [그림 4-3]과 같다.

그러나 이러한 디지털 사회의 특징은 가치중립적이기 때문에 우리 공동체를 발전적으로 이끄는 필요충분조건은 아니다. 이런 특징은 양날의 칼이며, 이중적인 의미를 갖는다. 원자력이 인간에게 편리함을 줄 수 있지만, 반대로 엄청난 재앙을 불러일으킬 수 있다.

디지털 사회의 특징을 긍정적 측면에서 볼 때, 정보 공유의 평등성, 양방향성, 시·공간을 초월하는 참여의 편리성, 정보 생산의 대중성 등은 디지털 시민의 합리성과 실천성을 활성화시킬 수 있는 동인으로 작동할 수 있다. 그러나 부정적 측면에서, 도덕성의 부재와 과잉 참여라는 결과를 낳을 수도 있다. 특히 디지털 네트워크의 특징 중 익명성과 사회적 수평관계는 사회적 일탈행위를 조장하거나 적극적 참여를 넘어선 무책임하고 비도덕적인 행위로 이끌 수 있다.

디지털 미디어의 발달로 우리 사회는 변화하고 있으며 디지털 시민성이라는 새로운 시민성이 탄생했다. 디지털 시민성과 전통적 시민성은 합리성, 도덕성, 실천성이라는 핵심 구성요소를 공유한다. 이는 도구와 환경이 변해도 인간의 삶에서 사고, 행위, 규범은 유지되기 때문일 것이다. 디지털 시민성은 전통적인 시민성의 구성요소를 그대로 유지하지만, 구성요소들의 활성화 정도는 디지털 미디어의 발달에 따라 전통적 시민성과 차이점을 보인다. 요컨대, 디지털 시민성은 합리성과 실천성이 활성화되지만 상대적으로 도덕성은 약화된다. 전술한 디지털 네트워크 사회의 특징과 시민성의 상위 영역을 연결하여 논의 내용을 정리하면 [그림 4-4]와 같다.

[그림 4-4] 디지털 시민성의 특성

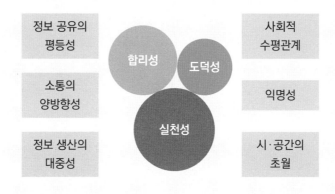

③ 우리는 무엇을 준비해야 하는가?

디지털 시대는, 시민이 전통적 사회에서의 권력관계와 책임에 기인하는 사회적 압력을 탈피할 수 있는 자유로운 환경을 제공한다. 이는 다원성과 공동체 구성원 사이의 역동적 상호작용을 촉진하여 창조적인 대안을 산출할 수 있는 기반이 된다. 그러나 도덕성 측면에서, 개인 정신의 파괴, 무책임, 인권 침해, 사회 혼란이라는 문제점을 초래할 수 있다. 결국 디지털 시민성은 합리성과 실천성이 활성화되고, 도덕성은 상대적으로 약화되는 양상으로 전개될 가능성이 높다.

디지털 시민성에 대한 탐색은 21세기 디지털 네트워크 시대에 시민성에 대한 이해와 시민성 교육의 방향을 설정하는 데 의미 있는 지표가 될 수 있다. 디지털 미디어의 특성을 충분히 활용하여 합리성과 실천성의 활성화 정도를 더욱 높이고, 상대적으로 약화되는 도덕성의 문제를 해결하기 위한 대안을 제시할 필요가 있다. 구성원 사이의 역동적 의사소통, 협업, 비판적 사고와 창의적 사고를 요구하는 21세기 사회에서 합리성과 실천성은 더욱 강화되어야 하며, 도덕성 부재로 발생하는 문제의 대안 또한 필요하다. 다만 창의적 시민을 요구하는 디지털 사회에서, 도덕성이 실천성과 합리성을 압도하는 양상은 쉽게 볼 수 없을 것 같다.

📚 참고문헌

김은미·양소은(2013). "디지털 네이티브의 시민성."《한국언론학보》. 57권1호.
pp.305-463.

박기범(2009).《사회과 디지털 수업론》. 교육과학사.

안정임(2013). "연령집단에 따른 디지털 미디어 리터러시 수준 비교 연구."
Korean Journal of the Learning Sciences. Vol.7. No.1. pp.1-21.

오관석(2009a). "디지털 군중(Digital mobs)의 시민성 부재에 관한 연구."
Social Science Research Review. Vol.25. No.1. pp.53-78. 경성대학교.

오관석(2009b). "민주주의의 가치실현을 위한 시민성 교육에 관한 연구: 합리
성과 도덕성을 중심으로."《인문사회과학연구》. 22집.

이승훈·김상돈(2009). "인터넷과 디지털 시민성에 관한 탐색적 논의: 인터넷
이용 형태와 온라인 정치참여의 관계를 중심으로."《한국지역정보화학회
지》. 제12권 제1호. pp.31-58.

캘리포니아 교육청의 디지털 시민성 : http://ecitizenship.csla.net/2011/02/
module-1-what-is-digital-citizenship.html

Bennett, W. L.(2008a). *Changing Citizenship in the Digital Age*. Civic Life
Online: Learning How Digital Media Can Engage Youth. pp.1-24. The
MIT Press.

Bennett, W. L., Wells, C. & Rank, A.(2008b). *Young Citizens and
Civic Learning: Two Paradigms of Citizenship in the Digital Age*. A
Roport from the Civic Learning Online Project. pp.1-35. Center for
Communication & Civic Engagement.

Common Sense Media(2009). *Digital Literacy and Citizenship in the 21st
Century*. A Common Sense Media White Paper. Common Sense Media.

Dalton, R. J.(2008). Citizenship Norms and the Expansion of Political
Participation. Political Studies. Vol. 56. pp.76-98. Political Studies
Association.

Inglehart, R.(1997). *Modernization and postmodernization: cultural,
economic, and political change in 43 societies*. Princeton, NJ: Princeton

University Press.

Jenkins, H.(2006). *Confronting the challenges of participatory culture: media education for the 21st century*. The MacArthur Foundation.

Mossberger, K., Tolbert, C. J & McNeal, R. S.(2008). *Digital Citizenship: The Internet, Society, And Participation*. MIT.

Ohler, J. B.(2010). *Digital Citizen*. Corwin.

Part of the Structured LearningRibble, M.(2011). Digital Citizenship in School. ISTE.

Ribble, M. & Bailey, G. D.(2004a). Digital Citizenship: Focus Questions for Implementation. *Learning & Leading with Technology*. Volume 32 Number1. pp.12-15. International Society for Technology in Education.

Ribble, M., Bailey, G. D. & Ross, T. W.(2004b). Digital Citizenship: Addressing Appropriate Technology Behavior. *Learning & Leading with Technology*. Volume 32 Number1. pp.6-12. International Society for Technology in Education.

제5장

세대와 젠더, 그리고 인권

① 세대 간 젠더 갈등

젠더 특징

젠더 gender 는 인간을 성 sex 이라는 개념을 통해 생물학적인 차이로 구분하는 방식에 대한 대안적 개념이다. 성이 성별화된 인간 구분을 인간이 가진 자연적 특징에 전제한 개념이라면, 젠더는 성별화된 인간 구분이 가진 사회문화적 성격을 강조하기 위한 개념이다. 젠더 개념은 남성성 masculinity 과 여성성 feminity 으로 인식되는 인간의 성별화된 특징이 역사적이고 문화적인 맥락에서 이해되어야 한다고 강조한다. 인간에 대한 성별화된 구분이 가지는 문화적 다양성에는 생물학적 특징으로 환원되지 않는 층위가 있는데, 이 전제를 표현하는 데 젠더 개념이 유용하다(한준 외, 2018: 139-140).

21세기 여성의 삶과 가족생활은 급격하게 변했다. 가족 구성의 변화, 이혼율 증가, 출산율 하락, 기혼 여성의 취업 증가 등 다방면에서 변화가 일어나고 있다. 이런 변화 속에서 기존의 가부장적 제도와 관행, 여성들의 의식 변화와 평등에 대한 요구 사이에서 사회적 지체가 발생하고 이는 갈등으로 이어져 오고 있다(이재경, 2013: 106). 호크실드 Hochschild 는 노동인구 변화, 일·가족양립제도 혹은 가족 친화제도 확대에도 불구하고 현실의 가정과 직장, 남성들이 이러한 변화에 적응하지 못하고 있는 현상에 대해 '지연된 혁명'이라고 명명했다. '지연된 혁명'이란 변화한 여성들과 변하지 않는 직장·사회 간의 긴장을 의미한다(정해식 외, 2018: 124).

사회통합 논의에서 젠더 갈등이 전면화되지 않는 배경에는, 젠더 갈등이 이념 갈등, 빈부 갈등, 노사 갈등, 세대 갈등, 종교 갈등과 같은 다른 사회적 갈등보다 중요한 사안이 아니라는 인식과 모든 여성이 젠더 갈등에서 같은 입장이 아니라는 점 때문이다. 또한 젠더 갈등은 공적인 영역뿐 아니라 결혼과 가족관계를 포함한 사적인 영역까지 걸쳐 있어 공공의 담론에 편입되기 쉽지 않다(이재경, 2013: 95). 그동안 한국 사회는 국가와 사회·기업조직과 가족으로 이어지는 중층적이고 강력하며 여성에게조차 내면화된 가부장적 지배구조로 인해 기존의 젠더 질서를 둘러싼 갈등과 대립이 전면화되는 과정을 한 번도 제대로 겪지 못했다. 이런 점에서 최근의 젠더 갈등은 우리 사회가 그간 경험하지 못한 낯선 양태의 갈등이다. 또 대상집단이 특정되기 어려운 거의 모든 사회구성원을 포괄한다는 점, 갈등의 장이 중층적일 뿐만 아니라 경제적 요소와 규범적 요소가 서로 교차하며 갈등을 구성하고 심화한다는 점에서도 다루기가 어렵다(권현지, 2018: 166).

세대 간 젠더 갈등

우리 사회에서 세대 간 젠더 갈등은 사회 갈등으로서 젠더 갈등, 섹슈얼리티와 젠더 갈등, 성역할과 젠더 갈등, 노동시장과 젠더 갈등으로 나누어서 살펴볼 수 있다. 여기서는 2018년 한국보건사회연구원에서 17개 시도의 만 19세에서 75세 이하의 남성 1,967명, 여성 1,906명을 대상으로 실시한 연구 결과를 바탕으로 인구학적 연령집단인 '코호트'로 세대를 정의하고 세대 간 젠더에 대한 관점을 살펴보도록 하겠다.[1]

사회 갈등으로서 젠더 갈등은 남녀의 역할 규정이나 권리에서 발생하는 갈등으로, 주로 기성 가부장적 사회질서에 대한 도전에서 비롯된다(변화순 외, 2005: 32). 그리고 성인 남녀의 개인적 갈등에서부터 노동시장의 성차별적 관행과 제도를 둘러싼 갈등, 성평등과 관련된 법 제정

---

1 2018년 한국보건사회연구원의 연구 결과에서 세대 간 젠더 갈등 양상을 파악할 수 있는 조사 결과 일부를 인용함.

이나 정책수립 과정에서 기존의 가부장적 질서에 대한 도전을 둘러싸고 남성과 여성의 이해가 대립하는 공적인 영역에서의 갈등을 모두 포함한다(이재경, 2013: 96). 사회적으로 서로 다른 성별을 가진 구성원 집단 간의 갈등뿐만 아니라 젠더 이슈에 대한 인식과 생각 차이 역시 사회 갈등으로서의 젠더 갈등으로 볼 수 있다. 젠더 이슈에 대한 인식 차이가 선입견이나 편견에 그칠 수도 있지만 이것이 행동으로 드러날 수도 있고 제도나 문화로 굳어질 수도 있다(정해식 외, 2018: 122). 조사 결과 연령이 낮은 세대일수록 사회적 젠더 갈등 인식과 여성에 대한 불평등한 대우 인식인 일반적 젠더 불평등 인식이 높은 것으로 나타났다.

[표 5-1] 젠더 갈등 인식

젠더 갈등 인식	19~34세	35~64세	65~75세
사회적 젠더 갈등 인식 (0점: 전혀 심하지 않음, 4점: 매우 심함)	2.72점	2.55점	2.44점
일반적 젠더 불평등 인식 (0점: 매우 평등, 5점: 매우 불평등)	3.21점	3.19점	2.98점

출처: 정해식 외, 2018: 131-132.

섹슈얼리티 차원에서 젠더 갈등은 '갈등'이라는 용어로 표현하기에는 일방적인 억압, 불균형, 피해, 일탈의 형태로 나타난다. 데이트폭력과 가정폭력을 포함한 성폭력, 외모에 대한 억압과 차별도 섹슈얼리티 차원의 젠더 갈등의 한 양상으로 볼 수 있다. 최근 사회적 이슈가 된 미투운동은 잠재되었던 섹슈얼리티 차원의 젠더 갈등의 표출로 볼 수 있다(정해식 외, 2018: 123). 조사 결과 미투운동에 대하여 40대 이하에서는 매우 동의에 응답 비율이 높은 반면, 60대 이상은 매우 동의하지 않음에 응답 비율이 높아 성폭력 피해자 중심의 사회운동에 대한 세대 간 인식의 차이를 볼 수 있다.

[표 5-2] 미투운동 취지 동의 (단위: %)

연령	매우 동의	전혀 동의하지 않음
20대 이하	11.55	5.27
30대	11.56	3.70
40대	12.23	1.63
50대	8.73	3.54
60대 이상	6.74	8.38

출처: 정해식 외, 2018: 362.

성역할과 젠더 갈등을 살펴보면, 근대적 노동시장 성립과 제조업 중심의 산업경제 확립 이후 남성 생계부양자 중심의 가족 체계가 주류를 이루면서 여성과 남성의 역할에 대한 고정관념이 확고해졌다. 그러나 여성의 노동시장 참여가 증대되면서 여성의 역할도 변했지만 여전히 남아 있는 가족 내 여성과 남성의 역할에 대한 전통적 고정관념은 젠더 갈등을 유발한다(정해식 외, 2018: 124). 조사 결과에 따르면 남성의 생계부양 역할과 여성의 돌봄 역할에 대하여 연령이 높은 세대일수록 고정적인 성역할 인식을 가지고 있음을 알 수 있다. 이러한 성역할 인식은

[표 5-3] 남성의 일은 돈을 버는 것이고 여성의 일은 가정을 돌보는 것이다. (단위: %)

연령	매우 동의	매우 동의하지 않음
20대 이하	4.69	21.13
30대	4.58	16.26
40대	8.11	11.36
50대	8.76	7.24
60대 이상	9.29	5.61

출처: 정해식 외, 2018: 358.

실제의 성평등 정도를 측정한다기보다는, 개인이 느끼고 있는 불만족 정도에 대한 세대 간 차이 그리고 이로 인한 갈등 발생의 가능성을 유추할 수 있다(박경숙 외, 2013: 143).

노동시장과 젠더 갈등을 살펴보면 성역할 고정관념과 지연된 혁명의 장애물을 넘어 노동시장에 '성공적'으로 진출한 여성이라 하더라도 남성을 '표준'으로 하는 노동시장의 채용, 임금, 승진 관행 과정에서 불평등과 차별을 경험한다(조순경 편, 2000; 정해식 외, 2018: 124 재인용). 노동시장의 채용이나 승진과 관련된 성차별은 젠더 갈등을 유발하는 원인이 되기도 하고, 이로 인한 긴장과 불평등 그 자체를 '젠더 갈등'이라 할 수 있다(정해식 외, 2018: 124). 조사 결과 회사에서 취업과 승진에 대하여 20대 이하의 세대에서 '매우 평등', '매우 불평등'에 대한 응답 비율이 모두 가장 높게 나타나 연령이 낮을수록 노동시장의 젠더 관련 상황에 보다 민감하게 반응하고 있음을 알 수 있다.

[표 5-4] 회사에서 취업과 승진 (단위: %)

연령	매우 평등	매우 불평등
20대 이하	3.52	9.9
30대	2.58	5.9
40대	2.04	2.7
50대	0.94	4.94
60대 이상	1.88	3.96

출처: 정해식 외, 2018: 352.

세대 간 젠더 갈등에 대한 접근

테라 레스Terra Ress를 비롯한 여러 여성 정책 연구자들은 성평등에 대한 정책 접근 변화를 균등 처우, 특별 처우, 성 주류화로 구분하여 제시했다. 균등 처우는 기존 남성 위주의 주류 질서에 여성을 통합하여 평등을 추구한다. 공적 영역에서 여성에 대한 차별을 문제로 보고 남성과 동일한 법적·제도적 권리를 보장함으로써 평등을 이루고자 하는 것이다. 남녀고용평등법, 호주제 폐지, 군가산점제 폐지 등과 같이 여성의 노동시장 진입, 정치 참여를 제한하거나 차별하는 법과 제도를 개선하고자 한다. 이것은 남성에게 적용되는 원칙과 기준을 여성에게도 동등하게 적용하여 성별과 무관하게 모든 개인이 동등한 권리와 기회를 보장받도록 하기 위한 것이다. 그러나 이러한 균등 처우는 남성 중심의 제도와 질서에 직접적으로 도전하지 못할 뿐 아니라 남성과 다른 여성의 상황을 고려하지 못한 것이라는 한계를 가지고 있다(마경희, 2014: 457).

균등 처우에 대한 한계를 극복하기 위해 제시된 것이 특별 처우이다. 이는 남성과 여성의 차이를 인정하고 여성의 특수한 조건과 욕구를 인정하고자 한다. 여성 직업 훈련, 취업과 창업 지원과 같은 여성 특화 제도와 정책을 통하여 여성의 노동시장 참여를 지원한다. 그러나 특별 처우는 기존 정책들이 남성 경험 위주로 설계된 점을 문제로 제기하지 않았기 때문에 여성의 욕구와 경험은 여전히 주변화될 수밖에 없다. 또한 특별 처우에 대한 정책들은 단기적이고 저예산인 경우가 많아 성불평등 문제 개선에 미치는 효과가 미흡하다는 한계를 가지고 있다(마경희, 2014: 458).

균등 처우와 특별 처우에 대한 대안으로 제시된 것이 성 주류화이다. 성 주류화는 성불평등의 구조를 변혁하여 성불평등 문제를 해결하고자 한다. 같음에 기초한 '남성의 관점'도, 차이의 인정에 기초한 '여성

[표 5-5] 성평등 비전과 정책

구분	균등 처우	특별 처우	성 주류화
정책 접근	공적 영역에서의 동등한 법적·제도적 권리와 기회 보장	차별집단으로서 여성의 위치와 '특수한' 욕구 고려	성평등을 위한 정책 개혁
성평등 비전	같음	차이의 인정	성불평등 구조의 변화
전략	통합: 남성의 기준에서 출발	여성의 특수성: 여성의 특수한 조건과 욕구에서 출발	젠더 관점의 통합
정책 수단	법적·제도적 평등 및 차별 제거(예: 남녀고용평등법, 호주제 폐지, 군가산점제 폐지 등)	여성 특화 제도와 정책(예: 여성 직업 훈련, 취업, 창업 지원)	성인지 정책(예: 공무원 교육, 성인지 통계, 성인지적 정책 분석)
한계	수선하기: 남녀 조건의 차이 간과	재단하기: 단기적, 부분적, 여성의 주변화	현실적으로 기술 관료적 절차와 도구로 축소되는 경향
	※같음과 차이의 딜레마		

출처: 마경희, 2014: 456.

의 관점'도 아닌 제3의 관점으로 '젠더 관점'의 통합을 추구한다. 젠더 관점은 여성과 남성의 차이를 인식하되 이를 불평등한 권력관계의 맥락에 위치시키는 것이다. 이를 위해 남성과 여성의 불평등한 관계를 가져오는 체계와 구조를 변혁하기 위해 성 주류화 정책을 추진한다. 성 주류화 정책은 성평등을 실천하기 위한 정책적 개혁으로 모든 공공정책을 성평등 관점에서 평가하고 재조직화하고자 한다. 이를 위해 성인지 교육, 성별 영향평가, 성인지 통계 활용과 같은 성인지 정책을 실시한다. 그러나 성 주류화는 정책수단을 통하여 모든 정부 부처의 성불평등적 요소를 개선해 나간다는 측면에서 관료적 절차와 도구로 축소되는 한계가 있다(마경희, 2014: 459-461).

젠더 갈등의 발생 원인으로는 어려서부터 학습된 성별에 대한 고정관념, 가부장적 사회문화, 성별에 따른 특혜와 차별, 언론 및 방송매체의 갈등 조장 순으로 조사되었다(정해식 외, 2018: 368). 젠더 갈등의 발생 원인을 개선하고 우리 사회에서 세대 간 젠더 갈등을 해소하기 위해서는 다음과 같은 노력이 필요하다. 첫째, 생활 속에서 양성 평등 문화가 확산되어야 한다. 양성 평등한 결혼 문화, 가사와 육아의 분담, 생활 속 성차별 언어 개선 등이 필요하다. 둘째, 평등하게 일할 권리와 기회가 보장되어야 한다. 남성의 생계 부양, 여성의 돌봄이라는 성별화된 노동 분업의 재조정이 필요하다. 셋째, 성별에 따른 차별요소를 배제해야 한다. 사회문화적으로 형성된 여성과 남성의 차이를 인식하고, 고정된 성 역할에 구속되지 않고 자신의 능력을 자유롭게 개발하고 실현할 수 있어야 한다. 넷째, 대중매체에서의 성차별적 요소를 개선해야 한다. 어린이 만화를 보면 여성 캐릭터는 수줍고 상냥한 이미지로 제시되는 반면, 남자 캐릭터는 힘세고 듬직한 이미지로 등장하는 경우가 있어 이 경우 성별에 대한 고정관념을 어릴 때부터 심어줄 우려가 있다. 따라서 대중매체에서는 양성 평등과 관련된 콘텐츠를 확대하고, 성차별 실태를 모니터링해서 이를 개선할 필요가 있다.

② 세대 간 인권 갈등

인권 특징

인권은 인간이 태어나면서 가지는 인간답게 살 권리이며 사람의 사람다움을 실현하는 권리로, 다음과 같은 특징이 있다. 첫째, 인권은 인간이 갖는 기본적 권리이다. 인권은 인간이 존엄한 삶을 살기 위한 기본적인 필요로서 인간 사회에서 한 인간의 삶의 수준이 어느 수준 이하로 떨어지는 것을 막아 준다. 이런 의미에서 인간으로서 존엄과 가치를 존중받으며 살 수 있도록 하는 것이 인권이다. 둘째, 인권은 인간이 갖는 보편적 권리이다. 인권이 인간의 권리가 되기 위해서는 본질적으로 누구에게나 적용되고 일반적이고 보편적인 성질을 가져야 한다. 이러한 이유로 인권은 아무런 조건 없이 오직 인간이라는 이유로 모든 인간에게 적용될 수 있어야 한다. 셋째, 인권은 책임을 동반한 권리이다. 모두가 누려야 할 권리라는 점에서 인권은 타인과의 관계를 고려해야 한다. 내가 인권을 누릴 때 나와 동일한 인간인 다른 사람의 인권도 고려해야 한다. 이런 점에서 인권은 사회구성원의 책임을 강조한다. 넷째, 인권은 개인과 집단을 포괄하는 권리이다. 오늘날과 같이 세계화 시대에서 국제적 불평등 구조로 억압받는 제3세계나 소수집단을 고려하면 인권을 단순히 개인의 권리로만 규정해서는 안 된다. 다섯째, 인권은 국가 정당성의 기준이 된다. 우리는 국가 내에서 국민으로 살아가면서 실정법으로 정해 놓은 제도적 장치에 제한을 받고 살아간다. 인권은 이러한 제도적 제한이 구체적으로 드러나는 한 국가의 제도, 법률, 관습 등의 정당성을 판단할 수 있는 근거가 된다. 여섯째, 인권은 사회변화를 요구한다. 인권은 인간의 존엄한 삶을 위한 최소한의 조건을 제시하고 그 조건에 적합하도록 사회가 변화할 것을 요구한다. 이 점에서 인권은 한 사회가 정의롭고 평화로운 사회로 나아가는 원동력이 된다(구정화 외, 2004: 12-14).

인권감수성은 인권 침해 상황에 대하여 인지하고 인권 침해 상황에 대한 공감을 의미한다. 즉, 인권 문제가 포함된 상황에서 그 상황을 인권 관련 상황으로 지각하고 해석하며, 그 상황에서 가능한 행동이 다른 관련된 사람들에게 어떠한 영향을 미칠지를 알며, 그 상황을 해결하기 위한 책임이 자신에게 있다고 인식하는 심리적 과정이다(문용린 외,

2002: 11). 따라서 인권 관련 상황을 개선하기 위해 책임감을 느끼고 정의롭게 행동하는 데 우선적으로 필요한 것이 인권감수성이다.

세대 간 인권 갈등

우리 사회에서 세대 간 인권 갈등 현상은 인권 의식을 바탕으로 살펴볼 수 있다. 인권 의식은 자신을 포함한 사회구성원에게 부여된 다양한 인권을 인식하고, 이를 존중하며 적극적으로 실천하는 태도로 볼 수 있다(김자영, 2012: 12). 인권 의식은 다양한 하위 차원을 갖는 추상적 개념으로 학자마다 다르게 정의하고 있다. 여기에서는 인권 의식을 인권 인식, 인권 평가, 인권 경험, 인권 지지, 인권 행동으로 분류하고, 2016년 국가인권위원회에서 14개 시도의 만 15세에서 만 87세 이하의 남성 740명, 여성 764명 총 1,504명을 대상으로 실시한 조사 결과를 중심으로 세대 간 인권에 대한 관점을 살펴보도록 하겠다.[2]

인권 인식은 인권에 대한 관심 및 지식 수준을 의미한다. '인권'이라는 용어를 접하는 정도, 국내외의 인권 상황에 대한 인지, 헌법에 자유권, 평등권, 사회권, 참정권, 청구권 등과 같은 기본적 인권 보호 명시에 대한 인지, UN이 제정 선포한 세계인권선언문에 대한 인지 등에 대한 응답을 통해 세대 간 인권 의식을 알아볼 수 있다. '인권'이라는 용어를 접하는 정도는 전 세대에서 '가끔씩'이라는 응답이 가장 높게 나타났다. 다만 50세 이상의 세대에서 '인권'이라는 용어를 거의 접하지 않는다는 응답이 21.4%로 나타나 다른 세대와의 차이를 볼 수 있다.

---

2 국가인권위원회에서는 5년 주기로 대규모 국민인권의식조사를 실시하고 있음. 여기서는 이에 대한 가장 최신 연구인 2016년 국민인권의식조사를 바탕으로 세대 간 인권 갈등 양상을 파악할 수 있는 조사 결과 일부를 인용함.

[표 5-6] 인권이라는 용어를 접하는 정도 (단위: %)

연령	거의 매일	비교적 자주	가끔씩	거의 없음
15~29세	2.0	26.2	59.1	12.7
30~49세	1.9	26.6	60.6	10.9
50세 이상	1.4	19.3	57.9	21.4

출처: 구정우 외, 2016: 74.

인권 평가는 인권 상황에 대한 비판적 평가이다. 국내외 인권 상황에 대한 비판적 평가, 인권 보장과 직접 관련이 있는 기관에 대한 평가 등을 통해 세대 간 인권 평가에 대한 입장을 알아볼 수 있다. 우리나라 인권 상황의 개선 여부에 대한 평가에서 전 세대가 '다소 나아졌음'에 가장 많이 응답하여 이에 대한 세대 간 큰 이견은 없음을 알 수 있다.

[표 5-7] 우리나라의 인권 상황 개선 여부에 대한 평가 (단위: %)

연령	많이 나아졌음	다소 나아졌음	다소 나빠졌음	많이 나빠졌음
15~29세	2.3	44.1	7.5	0.3
30~49세	2.9	39.1	7.6	2.8
50세 이상	2.6	39.0	6.0	0.9

출처: 구정우 외, 2016: 77.

인권 경험은 인권 침해 경험, 인권 차별 경험, 인권 교육 경험으로 구분하여 살펴볼 수 있다. 구체적으로 기본적 사회보장을 제대로 받지 못한 경험, 열악한 노동조건에서 일한 경험 등과 같은 인권 침해 경험, 성차별, 나이로 인한 차별, 신체조건에 따른 차별과 같은 인권 차별 경험, 학교의 인권 교육, 기관과 단체의 인권 교육 등과 같은 인권 교육 경험으로 구성된다. 이 중 인권 차별 경험을 구체적으로 살펴보면 성별에 따른 차별과 신체조건으로 인한 차별은 연령이 낮을수록 많이 경험한 것을 알 수 있다.

[표 5-8] 인권 차별 경험 (단위: %)

연령	성차별	나이	신체조건	종교·사상· 정치적 입장
15~29세	17.0	13.5	12.7	4.6
30~49세	14.7	8.5	6.7	3.5
50세 이상	7.1	13.5	4.0	1.6

출처: 구정우 외, 2016: 89.

인권 지지는 인권과 관련된 상황에 대한 지지적 태도를 의미한다. 인권과 관련된 각종 현안이나 정책에 대한 지지 여부, 생명과 자유, 안전에 대한 권리, 사생활의 권리, 평화로운 집회 결사의 권리와 같은 '자유권적 인권', 사회보장을 받을 권리, 휴식과 여가를 누릴 권리, 교육에 대한 권리, 문화에 대한 권리와 같은 '사회권적 인권', 평화에 대한 권리, 발전에 대한 권리, 지속 가능한 환경에 대한 권리와 같은 '연대권적 인권'에서의 세대 간 인식 차이를 살펴봄으로써 인권 지지에 대한 관점의 차이를 유추할 수 있다. 구체적인 예로 아동과 청소년 체벌에 대해서는 연령이 높을수록 체벌에 대한 허용도가 높음을 알 수 있다. 이는 전통적으로 우선시되었던 교권과 학생 인권의 대립에서도 알 수 있다. 연령이 높을수록 교권을 중시하고 학생 훈육을 인정하는 반면, 연령이 낮을수록 기존 체제의 권위 관계로 인한 학생 인권의 침해에 보다 관심이 있는 것으로 나타났다.

[표 5-9] 아동과 청소년 체벌 (단위: %)

연령	매우 허용	다소 허용	다소 금지	매우 금지
15~29세	12.4	26.5	40.3	19.3
30~49세	13.8	33.2	39.3	12.8
50세 이상	19.5	36.6	29.4	14.3

출처: 구정우 외, 2016: 105.

인권 행동은 인권 문제와 관련된 실천적 차원이다. 여기에는 인권 침해나 인권 차별 상황이 발생했을 때의 대처, 인권 보호를 위한 활동 참여 등이 포함된다. 인권이 이론에서 멈추지 않기 위해서는 인권 보호를 위한 구체적이고 실질적인 참여가 수반되고 행동으로 실천되어야 한다. 세대별 인권 개선활동 참여 현황을 살펴보면 50대 이상의 세대에서는 어려운 주변 사람에 대한 조언과 상담, 종교단체에 대한 지원에 다른 세대보다 많이 참여했음을 알 수 있다. 반면 연령이 낮은 세대일수록 인권 캠페인 활동, 인터넷에 인권 관련 글쓰기와 같은 활동에 많이 참여했음을 알 수 있다. 이를 통해 인권 개선활동에 대한 세대 간 다른 참여 양상을 알 수 있다.

[표 5-10] 인권 개선활동 참여 (단위: %)

연령	어려운 주변 사람 조언 상담	종교단체 지원	인권 캠페인/ 거리 시위 참여	인터넷 사이트에 인권 관련 글쓰기
15~29세	25.9	8.4	13.3	9.2
30~49세	32.4	9.2	7.3	5.5
50세 이상	32.5	11.2	2.8	2.9

출처: 구정우 외, 2016: 114.

세대 간 인권 갈등에 대한 접근

세대 간 인권 의식의 차이를 좁히기 위해서는 '인권'에 대한 세대 간의 합의가 필요하며, 이를 위한 효과적 접근으로 인권교육을 들 수 있다. 국가인권위원회의 조사 결과에 따르면 인권교육의 필요성에 대하여 전 세대에서 약 80%가 넘게 지지 입장을 보이는 반면, 직접적으로 인권교육을 받은 경험은 전체 응답의 약 12%만 차지했다. 이를 통하여 인권교육의 필요성에 대해 공감하고 있으나 실질적으로 인권교육을 받을 기회가 부족함을 알 수 있다. 인권교육을 받은 적이 없다는 응답자를 대상으로 인권교육을 받기 적합한 장소를 중복 선택으로 물었을 때 초·중·고등학교를 선택한 비율이 54%에 육박한다는 점에 비추어 체계적인 학교 인권교육이 필요함을 알 수 있다. 또한 지자체 등 공공기관을 인권교육을 받기 적합한 장소로 선택한 비율이 42.8%에 이르지만 이러한 기관에서 인권교육을 받은 경험은 9.9%에 불과하여 인권교육 기관의 확대도 필요하다(구정우 외, 2016: 114-116).

또한 세대 간 인권 갈등을 해소하기 위해서는 세대 간 원활한 소통을 통해 인권에 대한 각기 다른 시각을 이해할 수 있어야 한다. 인권에 대한 세대 간의 시각차를 이해하기 위해서는 인권과 관련된 문제가 공론화되어야 하며, 인권 문제에 대해 세대 구분 없이 자신의 의견을 이야기할 수 있는 공론 공간이 마련되어야 한다. 공론의 장에서는 누구나 자유롭게 인권 문제에 대한 자신의 논의를 이어갈 수 있으나, 일방적으로 자신의 의견을 관철시키기 위해 애쓰는 것이 아니라 열린 마음으로 인권과 관련된 여러 사람의 각기 다른 의견을 적극적으로 경청하는 자세가 필요하다. 또한 세대 간 인권 경험에 대한 차이를 인정할 수 있어야 한다. 세대별로 성장 배경이 다르기 때문에 인권 의식 역시 다를 수밖에 없다. 따라서 서로의 차이를 인정할 수 있는 문화가 조성되어야 한다.

어느 세대의 독특한 정서, 사고방식과 행위양식 등은 그 세대가 지나온 역사적·문화적 경험의 산물이다. 인권 현안과 관련하여 각 개인 간의 차이도 존재하지만 일정 부분 수렴되는 세대의 특성은 세대만의 공통 경험에 기반하고 있다(박재흥, 2005: 320). 이렇게 세대 간 존재하는 인권에 대한 다른 생각을 틀린 생각으로 간주하지 않고 각 세대의 특성을 이해하려는 노력이 필요하다. 마지막으로 세대 간 인권 갈등 문제를 해소하기 위해서는 세대의 이해를 돕는 교육 프로그램이 필요하다. 이는 앞서 살펴본 세대 간 인권 경험의 차이 인정과도 맞물리는 것으로 각 세대의 생물학적·심리적 특성을 이해하고, 각 세대의 성장 배경과 특성에 대한 이해 교육을 통해 각 세대를 이해하고 소통할 필요가 있다.

📖 참고문헌

권현지(2018). "노동시장의 변화와 청년세대 젠더 갈등." 강원택·구인회·권현지·김용창·주병기 편.《사회적 갈등과 불평등》. 푸른길. 133-169.

구정우·김선웅·김두년·유성상·정병은·신인철(2016).《2016년 국민인권의식조사》. 국가인권위원회.

구정화·설규주·송현정(2004).《교사를 위한 학교 인권교육의 이해》. 국가인권위원회.

국민대통합위원회(2016).《국민통합에 관한 국민의식조사》. 한국보건사회연구원.

김자영(2012).《청소년 인권의식의 유형 및 영향요인에 관한 연구》. 서울대학교 대학원 박사학위논문.

마경희(2014). "여성주의, 국가, 성평등." (사)한국여성연구소 편.《젠더와 사회》. 동녘. 449-458.

문용린·문미희·곽윤정(2002).《인권감수성 지표 개발 연구》. 국가인권위원회.

명경미·안금옥·이지혜·이현수·장원순·조성범·한은주(2014).《중도·중복장애 학생의 인권역량 강화 프로그램》. 국립특수교육원.

박경숙·서이종·김수종·류연미·이상직·이주영(2013).《세대 갈등의 소용돌이》. 다남출판사.

박재홍(2005).《한국의 세대문제》. 나남출판.

변화순·장혜경·김혜영·전영주·정재동·구선영(2005).《가족·성별 갈등현황 및 정책과제》. 한국여성개발원.

이재경(2013). "한국사회 젠더 갈등과 '사회 통합'."《저스티스》. 134(2). 94-109.

정해식·김미곤·여유진·김선근·류연규·우선희·김근혜(2018).《사회통합 실태진단 및 대응방안 연구(V)》. 한국보건사회연구원.

한준·엄한진·최항섭·박광형·윤민재(2018).《한국의 대통령 리더십과 사회통합》. 법현.

제6장

세대와 가족: 중년기 부모 세대와 청소년기 자녀 세대의 관계

① 세대와 가족

가족의 특성과 세대

우리가 '가족'이라는 말을 떠올릴 때는 일상적으로 영위하는 가족의 모습보다는 환상이 더 작용한다. 즉, 세상에 존재할 수 있는 천국의 모습을 생각하면서 사랑과 배려와 애정이 넘치는 관계라고 본다. 그러나 실제 가족은 사랑과 배려와 애정만 있는 관계가 아니다. 현재 우리 가족을 자세히 들여다보면, 가족은 젠더와 무관하게 평등하지도 않으며, 세대와 무관하게 수평적이지도 않다. 또한 가족은 처음 형성된 모습이 그대로 유지되는 것이 아니라 시간이 지나면서 변화되고, 사회경제적 지위에 따라 다양한 형태의 문제도 생긴다. 이런 상황에서 전면적 관계를 맺으면서 일상적 상호작용을 영위하는 곳이, 그리고 사람이 가족이다.

이런 배경에서 가족은 젠더, 세대, 가족생활주기, 사회경제적 지위 등의 구조적 특징들과 가족구성원 간의 인지적·교류적·정서적 상호작용과정을 통해 관계가 이루어지는 공동체(정현숙·유계숙, 2002)라고 할 수 있다. 그리고 가족은 구성원 간의 상호작용 경험이 누적되면서 사회적·역사적 산물이 되며, 한 사회를 이해하는 기초가 된다(정현숙, 2004).

여기서는 가족 내 세대 관계에 초점을 두고자 한다. 가족은 상이한 세대가 끊임없이 상호작용하는 역동적 체계로서, 가족원이 속하는 세대에 따라 역할과 책임이 분화된다. 사회 내 세대 관계를 이해할 때도 가족체계 내에서 이루어지는 세대 관계를 살펴볼 필요가 있다. 예를 들어, 사회 내 노인부양 문제는 가족 내 노부모 부양을 둘러싼 갈등으로 전환될 수 있다. 그리고 사회에서 보이는 세대 현상은 가족 내 부모-자녀 간 갈등으로 증폭될 수 있다. 또한 세대 관계는 고정적인 것이 아니며 인생주기에 따라 변화한다. 하지만 많은 사람들은 변화를 인식하지 못하면서 세대 관계에서 갈등을 일으키기도 한다.

따라서 가족을 이해할 때도 세대 관계의 질과 상호작용에 대한 이해가 중요하다. 앞으로는 고령화, 저출산, 비혼율 증가에 따라 가족 내 세대 간 결합의 다양성과 복잡성이 더욱 증가할 것이다. 그러므로 가족을 중심으로 세대 관계를 파악할 필요가 있다.

세대 통합의 장(場)이 되는 가족

가족은 세대 간 갈등이 증폭되는 장場이 될 수도 있지만, 한편으로는 세대 간 일상적 상호작용에서 이해의 폭을 넓힌다면 세대 간 소통과 공존의 장이 될 수도 있다. 궁극적으로 가족은 세대 간 소통과 통합의 일차적 장이 될 수 있다는 것이다. 지금까지 가족학에서 이루어진 많은 연구에서는 가족 내 세대 간 접촉의 중요성을 강조해 왔다. 특히 조부모와 손자녀 관계를 살펴본 연구(박명숙, 2002)에 따르면, 조부모와 손자녀의 유대가 이들의 정서적 안정감과 가족 건강성을 증진시키는 것으로 나타났다. 그리고 조부모와의 애착이 아동에게 또래나 낯선 어른과의 사회적 관계에서 자신감을 발휘하는 데 긍정적 영향을 주는 것으로 나타났다. 대학생을 대상으로 노인에 대한 태도와 조모와의 친밀감을 알아본 연구(이신숙, 2007)에 따르면, 조모와 자주 접하는 손자녀일수록 조모를 통해 심리적으로 발달하고 문화적 지지와 가족의 역사를 전달받으면서 정서적 안정감을 가진다고 보고했다. 또한 세대 간 접촉이 조부모의 내적 건강성 증진에 미치는 영향을 살펴본 연구(양순미 외, 2004)에 따르면, 조모가 손자녀와의 접촉을 통해 생의 연속감을 느끼고 손자녀에게 인생을 통한 경험과 지혜를 제공함으로써 노년기 통합이 형성된다고 보았다.

이처럼 세대 간 격차가 크다고 인식되는 조부모 세대와 손자녀 세대도 가족이라는 장을 통해 상호작용하면서 다른 세대를 이해하고 공감할 기회를 갖게 됨을 알 수 있다. 그리고 이러한 세대 간 공감이 이루어지는 가족에서 성장한 경험은 아동, 청년, 노인 등 모든 세대의 복리 증진에 긍정적 영향을 미치는 것으로 나타났다(최유석, 2014). 따라서 가족 내 세대 관계가 소통될 수 있는 방안을 탐색하는 일은 궁극적으로 세대 통합의 기초가 될 것이다.

중년기 부모 세대와 청소년기 자녀 세대의 관계

가족생활교육에 대한 요구가 높은 세대는 중년기 부모 세대와 청소년기 자녀 세대이다. 중년기 부모 세대는 성호르몬이 감소하면서 갱년기라는 신체적 변화를 경험한다. 그리고 사회적으로 중추적 역할을 담당하는 상황에서 업무 부담이 크다. 또한 은퇴가 다른 나라에 비해 빠른 편이라 은퇴 이후의 삶에 대한 준비로 심리적 부담이 큰 세대이다.

한편, 청소년기 자녀 세대는 성호르몬의 급격한 증가로 인해 균형이 깨지면서 극심한 신체적 변화를 경험한다. 또한 성적과 입시경쟁에 대한 부담감과, 막연하지만 성인기 삶을 준비를 해야 하는 상황에서 심리적 부담도 크다. 이러한 두 세대가 부모와 자녀로 만나면 갈등적 상호작용은 증폭된다.

중년기 부모 세대는 본인의 갱년기로 인해 심리적 불안이 크며, 자녀를 보호하려는 욕구와 자녀 양육 부담에서 벗어나려는 욕구가 충돌하면서 갈등을 겪는다. 한편, 청소년기 자녀 세대는 사춘기로 인해 기본적으로 정서가 불안정하다. 여기에 덧붙여 청소년은 부모에게서 독립하려는 욕구와 부모에게 의존하려는 양가적 욕구, 그리고 또래에 동조하려는 욕구 역시 높아지는 시기에 놓인다.

특히 이 두 세대는 각각 '획일화', '성장', '발전' 등을 강조하는 산업화 시대와, '다양성', '개성 실현' 등을 강조하는 후기 산업사회라는 상이한 역사적·사회적 사건을 경험한 세대이다. 따라서 이 두 세대는 자연스럽게 서로를 공감하고 이해하기가 쉽지 않다. 다른 세대의 공감과 이해를 위해서는 노력이 필요하다.

이처럼 중년기 부모 세대와 청소년기 자녀 세대는 갈등이 증폭될 여지가 많은 시기이다. 우리 주위만 봐도 청소년기 자녀와 소통 문제로 어려움을 겪는 중년과, 부모와 대화가 통하지 않는다고 토로하는 청소년을 쉽게 찾아볼 수 있다. 그러나 청소년과 청소년의 부모를 대상으로 한 연구들(마영화·박성희, 2019; 박영신, 2016; 정인순·안귀여루, 2018)을 보면, 부모에게 반항적인 청소년기임에도 불구하고 부모와의 소통은 여전히 중요한 것으로 나타났다. 부모 또한 자녀와 소통을 원하는 것으로 나타났다. 청소년 종합실태조사(백혜정 외, 2017)에 따르면, 청소년의 경우 부모와 대화 빈도가 높을수록 가정생활 만족도가 올라가고, 부모의 방임이나 방과후 집에 혼자 있는 날이 많을수록 가정생활 만족도가 낮아지는 것으로 나타났다. 그러나 소통의 중요성에도 불구하고 실제 부모와 대화하는 실태를 보면, '자신의 고민에 대한 대화'를 거의 하지 않는 경우25.9%도 많은 것으로 나타났다. 이는 자녀 세대인 청소년이 부모와의 소통을 중요하게 인식하고는 있지만, 실제 부모에게 고민을 털어놓기가 쉽지는 않음을 알 수 있다.

한편, 청소년기 자녀를 둔 부모를 대상으로 부모교육 프로그램을 개발한 연구(소수연 외, 2013)에 따르면, 대다수의 부모는 청소년 자녀에게 '무슨 고민이 있는지 모르겠다'라고 응답했으며, 대화를 통해 자녀가 하고 있는 고민을 알고 싶어 했다. 이는 부모 세대와 자녀 세대 모두 상호작용에 대한 욕구는 높으나 현실적으로는 세대 간 소통이 잘 이루어지지 않음을 보여 준다.

② 중년기 부모 세대의 발달적 특성

중년기와 청소년기는 발달적 특성과 과업에서 큰 변화를 경험하는 세대이다. 따라서 두 세대가 서로 공감하기 위해서는 각자 자신이 속한 발달 단계에 대한 이해가 필요하다. 또한 부모는 자녀 세대의, 자녀는 부모 세대의 발달적 특성을 이해해야 한다.

노화

중년기는 일반적으로 40대 중반에서 60대 중반까지에 해당하는 시기이다. 이 시기에는 노화로 인한 신체적·생리적·심리적 변화를 경험한다. 따라서 이 시기의 발달적 특성은 '노화'로 압축할 수 있다. 특히 성호르몬 분비가 저하되면서 생리적 변화를 두드러지게 경험한다. 남성보다 여성이 이 변화를 경험하는 강도가 더 크다. 즉, 중년기 여성은 난자 수의 감소로 여성 호르몬인 에스트로겐이 급격히 감소하면서 갱년기를 경험한다. 이로 인해 중년기 여성은 홍조, 두통, 잦은 기분 변화, 우울, 피로감 등을 겪는다(성미애 외, 2019: 294). 여성의 갱년기는 에스트로겐의 분비가 제로가 될 때까지 지속되는데, 일반적으로 한국 여성은 평균 49.3세에 완경이 된다고 보고되고 있다(질병관리본부, 2018).

중년기 남성도 남성 호르몬인 테스토스테론의 분비가 감소하면서 정자 수 감소, 발기불능, 홍조 등을 경험한다. 예전에는 남성의 경우 여성과 달리 테스토스테론의 분비가 저하될 뿐이기 때문에 여성처럼 갱년기를 경험하지는 않는다고 보았지만 최근에는 남성 역시 여성과 유사한 갱년기 증상을 경험하는 것으로 나타났다. 중년 남성의 갱년기 경험을 살펴본 연구(전혜원·김선애, 2017)에 따르면, 남성이 경험하는 갱년기의 신체적 변화로는 배 나옴, 체중 증가, 신장 감소, 탈모 등이 보고되었다. 또한 갱년기 남성은 수면 변화와 폐활량 감소 등 생리적 변화를 경험하는 것으로 나타났다. 이러한 신체적·생리적 변화를 인지하면서 남성도 여성과 유사하게 허무함, 우울, 분노조절 장애, 눈물 과다 등의 부정적 정서를 경험한다.

또한 중년기 부모 세대는 신체적 노화를 지각하면서 건강에 대한 관심이 증가한다. 중년들이 만나면 어떤 성격의 모임에서든 건강에 대한 이야기로 마무리하듯이 중년기에는 비만, 심장질환, 암 등의 문제로 어려움을 경험하며, 이러한 질병의 발병률은 연령이 높아질수록 비례해서 높아지는 것으로 나타났다.

- 40대 사망원인별 사망 확률
  - 암 40.9%, 간 질환 12.5%, 심장 질환 11.2%, 뇌혈관 질환 8.2% 등
- 50대 사망원인별 사망 확률
  - 암 120%, 심장 질환 27.2%, 간 질환 24.3%, 뇌혈관 질환 29.7%
    (사망 확률: 인구 10만 명당 사망 비율)

출처: 통계청(2019). 2018년 사망원인통계. p.45.

자아개념의 변화

이러한 중년기의 신체적·생리적 변화는 그 자체로 끝나는 것이 아니다. 신체적·생리적으로 변화된 자신을 받아들이는 것은 쉽지 않다. 거울 앞에 서면 내가 아닌 초라한 중년이 보인다. 인생이 만만하게 보였던 성인 전기의 패기 넘쳤던 모습은 온데간데없고, 삶이 버거워서 삶에 치인 자신의 모습을 직면해야 한다. 이런 상황에서 자아에 대한 회의와 공허감이 증가한다. 경우에 따라서는 우울증이나 신경증 증세를 경

험하기도 한다. 이전과는 달리 괜히 위축되고 매사에 소극적인 태도를
보이기도 한다. 또한 앞으로 다가올 은퇴에 대한 걱정도 커지는 시기이
다. 헌터와 선델(Hunter & Sundel, 1989)은 '중년의 위기 midlife crisis'라는
용어를 제시하면서 중년기의 신체적·정신적·사회적 변화에 잘 적응하
지 못하면, 외로움이나 상실감, 가족에서의 소외감을 느낀다고 주장했
다. 따라서 중년기에는 자신의 신체적·사회적 변화를 수용하면서 자아
개념을 재정립할 필요가 있다.

중년기 부모 세대의 발달과업

생산성 대 침체성(Erikson, 1978)

레빈슨(Levinson, 1978)은 우리의 인생을 사계절에 비유하면서 중년기
를 '가을'로 보았다. 가을은 풍성한 수확이 이루어지는 시기이다. 또한
추수가 끝난 뒤 겨울을 기다리는 논처럼 지금까지 삶을 잘 정리하면서
앞으로 다가올 겨울, 즉 인생의 노년기를 맞이할 준비를 해야 하는 시기
이다. 따라서 풍성한 수확이 이루어지는 중년기에는 '나는 다음 세대에
게 무엇을 줄 수 있는가'를 고민해야 한다.

이 시기는 우리 사회에서 중추적 위치를 차지하는 단계인 만큼, 자
신에게만 몰두하기보다 생산적인 일을 이끌어 가야 한다. 그리고 자녀
양육과 교육에도 책임을 다해야 한다. 에릭슨(Erikson, 1978)은 심리사회
적 측면에서 인간발달 단계를 8단계로 구분했으며, 각 단계마다 발달과
업을 제시했다. 그리고 중년기의 발달과업으로 생산성 generativity 대 침
체성 stagnation 을 제시했다. 생산성은 다음 세대를 위해 자녀를 양육하고
교육하며, 타인을 지도하고 사회를 위해 생산적인 일에 에너지를 투자
하는 것을 말한다. 에릭슨은 자신의 사회적 지위와 영향력에 대한 책임
감을 가지고 열심히 직장 일과 양육에 전념하는 중년을 생산적인 중년

으로 보았다.

반면, 침체성은 자신에게만 몰두하고 자녀와 사회에 관심을 가지지 않는 것을 말한다. 자신을 벗어나 주위를 돌아볼 여력이나 여유가 없는 것이다. 따라서 성공적인 중년기를 보내기 위해서는 자신뿐만 아니라 차세대 등 주변 환경의 발전을 도모하려는 노력이 필요하다.

♟ 개방적 태도와 경륜의 조화

중년기는 사회적·경제적으로 성숙된 지위를 획득하는 시기이다. 이들은 차세대 리더를 양성할 수 있는 위치에 있으며, 후속 세대에게 경험과 새로운 지식을 전달할 수 있다. 그러나 자신의 주장만 옳다고 생각하면서 다른 사람에게 강요하면 권위만 내세우는 권위주의자로 낙인찍힐 수 있다. 따라서 중년기에는 새로운 사실과 지식에 개방적인 태도를 보여야 하며, 본인의 경험과 경륜을 조화시키려는 노력이 필요하다.

♟ 경제적 부담 증가

중년기는 경제적으로 최고조의 지위를 갖게 되지만 그만큼 경제적 부담도 증가하는 시기이다. 이 시기에는 자녀의 교육에 많은 돈이 들어갈 수 있으며, 자녀 부양뿐만 아니라 부모 부양이라는 이중 부양을 해야 한다. 이러한 이중 부양 부담 때문에 이 세대를 샌드위치 세대(Miller, 1981)라고 부르기도 한다. 따라서 어느 시기보다 경제적 부담이 큰 세대이다. 한국노동연구원(2008)에 따르면, 중년기 부모 세대는 대학생 자녀의 등록금에 상당한 부담을 느끼고 있었는데, 응답자의 54.7%가 매우 부담, 27.6%가 약간 부담이 된다고 응답했다. 한편, 평균수명이 길어지면서 은퇴 이후의 생활도 장기화되는데, 은퇴 이후의 삶을 준비해야 하는 시기도 이때이다.

〈중·장년층의 이중부양 부담과 정책과제〉(김유경, 2019) 보고서에 따르면, 통계청의 2002~2018년 사회조사를 분석한 결과 자녀 양육 책임에 대한 부모의 인식이 변했음을 알 수 있다.

부모의 자녀 양육 책임 범위 중에 '자녀 혼인 때까지'라는 답변은 2003년 32.1%에서 2008년 7.1%로, 매우 큰 폭으로 감소했다. 자녀 양육 책임의 범위를 보면, 2003년에는 '자녀가 대학교를 졸업할 때까지'가 40.2%로 가장 많았고, 다음으로 '자녀가 혼인할 때까지'가 32.1%였으며, 자녀가 취업할 때까지도 일부 나타났다. 그러나 2015년부터 2018년까지는 자녀가 혼인할 때까지 책임져야 한다는 의견은 다소 감소했다. 이는 최근 청년층의 만혼화와 결혼 기피 현상 등이 반영된 것으로 추측된다. 그러나 '자녀가 대학 졸업할 때까지'는 부모의 책임으로 보는 경향은 2018년에도 여전히 과반수를 차지했다.

(단위: %)

구분	자녀 고등 졸업 때까지	자녀 대학 졸업 때까지	자녀 취업 때까지	자녀 혼인 때까지	필요하면 언제까지	기타	생각해 보지 않음/ 모르겠음	계(명)
2003년	8.3	40.2	11.5	32.1	6.3	0.6	1.0	100.0 (11,106)
2006년	8.6	46.3	11.9	27.0	5.5	0.1	0.5	100.0 (10,117)
2009년	9.6	49.6	12.2	23.1	5.0	0.1	0.4	100.0 (9,075)
2012년	8.9	49.6	15.7	20.4	4.6	0.0	0.8	100.0 (10,058)
2015년	10.4	62.4	17.2	8.8	1.2	0.0	0.0	100.0 (10,994)
2018년	14.7	59.2	17.4	7.1	1.6	0.0	0.0	100.0 (11,205)

출처: 김유경, 2019.

🧍 변화에 대한 재적응의 시기

중년기 삶의 만족도는 이러한 중년기의 변화에 어떻게 잘 적응하는냐에 따라 달라진다. 중년기는 본인의 노화로 생기는 신체적·생리적 변화뿐만 아니라 자녀의 독립으로 인해 삶을 재정비할 필요가 있다. 또한 자아의 내면적 욕구와 가족 및 사회의 기대 간에도 균형이 필요하다. 일반적으로 중년기 부모 세대는 성인 전기 자녀 세대의 독립 후 빈둥지증후군empty nest syndrome을 경험하기도 한다(Lewis et al. 1989). 이러한 정서는 성인전기 자녀 세대가 독립하면서 자녀에 대한 물질적·정신적 부담에서는 벗어나게 되지만 모든 관심을 자녀 양육과 교육에 집중해 온 부모 세대가 관심을 둘 대상을 찾지 못할 경우 느끼는 공허함을 의미한다. 특히 우리나라처럼 부부보다 자녀에 대한 관심이 높은 경우에는 그렇지 않은 사회보다 빈둥지증후군으로 인한 공허감이 더 크다. 따라서 이 시기에는 자녀의 독립도 잘 지원하고 자녀와의 관계도 새롭게 재정립하면서 빈둥지증후군에서 벗어나야 할 것이다. 부모의 역할은 자녀를 슬하에 두고서 사랑을 주는 것이 아니라 자녀가 부모로부터 독립해서 잘 떠날 수 있도록 지원하는 것이다. 따라서 자녀와의 관계를 잘 자리매김하면서 독립시킬 준비를 해야 한다.

③ 청소년기 자녀 세대의 발달적 특성

신체의 급격한 성장

중년기 부모 세대는 노화의 진행으로 이전과 다른 자신의 모습이나 지위에서 회의를 느낄 수 있으며, 이에 따라 자아의 재정립이 필요하다. 반면, 청소년기 자녀 세대는 급격한 신체적·생리적 성장과 변화 때문에 혼란을 경험한다. 살아오면서 이렇게 급격한 신체적·생리적 변화가 없었기 때문에 이런 본인을 받아들이고 적응하는 과정이 힘들다.

청소년기는 제2의 성장기로 신장과 체중이 급격히 증가한다. 또한 성호르몬이 분비되면서 2차 성징이 나타나기 시작한다. 남자 청소년의 경우에는 턱수염과 체모가 나타나며, 변성기를 경험하면서 전혀 자기 목소리 같지 않은 굵은 목소리에 적응해야 한다. 한마디로 말을 하고 싶어지지 않는다. 또한 피지샘과 땀샘이 발달하면서 체취가 심해진다. 그리고 남성호르몬인 테스토스테론의 증가로 몽정을 경험하며, 성과 이성에 호기심이 생긴다.

여자 청소년도 마찬가지로 변화를 경험한다. 유방이 발달하고, 둔부가 둥글어지며 펑퍼짐해지고, 체모가 나타나고 겨드랑이에 털이 생긴다. 또한 피하지방이 발달하면서 살결과 피부가 통통하면서도 부드러워진다. 여성호르몬인 에스트로겐의 증가로 초경이 시작되며 골반이 넓어진다.

형식적 조작기

인지발달론자 피아제(Piaget, 1963)는 인간의 인지발달에 따라 인간발달 단계를 나누었다. 이 단계 이론에 따르면, 청소년기는 형식적 조작기에 해당한다. 피아제(Piaget, 1963)는 형식적 조작기에는 이전과 달리 복잡한 과제와 여러 가지 변수가 관련된 문제를 풀 수 있다고 보았다. 즉, 청소년기에는 추상적 사고가 가능하며, 추상적 사고를 통해 문제를 해결할 수 있다는 것이다. 또한 청소년기에는 인간관계, 정치, 철학, 종교, 도덕 등에 관심을 가지면서 체계적이고 논리적인 사고도 가능해진다.

피아제(Piaget)의 인지발달이론

피아제는 도식(skeme)을 인간이 세상을 이해하는 틀로 보았다. 도식은 연령이 증가하면서 질적으로 변화한다. 피아제는 인간의 인지발달이 각각의 고유한 인지 도식의 단계로 나뉜다고 보았으며, 특정한 사고의 도식은 점진적으로 획득되는 것이 아니라 특정 단계에 획득되는 것이라고 보며 인지발달이론을 주장했다. 피아제의 인지발달이론에 따르면, 인간은 감각운동기(0~2세: 세상을 자신의 감각과 운동기능을 통해 이해하는 단계), 전조작기(2~7세: 사물의 모든 측면을 고려하지 못하고 지각적으로 두드러진 하나의 특징에 집중해서 사고하는 경향을 보이는 단계), 구체적 조작기(7~12세: 사물의 구체적 사안을 고려해서 사고하는 경향을 보이는 단계), 형식적 조작기(12세 이상: 사물의 구체적 사안뿐만 아니라 추상적인 사고도 가능한 단계)의 인지발달과정을 거친다.

출처: 성미애 외, 2019: 55.

피아제가 말하는 형식적 조작기에 가능한 사고는 가설적 사고, 연역적 사고, 조합적 사고이다. 가설적 사고는 어떤 현상을 설명하기 위해 그 현상의 원인이나 법칙을 예측하고 이를 직접 검증하는 인지적 능력을 말한다. 연역적 사고는 일련의 전제에 근거해서 논리적인 결론인 구체적 사실을 이끌어 내는 것을 말한다. 조합적 사고는 문제 해결을 위해 필요한 변인만을 골라 체계적으로 조합하고 구성하는 것으로, 이 시기에는 가능한 조합을 차례로 시도할 수 있다(성미애 외, 2019: 201).

조합적 사고(combinational thinking)

인헬더와 피아제(Inhelder & Piaget, 1958)는 무게가 다른 추 3개, 길이가 다른 실 3개를 구체적 조작기에 있는 아동과 형식적 조작기에 있는 청소년에게 제공하여 진자의 속도를 결정하는 데 가장 중요한 요인을 알아내도록 했다. 그 결과, 구체적 조작기에 있는 아동은 무작위로 여러 가지 방법으로 변인을 조합한 반면, 형식적 조작기에 있는 청소년은 모든 경우의 무게나 길이 중에서 한 번에 한 가지만 변화시켜 조합을 체계적으로 만들어 내며 문제를 해결했다. 이처럼 청소년기는 문제 해결을 위한 가능한 조합을 차례로 시도하는 조합적 사고가 발달한다.

출처: 성미애 외, 2019: 263-264.

메타인지와 자기중심성

이처럼 청소년기가 되면 무조건 부모가 하는 말을 진리로 알던 자세에서 벗어나 자기 나름의 체계나 논리를 가지고 사고하려고 한다. 그리고 자신과 타인의 생각에 대해 사고할 수 있는 메타인지metacognition도 발달한다(위키백과). 따라서 부모는 이전처럼 자녀를 무조건 가르치려고 하기보다는 합리성과 타당성에 근거를 두면서 자녀와 대화를 해야 자녀를 설득시킬 수 있다.

특히 청소년기 초기에는 자기중심성ego-centerism이 나타나기 때문에 자녀와 대화를 할 때는 이전과 달리 더 유의해야 한다. 자기중심성이란 자기 자신에 강하게 몰두하면서 자신과 타인의 관심사를 적절하게 구분하지 못하는 인지적 경향성을 말한다. 이러한 청소년의 자기중심성으로 나타나는 독특한 인지적 특징은 '상상 속 청중imaginary audience'의 존재를 만들어 내거나 자신을 우상화하는 '개인적 우화personal myth'이다

(성미애 외, 2019: 264-265).

상상 속 청중은 상상 속의 청중을 만들어 내어, 자신은 주인공이 되어 무대에 있는 것처럼 행동하고, 다른 사람은 청중이라 여기는 것을 의미한다. 청중이 있기 때문에 청소년은 자신에 대해 너무 많이 생각하게 되며, 타인에게 자신이 어떻게 보일지에 예민하게 반응한다예: 외모, 행동 등에 지나치게 신경을 쓰는 것. 또한 다른 사람도 자신을 주시할 것이라고 믿는데, 이러한 상상 속 청중의 존재는 청소년의 강한 자의식에 영향을 미친다.

개인적 우화는 청소년인 자신이 하는 경험이나 자신의 감정과 사고는 아주 독특해서 다른 사람이 그것을 이해할 수 없을 것이라고 생각하는 믿음이다. 자신을 우화화해서 자신은 너무나 중요한 사람이라고 믿어 버린다. 그리고 자신은 남들과 다른 매우 특별한 존재라고 생각한다. 이러한 청소년기에 보이는 개인적 우화는 누구도 자신을 이해하지 못한다고 느끼게 하는 사춘기 고뇌의 원천이 된다. 개인적 우화가 지나칠 경우 위험한 행동을 해도 그 행동의 부정적인 결과는 자신에게 일어나지 않을 것이라고 믿게 되어 청소년 비행이나 일탈로 이어지기도 한다. 반면, 이러한 우화는 자신을 특별한 존재로 생각하면서 자신이 선택한 분야에 최선을 다하도록 이끌기도 한다. 이렇게 긍정적으로 작용하면 성공의 원천이 되기도 한다(성미애 외, 2019, 264-265).

정서의 고조

인간의 일생은 태어나면서부터 부모로부터 분리되어 독립하는 여정으로 짜여 있다고 볼 수 있다. 그러나 아동기까지는 현실적으로 부모에게서 독립하기가 힘들다. 부모에게서 독립하는 과정에서 정점을 찍는 과도기가 청소년기이다. 청소년기에는 여러 가지 신체적·생리적 변화를 경험하며, 인지적으로도 형식적 사고가 가능해진다.

하지만 이러한 상황이 온전히 완결된 것이 아니고 과도기에 있기 때문에 정서적으로 불안정하며, 갑작스러운 감정 변화를 경험한다. 이러한 불안한 감정은 우울로 연결되기도 하며, 가족 간 갈등을 야기하기도 한다. 이전에 있던 알에서 깨어나야 새로운 세계가 열리고 성숙하고 독립된 개체가 되는 만큼, 청소년기 자녀 세대 역시 이 과정을 성인기로 가는 전이 시기로 인식하며, 가족도 이러한 전이 과정을 지지해야 한다.

자아정체감 형성 대 정체감 혼미

에릭슨(Erikson, 1968)은 청소년기의 발달과업을 '자아정체감 형성'이라고 보았다. 자아정체감ego-identity은 '나는 누구인가'에 대한 총체적인 느낌과 인지를 뜻하는 용어이다. 자아정체감은 자신이 현재와 미래에 어떤 사람이 될 것인지에 대한 인식을 포함한다. 에릭슨은 청소년기에 성숙한 자아정체감을 형성해야 향후 자신의 직업과 삶에 충실할 수 있다고 보았다. 그러나 모든 청소년기 자녀 세대가 이 시기에 자아정체감을 형성하기는 쉽지 않다. 무엇을 해야 할지 모르며, 어떤 목표를 가져야 할지 모르는 혼란스러운 상태를 경험하는 청소년도 많다. 즉, 자아정체감을 형성하는 과정에서 위기를 경험하는 이들도 많다.

마샤(Marcia, 1966)는 에릭슨의 자아정체감 이론에 근거해서 청소년기 자아정체감의 유형을 구분했다. 즉, 자아정체감 형성의 중요 요소로 '위기crisis'와 '수행commitment'을 두었다. 위기는 자신이 선택한 삶의 목표, 가치, 신념 등과 관련해서 적절한 대안을 찾기 위해 고민하는 것을 의미한다. 수행은 자신이 선택한 삶의 목표, 가치, 신념 등을 위해 노력하는 것을 의미한다. 마샤는 이 두 차원에 따라 청소년기 자아정체감을 정체감 혼미, 정체감 유실, 정체감 유예, 정체감 확립이라는 네 가지 유형으로 구분했다.

정체감 혼미는 위기와 수행 모두를 겪지 않은 상태이다. 일반적으로 청소년기 초반에 주로 나타나며 삶의 여러 가지 가능성에 압도되어 자신의 삶의 방향을 발견하지 못하고 자아에 대한 통합적인 견해를 갖는 데 실패한 상태이다. 자신만의 신념 체계나 가치관이 없기 때문에 강한 불안감과 긴장감을 느끼며, 자신의 태도나 인성에 회의를 품는 경향이 있다.

정체감 유실은 위기는 경험하지 못하고 수행만 하고 있는 상태이다. 정체감 유실 상태에 있는 청소년은 스스로 생각하거나 의문을 갖지 않는다. 따라서 의사결정을 할 때도 대안을 충분히 고려하지 않고 다른 사람의 가치와 기대를 그대로 수용하는 경향을 보인다. 즉, 외형상으로는 정체감을 확립한 듯 보이나, 독립적인 의사결정은 할 수 없다.

정체감 유예는 위기는 있으나 아직 수행이 없는 상태이다. 이 상태는 정체감을 확립하는 과도기적 단계로, 이 유형에 있는 청소년은 위기를 통하여 자신이 가야 할 방향을 찾아가면서 정체감을 확립하는 경우가 많다. 따라서 정체감 유예 상태인 청소년은 자신의 목표에 도달하려는 노력만 있으면 충분히 자아정체감을 형성할 수 있다.

정체감 확립 상태는 위기와 수행 모두를 경험한 상태를 말한다. 정체감이 확립된 청소년은 삶의 목표, 가치, 직업, 인간관계 등에서 위기를 경험함과 동시에 위기에 대한 대안을 탐색해서 자아완성의 단계에 이른다. 이처럼 위기와 수행을 모두 경험한 청소년은 독립적으로 의사결정을 하면서 자신만의 신념과 가치 체계를 형성할 수 있다. 이들은 위기에 대한 대처 능력이 있기 때문에 자아존중감과 스트레스에 대한 저항력도 높다.

[그림 6-1] 마샤의 자아정체감 지위

	위기	
	있음	없음
수행 있음	정체감 확립	정체감 유실
없음	정체감 유예	정체감 혼미

출처: 성미애 외, 2019: 267.

집단정체감 형성

청소년기에는 또래와 관계를 맺는 행위가 이전 시기보다 훨씬 중요해진다. 또래 관계를 통해 사회성을 발달시켜 나가며, 또래와 함께 집단정체감을 형성해 나간다. 집단정체감은 개인이 어떤 집단에 소속되면서 생기는 자아개념을 말하는데, 동료집단이 의미 있는 타자가 되어 이 집단에 소속되기를 원할 때 형성된다. 이러한 집단정체감이 잘못 발휘되면 또래의 비행이나 일탈에 동조하는 행동으로도 이어질 수 있다. 그러나 긍정적인 또래 관계는 사회 내에서 자신의 위치를 다시 살펴볼 수 있는 기회를 제공한다(성미애 외, 2019: 270).

④ 중년기 부모 세대와 청소년기 자녀 세대의 사회·역사적 경험 차이

중년기 부모 세대의 사회·역사적 경험

가족 내 세대 관계가 소통을 잘하기 위해서는 세대 간 차이를 이해하고 존중하는 노력이 필요하다. 한 가족구성원이라고 해도 세대가 다르기 때문에 경험한 사회문화나 역사적 사건이 다르다. 이러한 차이에 대한 이해 없이 상호작용을 하면 갈등이 생길 수밖에 없다. 따라서 다른 세대가 경험해 온 사회적·역사적 배경을 이해하려는 노력은 세대 간 갈등을 줄이는 첫 단계가 될 것이다. 가족 간 세대통합과 사회통합을 살펴본 연구(정현숙, 2013)에 따르면, 현재 중년기 부모 세대가 경험한 사회적·역사적 경험은 다음과 같다. 첫째, 현재 중년기 부모 세대는 1980년 광주항쟁에서 1987년 6월 항쟁에 이르는 민주화 운동이라는 정치적 사건을 경험했다. 둘째, 2002년 대선 후 사회적 중심세력으로 부상했다. 민주화 운동, IMF 경제 위기 극복 등 집단의 힘을 경험한 중년기 세대는 개인의 욕구와 공동체의 대의 사이에서 고뇌하기도 한다. 또한 고용불안과 자녀 교육에 부담을 느끼며, 유교적 가족주의와 연고주의를 수용하는 마지막 세대이기도 하다.

이들의 결혼과 가족관계적 경험을 살펴보면, 이들은 1차 인구학적 혁명_{저출산, 고령화}과 2차 인구학적 혁명_{인구감소 현상, 이혼, 동거, 혼외출산, 한부모가족의 증가 등}을 동시에 경험한 세대이다. 또한 이들은 노년기 세대보다는 동료애, 우정, 낭만적 사랑이 강조되는 동반자적 결혼관을 가진 세대이기도 하다(정현숙, 2013). 그러나 노년기 세대와 마찬가지로 전통적 가족주의에 입각한 부모 부양 책임의식이 강한 세대이다.

청소년기 자녀 세대의 사회·역사적 경험

현재 청소년기 자녀 세대는 첨단 통신기기의 활용으로, 정보환경에 친숙하며 정보화 시대의 선두에 있다. 정치경제적 이념보다 문화 코드로 동질감을 느끼며, 한국적 규범과 가치보다 세계적 규준을 중요하게 여긴다. 그 누구보다 생존을 위한 삶을 살았던 중년기와 노년기 세대와는 달리 삶의 질을 훨씬 중요한 가치로 여긴다. 인터넷의 발달로 가상

세계에서 공동체를 구축하기도 하며, 독립성, 자율성, 적극적 자기 표현, 익명성, 자기중심적 사고가 뚜렷하게 나타난다. 중년기 부모 세대와 달리 청소년기 자녀 세대는 국민으로서 자부심과 민족주의적 성향을 가지고 있으나 국가나 사회를 위해 개인을 희생해야 한다는 생각은 약하다.

청소년기 자녀 세대의 결혼, 가족관계 경험의 특징은 성혁명의 세대라는 점이다(Goldschneider, 2000). 청소년기 자녀 세대는 기성세대보다 성평등적 의식을 보이는 역세대화의 주역(박길성 외, 2005)이며, 부부관계와 결혼생활에서 평등성 공평한 가사 분담, 공동의 의사결정, 비위계적 의사소통, 평등적 성관계와 상호존중과 호의 등 을 강조한다(Harris, 2006).

⑤ 중년기 부모 세대와 청소년기 자녀 세대의 가치관 차이

가족주의 대 개인주의

청소년기 자녀 세대와 중년기 부모 세대는 정치적·역사적·사회적 경험이 다르기 때문에, 가족과 사회에서 수행해야 하는 역할에 대한 생각이 다르다. 중년기 부모 세대는 가족에 높은 가치를 두고 결혼, 자녀 출산, 노부모 부양과 자녀에 대한 희생을 필수적인 것으로 인식하는 등 가족주의적 성향이 강한 세대라면, 청소년기 자녀 세대는 가족을 위한 희생보다는 자신의 인생을 즐기고 싶어 하는 경향이 강하다. 중년기 부모 세대와 청소년기 자녀 세대는 사회 내 자신의 역할에 대한 태도와 가치관에서도 차이가 난다. 자녀 세대는 풍족한 사회 환경에서 자란 세대이며, 부모 세대의 경제적 지원으로 여가와 문화생활을 즐기며 성장했다. 이러한 성장 배경 속에서 청소년기 자녀 세대는 사회집단이나 가족을 위한 삶보다는 자신의 여가를 누리는 삶을 추구하는 개인주의적 성향을 띠게 되었다. 반면, 중년기 부모 세대는 개인보다 집단이 우선시되는 사회 배경 속에서 자랐다. 이러한 집단주의적 성향의 중년기 부모 세대는 개인주의적 성향이 강한 청소년기 자녀 세대와 갈등을 겪을 수밖에 없다. 청소년기 자녀의 자율성을 어디까지 허용할 것인가, 어디까지가 부모로서 할 수 있는 자녀에 대한 적절한 훈육일까 등은 중년기 부모 세대라면 누구나 경험하는 오래된 고민거리이다.

중년기 부모 세대와 청소년기 자녀 세대는 성역할 인식에서도 차이가 있다. 청소년기 자녀 세대는 젠더에 기초한 고정된 성역할 분담을 부정적으로 인식한다. 맞벌이는 필수이며 가정 내 역할 분담은 남녀가 함께 공유해야 한다는 양성평등적 성역할을 지향한다. 반면, 중년기 부모 세대에게 남자는 일, 여자는 자녀 양육과 가사가 당연하다고 여기는 전통적 성역할 분담이 훨씬 더 익숙하다.

인간발달 단계에서 차이로 인한 갈등

청소년은 독립된 존재로서 자유로움을 누리고 싶어 한다. 이러한 욕구가 잘 충족되지 않으면 세련된 방식의 타협이나 협상의 자세가 아니라 반항이라는 덜 세련된 태도가 불쑥 튀어 나온다. 반면, 중년기 부모 세대는 청소년기 자녀 세대의 올바른 성장을 위해 자녀의 행동을 적절하게 통제할 의무와 권리가 있다고 본다. 특히 우리나라 부모는 자녀와 자신을 분리하지 않기 때문에 자녀의 어떤 행동도 본인의 책임으로 인식한다. 청소년 역시 독립하려는 욕구와 의존해야 하는 상황 사이에서 이중적 태도를 보인다. 따라서 한국 사회에서 청소년에게 가하는 부모의 통제는 부모가 자신에게 적대적이고 거부적인 태도를 지니는 것으로 지각함과 동시에 부모가 성취지향적이고 애정적인 양육태도를 지니며 많은 사회적 지원을 해 주는 것으로 지각하는 이중적인 속성을 지닌다(박영신·김의철, 2002).

⑥ 중년기 부모 세대와 청소년기 자녀 세대의 관계상 쟁점

학업성취를 둘러싼 갈등

중년기 부모 세대와 청소년기 자녀 세대가 겪는 가장 두드러지는 갈등은 학업성취를 둘러싼 갈등이다. 한국 사회에서 학업성취는 세대를 막론하고 가장 중요한 이슈이다. 후기 청소년이 부모와 겪는 갈등과 부모양육행동을 살펴본 연구(박영신, 2016)에 따르면, 학업성취는 청소년과 성인 모두에게 가장 자랑스러운 성공 경험인 반면, 학업실패는 청소년과 성인 모두에게 가장 고통스러운 실패 경험으로 인식되는 것으로 나타났다. 그러나 중년기 부모 세대가 청소년기 자녀 세대에게 갖는 학업성취에 대한 높은 기대감은 자녀에게 압박이 될 수 있다. 후기 청소년들이 인식한 부모와 갈등이 가장 심한 영역도 성적과 진로가 1위를 차지했다. 이는 한국 청소년에게 학업성취는 매우 중요한 이슈이자 부모 세대와 갈등을 겪는 가장 큰 요인임을 알 수 있다.

이러한 학업성취를 둘러싼 갈등은 중년기 부모 세대가 자녀들이 '물질적으로' 풍족한 삶과 더 나은 사회적 지위를 갖길 바라는 욕구와 자녀의 압박감이 상충되어 나타난 현상이라고 볼 수 있다. 부모의 지나친 기대로 자녀에게 일방적으로 가해지는 공부 압력은 가족 모두에게 부정적 영향을 준다. 한국 가족에서 이루어지는 청소년의 사회화 과정을 살펴본 연구(손승영, 2009)에 따르면, 부모가 공부에 대한 기대를 표출하고 자녀를 이러한 기대에 따라 평가하며, 공부에 대한 압력을 가하면서 과도하게 개입하는 행동은 자녀의 독립심과 자율성을 저해하며, 부모−자녀 관계를 악화시키는 것으로 나타났다.

중년기 부모 세대의 양육 태도

부모의 양육 태도는 자녀의 사회적 유능감과 심리적 발달, 학업성취, 친사회적 행동을 예측하는 지표인 것으로 나타났다(박영신, 2016; 박영신·김의철, 2002; 서경현, 2012). 바움린드는 부모의 '통제'와 '애정'의 정도에 따라 부모 양육 형태를 허용적 유형, 방임적 유형, 권위주의적 유형, 권위적 유형이라는 네 가지로 분류했다(Baumrind, 1973).

허용적 양육 유형은 부모가 자녀에게 애정적이고 반응적인 태도를 보이나 자녀의 행동을 통제하지 않는 양육 유형을 말한다. 이 경우 자녀의 자신감은 높으나 부모가 자녀의 행동을 통제하지 않기 때문에 사회적 규율을 무시하고 제멋대로 행동하는 성격을 보일 수 있다. 방임적 양

[그림 6-2] 바움린드의 네 가지 부모 양육 유형

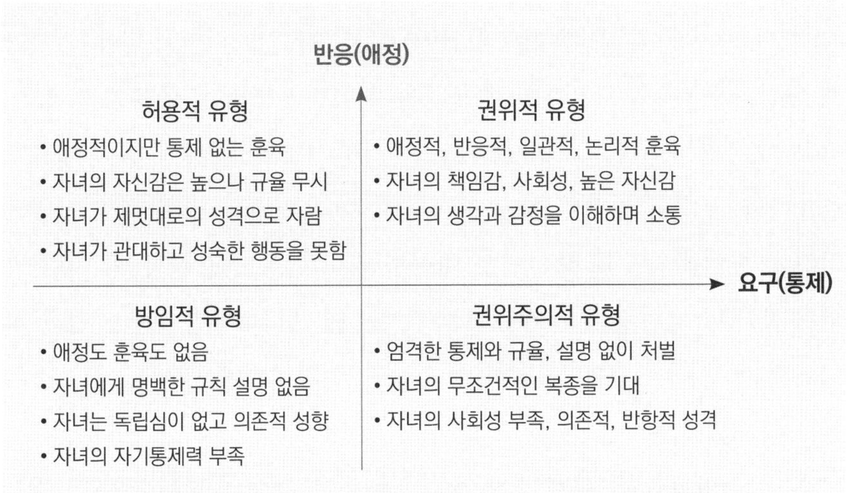

반응(애정)

허용적 유형
• 애정적이지만 통제 없는 훈육
• 자녀의 자신감은 높으나 규율 무시
• 자녀가 제멋대로의 성격으로 자람
• 자녀가 관대하고 성숙한 행동을 못함

권위적 유형
• 애정적, 반응적, 일관적, 논리적 훈육
• 자녀의 책임감, 사회성, 높은 자신감
• 자녀의 생각과 감정을 이해하며 소통

요구(통제)

방임적 유형
• 애정도 훈육도 없음
• 자녀에게 명백한 규칙 설명 없음
• 자녀는 독립심이 없고 의존적 성향
• 자녀의 자기통제력 부족

권위주의적 유형
• 엄격한 통제와 규율, 설명 없이 처벌
• 자녀의 무조건적인 복종을 기대
• 자녀의 사회성 부족, 의존적, 반항적 성격

출처: 신명희 외, 2017: 226-228.

육 유형을 보이는 부모는 자녀에게 애정을 쏟지 않으며, 자녀의 행동을 통제하지도 않는다. 그야말로 자녀에게 무관심한 유형이다. 이런 양육 태도를 보이는 부모의 자녀는 독립심이 없으며 의존적 성향이 강하다. 또한 부모가 통제하지 않기 때문에 자녀의 자기 통제력도 부족하다. 권위주의적 양육 유형은 독재적 양육 유형이라고도 한다. 이 유형의 부모는 자녀의 행동을 통제하며, 어떤 타당한 설명도 없이 무조건 자녀가 따르도록 한다. 그리고 자녀가 이런 통제를 수용하지 않으면 체벌을 하기도 한다. 이 유형의 자녀는 자신감이 없고 사회성이 부족하며 반항적 성격으로 성장할 가능성이 높다. 또한 부모에게 늘 야단만 듣고 자랐기 때문에 인간관계를 유지할 때 어려움을 겪을 수 있다. 마지막으로 권위적 양육 유형은 가장 바람직한 양육 유형으로, 자녀에게 애정적이고 반응적이며 양육 태도에 일관성이 있다. 권위적 양육 유형의 자녀는 책임감이 강하고 사회성이 좋으며, 자신감이 높은 사람으로 성장할 가능성이 높다.

과거에는 권위주의적 부모 유형이 많았다. 부모 자신의 판단이나 가치, 목표를 자녀가 무조건 수용할 것을 기대했으며, 또 강요하기도 했다. 현재 중년기 부모 세대는 이런 양육 유형을 가진 부모 밑에서 성장해 왔다. 이들은 부모로부터 자율성을 허용받기보다는 통제를 더 많이 받고 자란 세대이다. 그러나 현재는 사회가 변해서 권위적 양육 태도가 필요하다. 부모는 자녀와 함께 판단하며, 어떤 목표를 정할 때도 자녀의 의견에 개방적 태도를 보이면서 대화도 많이 나누어야 한다. 즉, 중년기 부모 세대는 권위주의적 부모 밑에서 통제를 받고 자랐지만 본인은 자녀에게 애정을 보이며, 적절히 통제하면서 자녀에게 권위를 존중받는 부모가 되어야 한다.

사실 권위적 양육 유형과 권위주의적 양육 유형은 모두 자녀의 행동을 통제한다는 측면에서는 유사하다. 그러나 자녀에게 애정을 보이면서 자녀의 행동을 지지한다는 측면에서는 판이하게 차이가 난다. 권위적 양육 유형의 부모는 애정을 바탕으로 논리적이고 명확한 의사소통을 하지만, 권위주의적 양육 유형의 부모는 일방적인 의사소통을 하며, 자녀의 행동이나 생각을 통제하려고만 한다.

⑦ 중년기 부모 세대와 청소년기 자녀 세대의 소통

세대 관계의 이해

청소년기가 되면 또래집단의 영향력이 커지긴 하지만, 청소년의 성장과 발달에서는 여전히 부모의 존재가 중요하다. 따라서 중년기 부모 세대와 청소년기 자녀 세대의 관계를 증진하기 위해서는 아동기 때와 다른 새로운 관계 규범을 정립할 필요가 있다.

청소년기 자녀 세대가 중년기 부모 세대에게 바라는 것은 다음과 같이 요약할 수 있다. 첫째, 부모의 긍정적 지지이다. 부모의 양육 태도가 청소년에게 미치는 영향을 살펴본 연구(Gecas & Seff, 1990; Northman, 1985)에 따르면, 부모가 자녀에게 충분한 관심을 보이며 시간을 함께 보내고, 자녀에게 부모의 도움이 필요할 때 기꺼이 자녀를 지원하면 자녀는 부모가 자신을 돌보고 있다고 인식하는 것으로 나타났다. 그리고 부모와의 긍정적인 관계는 청소년의 자아존중감, 학업적 성공, 도덕적 발달에도 긍정적으로 관련되는 것으로 나타났다(Amato, 1990; Gecas & Seff, 1990; Northman, 1985). 둘째, 부모의 경청과 자녀에 대한 공감적 이해이다. 청소년은 부모가 일방적으로 통보하는 식이 아니라 함께 대화를 나누기를 원한다. 이를 위해선 양측 세대 모두 서로 공감하고자 노력해야 한다. 셋째, 부모의 사랑과 긍정적 감정이다. 자녀에 대한 부모의 내적 지지 격려, 이해, 신뢰, 사랑 등와 외적 지지 포옹, 외식, 영화 관람, 선물 등를 적절하게 결합하여 자녀에게 제공해 주려는 노력이 필요하다. 이러한 애정에 기반한 내적·외적 지지는 청소년 자녀의 삶의 만족도와 긍정적으로 관련되는 것으로 나타났다(Young et al., 1995). 넷째, 수용과 승인이다. 수용이란 자녀에 대한 신뢰감을 바탕으로 청소년기 자녀를 그대로 받아주고 이해해 주는 것이다. 청소년기는 성인기로 가는 전환기로, 부모는 청소년 자녀를 독립된 개인으로 인정해 주어야 한다. 이를 위해서는 청소년기는 부모로부터 정신적으로 독립하는 시기임을 인식하고 있어야 한다.

상호존중적 의사소통

중년기 부모 세대와 청소년기 자녀 세대 사이에 소통을 증진할 수 있는 방안은 다음과 같다. 첫째, 세대 간 차이를 인정하는 수용력을 증진하는 것이다. 세대 간 소통의 기본은 서로의 다름을 인정하는 수용적 자세이다. 성장 환경이 다르기 때문에 세대 간 문화 차이가 필연적임을 인정하는 것은 세대 간 소통을 증진하는 첫걸음이 될 것이다. 둘째, 상호이해를 통해 공감을 증진시키는 것이다. 현재 각 세대가 겪는 어려움에 귀 기울일 줄 아는 공감적 태도가 필요하다. 공감적 태도를 증진하기 위한 한 가지 방안으로, 각 시군구에 위치한 건강가정지원센터 등 지역사회 내 비영리기관에서 이루어지는 가족생활교육 프로그램에 참여하는 것도 도움이 된다. 가족생활교육은 가족이 갈등이나 문제에 처했을 때 적절하게 대처할 수 있도록 가족의 잠재력과 역량을 강화하는 데 초점을 두는 예방적 교육이다(정현숙, 2016). 이러한 가족생활교육은 실제 세대 간 발달 단계의 차이를 이해하고 공감적 의사소통을 증진하는 데 기여할 것이다.

참고문헌

남순현(2000). "가족 내 세대갈등의 통합."《한국심리학회지: 사회문제》, 10(2), 1-15.

마영화·박성희(2019). "초기청소년이 지각한 부모−자녀간 의사소통유형과 학교생활적응과의 관계에서 분노의 매개효과."《청소년학연구》, 26(11), 31-59.

박경숙·서이종·장세훈(2012).《세대 간 소통 및 화합방안마련을 위한 조사 연구》. 사회통합위원회 연구보고서 No. 2012-08. 사회통합위원회.

박길성·함인희·조대엽(2005).《현대 한국인의 세대경험과 문화》. 집문당.

박명숙(2002).《민간보육시설에서의 노인자원봉사자 활용의 방안에 관한 연구》. 동국대학교 사회과학대학원 석사학위 논문.

박영균·박영신·김의철(2006).《청소년과 부모세대간 문화갈등 요인분석 및 문화소통 증진 방안》. 경제·인문사회연구회 협동연구총서 No. 2006-02-05. 한국여성개발원.

박영신(2016). "후기 청소년들의 부모−자녀갈등의 특징과 부모양육행동의 관계."《한국심리학회지》. 13(2), 247-265.

박영신·김의철(2002). "부모−자녀관계 변화가 청소년에게 미치는 영향: 초 중 고 대학생의 성취동기, 생활만족도, 학업성취, 일탈행동을 중심으로."《교육학연구》. 38(2). 109-147.

백혜정·임희진·김현철·유성렬(2017).《2017년 청소년 종합실태조사》. 한국청소년정책연구원 연구보고서 No. 2017-10. 여성가족부 청소년정책과.

서경현(2012). "초기 청소년기에 있는 아동의 지각된 부모양육태도 및 부모 간 양육태도 불일치와 사회불안 간의 관계."《청소년학연구》, 19(1), 207-226.

성미애·어성연·이재림(2014).《가족생활교육》. 한국방송통신대학교출판문화원.

성미애·이강이·정현심(2019).《인간발달》. 한국방송통신대학교출판문화원.

소수연·김경민·양대희·안지영·김승윤·유준호·지수연·이현숙(2013). "초기 청소년기 자녀를 둔 부모교육 프로그램 개발."《청소년상담연구》, 176, 1-188.

손승영(2009). "한국 가족의 청소년 자녀 사회화 연구."《한국청소년연구》, 20(1), 57-84.

신명희·서은희·송수지·김은경·원영실·노원경·김정민·강소연·임호용 (2017).《발달심리학》. 학지사.

양순미·홍성례·홍숙자(2004). "농촌노인의 사회활동과 자아존중감에 관한 연구."《농촌사회》, 14(2), 145-178.

이신숙(2007). "대학생의 노인과 노화에 대한 태도가 조모와의 친밀감에 미치는 영향."《한국생활과학회지》, 16(3), 479-490.

전혜원·김선애(2017). "중년 남성의 갱년기 경험에 관한 현상학적 융합 연구."《한국융합학회논문지》, 8(9), 217-229.

정인순·안귀여루(2018). "청소년이 지각한 부모와의 의사소통유형이 학교생활적응에 미치는 영향."《청소년학연구》, 25(1), 161-180.

정현숙(2004). "공동체 형성의 기초로서의 동북아 가족론 - 정서적 통합을 위한 과제." 한국동북아지식인연대 편.《동북아공동체를 향하여》. 299-339. 동아일보사.

정현숙(2013). "가족의 세대간 통합과 사회통합.《한국가정관리학회 학술발표대회 자료집》. 13-41.

정현숙(2016).《가족생활교육》. 신정출판사.

정현숙·유계숙(2002).《가족관계》. 신정출판사.

조병은(2002).《가족 내 세대통합의 현황과 과제》. 2002년 한국청소년학회·한국노년학회 공동학술대회.

조성남·최유정 (2003). "질적 접근을 통해 본 가족 내 세대갈등 양상과 통합기제."《사회과학연구논총》, 11, 71-114.

질병관리본부(2018). "폐경나이에 영향을 미치는 요인 : 흡연, 체질량지수, 출산경험."《주간 건강과 질병》, 11(19), 596-602.

최유석(2014). "세대 간 연대의식의 기반: 가족주의 연대."《한국인구학》, 37(4), 61-87.

최인재(2006).《한국형 부모-자녀관계 척도 개발 및 타당화 연구》. 한국청소년개발원 연구보고서 No. 2006-R22. 한국청소년개발원.

통계청(2019).《2018년 사망원인통계》.

홍달아기·하근영(2002). "조부모-손자녀 유대관계가 노인부양의식에 미치는 영향: 전북지역 대학생을 중심으로."《한국생활과학회지》, 11(2), 107-121.

Amato, M.(1990). Assessment of neonatal jaundice in low birth weight infants comparing transcutaneous, capillary and arterial bilirubin levels. *European Journal of Pediatrics*, 150(1), 59-61.

Baumrind, D.(1973). *The development of instrumental competence through socialization*. Minneapolis: University of Minnesota Press.

Baumrind, D.(1991). The influence of parenting style on adolescent competence and substance use. *The Journal of Early Adolescence*, 11(1), 56-95. https://doi.org/10.1177/0272431691111004

Erikson, E. H.(1968). *Identity: Youth and crisis*. Oxford: Norton & Co.

Erikson, E. H.(1978). *Adulthood*. Oxford: W. W. Norton & Co.

Gecas, V. & Seff, M. A.(1990). Social class and self-esteem: Psychological centrality, compensation, and the relative effects of work and home. *Social Psychology Quarterly*, 53(2), 165-173.

Harris, J. R.(2006). *No two alike: Human nature and human individuality*. NY: W W Norton & Co.

Hunter, S. & Sundel, M.(1989). *Midlife myths: Issues, findings and practice implications*. Newbury Park, CA: Sage.

Inhelder, B. & Piaget, J.(1958). *The growth of logical thinking: From childhood to adolescence* (A. Parsons & S. Milgram, Trans.). NY: Basic Books.

Levinson, D. J.(1978). *The Seasons of a man's life*. NY: Ballantine Books.

Lewis, R. A., Volk, R. J. & Duncan, S. F.(1989). Stresses on fathers and family relationships related to rural youth leaving and returning home. *Family Relations*. 38(2). 174-181.

Marcia, J. E.(1966). Development and validation of ego-identity status. *Journal of Personality and Social Psychology*, 3, 551-558.

Miller, D. A.(1981). The 'sandwich' generation: Adult children of the aging. *Social Work*, 26(5), 419-423. https://doi.org/10.1093/sw/26.5.419

Northman, J. E.(1985). The emergence of an appreciation for help during childhood and adolescence. *Adolescence: Winter*, 20(80), 775-781.

Piaget, J.(1936). *Origins of intelligence in the child*. London: Routledge & Kegan Paul.

Young, M. H., Miller, B, C., Norton, M. C. & Hill, E. J.(1995). The effect of parental supportive behaviors on life satisfaction of adolescent offspring. *Journal of Marriage and Family*, 57(3), 813-822.

위키백과
https://ko.wikipedia.org/wiki/%EB%A9%94%ED%83%80%EC%9D%B8%E C%A7%80

제 7 장

세대와 가족: 노년기 부모 세대와
성인 전기 자녀 세대의 관계

① 노년기 부모 세대와 성인 전기 자녀 세대의 관계

최근 우리 사회도 고령화가 진행되면서 부모와 자녀로 지내는 시기가 장기화되었다. 이에 따라 부모와 자녀 간 관계의 질이 어느 시기보다 중요해졌다. 또한 만혼화, 교육 기간의 장기화, 취업의 어려움으로 부모가 성인 자녀를 지원하는 기간이 길어진 반면, 노부모 돌봄에 대한 가치는 변화하고 있다. 이러한 가치 변화로 부모-자녀 간 호혜성 규범이 유지되기 어려워졌다. 따라서 현대 사회에는 전통적 효규범에 따른 부모-자녀의 밀착된 관계보다는 새로운 관계 규범이 필요하며, 두 세대 간 신체적·심리적·역사적 차이를 이해하고 서로 소통하려는 노력이 필요하다.

노년기 부모 세대와 성인 전기 자녀 세대의 특징

헤스와 워링(Hess & Waring, 1978)은 노년기 부모 세대와 성인 전기 자녀 세대의 특징을 다음과 같이 살펴보았다. 첫째, 노년기 부모 세대와 성인 전기 자녀 세대 모두 성인이기 때문에 개별화의 문제가 생긴다고 보았다. 노년기 부모 세대는 노화로 인해 신체적으로 쇠퇴하며 은퇴를 바라보거나 이미 은퇴한 시기이다. 이는 노년기 부모 세대가 독립적 존재였다가 이제는 경제적·심리적으로 성인 자녀에게 의존해야 하는 존재로 변하는 것을 의미한다.

반면, 성인 전기 자녀 세대는 독립된 가족을 형성하면서 부모로부터 자아분화를 해야 하는 발달과업을 가지고 있다. 자아분화는 개인이 가족 체계 내에서 정서적 연합성 togetherness 과 개별성 individuality 의 균형을 이루는 정도를 말한다(Bowen, 1966; 고성혜 외, 2014: 66에서 재인용).

그러나 현대 사회로 들어서면서 부모 세대와 함께 거주하며 결혼을 미루는 캥거루족이 증가하는 등 가족 내 의존과 독립 간 균형 문제를 놓고 세대 갈등이 발생하고 있다. 전통적인 효에 근거한 부모-자녀 관계 규범이 현재 상황에서는 현실성을 많이 상실하고 있다. 따라서 노년기 부모 세대와 성인 전기 자녀 세대 간 새로운 관계 규범을 정립할 필요가 있다.

노년기 부모 세대와 성인 전기 자녀 세대의 두 번째 특징은 두 세대 모두 신체적·심리적·사회적 역할 변화가 크다는 것이다. 노년기 부모 세대는 은퇴, 질병, 배우자 사별 등으로 역할 상실의 아픔을 겪는다. 성인 전기 자녀 세대는 가족뿐만 아니라 직장, 지역사회에서 다양한 역할을 수행하면서 역할 과중의 어려움을 경험한다. 이렇듯 각 세대에게 주어진 역할에 적응하기 어렵기 때문에 경제적·정서적 지원을 둘러싼 갈등을 경험할 수 있다.

② 노년기 부모 세대의 발달적 특성

급격한 노화

노년기 부모 세대가 느끼는 가장 큰 변화는 신체의 급격한 노화이다. 탈모가 심해지며, 흰머리와 주름이 생기고 피부의 탄력은 떨어진다. 또한 시력이 저하되고 어깨가 굽고 신장이 줄어들며 골다공증이나 관절염에 걸릴 가능성이 높아진다. 뇌와 신경계의 변화를 살펴보면 뉴런과 대뇌 세포, 뉴런 간의 소통에서 변화가 생기면서 정서·인지 기능이 변화하며, 신경세포가 자극을 전달하는 속도가 느려진다.

소화기능의 변화로는 침이나 위장의 분비액이 줄어들고 장기의 연동운동능력이 저하되어 소화기능이 떨어진다. 호흡기능의 변화로는 폐

조직 탄력성이 저하되어 호흡작용의 효율성이 낮아지며 폐활량이 급감한다. 순환기능의 변화로는 심장조직이 위축되고, 대동맥의 탄력이 낮아지며, 혈액 순환이 원활하지 않아 혈관 벽이 두꺼워지고 딱딱해진다. 기초대사 기능의 변화로는 세포 수가 감소하고, 신체 주요 부분의 활동이 약해지면서 기초대사율이 낮아지고, 근육활동이 힘들어 피로를 빨리 느끼고 회복도 힘들어진다(성미애 외, 2019: 330).

인지적 변화

노년기 부모 세대는 인지적 능력도 쇠퇴한다. 감각기관의 기능과 지각 속도가 저하되면서 환경 변화에 즉각적으로 대처하기가 어려워진다. 타인과 상호작용이 원활하지 않으며 대상에 대한 선택적 주의집중도 어려워진다. 이렇게 대상에 대한 주의집중력이 떨어지면서 지속적·목표지향적 사고와 정보 처리도 더뎌진다. 또한 노년기에는 익숙한 방법으로 문제를 해결하는 것이 더 안전하다고 생각하면서 논리적 추론, 창의적 사고력, 융통성이 저하되기도 한다(성미애 외, 2019: 331).

자기중심성

노년기에는 인지능력이 퇴화되고 사고의 자기중심성이 나타난다. 자기중심성 egocentrism 은 대상이나 사상에 대한 자신의 입장 외에 타인의 입장이 있음을 인식하지 못하는 것을 말한다(성미애 외, 2019: 331). 이렇게 되면 자기만 옳다고 생각하면서 상대에게 자기 주장이나 견해만 강요하게 된다.

그러나 이렇게 노년기에 자기중심성을 보이는 것을 꼭 연령 때문이라고만 할 수는 없다. 연령차별주의 같은 문화가 노인을 사회적으로 소외시키면서 노인의 자기중심성이 더 강화되기도 한다. 이로 인해 사고의 유연성과 창의성이 저해될 수 있다.

우울증 경향의 증가

노년기에는 건강이 나빠지고 만성질환도 하나 이상 생긴다. 또한 은퇴로 인해 직업인으로서 가졌던 역할 정체감을 상실하고, 경제적으로도 고정소득이 줄어든다. 가족이나 사회단체와 모임으로부터도 고립될 가능성이 높아진다. 이러한 신체 변화와 역할 변화를 겪으면서 잘 적응하지 못하면 불면증, 체중 감소, 강박관념, 증오심, 우울증 등을 보이기도 한다. 그러나 모든 사람이 노인이 되었다고 해서 이런 우울증 경향을 보이지는 않는다. 자신의 노화를 자연스러운 삶의 과정으로 받아들이고, 부정적인 과거 경험보다 행복했던 순간을 기억하면서 감사히 여기면서 남은 여생을 성숙한 태도로 잘 마무리하는 사람도 많다(성미애 외, 2019: 335).

내향성과 수동성, 경직성의 증가

노년기에는 내향성이 증가한다. 내향성은 내부의 주관적인 것에 삶의 방향과 가치를 두고 자신의 내면에 충실하려는 성격 경향을 말한다(Wooddruff & Birren, 1983). 노년기에는 개인의 에너지와 관심이 외부보다 자신의 내면으로 향하며, 수동적으로 일을 처리하려는 경향이 강하다. 내향적이고 수동적인 태도는 시도도 하기 전에 미리 포기하거나 미신이나 우연을 통해 문제를 해결하려는 신비주의적 경향과도 연결된다.

또한 문제 해결에서 익숙하고 편한 방법을 고수하는 경직성이 증가하기도 한다. 경직성은 사물이나 환경을 다루는 면에서 새로운 방법을 채택하기를 회피하고 과거에 해 왔던 방법을 고집하는 경향을 말한다 (Woodruff & Birren, 1983). 이러한 경직성이 증가하면서 사회 변화의 흐름을 읽지 못하고 기존의 방식으로만 문제를 해결하려고 한다. 이러한 태도는 아래 세대와 세대 갈등을 일으키기도 한다.

노년기 부모 세대의 발달과업

👤 통합성 대 절망감

에릭슨(Erikson, 1978)은 노년기 발달과업으로 통합성을 이루는 것이 중요하다고 보았다. 통합성이란 평생 해 온 일과 역할에 만족하는 것을 의미한다. 통합성은 지금까지 살아온 인생을 인정하고 수용하면서 얻을 수 있다. 통찰과 관조로 삶의 유한성과 죽음을 긍정적으로 수용하는 성숙한 태도가 필요하다. 반면, 절망감은 삶의 짧음과 허무함을 탓하며 인생을 비관적으로 바라보는 것이다(Erikson, 1978). 노년기에 자신이 한 일이 아무것도 없다고 느끼면서 죽음에 대해 지나치게 불안해하거나 걱정하는 태도를 보일 수 있는데, 이런 삶의 자세는 절망감을 느끼게 한다. 노년기에는 자신의 신체 변화와 유한성을 인정하고 차분히 생을 마감할 수 있는 태도가 필요하다.

👤 은퇴자의 삶을 살기

노년기에는 은퇴자로 살아야 한다. 장기적인 은퇴 생활에서는 자아 존중감, 정서적 융통성, 낙천적이고 개방적인 성격과 같은 성격 특성이 중요해진다. 이러한 성격의 소유자는 인생의 어느 단계에서도 행복감을 느낄 확률이 높다. 은퇴자의 삶의 만족에 영향을 미치는 요인을 살펴본 연구(홍성원 외, 2016)에 따르면, 스스로 건강하다고 인식하고, 배우자 및 자녀와의 관계 만족도가 높으며, 주택을 소유하고, 모임이나 단체 활동을 하는 경우 삶의 만족도가 높은 것으로 나타났다. 이처럼 개인이 지각하는 건강, 사회관계와 경제적 안정이 은퇴 이후의 적응에 중요함을 알 수 있다.

③ 성인 전기 자녀 세대의 발달 과업

다양한 역할 수행

성인 전기는 청년기와 중년기의 중간에 위치한 과도기적 시기이다. 이처럼 과도기에 있기 때문에 사회적 상호작용과 역할에서 상당한 변화가 발생한다. 학생이나 아들 혹은 딸이라는 비교적 사회적 책임이 적은 역할에서 벗어나 직업인, 배우자, 부모 등 상대적으로 책임이 중한 역할을 동시에 수행해야 한다. 또한 성인 전기는 시민의 권리와 의무를 가지고 있으며, 사회적 규범을 내면화해야 하는 발달과업도 수행해야 한다.

그러나 오늘날에는 20대와 30대에 이러한 발달과업을 경험하기가 쉽지 않다. 청년층 고용률이 감소하고, 초혼 연령과 비혼율은 증가하여 '표준적 성인 전기로의 이행'이 점차 해체·변형되고 있다. 이는 산업화된 사회에서 보편적으로 나타나는 새로운 현상으로, 성인기를 '발현 성인기 emerging adulthood'로 보는 관점도 생겼다(Arnett, 2000). '발현 성인기'는 18~25세에 해당하는 시기로, 성인과 청소년의 중간 단계이다. 부모의 보호하에서 다양한 삶의 가능성을 탐색하는 시기로, 완전히 독립할 수 있는 충분한 소득이 없는 단계를 의미한다(Arnett, 2000). 이는 경제적 저성장으로 부모로부터 독립하지 못하고 경제적 지원을 받는 현대의 청년층을 일컫는 말이기도 하다.

이처럼 현대 사회의 성인 전기 자녀 세대는 학교 졸업, 취업, 결혼, 자녀 출산 등 다양한 생활사건으로 스트레스가 많으며, 우울증이나 불안장애를 경험할 가능성이 높다. 따라서 이 시기에는 성숙한 태도로 스트레스에 대처하는 방안을 찾아야 한다.

가정에 대한 책임감

성인 전기에는 새로운 가정을 꾸리며, 이 가정 안에서 안식과 친밀감의 욕구를 충족하게 된다. 배우자와 함께 경제적 책임, 가사, 자녀 양육의 책임을 공유하면서 결혼생활의 즐거움도 느낀다. 그러나 자녀 출산과 양육은 기쁨인 동시에 경제적·시간적·인적 자원을 필요로 하는 부담이 되기도 한다. 이로 인해 이 시기에는 결혼 만족도가 떨어진다. 맞벌이 부부가 증가하는 현대 사회에서는 부부가 함께 책임을 공유하는 자세가 필요하다. 성인 전기에는 이처럼 직장 일과 가정 일의 균형을 유지하면서 삶의 질을 높여야 한다. 이를 위해서는 배우자와 긍정적으로 의사소통을 하면서 성장하고 자아실현을 성취해 나갈 수 있어야 한다.

④ 노년기 부모 세대와 성인 전기 자녀 세대의 사회·역사적 경험 차이

베이비붐 세대 대 에코 세대

노년기 부모 세대와 성인 전기 자녀 세대의 소통을 증진하는 방안 중 하나는 두 세대 간 경험적 특성의 차이를 이해하고 존중하는 것이다. 노년기에 속하는 베이비붐 세대는 1955년~1963년에 출생한 코호트로서, 우리 사회의 급격한 경제성장을 경험하면서 성장한 세대이다. 따라서 이들은 성장주의적 성향이 강하다. 또한 유교문화의 영향으로 가족주의와 공동체 중심의 집단주의 성향이 강하며, 때로는 위계질서를 강조하는 권위주의를 보일 때가 많다.

반면, 성인 전기 세대에 속하는 에코 세대는 1979~1992년에 출생한 코호트로, 폭발적으로 쏟아진 문화산업의 발달을 경험하여 소비주의적 성향과 함께 자아실현과 개성 표현의 개인주의적 성향과, 개방적이고 자유로운 탈권위주의적 성향을 가지고 있다.

노년기 부모 세대가 사회·역사적으로 경험한 생활사건을 구체적으로 살펴보면, 이들은 6.25전쟁과 4.19 민주항쟁, 5.16 군사정변과 같은 민주화를 위한 투쟁의 역사를 경험하면서 성장했다. 또한 6.25 전쟁 후 절대적 빈곤상태에서 유년기를 보냈으며, 중고등학교 시절에는 반공교육과 새마을 운동을 경험했다. 늘 성장주의와 민주주의 사이에서 고민해 왔으며 가족과 국가에 헌신하는 태도가 강하다. 그러나 현재는 노년기에 접어들면서 기성세대로서 권위를 내세우기 힘든 상황에 있다. 또한 1997년도 외환위기 이후 상시적 은퇴 압력에 직면하고 있으며 정보화와 세계화에 대한 적응력이 미비하다(정현숙, 2013).

노년기 부모 세대와 성인 전기 자녀 세대의 가족관

노년기 부모 세대의 결혼, 가족관계적 경험을 살펴보면 다음과 같다. 노년기 부모 세대는 법, 제도, 종교적 신념에 따른 결합이 강조되는 제도적 결혼institutional marriage을 해 왔다. 노년기 부모 세대는 가족에 대한 헌신을 중요하게 여겼으며 남자는 일, 여자는 가사라는 전통적 성역할 인식이 강하다. 제도적 결혼에서 가장 중요한 가족 기능은 경제 공동체를 형성하는 것이다. 그리고 아버지에게 권위가 주어졌으며, 친족 간 유대, 가족과 지역사회의 유대가 강했다. 또한 이혼이라는 단어는 금기어나 마찬가지였으며 부부의 가장 중요한 책임을 결혼 관계의 안정성 유지로 보았다(정현숙·옥선화, 2016).

한편, 성인 전기 자녀 세대가 경험한 사회·역사적 생활사건은 다음과 같다. 성인 전기 자녀 세대는 IMF와 같은 불안정한 경제적 환경 속에서 성장해서 미래에 대한 불안정성을 느낀다. 또한 기성세대가 이루어 놓은 민주화 시대에서 정치적 탈권위를 경험하면서 성장해 왔다. 이들은 뛰어난 문화자본을 향유하면서 자라왔으며, 일을 하는 것만큼이나 여가활동을 중요하게 여긴다. 또한 높은 교육열 속에서 전례 없는 고등교육을 받고 자란 세대이자 끊임없이 자기계발을 해야만 살아남을 수 있는 환경에 처한 세대이다. 한편, 이들은 자녀에 대한 희생보다는 자신의 행복을 우선시하는 개인주의적 성향이 강하며, 이러한 성향은 비혼율 증가, 1인 가구의 증가로 이어지고 있다(이영민, 2010).

현재 성인 전기 자녀 세대는 경제적 불안정성으로 연애, 결혼, 출산 등을 포기하는 경향이 높아져 'N포 세대'라는 수식어가 붙었다. 청년 고용의 불안정성으로 경제적 독립이 지연되고, 이로 인해 부모 세대와 같이 사는 캥거루족은 증가하고 있다(통계청, 2018). 또한 성인 전기 자녀 세대는 노년기 부모 세대에 비해 가사도 배우자와 공평하게 분담하고자 한다(통계청, 2018).

⑤ 노년기 부모 세대와 성인 전기 자녀 세대의 가치관 차이

이처럼 노년기 부모 세대와 성인 전기 자녀 세대는 역사적·정치적 경험에 차이가 존재하며, 이러한 경험의 차이는 정치적·경제적 가치관에서도 세대 간 차이가 발생한다.

정치 성향 차이

노년기 부모 세대는 성인 전기 자녀 세대와 정치 성향도 차이가 난다. 노년기 부모 세대는 보수 정체성이 강하며, 성인 전기 자녀 세대는 중도와 진보 성향이 강한 것으로 나타났다(박경숙 외, 2012). 또한 모든 세대가 '가장 보수적인 세대'로 60대를 꼽았으며, '가장 진보적인 세대'로는 30대를 꼽았다(박경숙 외, 2012).

이러한 세대 간 정치 이념의 차이는 고령자에 대한 편견으로도 이어진다. 20~60대를 대상으로 연령주의 실태를 살펴본 연구(지은정, 2017)에 따르면, '노인은 보수적인 성향이 강하다', '노인은 권위적인 성향이 강하다', '노인은 자기중심적인 성향이 강하다'라는 문항에 '예'라고 답한 응답자가 각각 76.3%, 13.9%, 70.3%를 차지하는 등 현재 고령자에 대한 편견이 매우 높은 것으로 나타났다. 이러한 '노년 세대는 자기중심적이며 보수적이다'라는 편견은 가족 내 세대 간 소통을 막는 장애물이 되기도 한다.

경제 인식 차이

세대 갈등은 각 세대의 경제적 위치가 나빠지고 있다고 인식할 때, 그것도 상대적으로 다른 세대에 비해 나쁘다고 인식할 때 조성되기 쉽다. 현대 사회에서는 경제적 위치를 놓고 세대 간 갈등이 심화되고 있다. 세대 간 소통 및 화합 방안을 살펴본 연구(박경숙 외, 2012)에 따르면, '좋은 대학을 나와도 좋은 직장을 갖지 못한다'에 20대와 30대가 동의하는 비율이 다른 세대에 비해 높은 것으로 나타났다. 즉, 성인 전기 자녀 세대가 세대 간 경제적 불평등이 존재한다고 인식하고 있음을 알 수 있다.

⑥ 노년기 부모 세대와 성인 전기 자녀 세대의 관계상 쟁점

한국 사회에는 전통적 가족주의와 서구의 개인주의가 공존한다. 이러한 특성에 기반한 이중적인 사회 규범이 사회 저변에 깔려 있다(김유경 외, 2018: 79). 한 개인 내에서도 일관된 가치를 보이지 않고 자신에게 유리한 가치를 편의적으로 취한다. 이러한 태도는 가족 간 갈등을 초래하는데, 대표적인 예가 부양이다. 세대 간의 부양 의식과 기대가 일치하지 않아 가족부양을 둘러싼 세대 갈등이 상존하고 있다(김유경, 2015).

성인 전기 자녀 세대의 독립 문제

노년기 부모 세대와 성인 전기 자녀 세대의 관계상 쟁점 중 하나는 성인 전기 자녀 세대의 독립지연 문제이다. [그림 7-1]에서 알 수 있듯이, 성인 전기 자녀의 초혼 연령이 증가하고 있다. 일반적으로 한국 사회에서는 자녀가 결혼하면서 부모로부터 독립하는 경향이 있는데, 이렇게 초혼 연령이 증가하고 있는 것을 보면 독립하는 시기도 늦어지고 있음을 예측해 볼 수 있다.

이러한 독립 시기의 지연으로 성인 전기 자녀 세대 중 캥거루족이 늘고 있다. 캥거루족은 최근 학교를 졸업해 자립할 나이가 되었는데도 취업을 하지 않거나 취업을 해도 독립적으로 생활하지 않고 부모에게 경제적으로 의존하는 20~30대 젊은이를 의미한다(오호영, 2017). 최근에

[그림 7-1] 2000년~2015년 30~50대 미혼율 증가 추이

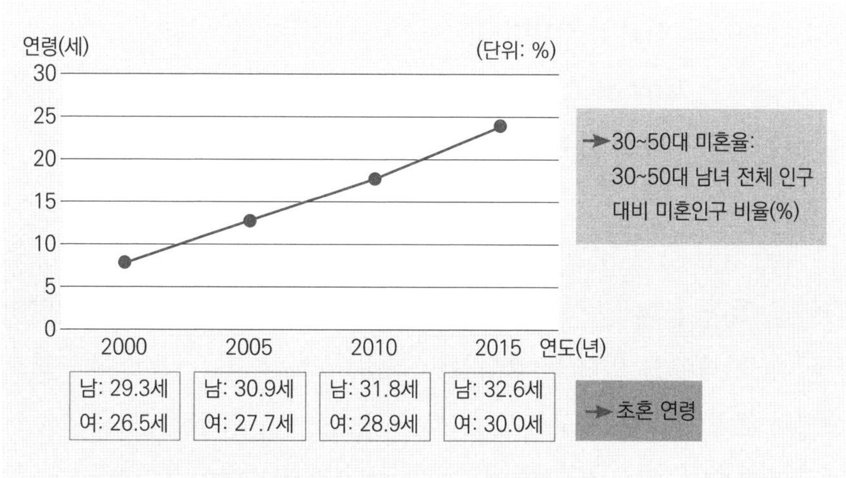

연령(세)　　　　　　　　　　　　　(단위: %)

30

25

20

15

10

5

0

2000　　　2005　　　2010　　　2015　연도(년)

➡ 30~50대 미혼율:
30~50대 남녀 전체 인구
대비 미혼인구 비율(%)

| 남: 29.3세 | 남: 30.9세 | 남: 31.8세 | 남: 32.6세 |
| 여: 26.5세 | 여: 27.7세 | 여: 28.9세 | 여: 30.0세 |

➡ 초혼 연령

출처: 국가통계포털, 2000-2015 인구주택총조사.

는 결혼 후에도 부모에게 지속적으로 자녀 양육이나 경제적 기반을 의지하는 40대~50대 캥거루족도 증가하고 있다. 이러한 성인 전기 자녀 세대의 독립 지연은 노년기 부모 세대의 부모 역할에 대한 기준을 불분명하게 만든다. 이러한 부모 역할에 대한 불명확성은 부모로서 역할 갈등을 겪게 한다(오호영, 2017).

노년기 부모 세대의 성인 전기 자녀에 대한 책임감

한국 사회에서 대부분의 부모 세대는 자녀의 대학교육이나 취업 때까지 자녀를 책임져야 하는 것에 동의한다. 자녀에 대한 책임 의식이 높은 것은 곧 성인이 되자마자 취업하기가 어려운 한국 사회의 구조상 노년기 부모 세대의 경제적 부담감으로 연결될 가능성이 높다. 우리나라 베이비붐 세대 4,674명을 대상으로 한 연구(한경혜, 2010)에 따르면, 노년기 부모 세대가 은퇴 후 가장 부담으로 생각하는 1순위는 성인 자녀 세대의 결혼 자금29.2%, 2순위는 자녀 교육 자금26.9%으로 나타났다. 이

처럼 노년기 부모 세대는 자신의 노후생활과 더불어 자녀의 결혼자금
까지 마련해야 한다는 부담감을 가지고 있음을 알 수 있다.

성인 전기 자녀 세대의 노부모 부양관 변화

　최근 성인 전기 자녀 세대의 노부모 부양 책임자에 대한 견해가 변
화하고 있다. [그림 7-2]을 보면 2002년부터 2018년까지 부모 부양의
책임이 '가족에게 있다'는 응답률이 가장 높지만, 그 비율은 최근으로
오면서 점차 감소하는 것을 알 수 있다. 반면, 부모 부양은 '부모 스스로
해결해야 한다'거나 '사회가 해결해야 한다'는 응답률은 증가했다. 이를
통해 노년기 부모 세대의 부양을 사회화해야 한다는 인식이 점차 증가
함을 알 수 있다.

[그림 7-2] 2002년-2018년 '부모 부양을 누가 할 것인가'에 대한 응답 변화

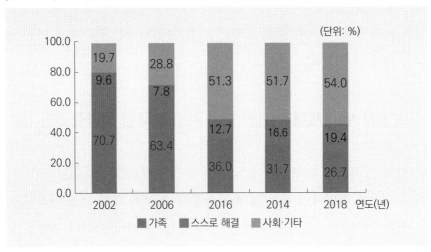

출처: 김유경, 2019.

조부모 세대의 손자녀 돌봄

최근 맞벌이 가족이 보편화되면서 성인 전기 자녀 세대가 조모에게 어린 자녀를 맡기고 경제활동에 종사하는 것은 매우 보편적인 양육 형태로 자리를 잡았다(이재림, 2012). 전통사회에서는 대가족 내에서 조부모 세대가 손자녀의 양육과 훈육, 보호의 역할을 담당하여 손자녀의 사회화에 적극적으로 참여하는 것이 일반적이었다. 또한 조부모 세대는 가족 내에서 문화 전승의 역할자로 자녀 세대와 손자녀 세대를 연결하는 교량 역할을 담당했다.

그러나 현대 사회에서는 핵가족화되면서 조부모 역할에 대한 행동적 기대가 모호해졌다. 또한 취업모의 증가에 따라 조모의 양육 지원에 대한 수요가 증가한 반면, 선뜻 손자녀를 돌보겠다고 자처하는 조모는 감소하고 있다. 가족 돌봄의 책임에서 벗어나 자유로운 노년기를 보내고 싶어 하는 현대 여성 노인의 특성상 손자녀 양육 지원은 부담스러운 일로 받아들여지고 있다(김은정·정순둘, 2011).

부모 세대의 바람과는 달리 부모 세대로부터 독립한 성인 전기 자녀 세대가 손자녀 양육을 노년기 부모 세대에게 위탁하는 경우가 많다. 이로 인해 손자녀 돌봄을 둘러싼 양육 갈등의 가능성이 높아졌다. 주 양육자별 자녀 양육의 어려움 정도를 살펴본 연구(김유경 외, 2014)에 따르면, 조부모의 손자녀 양육 어려움 중 응답률이 가장 높은 문항은 '체력적으로 부침', '학습지도의 어려움' 순이었다. 신체적 노화를 경험하는 노년기 부모 세대는 손자녀를 양육해야 하는 부담감에 어려움을 겪고 있음을 알 수 있다. 맞벌이 가정 조모의 손자녀 양육 갈등을 살펴본 연구(김미옥 외, 2015)에 따르면, 조모와 취업모의 양육 태도와 양육 기술에서 가치관이 충돌하면서 갈등을 겪는 것으로 나타났다. 또한 손자녀 양육 지원에 따른 조모-취업모 관계 경험을 살펴본 연구(이재림, 2013)에 따르면, 손자녀 양육에 대해 조부모 세대가 사회적 양가성을 경험하는 것으로 나타났다. 조모들은 '부모 마음'을 토대로 손자녀 양육을 지원하는 것이 부모의 '역할'이자 '도리'라고 생각하는 동시에 본인의 자녀가 아닌 손자녀이기 때문에 손자녀 돌봄은 부담스러운 일이며 주변의 많은 조모들이 기피하는 일이라고 생각하는 등 손자녀 양육 지원에 대해 상충된 규범적 기대를 경험하고 있었다. 이러한 사회적 양가성의 상황에서 조부모 세대는 성인 자녀가 손자녀 양육 지원에 충분히 감사하고 있지 않다고 느끼거나 장기적으로 의존하려고 하는 경우에는 실망이나 원망을 하게 되는 것으로 나타났다. 이러한 손자녀 양육을 둘러싼 노년기 부모 세대의 양가성은 성인 자녀 세대와의 세대 갈등이 발생할 가능성을 보여준다.

⑦ 노년기 부모 세대와 성인 전기 자녀 세대의 소통

각 세대에 대한 이해와 존중

세대 간 소통 증진의 가장 첫 단계는 다른 세대에 대한 이해이다. 현재 성인 전기 자녀 세대는 높은 실업률과 취업난으로 경제적 기반이 약하다. 노년기 부모 세대가 이러한 성인 세대의 경제적 상황을 고려하지 않고 자녀에게 무조건적인 부양을 요구할 경우 관계의 질이 악화될 수 있다. 따라서 앞으로는 노년기 부모 세대가 중시하는 '효'의 가치를 재정립해야 한다. 바람직한 현대적 '효' 규범은 강압적이고 전통적 규범의 가치를 지양하고, 상호존중에 입각한 정신적 유대 형성을 목표로 해야 한다.

성인 전기 자녀 세대도 마찬가지이다. 노년기 부모 세대를 객관적으로 이해하며, 편견을 극복해야 한다. 노인세대의 가치를 무조건 부정하기 이전에, 노년기 부모 세대가 가진 경험의 가치와 연륜을 존중해야 한다. 그리고 노년기 부모 세대와 소통하기 위해서는 노년기 부모 세대가 속했던 역사적·정치적 상황을 이해하려는 노력이 필요하다.

호혜성 규범 확보

👤 세대 공동체 의식을 기반으로 한 상호호혜주의

전통사회의 부모–성인 자녀 관계의 경우 '노부모 부양'이 화두였다. 과거에는 부모 세대의 경우 자녀 양육과 교육을, 성인 자녀 세대의 경우 부모 부양을 하는 것을 각 세대의 발달과업으로 여겼다. 이러한 상호의존에 기반한 부모–자녀 관계는 장기적으로 호혜적 관계를 유지할 수 있었다. 그러나 현재 한국의 부모–성인 자녀 관계는 호혜성이 지켜지기 어려운 상황에 있다. 부모는 자녀가 성인이 될 때까지 자녀 양육과 교육에 많은 지원을 제공하지만, 만혼 현상, 캥거루족 증가, 평균수명의 증가로 인한 부모 부양 부담의 증가 등으로 자녀 세대의 부모 부양이 어려운 상황이다. 또한 성인 자녀의 부모 부양 의식도 변화하고 있다. 성인 자녀 세대와 노년기 부모 세대 간 호혜성이 지켜지지 않은 상황이 지속되면 세대 간 갈등이 생길 수 있다.

향후 한국 사회의 세대 관계가 나아가야 할 방향은 세대 공동체 의식을 기반으로 한 상호호혜주의이다. 세대 공동체 community of generations 는 여러 세대 혹은 여러 연령집단이 하나의 공동체 안에서 교육적 활동에 참여하는 것을 말한다(한정란, 2001). 공동체 의식은 여러 세대가 서로 살아가는 시간과 경험이 다르다고 해도 전체 생애의 일부분으로서 서로 관련되어 있음을 인식하는 것이다. 세대 공동체 의식 속에서 각 세대는 자신이 미처 경험하지 못했던 시간과 공간을 경험함과 동시에 서로 많은 것을 배우고 얻는다. 이러한 세대 공동체 의식을 통한 상호호혜적 관점으로 서로 다른 연령집단이 가진 각자의 이점과 능력을 주고받으며 세대 간 소통을 증진시킬 수 있다(한정란, 2001; Sherron & Lumsden, 1990).

노년기 부모 세대는 문화유산과 전통 역사에 대한 정보를 성인 전기 자녀 세대에게 전달할 수 있다. 또한 노년기 부모 세대는 인생의 경험과 연륜을 바탕으로 젊은 세대가 아직 경험하지 못한 인생의 시기에 대한 준비를 도울 수 있다. 반면, 성인 전기 자녀 세대는 노년기 부모 세대에게 사회 변화에 대한 새로운 감각과 지식을 전달함과 동시에 삶의 자극이 될 수 있다. 또한 사회의 흐름에 적응하지 못하는 부모 세대에게 변화에 적응하고 대처하는 방법을 알려줄 수 있다. 이처럼 노년기 부모 세대와 성인기 자녀 세대는 각자가 가진 자원을 이해하면서 상호호혜적인 관계를 이어나갈 수 있다.

👤 느슨한 유대

앞에서 언급했듯이 한국의 노년기 부모 세대와 성인 전기 자녀 세대는 아주 복잡한 마음으로 살아가고 있다. 노년기 부모 세대의 입장에서는 부모로서 책임감과 부담감이, 성인 전기 자녀 세대의 입장에서는 부모 부양은 부담이 되며, 이러한 부담 속에서 여러 가지 복잡한 마음이 교차할 것이다. 이러한 상황은 세대 간 양가성 intergenerational ambivalence 개념으로 설명할 수 있다(Luscher & Pillemer, 1998). 세대 간 양가성에는 사회적 양가성과 심리적 양가성이 있다. 사회적 양가성은 상충하는 규범, 예를 들어 한편으로는 부모가 성인 자녀를 지원해야 한다는 기대가 있고, 다른 한편으로는 성인 자녀를 독립시켜야 한다는 규범이나 부모도 노후를 준비하고 즐겨야 한다는 인식이 존재하는 것과 같이, 대립적인 규범이 사회적으로 공존하는 상황을 일컫는다. 심리적 양가성,

즉, 양가감정은 이렇게 사회적 양가성이 존재할 때 부모와 자녀는 서로에게 긍정적인 감정 사랑, 감사, 안타까움과 부정적인 감정 부담감, 실망, 원망을 동시에 경험한다는 것이다(Connidis & McMullin, 2002; Luscher & Pillemer, 1998; 이재림, 2015, 398에서 재인용).

이런 상황으로 인해 부양을 중심으로 노부모-성인 자녀 관계가 이루어지는 한국과, 친밀감을 중심으로 노부모-성인 자녀 관계가 이루어지는 미국을 비교한 연구(최정혜, 2009)에 따르면, 효의 규범이 강한 한국에 비해 미국의 노부모-성인 자녀 관계의 질이 더 높은 것으로 나타났다. 따라서 한국의 노년기 부모 세대와 성인 전기 자녀 세대도 자원의 세대 간 전이적 관계를 유지하려면, 밀착이 아니라 좀 더 느슨한 유대관계를 지향해야 한다. 느슨한 유대관계는 상대의 의견을 존중하면서 쌓아가는 민주적이고 합리적인 관계이다(장혜경 외, 2013). 즉, 기존의 위계적 관계를 탈피하여 장기적인 호혜성 맥락에서 느슨한 유대관계로 나아가야 한다. 느슨한 유대관계를 위하여 노부모 세대는 자녀 세대의 독립과 분화, 그 세대의 가치관을 인정하고, 독재적이고 권위주의적 태도를 지양해야 한다. 성인 전기 자녀 세대는 심리적·경제적으로 부모로부터 분화함과 동시에 부모 세대의 풍부한 경험과 지혜를 존중해야 한다.

📚 참고문헌

김미옥·송승민·이사라(2015). "맞벌이 가정 조모의 손자녀 양육경험와 양육 갈등에 관한 현상학적 연구: 조모와 취업모 관점에서."《한국보육지원학회지》, 11(4), 239-269.

김유경(2015). "가족변화에 따른 가족갈등양상과 정책과제."《보건복지포럼》. 228(0), 49-65.

김유경(2018). "성인자녀 부양특성과 정책과제."《보건복지포럼》. 79-96.

김유경(2019). "중·장년층의 이중부양 부담과 정책 과제."《보건복지포럼: 정책분석》, 72-92.

김유경·이진숙·손서희·조성호·박신아(2018).《중·장년층 가족의 이중부양 부담 구조 변화와 대응방안 연구》. 한국보건사회연구원 연구보고서 No. 2018-14. 한국보건사회연구원.

김유경·이진숙·이재림·김가희(2014).《가족의 갈등과 대응방안 연구−가족 관계 갈등과 가족기능 갈등을 중심으로》. 한국보건사회연구원 연구보고서 No. 2014-14. 한국보건사회연구원.

김은정·정순둘(2011). "손자녀 대리양육 조모의 적응경험에 관한 연구: 취업모 가정을 중심으로."《한국가족복지학》. 31. 177-213.

나항진(2011). "노인이 경험하는 세대통합 프로그램에 관한 현상학적 연구."《한국지역사회복지학》. 37. 199-227.

남순현(2004). "가족 내 세대갈등과 통합."《한국심리학회지: 문화 및 사회문제》. 10(2). 1-15.

박경숙·서이종·장세훈(2012).《세대 간 소통 및 화합방안마련을 위한 조사 연구》. 사회통합위원회 연구보고서 No. 2012-08. 사회통합위원회.

박재흥(2010). "한국사회의 세대갈등."《한국인구학》. 33(3). 75-99.

성미애·이강이·정현심(2019).《인간발달》. 한국방송통신대학교출판문화원.

오호영(2017).《캥거루족 실태분석과 과제》. 한국노동연구원.

이영민(2010). "20대의 정치의식 특성과 정치성향의 형성경로."《사회연구》. 19(1). 9-43.

이재림(2013). "손자녀 양육지원에 따른 조모와 취업모의 관계 경험: 세대 간 지원 제공 및 수혜의 의미."《한국가정관리학회지》. 31(2). 1-24.

장혜경·김은지·김영란·김소영·선보영·김수완(2013).《가족의 미래와 여성·
　가족정책전망(III)》. 한국여성정책연구원 연구보고서 No. 2013-16. 여성정
　책연구원.

정현숙(2013). "가족의 세대간 통합과 사회통합."《한국가정관리학회 학술발
　표대회 자료집》. 13-41.

정현숙·옥선화(2016).《가족관계》. 한국방송통신대학교출판문화원.

조병은(2002). "가족 내 세대통합의 현황과 과제."《한국청소년학회 학술대회
　자료집》. 69-85.

지은정(2017).《우리나라 연령주의 실태에 관한 조사연구-노동시장을 중심으
　로》. 한국노인인력개발원 연구보고서 2017-07. 한국노인인력개발원.

통계청(2000). 인구주택총조사.

통계청(2005). 인구주택총조사.

통계청(2010). 인구주택총조사.

통계청(2015). 인구주택총조사.

한경혜(2010).《한국의 베이비부머 패널연구》. 서울대노화사회연구소.

한정란(2001). "세대공동체를 통한 노인교육."《교육목회》. 여름호. 36-44.

한정란(2002). "노인교육과 세대통합: 세대공동체 교육."《앤드라고지 투데
　이》. 5(1). 91-107

홍성원·정민회·유서구(2016). "은퇴자의 삶의 만족에 영향을 주는 요인에 관
　한 연구."《한국지역사회복지학》, 56, 139-162.

Arnett, J. J.(2000). Emerging adulthood: A theory of development from the
　late teens through the twenties. *American Psychologist,* 55(5), 469-480.

Bowen, M.(1966). The use of family theory in clinical practice. *Comprehensive*
　Psychiatry. 7(5). 345-374. https://doi.org/10.1016/S0010-440X(66)
　80065-2

Chowdhary, U., Schultz, C. M., Hasselriis, P., Kujath, H. A., Penn, D. &
　Henson, S.(2000). Integrating activities and aging appreciation of
　elementary school children. *Educational Gerontology,* 26, 541-564.

Goldschneider, F.(2000). Men, children, and the future of the family in the
　third millennium. *Futures,* 32, 525-538.

Harris, J. R.(1998). *The nature assumption: Why children turn out the way they do*. NY: Free Press.

Hess, B. B. & Waring, J. M.(1978). Changing patterns of aging and family bonds in later life. *The Family Coordinator*, 27, 303-314.

Lewis, R. A. & Lim, L. W.(1996). Adults and their midlife parents. In N. Vanzetti & S. Duck (Eds.), *A lifetime of relationships*, 364-382. Pacific Grove, CA: Brooks & Cole.

Sherron, R. & Lumsden, B.(1990), *Introduction to educational gerontology* (3rd ed.), NY: Hemisphere Publishing Corporation.

Wooddruff, D. S. & Birren, J. E.(1983). *Scientific Perspective and Social Issues*(2nd ed.). Monterey, California: Books & Cole.

제8장

이념 갈등: 촛불과 태극기

① 이념의 왜곡

이념-자본주의와 불평등을 보는 눈

울리히 벡은 자본주의를 돌진적 근대화라는 개념으로 설명한다. 이윤만을 보고 돌진적으로 달린 외눈박이 괴물과 같다는 것이다. 레이워쓰 Raworth 는 '애벌레 경제'라는 개념으로 자본주의의 모습을 설명한다.

"우선 지구에서 광물, 금속, 생물연료, 화석연료를 뽑아 낸다. 그다음에는 이를 갖고 각종 제품을 만들어 내고 소비자에게 판다. 소비자는 제품을 사용하고 빠른 시간 안에 '버린다'"(레이워스, 2018: 247).

자본주의의 모습은 마치 애벌레가 음식을 먹고 배설하는 것 같다. 즉 "산업은 애벌레와 비슷한 모습으로 그려진다. 한쪽 끝에 달린 입으로는 계속 음식을 들이키고, 이를 몸속에서 소화하고, 다른 쪽 꽁무니로 배설물을 내뿜는 것이다"(레이워스, 2018: 247). 자연은 점차 배설물로 가득 찬다. 자연뿐만 아니라 동물도 성장을 위해 희생된다. 자연 속에 사는 동물의 삶을 파괴할 뿐만 아니라 이윤을 위해 동물을 좋지 않은 상황 속에서 사육하고 도축한다. 인간의 노동력도 싸게 많이 뽑아 내려는 과정에서 건강을 해치고, 산업재해로 다치고 죽는다. 이처럼 자본주의는 자연, 동물, 인간을 위험하게 만든다.

자본주의의 위험은 점차 사회화된다. 하지만 자본주의는 여전히 무한질주한다. 왜 그럴까? 초기에는 자본주의의 위험을 '부수적인 효과'라고 생각했다. 즉 이익을 위해 위험을 무릅쓰다 보면 어쩔 수 없이 오는 부수적인 것에 불과하다고 생각했기 때문이다. 예를 들어 신대륙 발견이라는 모험 속에서 위험은 오기 마련이다. 하지만 어쩔 수 없다는 생각이다. 그런데 산업화와 근대화가 진전되면서 위험은 부수적이기보다 본질적인 것이 되었다.

전염병 코로나19는 위험이 진짜 위험하다는 사실을 보여 준다. 자연의 파괴로 숲속의 바이러스가 동물의 몸을 숙주로 삼아 인간에게 왔다. 이런 일은 이제 빈번해졌고 인간은 위험해진다. 하지만 자본주의는 성장을 멈추지 않을 것이다. 첫째, 위험할수록 이윤 추구를 할 수 있다. 제약회사, 제조업, 금융회사 등에게 더 큰 위험은 더 큰 기회가 된다. 둘째, 위험이 올지라도 위험은 약자에게만 온다.

이처럼 위험은 차별적이다. 실례로 코로나19가 발생해서 더 많은 위험에 처한 사람은 하층이다. 한국인 최초의 사망자는 정신과 폐쇄병동인 청도대남병원에 입원해 있던 63세 남성이었다. 그는 20년 넘게 이 병원의 입원자였는데, 사망 당시 몸무게가 42kg에 불과했다(BeMinor, 2020). 예를 들어 시카고에 사는 흑인의 수는 인구의 1/3에 불과하지만, 양성반응의 50% 이상, 사망자의 72%가 흑인이었다. 미국 전체를 보아도 흑인에서 더 많은 희생자가 나왔다. 왜 그럴까? 이것은 구조적인 불평등 때문이다. 흑인은 불평등으로 인해 기저질환자가 많다. 시카고에서는 백인의 평균수명이 흑인보다 8.8년 더 길다(NYT, 2020).

불평등을 어떻게 볼 것인가? 불평등은 당연하다. 불평등은 시장에서 노력한 개인의 성적표이다. 인간은 기회의 평등을 보장받으면 된다. 이것이 자유주의의 입장이다. 사회민주주의자는 다른 입장을 취한다. 시장에서 불평등은 구조화되어 있다. 개인의 노력 여부보다 계급구조와 기울어진 운동장이 문제이다. 그러므로 소득이전을 통해 사회보장제도를 만들고 불평등을 완화해야 한다. 기회만이 아니라 조건의 평등을 이루어야 한다. 이처럼 자유주의와 사회민주주의는 자본주의의 자유와 평등을 바라보는 태도가 다르다. 이념은 이에 대한 체계적인 생각이다.

이념은 크게 4가지로 분류할 수 있다. ① 자유주의, ② 사회민주주의의 우파, ③ 사회민주주의 좌파, 그리고 ④ 사회주의 혹은 공산주의이다. [그림 8-1]에서 보듯이 Y축은 자본주의에 대한 평가이다. 왼쪽은 자본주의를 부정적으로 보고 사적 소유와 시장을 비판한다. 즉 생산 수단의 공적 소유와 자본주의의 시장 체제를 폐지해야 한다고 주장한다. 오른쪽은 자본주의를 인정하고 그 안에서 경제와 정치 체제를 구상한다.

Y-1 쪽의 ①은 일반적으로 아는 자유주의이다. 시장을 긍정적으로 보고 경쟁을 강조한다. 특히 1980년대 등장한 대처와 레이건 정부는 시장지상주의를 표방하면서 신자유주의로 명명되었다. Y-1 쪽의 ②는 시장의 불평등을 비판하고 국가의 개입을 통해 불평등을 수정하려고 했다. 소득이전을 통해 분배에 개입한 국가를 보편적 복지를 실현하는 복지국가로 명명했다. 이처럼 사회민주주의는 자본주의의 수정을 통해 시민들의 평등에 관심을 보인다.

Y-2 쪽의 ④는 사회주의이다. 이것은 자본주의에서 발생하는 문제의 근본적인 원인을 시장과 사적 소유로 인한 불평등으로 보고, 폭력혁명을 통해 사회주의로 가고자 한다. Y-2 쪽의 ③은 사회주의로 가긴 가되, 점진적으로 이행하려는 입장이다. 즉 공기업을 확대하거나 선거를

[그림 8-1] 이념 분류

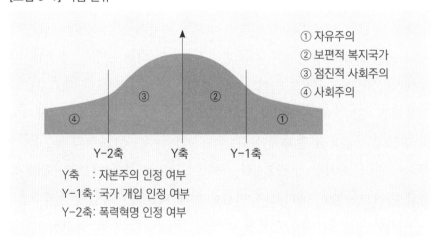

① 자유주의
② 보편적 복지국가
③ 점진적 사회주의
④ 사회주의

Y-2축   Y축   Y-1축

Y축   : 자본주의 인정 여부
Y-1축: 국가 개입 인정 여부
Y-2축: 폭력혁명 인정 여부

통해 자본주의를 점진적으로 철폐하려는 입장이다.

한국적 민주주의와 이념의 왜곡

한국은 [그림 8-1]의 이념적 좌표에서 어디에 속할까? [그림 8-2]는 한국의 이념이 있는 자리를 표시한다. 우선 한국에서 ③번과 ④번은 일본 제국주의에서 해방되고, 한국전쟁을 거치면서 북한으로 넘어갔거나 빨치산이 되었다. 즉 ③번과 ④번은 세력으로 존재하지 않는다.

그렇다면 한국의 이념은 [그림 8-1]에서 ①번일까, ②번일까? 흔히 더불어민주당을 ②번이라고 생각하고 미래통합당을 ①번으로 생각하는 경향이 있다. 하지만 더불어민주당은 영국의 노동당이나 스웨덴의 사민당이라고 할 수 없다. 미래통합당보다 복지를 더 강조하지만 유럽의 사회민주주의를 표방하는 정당에 비하면 우파에 가깝다. 실제로 한국의 역사에서 ②에 해당했던 조봉암과 조소앙은 사형을 당했다. 즉 사회민주주의가 설 땅이 없었다.

[그림 8-2]는 한국의 이념지형을 표시한 것이다. ②, ③, ④번이 사라진 곳에서 주로 ①번을 표방하는 세력이 남았고 이 ①번이 ㉮와 ㉯로 구분되었다. 그리고 ㉮와 ㉯가 우파와 좌파로 보이는 착시현상이 나타났다. 그래서 서유럽에서 ㉮와 ㉯는 모두 우파이지만, 한국에서는 ㉯가

[그림 8-2] 한국의 이념

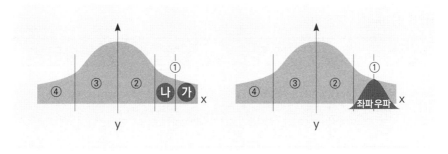

좌파로 보인다.

한국의 이념 지형이 [그림 8-2]처럼 오른쪽으로 치우친 것은 한국의 역사와 무관하지 않다. 한국은 일제로부터 해방된 이후 미군정과 군사독재를 거치면서 서유럽의 민주주의와는 다른 경로로 이념이 만들어졌다. 유신체제 출범과 함께 박정희가 제안한 '한국적 민주주의'는 '민주주의로 분식된 권위주의'의 결정판이었다. 박정희는 자신의 영구집권을 위해 자유민주주의를 전격적으로 유보^{또는 심각하게 훼손}한다고 발표했다. 박정희 대통령은 지난날 "남의 민주주의를 미숙하게 그대로 모방만 하려"한 결과, 정치 불안, "비능률과 낭비", "국력"의 "소모"만 초래했다면서 한국의 옷에 맞는 민주주의를 선포했다(강정인, 2011: 310).

박정희 정부가 표방한 한국적 민주주의는 자유와 평등의 이념보다는 반공주의와 발전주의를 중심으로 만들어진 것이다. [표 8-1]에서 보듯이 반공주의는 공산주의와 사회주의를 이념의 파트너로 인정하지 않았고, 발전주의는 성장제일주의로 보편적인 사회복지를 허용하지 않았다.

한국적 민주주의는 모든 것을 반공주의와 발전주의의 잣대로 평가하는 '편향성의 동원'을 초래했다. 편향성의 동원이란 "사회의 중심 갈등을 억압 또는 대체하기 위해 특정 갈등을 부각하고 그에 따라 정치참여를 동원하는 것을 말한다. 그리고 이러한 갈등에 대한 편향성의 동원을 통해 지배 엘리트의 권력을 유지하려는 현상을 갈등의 사유화" 현

[표 8-1] 한국적 민주주의

	한국적 민주주의	자유민주주의	사회민주주의
성장	○	○	○
반공주의	○	△	×
분배	×	△	○

상을 의미한다(윤성이, 2006: 539).

이상에서 보듯이 한국적 민주주의는 이념의 지형을 오른쪽으로 이동시켰다. 그리고 모든 것을 한국적 민주주의 눈으로 보도록 강요했다. 강력한 검찰과 국가보안법은 그동안 시민들의 눈을 편향성의 동원을 통해 왜곡시켜 왔다.

반북주의와 이념의 왜곡

반공주의는 무엇일까? 공산주의를 반대하는 것이다. 유신체제하에서 바른생활도덕이 필수과목이 되면서 반공교육이 크게 강화되었다. 도덕 과목은 매 학년에서 70시간을 배당받았지만, 도덕 교육은 각 교과 활동과 특별 활동, 기타 학교 교육 전반을 통해서 이루어지도록 했기 때문에 활동 반경이 보다 광범위했다. 반공 글짓기, 반공 웅변대회, 반공 표어, 반공 포스터 그리기, 학도호국단, 반공반 조직 등이 그 예이다(정진아, 2018: 59).

그러나 한국의 반공주의 교육이 향한 곳은 북한이었다. 반공주의는 반북주의 교육으로 변질되었다. 한국의 바른생활 교육은 북한에 대한 태도를 가르치는 것과 깊은 연관이 있었다.

어머니의 이야기를 들으니, 정말 공산군은 강도나 다를 바가 없었습니다. … 나중에 국군과 유우엔군에게 쫓기어 서울에서 달아날 때는, 집집에 휘발유를 끼얹고 불을 질렀다고 하며, 또 그들이 앞잡이들을 시켜 눈여겨 보아 왔던 사람들을, 갑자기 밤중에 끌어내어 모조리 총으로 쏘아 죽였다고 합니다 ….

"어머니, 우리들이 빨리 커서 그 나쁜 공산군을 우리나라에서 한 사람도 없게 만들겠어요. 그리고 북한에서 공산당에게 시달림을 받으며 고생하고 지내는 사람들을 구해내겠어요."하며, 준구는 두 주먹을 힘 있게 쥐어 보였습니다(문교부, 바른생활 3-1, 국정 교과서 주식회사, 1977, 78-80; 정진아, 2018: 62-63 재인용).

교사들은 보조교재로《승공교양독본》과《멸공 10분 강좌 235일》을 활용했다. 당시 도덕 교육의 문제는 반공교육이 이처럼 철저한 '반북' 교육이었다는 점에 있었다. 소련과 사회주의권 국가에 대한 내용은 거의 전무했다. 북한에 대한 적개심을 유발하는 내용이 절대 다수였고, 베트남전쟁 파병이라는 현실을 반영하여 베트남전쟁에 대한 내용이 부분적으로 가미되었다. 이것이 탈냉전 이후에도 반공주의가 해체되지 못한 채, 반북주의와 '종북몰이'로 쉽게 전환할 수 있었던 이유였다(정진아, 2018: 6).

이상에서 보듯이 한국의 반공주의는 사실 반북주의이다. 이 관점에서 진보주의는 계급 문제에 주목하기보다는 북한을 민족으로 인정하는 세력으로 왜곡되었다. 뉴라이트 대안교과서는 진보 세력을 종북으로 몰아갔다. "'종북은 우리 시대의 몽매주의요 반동적 모험주의, 전복주의일 뿐 결코 진보로 대우받을 수 없다. 대한민국은 종북의 준동으로 지성의 착란, 국가적 분열, 자유민주주의적 체제의 위기에 직면하고 있다"고 주장했다(김종인, 2015: 270). 이처럼 종북은 공산주의자이고 나쁜 놈이다. 이런 논법은 지금도 여전히 유효한 시각이다.

'종북'이라는 단어는 정부정책을 비난하는 사람들을 무작위로 통칭하는 개념으로 사용되고 전교조, 민노당, 광우병 촛불집회 주최 단체인 한국진보연대 등이 대표적으로 국민을 선동하는 '종북 세력'으로 불렸다(이지성, 2018: 226).

반공주의와 반북주의를 기반으로 하는 한국적 민주주의는 '총력안보', '국력배양', '국민총화' 등을 표방했다. 이 관점에는 노동자 개념이

[그림 8-3] 개인 VS. 계급

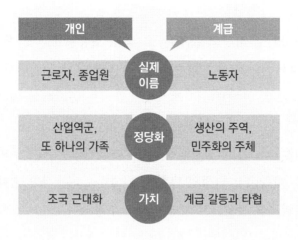

존재하지 않는다. 노동자보다는 근로자로 접근한다. 근로자는 국가와 회사를 위해 열심히 일하는 산업전사와 산업역군이다. 이 개념에서 계급이라는 개념을 상상할 수가 없다. 중학교 2학년 학생들에게 노동자의 이미지를 말하라고 했더니 거지, 장애인, 외국인 노동자 등 매우 부정적인 이야기만 나온 것은 이런 교육을 기반으로 한다.

② 진리의 정치

조소앙과 조봉암

한반도에서 남한은 한국적 민주주의를, 북한은 소련식 공산주의를 받아들였고, 각자가 진리라고 주장했다. 따라서 [그림 8-1]의 ③번과 ④번은 세력은 존재하는 것이 불가능했다. 대표적인 정치인이 조소앙과 조봉암으로 이들은 각각 북한과 남한에서 배척당했다.

조소앙은 한국의 헌법에 영향을 끼친 인물로, 1919년 2월 1일 대한 독립선언서를 작성했고, 상해임시정부의 대한민국임시헌장도 작성했다. 조소앙 기본권 사상의 특징은 ① 평등 조항을 기본권 목록 중 서두에 배치했다는 점, ② 초기의 자연적 기본권 인식에서 법실증주의적인 기본권 인식으로 전환했다는 점, ③ 생활권을 중시하여 매우 구체적인 권리 내용을 자유권에 우선하여 규정했다는 점 등으로 요약될 수 있다(신우철, 2017: 61). 특히 임시헌장 1조 "대한민국은 민주주의 공화국이다."는 이후 대한민국 헌법의 방향이 되었다. 그는 사형 철폐를 주장했고, 교육과 의료를 무상으로 제공하자고 주장했다.

조소앙의 이론적 기반이 삼균주의이다. "모든 사람들이 정치에 참여하게 하오리라, 모든 아이들이 대학에 가게 하오리다, 모든 사람들이 우유를 한 잔씩 먹고 주택을 갖게 하오리라"라는 연설은 정치, 경제, 교육의 삼균을 의미한다. 그리고 또 다른 차원의 삼균인 개인과 개인들, 다음 국가와 국가들, 민족과 민족들 간의 삼균을 주장한다.

조봉암은 일제하 공산주의 운동에 헌신했으나, 1946년 박헌영과 갈등을 계기로 사상 전향했다. 이후 그는 좌우합작 운동에 참여했고 남북협상을 위해 노력했으며, 1948년 제헌국회의원 선거에 출마하여 국회의원에 당선되었다. 이승만 정부에서 초대 농림부장관을 하며 토지개혁을 주도했다. 그는 진보당을 창당하여 1952년과 1956년 대통령 선거에 나섰지만 결국 이승만 정부에서 빨갱이로 몰려 사형당했다.

조봉암은 재산권의 제한에 찬성하고, 토지개혁을 통해 지주에게서 농민으로 토지와 산림을 분배해야 한다고 주장했다. 또한 무상교육을 주장했고 특히 노동3권과 실업급여를 주장했다(박홍규, 2009: 155-156). 조봉암은 당시의 집권당인 한민당을 '지주와 자본가계급의 정당'이라고 비판하면서 다음과 같이 언급했다.

'각 방면의 실권을 틀어쥐고 인민 위에 군림하며 인민을 지배·착취하는 정당', 자기 당파 이외의 사람들에게는 '빨갱이' 모함을 씌우는 정당이라 비판하면서, 한민당이 "얼마나 많은 공산주의자 아닌 공산주의자를 만들고 또 혹은 공산당 아닌 공산당이 생겼으며 …… 대량적으로 공산당을 제조"했는지 만천하가 알고 있다고 꼬집었다(정승현, 2013: 121).

조봉암은 진보당의 이념을 창당대회에서 '사회적 민주주의'로 설정하고 복지국가, 사회보장제도, 모든 국민의 생활 향상, 분배의 평등, 급속한 경제 성장, 평화 통일, 참된 민주주의의 실시 등을 내세웠다(정승현, 2013: 131).

통합진보당의 해산

2014년 12월 19일, 헌법재판소 선고를 통해 국회의원 5명을 가진 통합진보당이 해산되었다. 이것은 헌정 사상 처음으로 헌법재판소가 정당 해산을 결정한 사건이다. 헌재는 통합진보당의 강령이 '종북', 즉 북한의 지도이념을 추종했다고 봤다. 국가기관이 정당의 존폐를 결정한 것이다(한국일보, 2014).

사상 초유의 결정이 내려진 이 심판 사건은 이른바 '이석기 내란 선동 사건'에서 비롯되었다. '김대중 내란음모 사건' 이후 33년 만에 이석기 의원의 '내란음모 사건'으로 공안정국이 조성됐다. 이는 국가정보원이 "통합진보당 국회의원 이석기가 통합진보당 경기도당 모임2013년 5월, 'RO회합'에서 '한반도 전쟁에 대비해 국가 기간시설의 파괴를 위한 준비를 하자'는 등의 발언을 했다"며 이 의원을 '내란음모' 혐의로 고발한 사건이었다(오마이뉴스, 2018; 한국일보, 2014).

이 결정을 둘러싸고 많은 쟁점이 있었다. 우선 헌정 사상 초유의 일인 데다 정치·사회적 영향력이 큰 사건을 1년도 안 되어 결론을 내린다는 점에서 성급한 결정이 아니냐는 지적이 나왔다. 또한 제2차 세계대전 후인 1950년대 독일에서 있었던 두 건의 위헌정당 해산 결정 이후 60여 년간 선진국에서 위헌정당 해산 결정을 한 예는 없다(한국일보, 2014). 덧붙이자면 다음과 같은 반론도 제기되었다.

[사실 입증의 취약성] 우선 법적 판단을 위한 사실 심리의 측면에서, 통합진보당이 국가 안보에 "명백하게 현전하는" 위협을 가했거나 가하고자 하는 그 어떤 구체적 실행이나 조직을 구비하지 않고 있음에도 불구하고, 당의 강령과 당 간부들의 기고문 및 언술에서 무리하게 추정된 그 정당활동의 "숨은 의도"에 함축되었다고 하는 단지 그 위협 '가능성'의 함의에만 근거하여 '현실적인' 해산을 인용했다는 점.

[결정 근거의 무력화] 무엇보다 결정 판결 당시 통합진보당 해산 요구의 중요한 근거 중에 하나로 작용했던 이른바 '이석기 내란음모 사건'에 대해, 1심 판결과는 달리, 헌재 결정 이전에 열렸던 일반 법원의 항소심에서 내란음모죄 부분에 대해서는 무죄 판결을 내렸다는 점이 해산 결정에서는 전혀 고려되지 않아, 통합진보당이 실질적 위협요인이라고 주장하는 데 가장 결정적 비중을 지녔던 근거가 무력화되었다는 사정을 완전히 도외시했다는 점(홍윤기, 2015: 81).

또한 한국 정치사에는 통합진보당보다 급진적인 강령을 채택하고 있는 정당도 있었지만 당시 정부가 '정당 해산'을 주도하지는 않았다. 법무부가 헌법재판소에 통합진보당에 대한 위헌정당해산심판을 청구하여 이루어진 것이다. 1958년의 진보당 해산은 정당해산심판으로 인한 것이 아니라 선거관리위원회의 정당등록취소로 인한 것이다. 국민이 선거를 통해 정당에 대한 평가를 하면 자연스럽게 해결될 문제를 정부가 나서서 해산을 주도하는 것은 부적절하다는 인식도 적지 않다(아시아경제, 2014).

통진당의 해산은 오늘날 한국의 이념 지형이 여전히 과거와 같다는 것을 보여 준다. 정부의 최후변론은 다음과 같다.

'제궤의혈堤潰蟻穴', 작은 개미굴이 둑 전체를 무너뜨린다는 말입니다. 국가안보에 허점이 없도록 북한을 추종하는 위헌정당을 해산하여 대한민국의 자유민주주의를 지켜내야 합니다. 통합진보당이 정당으로 존재하는 한, 국가와 헌법을 수호하고 국민의 안전을 담보할 수 없으며, 정당 해산의 방법이 아니고서는 종국적인 국가안보의 확보가 불가능합니다(황교안 법무부장관 최후 변론).

통합진보당 대표는 이에 대해 다음과 같이 최후변론을 했다.

우리 모두는 모든 사람의 권리가 보장되고 모든 이에게 평화가 깃드는 세상을 바랍니다. 진보당의 지향, 자주 민주 평등 평화통일은 우리 자신보다 더 귀한 존재인 우리 아이들이 한국 사회에서 인간답게 살아갈 수 있게 하는 길입니다. 모든 국민이 나라의 주인으로 존중받는 세상을 만들자는 이 지향은 헌법정신과 완전히 일치하는 것이고, 헌법은 이 방향에서 더욱 발전되어야 합니다(이정희 통합진보당 대표 최후 변론).

한편, 9명의 헌법재판소 재판관 중 유일하게 반대 의견을 낸 김이수의 반대 의견은 다음과 같다.

피청구인에게 은폐된 목적이 있다는 점에 대한 증거가 없고, 피청구인의 강령 등에 나타난 진보적 민주주의 등 피청구인의 목적은 민주적 기본질서에 위배되지 않으며, 경기도당 주최 행사에서 나타난 내란 관련 활동은 민주적 기본질서에 위배되지만 그 활동을 피청구인의 책임으로 귀속시킬 수 없고 그 밖의 피청구인의 활동은 민주적 기본질서에 위배되지 않는다는 재판관 김이수의 반대의견이 있다(2014년 12월 19일 선고문).

흥미로운 사실은 헌법에 위헌정당해산제도가 들어오게 된 것이 4·19 민주혁명 이후 3차 개헌을 통해서였다는 점이다. 그것은 이승만의 독재체제에서 진보당이 강제 해산된 전례를 반성한 결과였다. 정당의 경우에는 일반적인 결사의 자유보다 더 강하게 보장되어야 한다는 시대적인 요청을 반영한 것이다(참여연대 사법감시센터 홈페이지). 이에 대해 참여연대는 다음과 같이 평했다.

독재의 길을 치닫던 이승만 정권이 1958년 강력한 정적이었던 조봉암을 사법살인하고 그의 진보당을 강제 해산시킨 바로 그 시절로 우리의 민주주의가 뒷걸음질치는 바로 그 장면이었다(참여연대 사법감시센터 홈페이지).

촛불과 태극기

박근혜 대통령의 탄핵을 둘러싸고 두 개의 광장이 만들어졌다. 촛불집회가 박근혜를 탄핵시키기 위해 결집되었다면 태극기집회는 박근혜 탄핵에 반대하기 위해 결집되었다. 그렇기에 태극기집회는 촛불집회에 맞선 '맞불'집회라고도 부른다(최종숙, 2018: 593).

태극기는 정부 수립부터 박정희 정권 때까지 국가주의와 반공을 결합시키는 의미의 상징물로 활용되어 왔다. 반공포로들의 시위, 북한 도발 규탄 관제 데모 등이 대표적이며, 이는 박근혜 정부에서 다시 부상한다. 모 기업은 고층 사옥에 초대형 태극기를 걸어 놓고, 애국주의를 표방한 영화 속에서 '국기하강식' 장면이 정치권에 회자되는 등 태극기는 국가주의의 상징으로 다시 부각된다. 이후 태극기는 전 국민이 반공의 기치 아래 하나로 통합되기를 꿈꾸기 위한 기재이며, 국가주의에 반대하는 입장에 대한 경고로서 광장에 나타나게 되었다(이지성, 2018: 219).

태극기와 함께 한 것이 성조기와 이스라엘기이다. 성조기의 경우, 2004년 친미집회 당시 시위대가 들고 나서면서 주목을 받았는데, 동맹으로서의 상징과 구원자로서의 상징이었다. 이스라엘 국기는 최근 한국 극우 개신교 집단 사이에서 퍼지고 있는 '선민' 의식과 같은 선상에서 해석될 수 있다(이지성, 2018: 219-220).

흥미로운 사실은 촛불집회와 태극기집회 모두 수도권에 거주하는 중도 성향의 대학 이상 고학력, 중간소득층이 이끌었을 가능성을 보여 주었다는 사실이다. 즉 기존에 태극기집회의 참여자들은 60대 이상 고령의 무학력 노인이 동원된 세력으로 이해되었다. 하지만 촛불집회에는 익숙한 이 조합이 태극기집회에도 해당될 수 있다는 점이 다소 낯설다. 특히 '중도·고학력·중간소득층'이 주목된다. 태극기집회 참여자는 '돈 받고 동원된 가난한 노인', '군가 트는 극우 집단'이라는 평가가 지배적이었다. 그러한 참여자가 없지는 않겠지만 이 결과는 태극기집회도 고등교육을 받고 안정적인 소득을 가진, 따라서 '선동'과 '세뇌'가 아닌 자신의 판단에 따라 자발적으로 참여한 사람들이 결집했을 가능성을 보여 준다(최종숙, 2018: 559-560).

이상에서 보듯이 오늘날 한국은 여전히 나는 옳고 상대는 틀리기 때문에 대화가 불가능하다는 진리의 정치가 존재한다.

③ 쟁점: 북한, 젠더 그리고 조국

북한, 민족인가 종북게이인가

한국의 이념은 어떤 기준에서 만들어졌을까? 한국적 민주주의는 특수성이 나타난 169쪽 [그림 8-2]에서 보듯이 자본주의, 평등, 자유 등 정치학의 기본적인 개념과 관념으로 이루어진 것처럼 보이지 않는다. "많은 연구들에서 우리 사회에서 보수와 진보를 구분하는 가장 중요한 잣대는 북한 문제에 대한 태도로 한정되어 있음을 보여 준다. 즉 북한에 비판적 입장을 견지하고 햇볕정책을 반대하는 태도를 보이면 보수주의자로 규정되며, 북한에 유화적 태도를 보이고 햇볕정책을 지지하면 진보주의자로 분류된다"(윤성이, 2006: 40).

북한과 관련해서 세 가지 세대의 입장이 다르다. 첫째, 반북 대결의식과 종북 몰이를 주된 인식론으로 가진 '안보 보수'가 주류인 노장년 세대, 둘째, 1980~1990년대 민주화와 통일운동, 민주정부 시절 햇볕정책으로 분단사 전체에서 예외적인 남북 화해·협력이 시도된 시기를 경험한 30~50대흔히 이번 논란에서 '586세대'라 지목됨, 마지막으로 이명박·박근혜식 신자유주의 체제와 핵미사일 위기 속에서 자라난 10~20대이번 논란에서 2030세대로 지목됨이다. 여기에서 20대는 '이명박근혜' 9년간에 걸친 종북 몰이, 교류 단절, 햇볕정책에 대한 부정, 그리고 북 핵개발의 가속화에 따른 남북대결의 격화 이외에 다른 남북관계를 경험한 바 없다는 사실을 감안해야 한다(천정환, 2018: 321).

벌레소년의 '평창유감'이라는 랩송은 20대의 입장을 일정 정도 대변하는 것으로 보인다. 2018년 1월 하순, '벌레蟲를 자처'하는 소년이 "최순실이 더 낫다"고 "태극기로 탄핵" 운운하며 문재인 정부를 전면 공격했다. 나아가 운동권, 김정일, 문재인, 문빠, 평창올림픽, 퍼주기 등을 싸

[표 8-2] 북한에 대한 태도

	보수주의	진보주의	20대
인식	악마	민족	이상한 이웃
통일	흡수통일	연방제, 햇볕정책	무관심
평창올림픽	평양올림픽	민족화합, 남북단일팀	무임승차, 불공정

잡아 "개ㅇ창 났다"며 극우파의 총론을 참요로 만들어 퍼뜨렸다(천정환, 2018: 317). 랩송 '평창유감'은 평창올림픽이 북한을 우대하고 추종한다는 내용을 담고 있다.

벌레소년은 '원래 다른 곡을 준비하고 있었으나 여자 아이스하키 단일팀 소식과 최근 방남한 현송월 북한 예술단 사전 점검단 대표를 극진히 대접하는 것을 참을 수가 없어서 급하게 노래를 만들었다'고 영상 소개글에서 밝혔다. 그는 자신을 일베 회원, 반종북주의자, 안티 페미니스트라며 "니들 역사 공부 다시 하라"고도 주장했다. 극우 유튜버 조갑제는 그를 상찬하며 이때 "니들"은 40~50대라 해석해 주었다(천정환, 2018: 317).

한편, 통일과 관련하여, 연령대가 높아질수록 통일 문제에 관심이 커졌으나, 2030세대의 경우 통일 자체에 관심이 없는 무관심층의 비율도 높았다(임성빈, 2014: 254). 왜 젊은 세대는 통일에 무관심할까? 젊은 세대가 통일을 실용주의적으로 접근하는 경향이 강하다는 데서 그 이유를 찾을 수 있다. 앞서 언급한 것처럼 젊은 세대들이 통일을 해야 하는 이유로 제시한 것은, 통일이 전쟁 위험을 감소시키고 경제 성장을 통해 선진국으로 진입할 수 있게 해 주기 때문이라는 것이다. 이는 통일의 문제가 이제 더 이상 이념의 문제가 아니라, 생존과 생계가 달린 현실의 문제가 되었다고 할 수 있다. 북한의 도발 위협에 상당한 위기감을 느낀다거나, 청년 실업 등으로 사회 진출이 어려워지는 지금 통일은 전쟁 위험을 막고 경제 성장을 이끌어 갈 수 있는 적절한 동인이 될 수 있다(임성빈, 2014: 257).

한편 반북주의는 종북을 비판적인 것으로 인식한다. 이와 관련하여 극우 개신교 집단들은 새로운 혐오 대상을 탄생시켰는데, 바로 '종북 게이'이다. '종북 게이'는 동성애자들이 종북을 한다는 말인지, 종북을 하는 사람들이 동성애자라는 말인지조차 의미를 분간할 수 없는 모호한 단어이다(이지성, 2018: 226).

종북 게이의 등장 배경은 2000년 국가인권위원회의 차별금지법 논의에서 비롯되었다. 이 법은 2007년 구체적으로 법안 제정이 시도되었지만 여야 기독교 의원들의 모임인 의회선교연합과 극우 개신교 단체들의 반대로 무산되었다. 3년이 지난 후, 2010년 두 번째 시도는 보수 세력의 반대에 고심하던 법무부의 눈치 보기로 유야무야 사라졌다. 그리고 2013년 당시 민주통합당 김한길, 최원식 등 국회의원 51명이 '차별금지법'을 발의하는데, 법안에는 '학력, 혼인 상태, 종교, 정치적 성향, 전과, 성적 지향' 등을 이유로 한 차별을 금지하고 예방한다는 내용이 담겨 있었다(이지성, 2018: 226-227).

하지만 4월 17일 법안은 철회되었다. 차별금지법을 추진하던 당시 민주통합당 소속 의원들이 보수 기독교 단체의 조직적 파상 공세에 결국 무릎을 꿇었다. 보수 기독교 단체들은 "법이 통과되면 학교에서 동성 간의 성행위를 가르쳐야 하고 북한을 찬양하는 사람들을 처벌하지 못하게 될 것"이라며 총공세를 펼쳤기 때문이다(오마이뉴스, 2013). 이들은 '사상 또는 정치적 의견에 대한 차별 금지' 항목을 두고 "이 법이 제정되면 김일성 주체사상을 신봉하고 김일성·김정일·김정은을 지지하는 세력들이 국회와 중요 공직에서 자유롭게 적화 활동을 해 나갈 것"이라고 주장했다. '전과에 대한 차별 금지'는 "미성년자 성폭행 전과자가 초등학교 선생님이 되도록 내버려 두게 된다"고, '종교에 대한 차별

금지'는 "종교에 대한 합당한 비판도 할 수 없게 된다"고 주장했다(오마이뉴스, 2013). 이 법안을 추진했던 두 의원은 다음과 같이 호소했다.

> "차별금지법안 발의 이후 기독교 일부 교단을 중심으로 법 제정 반대 운동이 격렬하게 전개되었다. 의원들을 상대로 낙선 서명운동 등을 내세운 압박도 계속되고 있다. '주체사상 찬양법', '동성애 합법화법'이라는 비방과 '종북·게이 의원'이라는 식의 낙인찍기까지 횡행하고 있다"(김한길/최원식 국회의원 작성, 2013. 4. 19, '차별금지법안 발의에 동참해 주신 의원님들께 올리는 글').

김현준 서교인문사회연구실 연구원은 "최근 동성애 혐오는 보수 정치세력 입장에서는 반공주의 국가 이데올로기를 통한 보수정권 유지나 재창출과 개신교의 영향력 확장을 위한 전략적 도구로 이용되고 있다"라고 말했다. '종북', '빨갱이'와 같은 혐오 표현이 정치적으로 힘을 잃으면서 성소수자, 이민자 등 소수자에 대한 혐오를 앞세우고 있다는 지적도 나온다. '종북 게이' 등의 표현이 대표적이다. 김 연구원은 "성소수자 혐오는 그 자체로 의미화되기보다는 '정상＝국가경쟁력＝애국'과는 반대되는 것으로 의미화되어 극우적 논리를 주조해 낸다"라며 "'종북 게이'나 '좌파 포스트모더니즘'과 같은 직관적인 용어들은 낡은 반공주의 프레임인 '종북좌파'에 동성애와 페미니즘에 대한 거부감을 이용해 반공국가의 위기를 사적 일상 연애-결혼-가족-건강의 위기로 재현한다"라고 지적했다(레디앙, 2019).

이상에서 보듯이 종북 게이는 '친북＝빨갱이＝동성애 옹호, 국가안보＝반동성애'의 프레임을 띠고 있다. 이것은 종북 이슬람, 종북 메갈, 종북 외노 등으로 확산되고 있다. 이처럼 한국에서 종북은 가장 사악한 행위로 인식된다.

여성은 더 이상 약자가 아니다

젠더는 생물학적인 성에 대비되는 사회적인 성이다. '인류의 역사에서 여성에 대한 남성의 억압이 가장 길었다'는 말이 있을 정도로 가부장제는 여성에게 억압적인 구조였다. 한국에서 페미니즘 운동은 비교적 최근에 대중화되었다. 한국여성정책연구원이 2018년에 실시한 조사에 따르면 20대 여성의 48.9%는 자신이 페미니스트라고 응답했다. '페미니즘 리부트', '영-영 페미니스트' 혹은 '자생적 페미니즘'이라고도 하는 '메갈리아' 세대는 '강남역 사건' 이후 '검은 시위'와 '촛불집회', '혜화역 시위' 등을 거치며 광장에서 집단적 저항을 실천해 왔다(정성조, 2019: 17). 이처럼 페미니즘은 강남역 사건을 계기로 정치적인 문제로 대중화되었다.

그런데 페미니즘이 보편적인 정서가 되었을까? 20대 남자의 68.7%가 남성 차별이 심각하다고 생각한다. 이 중에서 매우 심각하다고 생각하는 20대 남자는 30.5%이다(천관율·정한울, 2019: 18). 20대 남자는 연애·결혼 시장이건 국가정책이건 간에 게임의 법칙이 불공정하다고 인식한다. 분노의 핵심은 남성 차별이고, 차별론의 핵심은 '게임의 법칙이 왜곡되어 있다'는 인식이다. 정부의 양성평등정책은 게임의 법칙을 왜곡하는 원천이다(천관율·정한울, 2019: 31-37). 이들은 여성우대정책을 비판한다. 그러면서 20대 남자는 다음과 같이 생각하다. "남성은 약자이다. 재능과 능력의 문제가 아니라 권력의 문제이다. 그러니 지금 벌어지는 현상은 역차별이 아니다. 그냥 차별이다"(천관율·정한울, 2019: 40). 이처럼 20대 남자들은 '페미니즘은 남녀 평등보다는 여성 우월주의를 주장'에 80% 가까이 동의한다(천관율·정한울, 2019: 43).

'공정함＝반反무임승차'론은 일베류나 일부 20~30대 남성이 공유하는 중요한 이데올로기이다. 그들은 여성, 이주노동자를 일자리나 '기회'를 위협하는 존재로 간주한다. 병역 같은 '의무'나 경쟁을 다하지 않고 무임승차한다는 것이다. 그래서 여성, 이주노동자뿐 아니라 기간제 교사, 비정규직 노조 같은 경쟁 이외의 모든 '승차'가 무임으로 간주되고 혐오 대상이 된다. 무한경쟁 체제 속에서 반무임승차론의 외연은 크고 깊다. 이는 '시장' 바깥의 삶을 상상하지 못하고, 능력주의와도 직결될 수 있으며, 결국 '사회'나 공공성 따위를 부정한다(천정환, 2018: 325).

이상에서 보듯이 젠더의 입장에서 볼 때 고령층은 여성에게 현모양처를 요구했다면 민주화 세대는 약자로서 여성을 보호해야 한다는 관념을 가졌다. 하지만 20대는 역차별이라고 주장하며 여성혐오 감정을 갖는다.

20대의 입장은 과도한 평가일 수 있다. 청년 여성들은 자신이 노력해도 직장 내 승진에서의 불평등이나 경력 단절 등의 미래가 이미 정해져 있음을 누구보다 잘 인식하고 있다. 더불어 외환위기 이후 신자유주의화로 인한 노동시장 개편이 청년 남성에게 더욱 불리하게 작용했다는 사실도 허구에 가깝다. 여성의 경제활동 참여가 늘어난 것은 사실이

[그림 8-4] 쟁점 2: 젠더

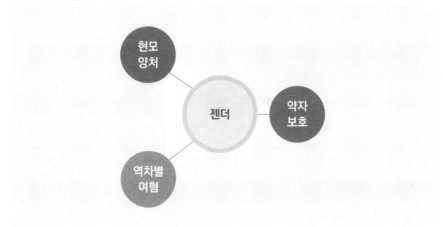

지만, 여전히 여성은 남성보다 안정적인 직장을 구하는 비중이 현저히 낮을 뿐만 아니라 더 많은 비취업 상태에 놓여 있는 등 젠더 격차는 지속하고 있다(정성조, 2019: 19).

권순정 리얼미터 조사분석실장은 "20대 빅마우스 여론주도자의 경우에는 역차별을 중심으로 많은 얘기를 하기 때문에 정치권이나 정부에서도 젠더 문제에 집중하는 경향이 있다"며 "그들이 갖고 있는 역차별 의식을 분석하고 대안을 내놓는 것과 함께 한순간에 해결되는 건 아니겠지만, 취업 문제 등이 호전될 때, 20대 문제가 좀 풀리지 않을까 생각된다. 그런 측면에서 20대 남성 문제가 장기화될 가능성이 높다고 보인다"고 내다봤다(투데이신문, 2019).

조국을 어떻게 할 것인가

조국 사태는 2019년 8월 9일 조국이 청와대 민정수석비서관에서 물러난 후 곧바로 대한민국 법무부 장관 후보로 지명되면서부터 발생한 문제이다. 결과론적으로 그는 35일 만인 2019년 10월 14일 사퇴했다. 조국의 낙마는 그에게 제기된 의혹들, 즉 조국 전장관 자녀의 무시험 대학 입학, 장학금 지급 문제, 논문 제1저자 등재, 딸의 인턴십, 아들의 조지워싱턴대학 대리시험, 동양대 표창장 위조, 사모펀드 등의 문제들 때문이다. 2019년 검찰은 수사를 통해 조국 장관과 가족을 기소했고, 2020년 현재 재판 중에 있다.

야당인 한국당은 조국 장관의 비리를 드러내어 부도덕성을 나타내고자 했다. 이를 통한 이들의 목적은 명확하게 민주당에 대한 비판에 있었다. 광화문의 태극기 부대는 이와 같은 입장을 취했다. 한편, 여당인 민주당은 검찰개혁으로 이슈를 전환하고자 했다. 서초동의 촛불에 참여한 많은 사람들이 이에 동조했다.

한편, 세대 문제와 관련하여 이 책에서 주목하는 것은 대학생들의 시위이다. 서울대, 연세대, 고려대 등 주요 대학에서 검찰 개혁이 아니라 조국 법무부 장관 사퇴를 요구하는 촛불집회가 벌어졌다는 점이다. 이 촛불은 전국 50여 개 대학교 재학생을 중심으로 전국대학생연합촛불집회로 확장되었다.

대학생들은 여러 의혹 가운데 무엇보다 조 장관 딸을 둘러싼 '입시 특혜'에 주목했다. 조 장관 가족이 사회적 지위와 '인적망'을 이용해 딸의 고등학교와 대학 시절 '스펙'을 쌓았고, 이를 대학 진학과 의학전문대학원 입학에 활용했다는 게 논란의 핵심이다. 스펙을 만들 여건조차 되지 않는 청년들의 분노와 좌절, 박탈감이 특히 컸다(한겨레신문, 2019).

이들의 비판은 '386세대'에 향했다. 대학생들은 586세대가 된 이들을 위선적인 존재로 평가하는 경향이 있었다. 이들은 386이 민주주의에 기여한 세대이지만 기득권을 쥐고 난 뒤 자신들의 자식들에게 특혜를 주려고 한다고 비판했다. 특히 입시 특혜는 조 장관의 딸보다 386세대에 대한 분노로 나타났다. 이런 맥락에서 386은 "386세대는 학생운동, 정치참여 등을 통해 절차적 민주주의 확립에 기여했지만 그 이후 정의로운 사회를 만들려는 노력은 부족했다"고 비판받았다(한겨레신문, 2019). 청년들은 '그들만의 리그'에서 벌어진 전쟁에서, 기득권이 자신들을 철저히 이용했다고 비판했다. 특히 "조국으로 대표되는 86세대의 위선과 그와 다르지 않거나 그보다 더한 보수 기득권의 공방을 보며 화가 났다"(한겨레신문, 2019).

이상에서 보듯이 조국 사태에서 청년들은 독재에 저항하고 정의를 위해 맞서 싸우던 386세대가 기득권이 된 모습을 보았다. 흙수저들은 접근조차 불가능한 그들만의 리그에서 거래되는 특혜성 스펙검찰 수사 결과 이 또한 조작과 변조의 불법이 드러났지만에 2030세대는 '이게 공정이고 정의냐'고 되물었다. 때마침 정치권에 불어닥친 586세대 교체론 또한 청년세대의 단순한 기성세대 혐오와는 다르다. 사회적 자산이 특정 세대에게 과도하게 쏠리는 현상에 대한 경계일 텐데, 이 또한 조국 사태의 반성적 회고가 아닐 수 없다(한국일보, 2019).

이상에서 보듯이 조국은 여러 측면에서 보아야 한다. 첫째, 개인으로서의 조국사적인 영역-가족, 남편, 아버지/ 학자로서의 영역 등이다. 이는 도덕성으로 접근한다. 둘째, 정당인으로서의 조국이다. 그는 민주당과 여당을 대변한다. 당시 자유한국당은 조국 비판을 통해 민주당과 문재인 정부를 흠집 내려는 총선 전략이었을 것이다. 민주당에게도 조국이 일종의 상징인 것이다. 셋째, 검찰개혁으로서의 조국이다. 이들은 조국에 대한 검찰의 집요한 수사 태도를 보면서 무소불위 권력을 가진 검찰개혁을 주장했다. 넷째, 586세대를 대변하는 존재로서의 조국이다. 이때 조국은 정의를 외치지만 그 정의의 저울이 자신에게는 한없이 너그러운 위선적 존재로 그려진다.

이상에서 보듯이 조국이 여러 가지로 연결되어 있다. 그런데 한 가지 놓칠 수 없는 것이 있다. 그것은 계급구조 속의 조국이다. 조국 사태는 한국 사회가 '기울어진 운동장'이라는 것을 보여 주었다. 조국이라는 사람은 기울어진 운동장에서 자기 계급에 맞는 문화와 삶을 누렸구나를 본 것이다. 조국의 계급의식은 대단히 진보적이고, 평등을 이야기하고, 기울어진 운동장을 비판한다. 자기가 속해 있는 계급과는 다른 계급의식을 갖고 있는 것이다. 그렇다면 조국은 누구의 편일까? 민주당, 노동계급 혹은 정의당일까?

이상에서 보듯이 이전의 관점들은 계급과 계급의식이 결여되어 있다. 한국의 정치는 계급의 맥락에서 비판도 존재하지 않고, 비판을 할 줄도 모른다. 계급을 대변하는 세력도 취약하다. 한마디로 계급은 존재하지만, 계급의식은 없다. 조국을 둘러싼 논쟁은 이것을 잘 보여 준다.

④ 광장은 있는가

2018년 8월 15일 서울 중구 대한문 앞에서 '미스바대각성 구국금식 기도성회'가 열렸다. 국가인권정책 기본계획이 국무회의를 통과한 것을 비판하기 위한 기도회였다. 기도회 준비위원회는 '문재인 정부가 하나님께 싸움을 걸었는가! 하나님과 싸워서 이긴 역사는 없다'라는 큰 글씨의 캐치프레이즈와 함께 행사의 취지인 사탄의 음모, '차별금지법' 반대 문구를 일간지에 대대적으로 광고했다(이지성, 2018: 214). 이들이 내건 광장의 깃발은 무엇인가? 개신교 극우 NGO단체들은 행사나 집회 시 태극기와 성조기, 그리고 최근 이스라엘 국기를 사용했다(이지성, 2018: 219).

과거로 거슬러 올라가면 2004년 노무현 대통령 탄핵 사태에 대한 대항으로 촛불을 올렸다. 2008년에는 쇠고기 협상에 대한 비판으로, 2011년에는 반값 등록금 공약 논란으로, 그리고 2013년부터는 국가정보원 여론조작 의혹과 관련한 촛불집회가 열렸다. 사회개혁을 주장하는 광장은 2014년에 세월호 침몰 사고에 대해 그리고 2016년 10월, 박근혜 대통령의 하야를 촉구하는 촛불로 번졌다.

태극기집회에서는 이승만, 박정희, 박근혜의 사진과 '따라야 할 대통령'이라는 문구가 들어 있는 플래카드를 게시하면서, 희생자인 박근혜를 구해내야 한다고 외치고 있었다. 한편 조국지지 집회에서는 '이제는 울지 말자', '이번엔 이겨내자', '우리 사명이다'라는 피켓이 등장했는데, 이는 노무현을 못 지켜준 것에 대한 미안함과 동시에 조국의 처지를 노무현의 상황과 연결시키고 있는 것으로 보인다(홍영용, 2019: 634).

이처럼 빨갱이에 대한 혐오가 성소수자·종북 게이에 대한 혐오로, 이주노동자에 대한 혐오가 이슬람 난민 혐오로 진화하고 있다. 반대편에서는 할아버지 같은 사람들을 '태극기충', '틀딱충'이라고 부른다. 서로가 서로를 벌레 보듯 한다. 지금, 광장은 혐오가 혐오를 낳는 중이다 (이지성, 2018: 215).

광장은 차이가 편안히 드러나는 성찰의 공간이어야 한다. 하지만 한국의 광장은 여전히 진리를 옹호하고 비진리를 단죄하는 공간이다. 즉 자신을 과시하고, 홍보하고, 전시하는 공간이다. 동시대의 비동시성이 한국의 광장에서 타협이 아니라 갈등과 분열로 존재한다.

參 참고문헌

강정인(2011). "박정희 대통령의 민주주의 담론 분석: '행정적'·'민족적'·'한국적' 민주주의를 중심으로."《철학논집》. 제27집.

김종인(2015). "역사 교과서 논쟁과 뉴라이트의 역사인식."《역사교육》.

김한길, 최원식 의원. '차별금지법안 발의에 동참해주신 의원님들께 올리는 글'. 2013. 4. 19.

레디앙(2019). "힘 잃은 '종북좌파' 대신 '소수자 혐오'로 보수 결집." 2019. 12. 4.

문교부(1977).《바른생활 3-1》. 국정 교과서 주식회사. pp.78-80.

박홍규(2009). "1928년 헌법과 조봉암."《민주법학》. 제41호.

신우철(2017). "임시정부기·해방기 헌법문서와 조소앙의 헌법사상."《법학논문집》. 제41집 제1호.

아시아경제(2014). "정당민주주의가 이념 철퇴 맞았다." 2014. 12. 19.

오마이뉴스(2013). "'종북 게이' 논란에 파묻힌 차별금지법 결국…." 2013. 4. 18.

오마이뉴스(2018). "통합진보당 '정당 해산', 그 이후 대한민국은 튼튼해졌습니까." 2018. 12. 24.

울리히 벡(1997). 홍성태 역.《위험사회》. 새물결.

윤성이(2006). "한국사회 이념갈등의 실체와 변화."《국가전략》. 12권 4호.

이지성(2018). "혐오의 시대, 한국 기독교의 역할 – 극우 개신교의 종북게이

혐오를 중심으로."《기독교사회윤리》. 제42집.

임성빈(2014). "세대 차이와 통일인식에 대한 신학적 반성."《장신논단》, Vol. 46 No.2.

정성조(2019). "청년 세대 담론의 비판적 재구성: 젠더와 섹슈얼리티를 중심으로."《경제와 사회》. 2019년 가을호(통권제123호).

정승현(2013). "조봉암·진보당과 한국 현대 진보이념: 그 기원과 전개."《현대정치연구》. 봄호(제6권 제1호).

정진아(2018). "유신체제 국가주의, 반공주의 교육의 내면: 초등학교 사회 국사 도덕 교과서를 중심으로."《통일인문학》. 제73집.

참여연대 사법감시센터 홈페이지. "통합진보당 해산: 헌재가 만든 또 하나의 '과거사'." 2018. 11. 8. http://slownews.kr/71564

천관율·정한울(2019).《20대 남자》. 시사IN북.

천정환(2018). "세대담론 2018, 그리고 영화 〈1987〉."《역사비평》.

최종숙(2018). "2016-17년 촛불·태극기 집회 참여자의 민주주의 의식, 그리고 19대 대통령 선거."《KDF REPORT: Issue & Review on Democracy》, 4.

케이트 레이워스(2018). 홍기빈 역.《도넛 경제학》. 학고재.

투데이신문(2019). "문재인 정부에 등돌린 20대 남성…이유 없는 분노는 없다." 2019. 3. 8.

한겨레신문(2019). "'전혀 다른 세상'… 젊은이들은 왜 '조국사태'에 분노했나." 2019. 9. 11.

한국일보(2014). "통합진보당은 왜 공중분해 됐을까." 2014. 12. 19.

한국일보(2019). "조국 사태가 남긴 반면교사들." 2019. 12. 2.

홍영용(2019). "'기억'의 사회학에서 대중적인 것(res publica)의 회귀: '촛불'과 '태극기'의 대중 정치."《한국사회학회 사회학대회 논문집》.

홍윤기(2015). "분열성 법치주의와 저품질의 왜소화(矮小化)된 민주주의-'좋은 민주주의'의 관점에서 본 통합진보당 해산 결정의 문제."《사회와 철학》. 제29집.

BeMinor(2020). "죽음은 가장 먼저 시설의 문을 두드렸다." 2020. 5. 16.

NYT(2020). "The Great American Divide." 2020. 4. 29.

제9장

분배 갈등: 복지는 정치다

① 통인가 사람인가

나의 라임오렌지 나무

《나의 라임오렌지 나무》는 브라질 작가 주제 마우루 지 바스콘셀루스가 1968년 발표한 소설이다. 주인공인 다섯 살 제제는 글자를 스스로 익혔다. 똑똑해서 여섯 살이 되기도 전에 학교를 보냈는데, 그 이유가 고약하다. "잘 됐다. 이 바보. 그렇게 빨리 글을 배웠으니 2월부터 아마도 학교에 가야 될 걸. 그렇게 되면 오전이나마 집안이 잠잠해질 것이고"(바스콘셀루스, 2003: 26). 그의 누나의 말처럼 말썽꾸러기 제제가 귀찮아서 학교에 일찍 보낸 것이다.

그런데 실상 제제는 심성이 곱다. 구두를 닦아 번 돈으로 아빠에게 담배를 사드리는가 하면, 동생을 잘 데리고 놀고, 형 대신 싸우다가 맞기도 하고, 가난한 친구를 대변하기도 한다. 그러나 제제의 착한 심성은 가족들에게 인정받지 못한다. 빈곤한 가족들은 그를 인정해 줄 여유가 없었다. 아빠는 실직을 해서 무기력했고, 엄마는 봉제공장에서 고된 노동을 하고 늦게 퇴근했다. 그는 천하의 말썽꾸러기가 되어 비난을 받는다. "장난치기를 좋아하는 제제에게 식구들은 '말썽꾸러기', '털 없는 고양이 새끼'라 부르며 혼을 내곤 했다"(이희재, 2019: 56). 이처럼 그는 새끼악마, 불량배, 먹통과 동일시되었다.

"어떻게 된 거야? 이빨이 빠졌잖아? 누구한테 맞았지? 입안도 헐고…."
"저는 귀신이 붙었어요. 쓸모가 없는 애라서 맞았어요."
"맙소사! 아무리 그렇다고 이빨까지 부러뜨렸단 말이야? 어린아이를 이렇게까지 때리다니…."

"전 태어나지 말았어야 할 악질이에요"(이희재, 2019: 288).

아이는 세상을 포기하고 자살을 결심한다. "구박받고 매 맞는 데 지쳤어요. 집에 가기도 싫어요. 내내 생각했어요. 오늘 밤 망가라치바^{기차}_{이름}에 뛰어들기로…"(이희재, 2019: 291). 하지만 그에겐 친구가 있다. 밍기뉴는 모든 것을 들어 주고 위로해 주는 가족이나 다름없다. "제제는 학교에서 일어났던 일들을 하나도 빠뜨리지 않고 나무에게 얘기해 주었다"(이희재, 2019: 110). 집 밖에는 박쥐, 말이 통하는 친구, 길거리 가수 아리오발두가 있다. 특히 그에겐 아빠라고 생각하는 친구 뽀루뚜가 아저씨가 있다. "이 애는 자기 세계를 즐기는 특별한 상상력을 가지고 있구나. 마음에 천국을 품고 있다"(이희재, 2019: 228). 그는 제제의 영혼을 알아본 세상에 둘도 없는 친구이다. 이들 덕에 제제는 점차 다른 사람이 되어 간다.

"그러고 보니 제제가 요새 확실히 변했어. 이웃집 사람들에게 해코지 하는 일도 없어졌잖아. 욕을 하는 일도 없어졌지"(이희재, 2019: 222).

제제는 이렇게 말썽꾸러기에서 신뢰받는 아이로 변화했다. 불행은 늘 행복을 시기한다. 뽀루뚜가 아저씨에게 풍선을 만들어 주려고 하다가 누나에게 매를 맞는다. 아빠를 위로하기 위해 노래를 불렀지만, 노래 가사가 불량하다고 아빠에게도 심한 매질을 당한다. 그리고 그의 절친 뽀루뚜가는 열차에 치여 숨진다. 제제는 세상을 살 의지를 상실하고 시름시름 죽어가고 있었다.

"그 즈음 이상한 일들이 일어났다. 동네 사람들이 줄지어 문병을 온 것이다. 그들은 내가 인간의 탈을 쓴 악마였다는 사실을 잊은 것 같았다. '재난과 기아' 상점 주인은 '늘어진 마리아' 젤리를 갖다 주었고, 에 우제아 아줌마는 달걀을 가져와 토를 하는 내 배를 낫게 해 달라며 기도해 주었다"(바스콘셀루스, 2003: 271-272).

이웃이 없었다면 제제는 이 세상 사람이 아니었을 것이다. 성인이 된 제제는 제2의 뽀루뚜가 아저씨가 되었다.

표창원과 신창원

창원이라는 이름을 가진 동명이인이 있다. 신창원과 표창원. 1960년 대에 태어났고, 거의 비슷한 환경에서 살았다. 이들의 어린 시절은 제제와 비슷했다. 말썽꾸러기! 하지만 한 사람은 희대의 범죄자가 되고 다른 사람은 유명인이 되었다. 왜 그랬을까? 표창원은 어느 방송에 나와 이렇게 증언한다.

"제가 갖고 있던 인식, 반항적 태도, 사회에 대한 불만, 이런 것들은 신창원과 비슷했다. 절도도 많이 하고, 친구들도 많이 때렸다. 학교에서 매일 벌을 섰다. 그런데 제게는 진영이 엄마라는 따뜻한 이웃이 있었다. 매를 맞고 울고 있으면 아무것도 묻지 않고 나를 안아 주었다. 천사였다. 친구 진영이는 내 준비물도 챙겨 주었다. 반면, 신창원이라는 사람에게는 엄마가 일찍 돌아가셔서 아버지의 엄한 훈육만 있었다. 그가 이웃집 수박서리를 했는데 아버지가 아이의 손을 잡고 파출소에 갔다. '내 아들인데 도둑놈이니 교도소 좀 보내 달라' 이렇게 해서 소년원에 송치되었다. 결국 이탈 청소년의 하위문화에 들어갔다."

신창원은 이웃도 없었다. 학교에서 수업료 미납으로 벌을 서고 매를 맞았다. 소년원 친구들을 둔 그는 결국 살인자가 되었다.

빈곤의 문화 속에서 아이들은 조숙해진다. 매질과 배고픔 속에서 세상에 적응하는 생존 기술을 어려서부터 본능적으로 익히기 때문이다. 이들은 한편으로 적응하면서도 한편으로는 사회를 위험하게 만들 수 있다.

> "나는 법을 내세우는 것이라면 무조건 증오한다. 경찰과 기관원들은 바로 허가받은 도둑놈들이다. 그것들은 사소한 일로도 사람을 두들겨 패는 놈들이다. 나는 언제나 경찰과 맞붙을 채비를 하고 다녔으며 기회만 닿으면 혼내줄 각오가 돼 있었다. 바로 그래서 파업이나 폭동만 있으면 가담한 것이다. 그 데모가 무슨 데모인지도 알 필요가 없었다. 그저 경찰을 두들겨 팰 기회만 노릴 뿐"(루이스, 2013: 364).

빈곤의 문화에서 자란 분노와 불안으로 가득 차 있는 애늙은이를 어떻게 구원할 수 있을까?《나의 라임오렌지 나무》는 좋은 이웃에서 답을 찾고 있다. 제제를 봐라! 또 다른 제제인 표창원도 마찬가지이다. 이런 점에서 현재 마을 만들기와 커뮤니티 케어는 제제를 구원하는 정책적 대안으로 제시되고 있다.

그런데 이웃이 정말 구원의 대안이 될 수 있을까? 표창원에게는 그랬지만 표창원보다 더 많은 신창원들에게도 그럴 수 있을까? 이들에게도 진영 엄마와 뽀루뚜가 아저씨가 나타나기를 기도해야 할까? 제제가 밍기뉴에게 한 말에서 이에 대한 실마리를 찾을 수 있다.

> "있잖아, 밍기뉴, 난 애를 열두 명 낳을 거야. 거기다 열두 명을 또 낳을 거야, 알겠니? 우선 첫 번째 열두 명은 모두 꼬마로 그냥 있게 할 거고 절대 안 때릴래. 그리고 다음 열두 명은 어른으로 키울 거야. 그리고 애들한테 이렇게 물어 봐야지. 넌 이 다음에 커서 뭐가 될래? 나무꾼? 그럼, 좋아. 여기 도끼하고 체크 무늬 셔츠가 있다. 넌 서커스단의 조련사가 되고 싶다고? 알겠다. 여기 채찍과 제복이 있다…"(바스콘셀루스, 2003: 254).

일단 어린이는 맞지 않아야 한다. 아니 어느 누구도 폭력에서 자유로워야 한다. 빈곤 문화의 일차적인 원인은 빈곤이다. 먹고, 자고, 생각하고, 건강하게 살 조건에 있다면 폭력도 줄어들 수 있다. 이것은 가족이나 국가 단위에서 할 수 있는 일이 아니다. 즉 마을의 이웃은 표창원이나 제제 정도를 구할 수는 있다. 하지만 수많은 표창원까지 구하지는 못한다. 그래서 누구나 안전할 수 있는 국가 시스템을 구상하게 되었고 이것이 복지국가이다. 스웨덴은 복지국가가 시민의 집이 되어야 한다는 의미에서 '국민의 집'이라고 명명했다. 국민의 집에서는 배부른 돼지를 키우지 않는다. 그렇다고 배고픈 소크라테스도 존재하지 않는다. 배가 고프면 제 아무리 소크라테스라도 오래 버티지 못한다. 그래서 모든 국민이 '배고프지 않은 소크라테스'의 환경이 되어 준다.

《나의 라임오렌지 나무》에서 마지막 질문은 "왜 아이들은 철이 들어야만 하나요?"(바스콘셀루스, 2003: 294)이다. 누구나 애다울 권리를 보장하라! 누구나 배고프지 않은 소크라테스가 될 조건을 보장하라! 그것이 국가가 할 일이다.

통과 사람

통이 있다. 통 속에 잘 적응하는 사람이 있는 반면, 견디기 힘들어 튀어 나온 사람과 쓰러진 사람이 있다. 정의로운 사회는 튀어 나온 사람과 쓰러진 사람을 적응시키는 사회일 것이다. 그런데 이것이 정의라고 전제하려면, 통이 정의로워야 한다. 만약 통이 정의롭지 못하다면 통을 넓혀야 하지 않을까?

통을 넓힌 그림이 [그림 9-1]의 오른쪽이다. 통이 넓다면 왼쪽 그림에서 튀어 나온 사람도 사실은 통 속에 있는 것이다. 쓰러진 사람도 좁은 통에서 과도한 경쟁 때문에 쓰러진 것이기 때문에 넓은 통에서는 잘

[그림 9-1] 통과 사람

적응할 수 있을 것이다. [그림 9-1] 오른쪽 그림의 관점에서 본다면 사람이 아니라 통이 문제일 수 있다.

그렇다면 통이 문제일까, 사람이 문제일까? 사람이 문제라는 관점에서는 문제인 사람을 사례 관리하려고 할 것이다. 반대로 통이 문제라면 사회를 관리해야 한다. 그동안 한국 사회는 적응하지 못하는 사람이 문제라는 관점에서 접근해 왔다. 그래서 적응하지 못하는 사람을 선별해서 최소한의 복지를 제공했다.

서유럽의 복지는 통을 문제 삼아 넓히고자 했다. 대표적인 복지국가의 교본서가 〈베버리지 보고서〉이다. 이 보고서는 사회적 위험으로 궁

[그림 9-2] 5대 악과 사회보장

출처: The British Library Board, 1942.

핍·질병·나태·무지·불결을 제시하고, 이러한 다섯 개의 적을 사회적
힘으로 몰아내기 위한 전략을 제시하고 있다. 즉 궁핍에 대해서는 소득
보장을, 질병에 대해서는 공공의료 체계를, 나태에 대해서는 완전 고용
을, 무지에 대해서는 의무교육제도를, 불결에 대해서는 공공주택을 제
공했다. 사람은 어느 집에서 태어났든지 간에 최소한의 생활을 보장받
았다.

매우 이상적인 것처럼 보인다. 그런데 문제가 있다. 자원을 누가 조달
할 것인가? 이것의 비밀은 세금에 있다. 모든 사람들이 이 비용을 만드
는 데 노력하지만, 이 방식은 매우 차별적이다. 즉 돈을 많이 버는 사람
이 많이 내고, 적게 버는 사람이 적게 낸다. 그리고 적게 낸 사람이 많이
받고, 많이 낸 사람이 적게 받는 구조이다. 이를 통해 사회복지는 생존의
문제에 빠지지 않게 할 뿐만 아니라 불평등을 해소하고자 노력한다.

[그림 9-3]은 재정 구조를 보여 준다. 물 M재원을 비커사회에 부으면,
이 물은 A, B, C로 흘러갈 것이다. 이때 A, B, C는 복지를 위한 국가의
사회 지출이 될 것이다. 만약 재원M의 투입이 줄어든다면 통에 물이 조
금 찰 것이고 따라서 C 수로로만 재원을 흘려 보낼 것이다. 반면 재원M
이 많이 투입된다면 A까지도 물재원을 흘려보낼 수 있을 것이다(유범상
외, 2019: 95-98).

[그림 9-3] 소득이전의 도면

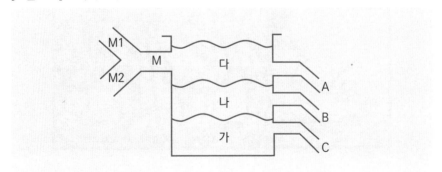

출처: 유범상 외, 2019: 96.

복지국가의 정치는 재원을 얼마만큼 누구에게서 가져올 것인가를 둘러싼 조세정치라고 할 수 있다. 이와 관련하여 두 가지 쟁점이 존재한다. 첫째, 수로 관의 크기를 늘릴 것인가. 둘째, 어느 쪽의 관을 넓힐 것인가. 이것은 계급과 계층의 문제와 깊이 연관되어 있다. 따라서 사회복지는 정치와 깊이 연관되어 있다.

② 분배 갈등, 누가 왜?

무상급식, 의무급식인가 포퓰리즘인가

무상급식은 무상으로 밥을 주는 것이다. 그런데 대상을 어떻게 할 것인가? 초등학생에게 한정할 것인가, 아니면 중고등학생 모두에게 줄 것인가? 또 준다면 취약계층의 자녀에게만 줄 것인가, 아니면 모두에게 조건 없이 줄 것인가? 무상급식 논쟁은 이 주제를 둘러싸고 전개되었다. 이것이 세대 갈등의 쟁점이 될 수 있는 여지는 첫째, 다른 연령층에게 쓸 돈을 청소년을 위한 복지비로 과다하게 사용할 수 있다는 점이다. 둘째, 보편적 복지를 반대하는 노년층과 이것을 지지하는 청년층 간에 갈등이 발생할 수 있다는 점이다.

2010년 6·2 지방선거에서 여당인 한나라당에서 원희룡 후보와 오세훈 후보가 서울시장 후보를 놓고 경선을 했다. 이때 원희룡 후보는 전면 무상급식 공약을 발표했는데, 같은 당의 오세훈 후보는 이를 반대했다. 이때부터 서울시 무상급식에 대한 찬반 논의가 시작되었다. 결국 무상급식에 반대하는 오세훈 후보가 한나라당 서울시장후보가 되어 민주당 후보를 물리치고 서울시장이 되었다. 당시 시장 당선자는 "소득하위 30%까지 무상급식을 확대실시"하고 "저소득층 교육복지 강화에 집중"

한다는 공약을 제시했다(이동진·이대희, 2014: 116-117).

한편, 민주당은 "의무교육, 친환경, 조건 없는 무상급식"을 지방선거 공약으로 내걸었지만 선거에서 패배했다. 하지만 이 선거에서 보편적 무상급식을 주장하는 진보 성향의 곽노현 후보가 교육감으로 당선되었다. 선별적 급식을 주장한 오세훈 시장과 보편적 복지를 주장한 곽노현 교육감은 대립했다. 주목할 점은 서울시 의회의 경우, 2/3 이상이 야당으로 구성되어 곽노현 교육감의 정책 추진에 힘을 실어 주었다는 점이다. 또한 구청장 25명 중 21명이 민주당이었다. 이런 상황에서 서울시 의회는 25개 서울시 구청장과 정책협의회를 열고 '친환경 무상급식 실현을 위한 민관 거버넌스' 구성에 합의했고, 12월 1일에는 '무상급식 조례안'을 서울시의회에서 통과시켰다(이광수, 2013: 179).

이로써 서울시와 서울시의회의 대립이 불가피해졌다. 의회는 '서울특별시의회 친환경 무상급식 등 지원에 관한 조례안'을 가결했다(2010. 12. 1). 이에 맞서 서울시는 조례안 공포를 거부했지만 서울시 시의회 의장직권으로 공포했다. 예산안의 경우도 저소득층 급식지원만을 포함시킨 서울시 예산안을 편성하여 서울시의회에 제출했지만, 시의회는 무상급식 예산을 증액하여 가결했다.

서울시는 '무상급식 전면 시행'을 관철하는 의회에 맞서기 위해 주민투표를 결정했다. 오세훈 서울시장은 "주민투표에서 투표율이 33.3%에 이르지 못해 투표함을 못 열거나, 개표 결과에서 찬성을 얻지 못할 경우 시장직을 걸고 책임지겠다"고 밝혔다. 2011년 8월 24일 투표율이 25.7%에 그쳤고 결국 서울시장은 사퇴했다(이동진·이대희, 2014: 121-123). 보궐선거에서 민주당의 박원순 후보가 당선되어 2011년 11월부터 서울시내 모든 초등학생을 대상으로 무상급식이 실시되었다. 2016년 현재 초중고 무상급식 비율은 74.3%로 8,639개 학교에서 무상급식을 실시하고 있다(박주원·조윤직, 2017: 73).

서울시와 맞선 서울시교육청과 서울시의회는 무상급식에 대해 상이한 논리를 제시했다. 전면 무상급식 실시를 찬성하는 진보 측에서는 무상급식이 선별적으로 제공되면 무상급식 수혜 학생들이 눈칫밥을 먹게 되고, 부자 학생과 가난한 학생으로 편가르기가 된다고 주장했다. 반대로 선별적 무상급식 실시를 주장하는 보수 측에서는 전면 무상급식은 재원을 고려하지 않은 무책임한 포퓰리즘이며, 무상급식은 필요한 사람만 해야 한다는 논리를 폈다(이광수, 2013: 178). 이처럼 보수 측은 전면적 무상급식을 세금도둑, 독버섯, 포퓰리즘, 혈세낭비, 북한식 사회주의 논리라며, 특히 부자 아이들에게도 공짜 급식을 주는 것이라며 반대했다(이광수, 2013: 185).

언뜻 보기에 무상급식은 세대 갈등의 주제와 다소 거리가 먼 것처럼 보일 수 있다. 하지만 세대 간 형평성 차원에서 접근하면 세대 갈등의 요인을 담고 있다. "정부는 예산이 모자라도 노인에게는 공적연금, 기초연금, 건강보험 특별지원, 각종 경로우대 등 광범위한 혜택을 제공한다. 반면에 아이들에게는 그다지 인상적인 혜택을 주지 못하고 있다. 이런 상황에서 그나마 있는 무상급식·무상보육마저 폐지하거나 그 기능을 대폭 축소한다는 것은 세대 간 형평의 원리를 심각하게 훼손하는 것이다. 지지표를 얻기 위한 노인세대 편중 지원은 중장기적으로 국가의 존립이나 생산성을 저해하는 불합리한 정치적 선택이라는 걸 명심해야 한다"(더스쿠프, 2015).

다른 한편, 무상급식은 보편적 복지와 잔여적 복지의 대립을 내포한 주제이다. 특히 보편적 복지의 지지자들에게 무상급식은 젊은 세대들에게 체험을 통한 보편적 복지 교육이 될 수 있다. 서유럽에서 사회복지의 경험이 복지국가에 대한 지지로 귀결되어 왔다는 점을 감안하면, 이것은 보편적 복지의 시작이 될 수 있다.

노인 지하철 무임승차

지하철 경로우대 무임승차 제도는 1980년부터 시작되었다. 이 제도는 점차 세대 갈등 쟁점 중의 하나로 떠올랐다. 그 이유는 무엇일까? 우선 젊은층이 볼 때 과도한 복지비의 지출은 자신에게 돌아올 복지를 축소시킨다. 더 나아가 노인들이 지하철을 많이 이용함으로써 자리 양보 등의 갈등이 생겨날 수 있다.

경로우대 무임승차 제도는 처음에는 70세 이상 노인에게 50% 할인하는 제도였다. 그런데 1982년에는 65세 이상 노인으로 대상이 확대되고 1984년에는 100% 무상 서비스가 제공되었다. 이는 노인복지법 제26조 경로우대에 따른 것이다.

현재 무임승차를 하는 노인들로 인한 비용은 얼마나 될까? 2015년 기준 서울시의 지하철 무임수송 인원은 약 2억 5,000만 명으로 전체 이용인원에 약 14%에 이르며, 그중 노인 무임승차 비율은 75.9%로, 무임 손실액은 약 3,150억 원으로 추정된다(이재훈 외, 2016: 698). 2017년 6개 지자체가 관할하는 도시철도의 법정 무임승객은 4억 2,900만 명전체 승객

[그림 9-4] 노인 지하철 무임승차

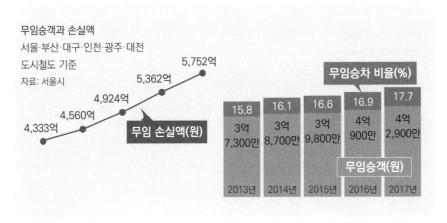

무임승객과 손실액
서울·부산·대구·인천·광주·대전
도시철도 기준
자료: 서울시

4,333억 4,560억 4,924억 5,362억 5,752억

무임 손실액(원)

무임승차 비율(%)

15.8	16.1	16.6	16.9	17.7
3억 7,300만	3억 8,700만	3억 9,800만	4억 900만	4억 2,900만
2013년	2014년	2015년	2016년	2017년

무임승객(원)

출처: 중앙일보, 2018.

의 17.7%이다. 이에 따른 무임승차 손실액은 5,752억 원당기순손실의 56.2%에 달했다(중앙일보, 2018). 이처럼 노인인구의 증가와 함께 비용은 계속 상승곡선을 그리고 있다.

그렇다면 비용은 누가 부담해야 할까? 중앙정부와 지자체는 이 비용을 놓고 갈등하고 있다. 이런 와중에 이 제도에 대한 수정 혹은 폐지에 대한 주장이 제기되었다. 노인은 당연히 노인 무임승차 제도 폐지에 매우 부정적이었다. 전체 노인들의 2%만이 폐지에 찬성했다(노시학·정은혜, 2012: 53). 구체적으로 65세 이상 노인의 66.1%가 현행 경로우대 무임승차 제도를 유지해야 한다고 응답한 반면, 65세 미만 성인은 33.0%에 불과하다. 반면 청년들이 이를 매우 비판적으로 보고 있다. 무임승차를 위해 세금을 내는 당사자가 자신들이라고 보기 때문이다. 구체적으로 2012년말 대선을 경유하면서 세대 갈등이 표면화되었고 이 맥락에서 인터넷상에서 노인 지하철 무임승차 폐지 운동이 벌어졌다. 또한 지하철 내에서 자리 양보를 둘러싼 세대 간 갈등이 잠재되어 있고 특히 출퇴근 시간에 노인세대 지하철 이용을 둘러싸고 청장년 세대의 불만이 제기되고 있다(최진석, 2014: 32).

세대 갈등뿐만 아니라 비용부담 책임을 놓고 갈등을 벌이는 이 제도는 어떤 의미가 있을까? 경로우대 무임승차 제도를 시민의 이동권이라는 측면에서 접근할 수 있다. 즉 지하철 무임승차 제도는 "이동권을 보장하여 이동의 제약으로 발생하는 사회적 배제의 문제를 미연에 방지하고, 이들이 일상적인 사회활동에 적극적으로 참여하는 기회를 제공함으로써 궁극적인 사회적 통합을 제고하려는 데 있다"(노시학·정은혜, 2012: 48). 한편, 노인들은 무임승차 제도가 폐지되면 83.8%가 일상생활에 영향이 나타날 것이라고 대답했다(노시학·정은혜, 2012: 53). 친교활동이 전체 응답자의 약 84%를 차지하여 압도적으로 높은 수치를 보이고 있으며, 이어서 진료6.0%, 가족방문3.1% 그리고 장보기2.6% 등의 순서였다(노시학·정은혜, 2012: 54). 이처럼 이 제도는 노인의 사회생활에 중요한 역할을 하고 있다.

더 나아가 사회편익 측면에서도 노인 무임승차 제도는 큰 효용성이 있는 것으로 드러났다. 즉 무임승차 제도는 노인 여가활동 증가, 고령자 경제활동 증가, 노인 보건의료비 절감, 노인 복지 지원예산 절감, 관광산업 활성화 등의 파급효과가 있는 것으로 평가되었다. 이로 인해 연간 3,361억 원의 사회편익이 발생했다. 만약 경로 무임승차자에게 요금을 모두 받는다면 이는 연간 2,679억 원 수준이다. 그런데 이것은 무료이기 때문에 이용한 승객이고, 유료로 전환 시 지하철을 이용하려는 노인의 승차자 비율은 43.5%에 불과하므로 실질 비용은 1,165억 원 수준으로 평가할 수 있었다(최진석, 2014: 38).

이상에서 볼 때, 노인 지하철 무임승차 제도는 사회편익이 손실보다 크다는 것을 알 수 있다. 한편 이 손실 비용이 과대 포장되었을 가능성도 있다는 주장이 제기되고 있다. 즉 대중교통수단은 공공의 지원을 받아 운영되는 일종의 공공재로 주어진 운영시간 동안^{하루 18시간 정도} 일정한 배차 간격에 따라 움직인다. 따라서 지하철은 승객이 많건 적건 간에 운영할 수밖에 없다. 다시 말해 지하철의 경우 낮 시간에 손님이 아무도 없어 텅텅 빈다고 해도 지속적으로 운영해야 한다는 것이다(박진영, 2009: 43).

이상에서 보듯이 어떤 관점에서 볼 것인지에 따라 지하철을 이용하는 노인의 무임승차에 대한 평가가 달라질 수 있다. 과연 현재 이것을 둘러싼 세대 갈등은 이 제도의 효과, 비용편익, 이동권이라는 시민권 등을 충분히 검토하고 진행되고 있는지 살펴봐야 할 것이다.

국민연금 논쟁

"할아버지, 제가 1,467조 연금 빚을 갚아야 하나요?"

국민연금을 반대하는 집회에 등장한 팻말이다. 이 문장은 국민연금을 둘러싼 세대 간 갈등을 응집해서 보여 준다.

연금은 세대 간 계약이다. 연금에 대한 세대 갈등의 쟁점은 '노인이 자기가 낸 것보다 더 많이 받아 젊은층이 희생하고 있는가'라는 질문에 있다. 즉 '노인이 청년보다 더 많은 복지 자원을 가져가는 문제'에 있다 (박길성, 2011: 9; 정해식·주은선, 2019: 267). 이런 맥락에서 볼 때 한국의 국민연금제도는 정황상 세대 갈등을 야기할 수밖에 없는 상황에 있다.

> "국민연금과 같이 장기 재정 문제를 고려하는 제도에서 세대 간 갈등은 후세대가 줄어든 연금급여를 받고 보험료 부담은 더 많이 하는 지점에서 발생한다. 그뿐만 아니라 연금제도 성숙과 함께 제도 축소가 발생하여 현재 노인세대가 현재 근로연령 집단보다 더 많은 급여를 받을 가능성 때문에 발생한다"(정해식·주은선, 2019: 267).

우리나라의 현행 국민연금제도는 소득비례연금제도이다. 이것은 자신이 일하면서 낸 소득에 기반하여 나중에 연금을 받는 것이다. 국민연금은 현재의 소비를 포기하면서 최소 10년 이상 매월 보험료를 납부하다가, 연금수급연령에 도달한 후 되돌려 받을 수 있다는 점에서 전적으로 미래를 위한 제도이다. 따라서 가입자는 자신이 받을 연금액이 노후의 생계 유지에 얼마나 보탬이 될 수 있는지, 그리고 향후 지속적이고 안정적으로 연금을 받을 수 있는지에 대해 계산적일 수밖에 없다.

국민연금법이 개정될 1974년에 국민연금료율은 5~7%본인 2~3%, 사용자 3~4%였고, 소득대체율은 40년 가입 70%였다. 전형적으로 적게 내고 많이 내는 제도 설계였다. 1986년 연금법을 개정하고 1988년 본격적으로 연금제도를 실시했다. 2019년 현재, 국민연금 수급 개시연령은 만 62세이며, 경과규정을 두고 상향조정되어 2033년에 이르면 만 65세가 첫 수급연령이 된다. 은퇴 전 소득 대비 은퇴 후 받는 연금수령액의 비율을 보여 주는 국민연금의 소득대체율은 2008년부터 지속적으로 하향 조정되는 중이다. 2008년 소득대체율이 10%p 낮아져 60%가 된 후, 2009년부터 2028년까지 매년 0.5%p씩 낮아져, 최종적으로 40년 가입 기준 40%에 도달할 것이다. 2019년 기준 국민연금의 소득대체율은 44.5%이다. 국민연금제도의 지속 가능성을 보여 주는 제4차 재정계산 2018년 결과에 따르면, 2042년에 수지적자가 발생하고 2057년에는 기금이 소진되는 것으로 나타났다(원시연, 2019).

국민연금에는 문제가 상존해 있다. '저출산 지속 → 경제활동 가능 인구 감소 → 연금 가입자 감소 → 연금보험료 수입 감소'라는 등식과 '노인인구 증가 → 연금 수급자 증가 → 연금 급여 지출 증가 등식'에서 그 문제를 읽어 낼 수 있다. 즉 내는 사람은 적은데 받는 사람은 늘어난다는 것이다. 특히 저성장 경제로 진입하면서 '고용증가율 둔화 → 실업자 증가 → 연금 가입자 감소 → 연금보험료 수입 감소'의 상황이 연출될 것이다. 이런 상황에서 세계경제의 불황은 '기금 수익률 저조 → 연금재정 악화'로 이어질 수 있다.

따라서 국민연금은 늘 개혁 중에 있다. 현재 쟁점은 첫째, 국민연금의 소득대체율을 어느 선까지 할 것인가이다. 현 제도는 40%에 맞춰 있는데, 이것을 더 높일 것인가 하는 점이다. 소득대체율이 낮으면 삶을 지지해 주지 못해서 '용돈연금'이라는 오명을 들을 것이다.

둘째, 보험료율에 관한 것이다. 매월 납부하는 국민연금 보험료는 가입자의 기준 소득월액 평균액에 보험료율을 곱하여 계산하기 때문에, 보험료율의 인상은 바로 납부 보험료의 인상과 직결된 사안이 된다. 따라서 쟁점은 보험료율을 현행 9%에서 높일 것인가 하는 문제이다. 소득대체율을 높이고 연금 소진을 늦추려면 보험료율을 높여야 한다.

이상에서 보듯이 국민연금은 노후 대비를 위한 것이다. 이것을 위해 현재 돈을 내지만, 내가 낸 돈은 지금의 노인에게 돌아가고, 내 연금은 후세대가 낸 돈으로 충당된다. 그래서 젊은이들은 불안하다. 첫 번째 불안은 어음으로 준 이 연금을 나중에 현금으로 받을 수 있을 것인가에 있다. 김현수 '청년과 미래' 사무처장은 청년들은 "더 내고 덜 받는 것을 넘어서서 못 받을 수 있다는 불안감이 있다"고 말한다(시사기획 창, 2020). 즉 노인들만 좋은 일 시키는 것일 수도 있다고 생각한다.

또한 청년들은 국민연금의 효용성에 대해서도 의심한다. 국민연금은 기업에 취업한 사람을 대상으로 한다. 이런 점에서 국민연금 논의 자체가 청년들에게는 먼 이야기이다. 김영민 청년유니온 사무처장은 "5년 후, 아니 1년 후도 자신하기 어려운데 65세 이후 삶을 상상할 수 있는 청년은 없을 것이다. 사실상 아무 안전망 없이 당장 노동시장의 불안정성을 겪고 있는 청년들에게 국민연금 논의는 너무나도 머나먼 이야기일 수밖에 없다." 그는 "청년들에게 국민연금은 단순히 '국가에서 떼어가는 세금'일 뿐이라면서 10년 가까이 일을 했음에도 영세 서비스업에서 일하다 보니 국민연금 가입 이력이 전무하거나 필요성을 느끼지 못하는 경우도 부지기수"라고 비판한다(매일노동뉴스, 2018). 실제로 한국의 20대 공적연금 가입률은 35%에 불과하다. 이것은 청년들의 노동시장 진입이 늦어졌기 때문이기도 하고, 알바 등이 국민연금에서 소외된 결과이기도 하다. 이런 상황에서 청년들은 4대보험을 공제하지 않기를 바라고 있다.

이상에서 보듯이 현행 국민연금제도는 고성장 시기에 맞춰진 제도 설계이고 정치적 필요에 따라 설계되고 도입된 제도이다. 즉 인구의 재생산이 지속되고 성장이 지속될 것이라는 것을 전제로 국민의 표를 의식해서 만들어졌다.

　국민연금을 둘러싼 세대 간 갈등을 어떻게 해결할 것인가? 우선 청년들의 불신을 해소하는 것이 필수적이다. 흔히 국민연금에 대한 4불不이 있다고 한다. ① 불만: 강제가 아니면 안 내고 싶다. ② 불신: 연금기금이 잘못 운영되고 있다. ③ 불안: 노후에 연금을 못 받게 된다. ④ 부지: 국민연금은 세금이다. 이에 대해 국민연금의 정당성과 효용성에 대한 설명과 동의가 필요하다.

　특히 '국민연금은 과연 청년에게 불리할 것인가?'에 대한 논의가 필요하다. 누구나 노인이 될 수 있다. 그리고 만약 현재의 노인을 누가 돌보지 않으면 청년들이 가족 내에서 스스로 돌봐야 한다. 이런 점에서 국민연금은 노인과 가족을 위한 최소한의 사회적 안전장치일지 모른다. 즉 노인의 케어는 청년의 문제이기 때문에 연금제도는 필수적이다.

　또한 국민연금의 소득재분배 기능에 초점을 맞추어야 한다. 국민연금은 기업도 부담할 뿐만 아니라 그 자체 내에 소득이전의 기능을 담고 있다. 따라서 부자를 위한 것이 아니라 시민을 위한 것이다.

　결국 국민연금의 세대 간 연대는 가능하다. 다만 모든 가입자가 공동으로 보험료를 부담하여 세대 내·세대 간 소득을 재분배하는 법정급여라는 것에 공감해야 한다. 현재 국민연금에 대한 청년세대의 몰이해가 크다. 청년세대가 국민연금을 제대로 이해하기 위해서는 사회적 대화와 이 대화를 기반으로 한 세대 간 계약이 이루어져야 한다.

③ 복지 갈등은 정치다

보는 눈-젠가복지를 넘어

《미국인들은 왜 복지를 싫어할까》라는 책이 있다. 이 책이 말하는 핵심적인 이유 중 하나는 미국인들이 복지로 혜택을 보는 사람을 흑인이라고 생각하기 때문이다. 이 책은 이런 관념을 만든 것은 보수적인 정치인과 언론인이라고 분석한다. 즉 복지는 소득이전의 정치가 전제되어야 하는데, 미국인들은 인종 문제로 복지를 이해하고 있기 때문에 복지에 비판적이다. 이 사례는 세대 갈등을 이해하는 데도 많은 시사점을 던진다. 복지와 분배의 문제가 계급의 문제인데, 사람들은 이것을 세대의 문제로 치환하고 있는 것은 아닐까?

사회복지는 늘 세대 갈등의 핵심적인 문제였다. 마치 복지는 정해진 양이 있어서 세대 간의 복지 분배가 제로섬 게임처럼 인식되어 온 것이다. 만약 복지의 양이 동일하다면 이 주장은 설득력이 있을 수 있다. 젠가게임은 이런 현상을 이해하는 데 도움이 된다. 젠가게임은 직사각형의 나무로 탑을 쌓고 아래 것을 빼서 위에 올리는 게임으로, 상대가 형체를 무너뜨릴 때까지 반복한다. 젠가게임을 빗대어 '젠가복지'라는 용어를 만들 수 있다. 이것은 양은 그대로 두고, 있는 양 속에서 파이를 나

[표 9-1] 복지 유형: 선별적 복지, 보편적 복지, 젠가복지

범주	보편복지	선별복지	젠가복지
세금	증세/능력에 따라	증세 없음	증세 없음
대상	시민	취약계층	정치적 판단에 따른 필요 대상
정치 형태	권리의 정치	수당의 정치	수당의 정치
특징	소득이전/ 조건의 평등	낙인감	복지 총액 변동 없음

누는 사회복지를 설명하는 데 좋은 아이디어를 제공한다.

젠가복지는 왼쪽의 것을 빼서 오른쪽에 넣거나 아랫돌을 빼서 위로 옮기는 것처럼 복지예산 총량은 그대로 두고 다양한 방식으로 복지를 하는 것을 의미한다.

그동안 한국의 보수주의자들은 반공주의와 발전주의로 정당성을 획득해 왔다. 이들은 사회복지를 경제 위기 주범으로 선포하고, 자신들을 비판하는 세력을 빨갱이로 매도했다. 젠가복지는 선별복지와는 달리 보편복지영역에 손을 댄다. 기초연금이 그것이다. 모든 노인에게 20만원의 연금을 주겠다는 발상은 그동안 진보주의자들의 것이었다. 그런데 이 연금은 증세를 하지 않고 다른 취약계층의 복지비를 빼서 기초연금에 얹었다. 그래서 선별복지는 더욱 취약해졌다. 이런 상황에서 특정 사람들은 선별주의가 보편복지보다 좋다고 생각하는 경향이 생겨난다.

분배의 두 방향

한국의 노인빈곤율은 OECD 국가군 중 높은 순위를 차지하고 있다. 2011년 기준 한국의 노인빈곤율은 45.1%로, 이는 OECD 국가 중 가장 높은 비율인 동시에 OECD 국가 평균 13.5%의 3배가 넘는 수치이다. 자살률도 1위를 기록해 왔는데, 주요 원인이 빈곤이다.

그렇다면 누구보다도 근면했던 한국의 노인들은 왜 빈곤할까? 그 원인은 자신과 가족의 책임을 개인에게만 맡겼던 사회정책의 결핍에 있다. 특히 2001년도 노인복지 예산은 정부 예산의 0.29%에 불과하다. 다행히도 현재 노인복지 부문 예산이 전체 사회복지 예산에서 차지하는 비중은 2019년 8%로 증가하고 있다(매일경제, 2020). 하지만 여전히 잔여적 복지의 수준을 넘어서지 못하고 있다.

노인에 대한 복지는 청년들에게 손해일까? 《아빠의 아빠가 됐다》라

[그림 9-5] 노인빈곤과 복지비

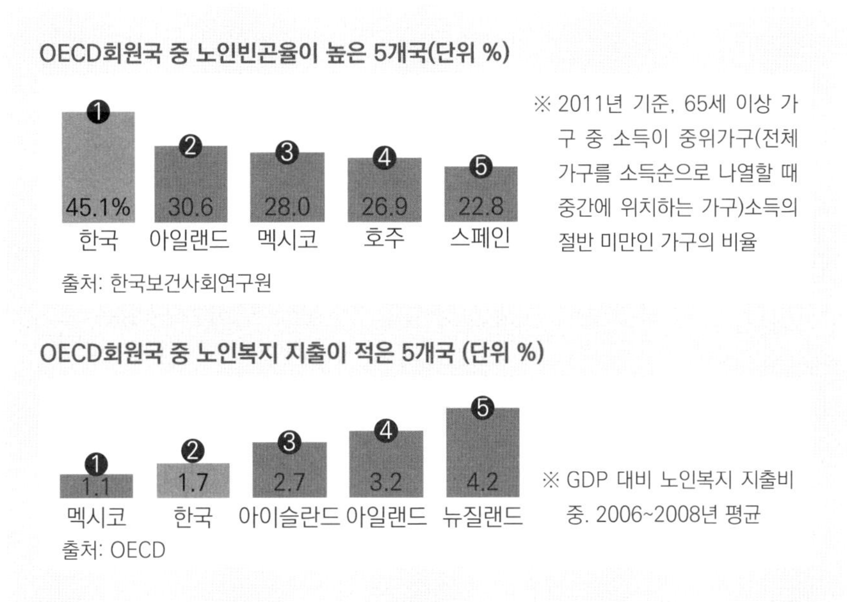

OECD회원국 중 노인빈곤율이 높은 5개국(단위 %)
1 45.1% 한국
2 30.6 아일랜드
3 28.0 멕시코
4 26.9 호주
5 22.8 스페인
※ 2011년 기준, 65세 이상 가구 중 소득이 중위가구(전체 가구를 소득순으로 나열할 때 중간에 위치하는 가구)소득의 절반 미만인 가구의 비율
출처: 한국보건사회연구원
OECD회원국 중 노인복지 지출이 적은 5개국 (단위 %)
1 1.1 멕시코
2 1.7 한국
3 2.7 아이슬란드
4 3.2 아일랜드
5 4.2 뉴질랜드
※ GDP 대비 노인복지 지출비중. 2006~2008년 평균
출처: OECD

는 책은 치매에 걸린 아빠를 돌보는 20대 청년의 이야기이다. 이 책에서 저자는 '나는 효자가 아니라 시민이다'라고 외친다. 만약 돌봄이 사회화되었다면, 일차적으로 노인이 혜택을 보는 것이지만 가족 전체, 특히 청년에게 도움이 된다.

[그림 9-6] 분배의 두 방향

노인
청년
분배의 두 방향
부자 노인
빈곤 노인
부자 청년
빈곤 청년

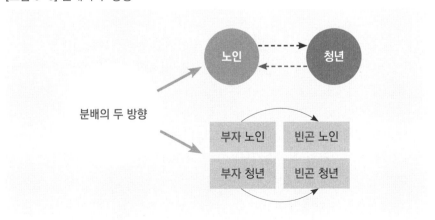

세대 갈등의 핵심적인 당사자는 노인과 청년이다. 이들은 제로섬 게임의 주체이다. 즉 노인을 위해서는 청년이 희생당해야 한다. 그래서 양자는 갈등적이다.

그런데 노인과 청년은 제로섬 관계가 아닐 수도 있다. 사회복지는 소득이전이다. 따라서 노인과 청년이 아니라 부자 노인과 빈곤 노인, 부자 청년과 빈곤 청년으로 소득이 이전되는 것이 사회복지의 정상적인 경로이다. 앞서 보았듯이 문제는 통이고, 이 통을 넓히는 방법은 소득이전의 정치에 있다.

청소년의 무상급식, 노인 지하철 무임승차, 국민연금의 보험료 부담과 혜택 등은 청년과 노인 간의 제로섬 게임이 아닐 수 있다. 또한 이것은 시민의 권리로 타협의 문제가 아닐 수도 있다. 그런데 이것을 세대 문제로 보는 순간 다른 쟁점이 사라질 수 있다.

📖 참고문헌

노시학·정은혜(2012). "이용자 중심의 노인 지하철 무임승차제도 개선을 위한 분석."《한국도시지리학회지》. 제15권 3호.
더스쿠프(2015). "무상급식은 그 자체로 '선별적 복지'." 2015. 12. 10.
매일경제(2020). "노인복지예산 `폭증`…10년뒤 30조 두배로." 2020. 3. 15.
매일노동뉴스(2018). "청년에게는 머나먼 국민연금 논의." 2018. 10. 5.
박길성(2011). "한국사회의 세대갈등 −연금과 일자리를 중심으로−."《한국사회》. 제12집 1호.
박주원·조윤직(2017). "서울시 무상급식 정책 도입에 관한 연구: 정치적 관리의 관점을 중심으로."《현대사회와 행정》. 제27권 제1호.
박진영(2009). "지하철 무임승차제는 지속되어야 한다."《월간교통》. 통권 제137.
서울특별시의회 친환경 무상급식 등 지원에 관한 조례안. 2010. 12. 1.

시사기획 창(2020). "국민연금 믿어도 될까." 2020. 2. 21.

원시연(2016). 《제19대 국회 국민연금 소득대체율 관련 쟁점 및 향후 과제》. 국회입법조사처.

오스카 루이스(2013). 박현수 역. 《산체스네 아이들》. 이매진.

이광수(2013). "서울시 무상급식 정책결정과정에 대한 비판적 담론 분석." 《교원교육》. Vol.29. No.3.

이동진·이대희(2014). "서울시 무상급식정책 변동요인과 과정 분석 −MSF과 ACF의 통합모형을 중심으로−." 《한국자치행정학보》. 제28권 제2호.

이재훈 외(2016). "철도 무임승차 제도의 문제점과 해결방안 모색." 《한국철도학회 추계학술발표대회 논문집》.

정해식·주은선(2019). "2018년~2019년 한국의 연금개혁 논쟁과 연금정치: 계층, 세대담론의 시작과 사회적 대화." 《비판사회정책》. 제64호.

중앙일보(2018). "'공짜 지하철' 손실 커지자…정부·지자체 서로 '책임져라'." 2018. 9. 5.

최진석(2014). 《교통부문 복지정책 효과분석 −지하철 경로무임승차를 중심으로−》. 한국교통연구원.

J. M. 바스콘셀로스(2003). 박동원 역. 《나의 라임오렌지 나무》. 동녘.

J. M. 바스콘셀로스(2019). 이희재 그림. 《나의 라임오렌지 나무》. 양철북.

제10장

고용 갈등: 세대가 진짜 문제일까

① 고용 갈등

세일즈맨의 죽음

아서 밀러의 《세일즈맨의 죽음》(밀러, 2016)은 '노력하면 된다'는 아메리칸 드림을 믿고 열심히 살았던 가장인 주인공 윌리와 그 가족의 이야기이다. 열정과 의지를 가진 윌리는 노령으로 인한 직장해고라는 현실 앞에서 결국 자살을 할 수밖에 없었다.

윌리에게는 두 아들이 있다. 그는 첫째 아들 비프를 특히 믿었고, 열심히 노력해서 집안을 책임지는 가장인 자신처럼 아들 비프의 미래를 응원했다. 하지만 아들 비프는 비정규직을 전전하면서 밥벌이를 하지 못하고 아버지는 열심히 노력하지 않는다고 아들을 비판한다.

"농장에서 어떻게 자기 앞가림을 해? 농장 머슴? 처음에 그 녀석이 어릴 때야 뭐, 젊으니까 빈둥거리고 다니며 이런저런 일을 해 보는 것도 괜찮겠다 싶었소. 그렇지만 벌써 십 년이 넘었는데 여전히 주당 35달러짜리잖아. 문제는 그놈이 게으르단 거요, 젠장! 비프는 게으른 건달이야!"(밀러, 2016)

아들은 이런 아버지가 못마땅하다. 결국 그에게 대든다.

"열심히 일해 봤자 결국 쓰레기통으로 들어가는 세일즈맨일 뿐이잖아요. 저는 시간당 1달러짜리예요! 일곱 개의 주를 돌아다녔지만 더 이상 올려 받지 못했어요, 한 시간에 1달러! 무슨 말인지 아시겠어요?"(밀러, 2016)

사실 윌리와 비프의 시대는 다르다. 아버지의 시대는 고도 성장을 이룬 산업화를 특징으로 했다면, 아들의 시대는 미국의 대공황을 배경으로 한다. 노력이 성공의 아버지였던 시대와, 높은 실업률과 비정규직 일자리만이 있는 좌절의 시대는 인간의 노력이라는 변수만으로 설명되지 않았다.

그런데 윌리도 자신이 몸바쳐 일했던 회사에서 해고를 당한다. 젊은 사장은 더 이상 노인에게 자비를 배풀 수가 없었다. 이제 그는 은퇴 후의 여가를 보내야 하지만 그럴 수가 없었다. 두 아들은 여전히 변변한 직업을 얻지 못했고, 집 담보 대출은 여전히 갚지 않은 상태였기 때문이다. 결국 그는 사고사를 위장한 자살을 한다. 부인 린다가 말한다.

> "미안해요, 여보. 울 수가 없어요. 왜 그런 짓을 했어요? 생각하고, 생각하고 또 생각해 봐도 알 수가 없어요, 여보. 오늘 주택 할부금을 다 갚았어요. 오늘 말이에요. 그런데 이제 집에는 아무도 없어요. 이제 우리는 빚진 것도 없이 자유로운데. 자유롭다고요."(밀러, 2016)

아내의 언급에서 보듯이 윌리에게 실업 후 주택 할부금을 부담해야 할 상황은 끔찍했을 것이다. 그의 또다른 자살의 이유는 명백했다. 자식에게 목돈의 사업자금을 대 주고 싶었던 것이다.

《세일즈맨의 죽음》은 '해고가 살인'이라는 사실을 보여 준다. 또한 아무리 노력하더라도 구조적인 문제 앞에서 질 좋은 일자리를 구하기 힘들다는 것이다. 이제 일자리는 질 나쁜 것이 일상화될 수밖에 없다.

소득의 출처

자본주의 사회에서 살아가기 위해서는 돈이 필요하다. 돈은 기본적으로 노동을 제공하고 받는 임금에서 나온다. 이 임금을 시장에서 노동

[그림 10-1] 시장임금과 사회임금

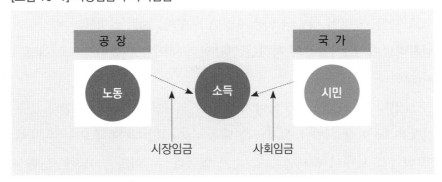

력을 팔아서 획득한다는 의미에서 시장임금이라고 한다. 그런데 시장임금이 없으면 자본주의 사회에서 살아갈 수가 없다. 그래서 실업은 죽음이다. 쌍용자동차 노동자들이 해고를 당했을 때, '해고는 살인이다'를 외치면서 저항했다. 실제로 〈2018년 쌍용차 가족의 건강상태〉 보고서에 따르면, 실제 쌍용차 해고 이후 사망한 쌍용차 가족 30명 중 스스로 목숨을 끊은 해고 노동자의 배우자는 4명이다. 해고자 아내의 48%가 2017년 한해 '자살 생각'을 했다. 해고 노동자의 아내 중 70.8%가 세상으로부터 소외감을 느꼈으며, 45.8%가 사람들과 어울리길 어려워했다(한겨레신문, 2018).

그렇다면 시민이 안전한 방법은 없을까? 크게 두 가지 방법이 있다. 첫째, 노동시장을 안전하게 만드는 것이다. 둘째, 사회임금을 높이는 것이다. 사회임금은 의료와 주택 등 현물뿐만 아니라 청년수당, 사회보장제도 등 공적인 제도를 통해 받는 돈을 의미한다.

이상에서 보듯이 시민은 공장과 국가에서 시장임금과 사회임금을 통해 살아간다. 노동자로서, 시민으로서 그들의 지위와 권리에 따른 돈이 안정적으로 제공된다면 개인과 가족의 삶은 보다 안정적일 수 있다. 그런데 쌍용자동차 해고에서 보듯이 기업은 이윤이 목적이기 때문에 해고가 일상화되어 있다. 사회임금은 세금을 통해 나오기 때문에 정

[그림 10-2] 두 개의 임금정치

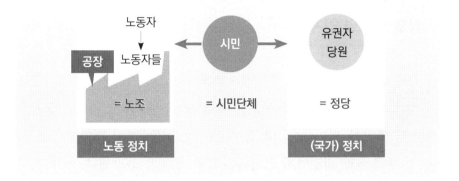

치적인 문제가 된다. 따라서 노동자와 시민의 돈은 정치, 즉 임금정치를 통해 이해해야 한다.

[그림 10-2]에서 보듯이, 노동자들은 공장에서 노동자가 되었을 때, 즉 단결권, 단체교섭권, 단체행동권을 가진 노동조합이 되었을 때 더 나은 시장임금을 획득할 수 있다. 한편, 사회임금을 결정하는 것이 제도정치이다. 따라서 시민은 유권자가 되어 정당정치에 관여하고 국가 정책에 개입해야 한다. 이때 노동조합은 주요한 정치적 자원이고, 개별 시민과 조직된 시민단체도 국가 정치에 영향력을 행사해야 한다.

이상에서 보듯이 공장과 국가에서 두 가지 임금정치가 존재한다. 이 둘은 상호보완 관계에 있다. 네델란드의 유연안정성 flexicurity 은 유연성 flexibility 과 안정성 security 의 결합어이다. 즉 시장에서 해고가 유연할지라도 사회보장제도가 잘 정비되어 있어서 노동자는 해고되더라도 안전하다. 이처럼 국가정치와 노동정치는 상호연관성이 있다.

② 일자리는 누구의 책임인가

N포 세대와 임계장

한국의 청년들은 삼포 세대에서 N포 세대로 변화했다고 평가받는
다. 삼포 세대는 '세 가지를 포기한 세대', 즉 연애, 결혼, 출산을 포기한
'88만원 세대'를 의미한다. 내 집 마련과 인간관계까지 포기한 '5포 세
대', 여기에 꿈과 희망마저 포기하는 '7포 세대'가 등장했다. 이보다 더
나아간 것이 'N포 세대'로, 수많은 것을 포기해야 하는 세대를 일컫는
다. 즉 다른 것도 다 포기해야 할 상황이란 뜻에서 스스로를 'N포 세대'
라고 부르기 시작했다(국민일보, 2015).

실제로 2030세대 성인 남녀 10명 중 8명은 한 가지 이상 포기한 것
이 있다고 조사되었다. 취업포털 '사람인'이 20~30대 성인 남녀 955명
을 대상으로 '취업난과 경제적 어려움 등으로 포기한 것이 있는지 여부'
에 대해 조사한 결과, 75.7%가 '포기한 것이 있다'라고 답했다. 2015년
조사와 비교하면 69%에서 75.7%로 6.7%p 상승했다. 이들이 포기한 것
의 개수는 평균 4.5개로 조사되었다(노컷뉴스, 2016).

청년만 포기했을까? 《임계장 이야기》(조정진, 2020)는 노인도 그 이상
으로 포기하고 있음을 보여 준다. 이 책은 "나는 퇴직 후 얻은 일터에서
'임계장'이라는 이름을 얻었다"(조정진, 2020: 7)로 시작된다. '임계장'은
무슨 뜻일까?

> "'임시 계약직 노인장'이라는 말의 준말이다. 임계장은 '고·다·자'라
> 불리기도 한다. 고르기도 쉽고, 다루기도 쉽고, 자르기도 쉽다고 해서
> 붙은 말이다"(조정진, 2020: 7).

저자는 베이비붐 세대의 소위 '늘공'으로 38년간 공기업에서 정규직으로 일하다 2016년 60세의 나이로 은퇴해서 지금은 63세인 중년이다. 편안한 노후를 살 것 같지만 그는 생존을 위해 분투하다 질병을 얻는 나약한 존재이다.

"노인 2명 중 1명은 빈곤하고 3명 중 1명은 생활고로 과로한다."《과로노인》(후지타 다카노리, 2017)의 한 구절이다. 이 책의 저자 다카노리는 빈곤한 노인을 하류 노인으로, 일하는 노인을 과로 노인으로 표현한다. 오늘날 일본의 현실이다. 하류 노인은 세 가지가 없는 상태의 노인을 의미한다. "수입이 거의 없고, 저축해 둔 충분한 돈이 없으며, 의지할 사람이 없다"(다카노리, 2017: 26). 이처럼 이 부류의 노인은 "연금 수급액과 저축액이 적고 질병과 사고 등의 어쩔 수 없는 사정으로 빈곤생활을 강요받는 노인"이다(다카노리, 2017: 26). 이런 상황에서 노인들은 어쩔 수 없이 일한다.

"남성 취업자는 60~64세가 72.7%, 65~69세가 49%, 70~74세가 32.4%로 대략 30~40%의 고령자가 일하고 있다. 현재 일본은 고령자가 되어도 일하는 상황이 보통이 되었다"(다카노리, 2017: 90).

일본의 상황으로 한국을 보자. 노인들의 일자리는 고·다·자이다. 왜 그럴까? 노인은 생물학적으로 경쟁력이 없다. 그래서 청년도 힘들어서 기피하는 곳으로 몰린다. "이런 험한 직종은 젊은 사람들이 지원하지 않는다. 지원하더라도 2, 3일 하다가 견디지 못하고 나가는 경우가 많다. 이처럼 젊은이들이 견뎌 내지 못하는 일과 기피하는 일은 고령자의 차지가 된다"(조정진, 2020: 260). 어떻게 노인은 이 일을 견뎌 낼까? "견딜 만해서가 아니다. 견디는 것 말고는 다른 선택지가 없기 때문이다"(조정진, 2020: 250). 오늘날 한국과 일본은 그렇다. 노인들은 박스 줍기,

경비원, 요양사 등 저임금 장시간 임시직의 일자리에 종사하고 있다. 하지만 일의 대가는 겨우 생존비에 불과하다. 임계장은 말한다.

> "'사회적 약자들도 인간적 품위를 보장받는 나라'라는 구절이 가슴에 박혔다. 그러나 내가 '인간적 품위'까지 바란 건 아니었다. '최소한 생계비를 벌 수 있는 나라'를 원했을 뿐이다"(조정진, 2020: 195).

현재 한국의 사회보장제도는 취약하다. 1988년에 도입된 국민연금은 첫째, 역사가 짧아 전체 노인의 40% 미만이 수령하고 있고, 둘째, 명목 소득대체율이 40%에 불과하다. 이것은 "국민연금 가입자가 40년 동안 성실하게 보험료를 납입하였을 때의 수치이며, 2017년 기준으로 평균가입 기간 17년에 받을 수 있는 실질 소득대체율은 24%에 불과"한 것으로 나타났다(다카노리, 2017: 273-274). 특히 많지도 않은 국민연금의 수급연령은 단계적으로 65세까지 늦춰졌다. 은퇴 후 용돈연금을 받으려면 몇 년 더 기다려야 한다.

한국에서 이런 상황은 심화될 것으로 보인다. "2017년 8월, 한국은 공식적으로 고령사회65세 이상 인구가 14퍼센트 이상인 사회에 진입했다. 고령화사회65세 이상 인구가 7퍼센트 이상인 사회에서 고령사회가 되기까지 걸린 시간은 고작 '17년'이다. 일본이 24년, 미국이 73년 걸린 경우만 봐도 그 어느 나라보다 빠른 속도로 늙고 있는 것이다. 전문가들은 2025년 65세 이상 노인이 1,000만 명을 돌파할 것으로 보고 있다"(다카노리, 2017: 270). 이런 속도에 비해 한국의 사회보장은 나아질 기미가 보이지 않는다. 이상에서 보듯이 일자리 문제는 빈곤 때문이다. 55세 이상자의 60%가 노후에도 일자리를 찾는 이유는 생활비를 마련하기 위해서이다(노진귀, 2012: 52).

정년 연장과 임금피크제

노인 일자리 정책이 문제가 된 계기 중의 하나가 베이비붐 세대의 집단 퇴직이다. 베이비붐 세대는 1955년에서 1963년 사이에 태어난 세대로 전체 인구의 14.5%, 즉 700만 명이 넘는다. 1955년생은 2015년 당시 60세로, 대기업 퇴직연령이 통상 55세인 것을 감안하면 본격적인 퇴직을 이미 시작했다. 2013년 '고용상 연령차별금지 및 고령자고용촉진에 관한 법률'의 제정으로 2016~2017년부터 법정정년 연령이 60세로 적용되었다. 정부는 베이비붐 세대에 대한 대책으로 정년 연장을 제안했는데, 정년 연장은 임금피크제와 연동되었다.

2015년 5월 박근혜 정부는 '공공기관 임금피크제 권고안'을 제시하며 공공기관을 필두로 한 제도 도입을 강력히 추진했다. 임금피크제 salary peak 란 일정 연령을 기준으로 임금을 삭감하는 대신 일정 기간 고용을 보장하는 제도를 말한다. 즉 노동자가 일정 연령에 도달한 시점부터 임금을 삭감하는 대신 노동자의 고용을 보장정년 보장 또는 정년 후 고용 연장하는 제도로, 기본적으로는 정년 보장 또는 정년 연장과 임금 삭감을 맞교환하는 제도라 할 수 있다. 더 나아가 2015년 8월 6일 박근혜 대통령이 대국민 담화를 발표하면서 최우선 순위로 언급한 것이 이른바 '노동개혁'이었는데, 이때 임금피크제를 청년고용의 해법으로 둔갑시켰다. '부모 세대의 임금을 깎아 그것을 청년고용의 재원으로 사용하자'는 것으로, 임금피크제를 도입해 절감된 인건비를 청년고용에 쓸 수 있다는 것이다. 임금피크제를 반대하는 사람을 청년실업을 외면하는 파렴치범으로 몰아붙였다(조현연·김정석, 2016: 283).

한국경영자총협회는 임금피크제 도입으로 2016년부터 2019년까지 4년간 18만2,339개 대기업 3만 3,252개, 중소기업 14만 9,087개의 청년층 일자리가 창출 가능하다고 관측했다(중앙일보, 2015). 2016년부터 모든 기업이 임금피크제를 도입할 경우 절감되는 인건비를 활용하면 2019년까지 18만 2,339개의 청년층 일자리가 창출될 것으로 추정했다(중앙일보, 2015). 이것이 소위 세대 간 고용대체가설이다. 즉 임금피크제는 청년 실업과 연계해서 제시되었다.

정년 연장과 임금피크제는 청년들의 일자리 창출에 도움이 되었을까? 사실 기업들은 임금피크제로 절감된 돈을 새롭게 청년들을 고용하는 데 사용할 생각이 애초부터 없었다. 임금피크제를 도입하자는 이야기가 나온 배경은 기업들의 비용 절감 때문이었다. 재벌 대기업들이 직접 고용하는 인원은 거의 없고 대부분 인턴이나 창업 교육을 지원하겠다는 숫자로, 임금피크제의 본질이 어떤 것인지를 잘 보여 주고 있다(조현연·김정석, 2016: 284).

청년수당에 대한 관점

청년수당정책은 IMF 외환위기 이후 지속적인 문제로 대두한 청년실업률을 해결하기 위해 등장했다. 청년실업은 더 이상 개인 차원의 문제가 아닌 사회 차원의 문제로 인식되기 시작했는데, 이처럼 심각한 사회 문제로 인식되기 이전 단계에서는 청년정책이라고 호명될 만한 정책이 존재하지 않았고 청년이 주 대상자가 되는 정책은 직업교육뿐이었다(이규민, 2020: 264).

청년수당 관련 정책은 서울시, 경기도, 강원도, 광주, 부산 등에서 실시되었는데, 주목할 만한 지자체가 경기도 성남시와 서울시이다. 성남시의 청년배당사업은 청년을 일자리정책의 대상이 아닌 복지 대상으로 보고 기본소득을 도입해 지원하는 정책으로, 취업 여부와 소득에 관계없이 성남시 거주 기간이 3년 이상인 만 19~24세 청년 모두에게 분기별로 25만 원을 지급하는 정책이다. 성남시의 청년배당사업은 청년실업의 증가라는 사회적 배경과 함께 생애주기별 맞춤형 복지와 보편적 복지의 확대를 기본 정책방향으로 설정한 성남시의 정책적 배경에서 등장했다.

성남시는 2015년 9월 17일 청년배당 실행방안을 수립하고 같은 해 9월 24일 청년배당 지급조례안을 입법예고했다. 9월 25일에는 〈사회보장기본법〉 제22조 제2항에 따라 보건복지부에 청년배당사업에 대한 협의를 요청했다(박순종·신현두, 2018: 2397).

성남시의 청년배당 정책은 2015년 3월 논의가 시작되어 2015년 9월 청년배당 입법 예고 이후 2016년 1월부터 지급했다. 성남시의 청년배당 정책은 중앙정부가 아닌 지방정부가 실시한 최초의 소득보장 정책이자 첫 번째 청년 대상 복지 정책이다(이규민, 2020: 276).

한편, 서울시는 2015년 1월에 〈서울특별시 청년 기본조례〉를 전국

[표 10-1] 서울시 청년수당과 성남시 청년배당

	서울시 청년수당	성남시 청년배당
정의	지역 거주 청년의 구직활동과 사회참여활동에 매달 정액의 수당을 지급하는 정책	지역에 일정 기간 이상 거주한 청년에게 매달 정액의 소득을 보조하는 정책
목적	사회참여 기회 제공을 통한 청년의 자존감 회복	청년의 인간다운 생활 보장
대상	- 만 19~29세 서울 거주 청년 - 중위소득 60% 이하 취업자, 실업급여 수여자 제외	- 만 19~24세 성남시 3년 이상 거주한 청년(2016년은 24세 대상 우선 시행) - 자격조건 없음
선정방법	구직활동 등에 대한 계획서 제출을 통한 심사 선발	없음
지원내용	월 50만 원	- 분기별 25만 원(연 백만 원) - 지역통화(상품권)로 지급

출처: 박순종·신현두, 2018: 2397.

최초로 제정해 청년 지원을 위한 법적 근거를 마련했고 4월에는 일자리 중심의 기존 청년정책을 생활안전 전반으로 확대한 '2020 청년정책 기본계획'을 수립했다. 이 계획의 핵심 내용 중 하나가 바로 '청년수당 지원사업'이다. 청년들의 구직 및 사회 활동 지원을 목적으로 하는 이 사업은 프랑스의 청년보장제도 La garantie jeunes 를 벤치마킹했다. 정기소득이 없는 미취업자 중 활동 의지를 가진 청년만 19~29세의 사회 참여 활동과 관계망 형성을 위해 심사를 거쳐 최소 2개월에서 최대 6개월간 월 평균 50만 원의 활동보조금수당을 지원하는 정책이다(박순종·신현두, 2018: 2397).

서울시는 2020년부터 3년 동안 기준요건 서울 거주 중위소득 150% 미만, 만 19~34세 졸업 후 2년이 지난 미취업 청년 을 충족하는 서울지역 청년을 대상으로 청년수당 10만 명에 50만 원씩 최대 6개월 과 청년 월세 지원 4만 5,000명에 20만 원씩 최대 10개월 을 위해 4,300억 원을 투입한다고 발표했다(중앙일보, 2019).

서울시와 성남시의 정책은 어떻게 다를까? 성남시가 시행한 청년 배당은 취업 여부나 소득, 재산 수준을 고려하지 않고 3년 이상 성남시에 주민등록을 두고 거주하고 있는 청년만 19세~24세이라면 분기별 25만 원씩 연간 100만 원을 지급하는 사업이라는 점에서 서울시의 청년수당과 그 성격이 다르지만 청년 지원이라는 점에서 동일하다(이규민, 2020: 264).

청년에게 수당을 지원하는 정책은 비판의 대상이 되어 왔다. '포퓰리즘성 현금복지다' 혹은 '사지 멀쩡한 청년에게 돈을 뿌려 나태하게 만든다'는 비판이 대표적이다(동아일보, 2019). 이처럼 '포퓰리즘', '청년 용돈 주기', '달콤한 무상복지'라는 비판이 지속되고 있다.

비판적인 입장에 있는 김원식 교수는 "노인은 여생이 얼마 남지 않은 데다 경제적 자립 능력이 사실상 무너지고 회복하기 어렵기 때문에 보호 중심으로 가야 하는 특징이 있는데, 청년 지원 정책을 노인 지원

[표 10-2] 청년수당 도입

	찬성	반대
참여자	서울시장(박원순), 진보정당, 서울시의회, 진보 시민단체	보건복지부, 보수정당 보수 시민단체
이슈 프레이밍	삶의 질 보장- 선별적 복지 마중물, 안전망 "직권 취소 불가한 청년의 삶"	일자리 창출 Lotto식 정책, 마약 복지 포퓰리즘

출처: 이규민, 2020: 264.

과 같은 연장선상에서 보고 있는 것은 문제"라고 밝혔다. 또한 "지자체 장이 청년 지원사업을 포퓰리즘 정치의 제물로 삼아서는 안 된다"면서 "청년들에게 돈을 나눠 줄 바에는 차라리 영국처럼 노인들에게 연금 보 험료를 지급, 노후를 보장해 주는 편이 훨씬 좋다"고 지적했다(뉴데일리, 2016).

이에 대한 옹호도 다양한 논리와 함께 제기되어 왔다. 청년이 이 돈 을 갖고 건강, 학업 지속, 취업 준비 등의 기초적인 비용으로 사용한다 는 것이다. 예를 들어 20대 초반 청년 김 씨에게 청년수당 50만 원은 의미가 크다. 3학점짜리 강의가 과목당 3~5만 원인데, 학위를 따려면 140학점 이상을 수강해야 한다. 김 씨는 "몸이 더 좋아지면 아르바이트 라도 하겠지만 당장은 청년수당이 도움이 될 것 같다"며 "일을 하고 싶 어도 못 하는 청년들이 청년수당을 받아서라도 일하려고 노력한다는 걸 알아줬으면 좋겠다"고 말했다(동아일보, 2019). 박원순 시장은 "청년수 당은 현재 99.4%가 만족하고 청년수당을 받은 청년 중 46% 정도가 취 업했다"고 밝혔다. 이어 "다른 지방정부나 중앙정부도 이미 하고 있다. 좋은 정책을 없애면 저항이 많다"며 자신의 임기 종료 이후 청년수당 정책이 없어질 가능성을 일축했다"(중앙일보, 2019). 그는 '포퓰리즘이 아 니라 리얼리즘'이라고 청년수당을 옹호했다(공공뉴스, 2019).

서울시의 청년수당 도입은 보수 정치세력의 저항을 받았다. 보수정당인 한국당은 보건복지부를 통해 청년수당을 대법원에 제소했다. 하지만 2017년 3월 11일 박근혜 전 대통령 탄핵을 기점으로 급격한 변동을 맞이하게 되었다. 복지부가 서울시 청년수당 정책에 동의 결정을 내림에 따라 16개월 만에 극적으로 합의된 것이다. 이에 대해 프레시안2019 신문은 "박근혜가 가니, 청년수당이 왔다"라고 평가했는데, 위와 같은 논설은 "일자리 중심의 창조경제" 및 "맞춤형 고용 복지"를 국정과제로 내세운 박근혜 정부에서 "더불어 잘사는 경제" 및 "내 삶을 책임지는 국가"를 국정과제로 내세운 문재인 정부의 정책 방향성 변동을 통해 적절한 시기를 만났다고 할 수 있다(이규민, 2020: 277).

청년에 대한 현금 지원은 기본소득으로 번질 조짐을 보이고 있다. 경기도는 2019년 11월 4일 "기본소득 도입을 위해 전국 최초로 공론화 조사를 진행했다"며 "그 결과 도민의 70% 이상이 '기본소득 도입이 필요하다'고 했고 '기본소득 도입 시 세금을 더 많이 낼 의향이 있다'는 의견을 나타냈다"고 밝혔다(국민일보, 2019). 특히 2020년 코로나19 이후 재난 기본소득 담론은 이제 정치적인 어젠다가 되었다.

③ 일자리의 세대 정치학

탓의 정치학

청년 실업률은 떨어질 줄 모르고 올라가고 있다. 청년층의 비정규직 비율도 높아졌다. 이것은 누구 탓일까? 첫 번째 해석은 《세일즈맨의 죽음》에서 보듯이 외부의 정치경제적 요인일 수 있다는 것이다. 두 번째 해석은 노인들이 일자리를 차지하고 있기 때문이라는 것이다. 이들은

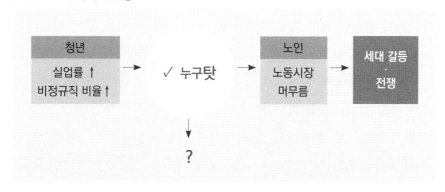

[그림 10-3] 복지와 인종

임금피크제와 정년 연장을 통해 양질의 일자리에 오래 머무른다.

첫 번째 해석처럼 구조적인 요인에 초점을 맞춘다면, 노동정책과 더 나아가 유연 안정성과 같은 사회 정책에 관심을 두게 된다. 그런데 두 번째 해석에 초점을 맞추면 세대 갈등, 더 나아가 세대 전쟁이 된다.

누구를 탓할 것인가? 노인인가 구조 혹은 정부 정책인가? 노인은 청년의 게으름을 탓하는 경향이 있다. 이것은 그들이 살아온 환경이나 교육과 깊은 연관이 있다. 《세일즈맨의 죽음》에서 윌리가 보였던 태도가 한국의 산업화를 경유해 온 세대와 겹치기 때문이다.

이런 상황에서 청년들은 실업과 빈곤의 책임이 정부에 있다고 생각하는 것으로 조사됐다. 2015년 6월 당시 새누리당 여의도연구원의 청년 가치관 조사에 따르면, 실업과 빈곤의 책임이 정부에 있다고 답한 비율이 각각 73.6%와 63.5%에 달했다(조현연·김정석, 2016: 290).

근본적인 질문

첫째, 정년 연장과 임금피크제는 진짜 청년의 일자리를 늘렸을까? 정부는 임금피크제로 비축한 돈과 '초임 삭감을 통한 일자리 확대' 정책을 제시했다. 이에 따라 일부 공기업이 대졸 신입사원의 첫 해 연봉에서

2,000만 원을 초과하는 액수의 절반을 깎았다(박길성, 2011: 19). 하지만 대부분의 기업은 일자리를 늘리지 않은 것으로 보인다. 특히 기업들은 질 나쁜 일자리를 만드는 경향이 있다. 이것은 고령층의 임금 삭감으로 나타났다. W은행의 경우 5년 동안 70-60-40-40-30씩 총 240%의 임금을 나눠서 지급받는 방법을 사용하는데, 이 때문에 생활비가 가장 많이 들어가는 50대 초중반의 경우 임금피크제 도입에 따른 생활고를 겪을 수 있다(노광표, 2015: 607).

둘째, 청년수당은 청년을 게으르게 만들까? 보수주의자들과 노인들 중 일부가 이런 비판을 제기했다. 상식적으로 청년수당은 매우 적은 금액이기 때문에 이것으로 도덕적 해이가 발생할 수가 없다. 오히려 청년수당을 취업 준비를 하는 데 활용하는 비중이 높았다.

셋째, 청년 일자리와 노인 일자리가 경쟁적일까? 고령층 정년 연장이 청년층 고용 여력을 잠식하게 될 것이라는 주장은 사용자 측에서 나왔다. 세대 간 일자리 대체 관계는 일자리 총량이 고정되어 있다는 가정에 기초하는데, 이는 고령자 고용 확대가 경쟁력을 제고하여 일자리가 새로 산출되는 효과를 도외시하는 주장이라고 할 수 있다. 또한 청년층 일자리와 고령층 일자리가 일치하지 않을 가능성이 상당 정도 있다. 청년층은 국가기관, 공기업, 대기업을, 그리고 직종별로는 사무직과 전문직을 선호하고, 고령층은 중소기업이나 영세기업에서, 그리고 직종별로는 기능직 분야에서 주로 일하고 있다(노진귀, 2012: 57). 이처럼 중고령층의 고용과 청년층의 고용은 서로 대체성이 낮다는 실증적 연구 결과들이 보고되었다. 또한 청년층이 선호하는 일자리와 베이비붐 세대의 일자리가 서로 중복되지 않기 때문에 고령층의 정년 연장이 청년층의 고용을 대체할 가능성은 매우 낮을 것이라고 주장한다(석재은·이기주, 2016: 112).

그런데 이상의 질문보다 더 근본적인 질문이 하나 더 있다. 왜 일자리가 문제가 되는가? OECD 통계에서 우리나라는 비정규직 비율 1위, 자살률 1위, 노인 빈곤율 1위, 노인 자살률 1위, 불평등 3위, 상대 빈곤율 2위이다(조현연·김정석, 2016: 271). 즉 생존비를 벌기 위해 노동시장에 나선 것이다. 노인세대의 불안정은 청년세대와 가족을 이루고 사는 가계를 불안정성으로 이끈다.

대안에 대한 토론

일자리에 대한 논의에서 노동시장에 나온 노인에 대한 따뜻한 시선이 필수적이다.《임계장 이야기》의 주인공은 공기업을 퇴직하고 경비원을 한다. 이때 어린이가 말한다.

> 자식: "아빠, 저 경비 아저씨 참 힘들겠네."
> 아빠: "응. 많이 힘들거야. 너도 공부 안 하면 저 아저씨처럼 된다. 그러니 공부 열심히 해야 해"(조정진, 2020: 103).

질 나쁜 일자리에서 일하고 있는 노인은 그 자신이 게을렀기 때문이 아니다. 사람들은 흔히 빈곤을 게으름과 연관지어 생각한다. 예를 들어 젊어서 국밥집을 운영했던 노인은 자신이 젊어서 국밥집을 할 때 불쌍한 노인이 공짜로 밥을 먹으러 오면 속으로 비난했다고 한다. '젊어서 일을 하지 않은 대가이다'라면서 말이다. 하지만 그렇게 열심히 살았는데도 불구하고 현재 자신이 그 처지에 있다면서 당시에 자신이 비난했던 노인들에게 지금 미안하다고 했다.

이런 맥락에서 일자리를 둘러싼 세대 갈등을 대할 때는 첫째, 문제의 원인을 세대 갈등으로 보지 않으려는 시각을 가져야 한다. 청년 실업을 기성세대 탓으로 돌리는 정부 여당의 세대 갈등 프레임과 접근 방식으로는 문제를 해결할 수 없다(조현연·김정석, 2016: 291). 따라서 세대 갈등은 입지가 약한 존재, 즉 일자리로 진입하기 어려운 청년세대와 일자리에서 퇴출되어 고통을 안고 있는 노인세대의 문제이다(박길성, 2011: 16). 즉, 문제의 원인은 상대방이 아니다.

이런 맥락에서 문제의 원인을 노인과 청년으로 보지 않아야 한다. 정년 연장의 혜택은 노인세대가 받는 것이 아니다. 베이비붐 세대 중에서 정년 연장 혜택을 받는 비율은 11.4%에 불과했고, 75만 3,000명 규모로 추정된다. 고학력일수록, 여성 근로자에 비해 남성 근로자의 경우 정규직 생존 확률이 높았으며, 공공 및 정부기관 종사자가 민간기업 종사자에 비해 정규직 생존 확률이 높았다. 100인 이상 규모의 기업에 근무하는 경우, 노동조합이 조직되어 있는 곳에서도 정규직 생존 확률이 높았다(석재은·이기주, 2016: 126). 이처럼 모든 노인이 아니라 특정한 위치에 있는 노인이라는 점이 부각되어야 한다.

이제 세대가 아니라 모두를 위한 새로운 제도 만들기를 고민해야 한다. 오랫동안 진보정당과 노동계, 시민사회단체가 청년고용 해법으로 내놓은 '노동시간 단축'이나 '청년 의무고용 할당제의 확대' 및 '재벌 대기업 사내 유보금의 투자 전환' 등 세 가지 방안에 주목할 필요가 있다. 예를 들어 한국의 노동시간은 OECD 국가 중 멕시코 다음으로 길다. 1년 평균 노동시간 2,124시간은 독일의 1,371시간보다 753시간 더 길다. 노동시간을 단축하고 일자리를 나누는 것도 한 방법이다. 재벌 사내 유보금의 경우 1%만 사회에 환원해도 23만 개의 일자리가 만들어진다(조현연·김정석, 2016: 291). 스웨덴의 렌-마이드너 모델, 즉 연대임금제도, 네덜란드의 유연안정성, 덴마크의 일자리 나누기 등은 모두 참조할 수 있는 제도이다.

어떻게 이것이 가능할까? 세대 문제가 아니라 구조적인 문제라는 자각에서부터 시작해야 한다. 예를 들어 사회임금이 보장된다면, 노인들이 오래 일자리에 머무르려는 욕구는 그만큼 줄어들 것이다. 청년수당이 보장된다면 청년들은 일자리 나누기에 동참할 수도 있다. 이처럼 고용 갈등은 세대 문제를 넘어선 지평에서 다시 생각해 보아야 한다.

참고문헌

공공뉴스(2019). "청년수당, 표퓰리즘과 리얼리즘 사이." 2019. 10. 24.

국민일보(2015). "아픈 청춘… 5포→ 7포 넘어 'n포 세대' 좌절." 2015. 8. 28.

국민일보(2019). "경기도 모든 도민에 '기본소득'… 복지냐 현금살포냐." 2019. 11. 5.

노광표(2015). "공공기관과 정년연장: 임금피크제 수용성을 중심으로."《한국노사관계학회 학술대회》.

노진귀(2012). "정년연장에 대한 노동계 입장: 쟁점과 대안".《월간 노동리뷰》.

노컷뉴스(2016). "2030세대 76%, '나는 N포세대'…가장 먼저 포기 '연애'." 2016. 12. 14.

뉴데일리(2016). "'서울시 청년수당 로또에 가까워'…형평성 비판." 2016. 8. 29.

동아일보(2019). "2030 청년들 '청년수당이 세금낭비? 비판 이해해요'." 2019. 5. 16.

박길성(2011). "한국사회의 세대갈등 −연금과 일자리를 중심으로−."《한국사회》. 제12집 1호.

박순종·신현두(2018). "정부간 관계론적 관점에서 본 우리나라 중앙과 지방의 관계: 서울시 청년수당과 성남시 청년배당을 사례로."《한국행정학회 학술발표논문집》.

석재은·이기주(2016). "베이비붐세대와 정년연장 혜택의 귀착."《한국사회복지학》. 제68권 제2호.

아서 밀러(2009). 강유나 역.《세일즈맨의 죽음》. 민음사.

이규민(2020). "서울시 청년수당은 어떻게 성공적으로 도입되었는가?: Kingdon의 다중흐름모형과 Moore의 정치적 관리를 중심으로."《한국지방정부학회 동계학술대회자료집》.

조정진(2020).《임계장 이야기》. 후마니타스.

조현연·김정석(2016). "박근혜 정부의 다원적 두 국민 전략과 세대갈등: 공무원 연금과 임금피크제 문제를 중심으로."《경제와 사회》.

중앙일보(2015). "경총 '세계 최고 연공성 임금체계, 60세 정년 연착륙 불가능'." 2015. 7. 20.

중앙일보(2015). "노사정 대타협 결렬로 청년일자리 98만개 사라졌다." 2015. 4. 8.

중앙일보(2019). "박원순 '청년수당이 국회의원 쪽지예산보다 시의적절'." 2019. 10. 25.

한겨레신문(2018.) "'해고는 살인이다'…쌍용차 해고자 아내 절반은 '극단적 생각'." 2018. 9. 16.

후지타 다카노리(2017). 홍성민 역.《과로노인 : 평생 단 한 번도 제대로 쉬지 못한 보통 사람들의 정해진 미래》. 청림출판.

제11장

비교사회론의 관점에서
본 세대 문제

① 세대는 어떻게 '문제'가 되는가?

세대 현상의 보편성과 특수성

사회의 질서는 주류 집단의 가치 체계가 반영되어 있어서 항상 수용과 거부의 가능성을 함께 지닌다. 세대를 기준으로 보면 그 질서는 기성 세대의 관념과 행동이 축적되어 추상화된 것이다. 후속 세대는 그 체계 안에서 성장하면서 상황에 따라 순응하기도 하고 일탈하기도 한다. 그리고 신세대의 관념과 행동이 기존 질서에서 크게 일탈하면 구세대는 그 틀이 깨질까 봐 불안해하기 마련이다. 신세대가 성장하여 구세대가 되고 또 다른 신세대가 생겨나지만, 기존 질서를 둘러싸고 서로 다른 세대 위치에 처한 집단 간에 생겨나는 긴장은 어느 사회, 어느 시기에서나 존재했다.

철없는 아들을 꾸짖던 수메르Sumer의 관료, 젊은이들의 태도에 한탄한 소크라테스, 어리석고 게으른 젊은이의 교화를 역설한 한비자 등 세

[표 11-1] 세대 간 인식 차이에 관한 오래된 표현들

- 수메르(Sumer) 시대 아버지와 아들의 대화 (B.C. 1700년경, 수메르 점토판)

  아버지: 어디 갔다 왔느냐?

  아들: 아무 데도 가지 않았습니다.

  아버지: 그런데 왜 빈둥거리고 있느냐? 학교에 가서 선생님 앞에서 숙제한 걸 읊어라…

  　　　 끝나거든 곧장 집으로 오너라… 제발 철 좀 들어라. 광장에서 기웃대거나

  　　　 길에서 배회하지 말거라.

- 소크라테스, 제자들과의 대화 (B.C. 425년 추정)

  요즘 아이들은 버릇이 없다. 부모에게 대들고 음식을 게걸스레 먹고 스승에게도 대든다.

- 《한비자》 오두(五蠹)편

  "今有不才之子, 父母怒之弗爲改; 鄕人之弗爲動; 師長敎之弗爲變"

  요즘 어리석은 젊은이들은 부모가 화를 내도 고치지 않고, 동네 사람들이 욕해도

  움직이지 않으며, 스승이 가르쳐도 변하지 않는다.

대 간 차이를 드러내는 사례는 동서고금을 망라하여 무수히 많다. 이른바 '요즘 애들'에 대한 한탄이다. '요즘 애들'로 대표되는 이러한 인식은, 세대 간의 문화 차이일 수도 있고 또는 인생을 미리 경험하고 사회 규범 및 제도와 가치관에 익숙한 기성세대의 도그마적 판단에 따른 것일 수도 있다. 그것이 어떤 성격이든, 한 사회 안에서 상대적인 세대 위치에 따라 생겨나는 차이와 현상, 즉 세대 차이와 세대 현상은 모든 사회에 존재하는 보편적인 것이라 할 수 있다.

그러나 세대 현상이 보편적이라는 말이 모든 사회의 세대 현상이 같은 양상으로 드러난다는 것을 의미하지는 않는다. 세대 현상이 드러나는 맥락과 문제시되는 방식은 사회마다 다르다. 왜냐하면 사회마다 서로 다른 구조적 환경에서 서로 다른 역사적 사건을 경험하며, 그에 따라 세대 집단이 구분되는 방식과 세대 간의 관계도 다른 모습을 띠기 때문이다. 더 나아가, 하나의 사회 안에서도 세대 차이나 세대 담론은 시대적 상황에 따라 다른 요소와의 관계 속에서 다양한 양상으로 드러나기 마련이다.

구글google이나 바이두baidu와 같은 통합 검색 사이트에서 '세대', '世代', 'generation' 등과 같은 단어를 검색해 보면 흥미로운 사실을 알 수 있다. 요즘은 빅데이터를 활용한 서비스가 많아지면서, 인터넷에서 어떤 검색어를 입력하면 그와 관련된 여러 연관어가 제시된다. '세대'를 뜻하는 여러 언어를 입력할 때마다 연관어의 목록이 제시되는데, 사용 언어 또는 함께 입력하는 국가명에 따라 제시되는 연관어가 서로 다르다. 예를 들어, '세대generation'와 '미국United States'을 영어로 검색하면 '차이gap'와 관련된 연관어가 주로 제시되는 반면, '갈등conflict'이 제시되는 경우는 상대적으로 적다. 그런가 하면, 일본어 검색 사이트에서 '세대世代'를 검색하면 '갈등葛藤', '갭ギャップ'이 연관어로 많이 제시되고, 중국 검색 사이트에서 중국어로 검색하면 세대 간 '갈등冲突'에 관한 자료는 매우 드물다.

이러한 차이는 '세대'에 관한 관심의 배경, 그리고 '세대'가 사회적 이슈로 '문제화'되는 양상이 국가마다 서로 다르다는 점을 시사한다. 즉, 세대 현상 자체는 보편적이나 그것이 사회적 문제로 드러날 때는 각 사회의 상황에 따라 특수한 양상을 띤다는 것이다. 왜냐하면 세대라는 요소는 계급, 정치성, 젠더, 인종 등 다른 구성 요소와 섞이거나 중첩되어 작용하는데, 사회마다 그러한 요소들이 결합하는 원리와 방식이 다르기 때문이다. 어떤 사회에서는 세대가 계급·계층의 외형으로, 다른 사회에서는 세대가 인종·종족·민족적 이슈로 드러나는 것도 이 때문이다. 즉, 세대 관련 현상이 '세대 문제'가 되는 배경, 양상, 방식은 사회마다 서로 다르다.

세대를 '문제'로 만드는 구조적 요인

그렇다면, 세대와 관련된 현상은 모두 세대 문제가 되는 것일까? 당연히 그렇지 않다. 앞서 언급한 '요즘 애들' 또는 '고리타분한 꼰대들'과 같은 언설은 세대 위치에 따른 관념과 행위의 상대적 차이를 가리킬 뿐이다. 세대가 되었든, 젠더가 되었든, 차이 그 자체가 문제가 되는 것은 아니다. 차이가 차별의 이유로 작용할 때 비로소 사회적인 문제가 된다. 차이가 차별로 전환되는 과정에는 불균등한 권력관계와 상충적인 이해관계가 개입된다. 그리고 그 권력관계나 이해관계는 일시적이거나 우연적인 것이 아니라 여러 요인에 의해 구조화되는 것이다.

여기서는 세대 현상이 세대 '문제'로 만들어지는 데 영향을 미치는 구조적인 요인을 중심으로 미국과 일본에서 세대 문제가 발현되는 양상을 살펴본다. 이 장에서 특히 미국과 일본에 주목하는 이유는 다음과 같다. 미국은 처음으로 사회 전반에 걸쳐 세대 차이에 관한 담론이 형성된 데다 '○○세대'와 같이 오늘날 통용되는 세대 구분 역시 먼저 시작되었기 때문이다. 그리고 일본은 세대 문제를 둘러싼 갈등 구조가 우리나라의 그것과 유사하여 세대 간 소통을 위한 우리 사회의 노력에 적지 않은 시사점을 줄 수 있다고 생각하기 때문이다.

어떤 사회에서 세대가 세대 문제로 전환되는 과정에는 인구학적, 거시경제적, 정치·정책적 요소가 구조적 요인으로 작용한다. 이 세 가지 요인을 간단히 살펴보면 다음과 같다. 첫째, 인구학적 요인, 즉 인구는 세대 현상과 관련하여 주어진 조건이다. 단기적으로 제어할 수 없어서 일정한 기간 내에는 일종의 운명과도 같은 것으로 작용한다. 또한, 모든 사회의 세대를 구성하는 기본 요소이기 때문에 세대 구분과 세대 분석의 출발점에 해당한다. 둘째, 거시경제적 요인이다. 거시경제란 국민소득, 물가, 실업과 같은 국내 경기와 환율 등 대외적 요인을 포함한 한 나라의 경제 현상 전체를 가리킨다. 거시경제적 요소는 그 나라의 자원 총량에 영향을 미치기 때문에 집단 간 이해관계의 틀을 형성한다. 셋째는 정치·정책적 요인이다. 여기에는 정당, 선거 등 정치적 요소와 그로 인해 입안·시행되는 정책 등이 포함된다. 이 요인은 한정된 자원을 이해관계가 다른 다양한 집단에 배분하는 방식을 결정하고, 이를 통해 세대 관계가 제도화되는 데 영향을 미친다.

인구학적, 거시경제적, 정치·정책적 요인은 세대 현상과 담론이 만들어지는 배경과 맥락을 이해하는 데 유용한 틀을 제공한다. 이 세 가지 요인으로 형성되는 구조적 배경을 무대로 하여 세대 차이와 세대 담론이 생겨나고 세대 현상이 사회적 문제로 이슈화되는 것이다. 다음 절에서는 이 세 가지 구조적 요인을 고려하여, 미국과 일본에서 세대 현상이 사회적 문제로 대두된 과정과 양상을 살펴보자.

② 미국의 세대 현상

세대 차이의 발견

수메르 점토판의 글이나 소크라테스의 한탄에서 볼 수 있듯이 세대 간 차이에 대한 인식은 오래전부터 있었다. 그러나 오늘날 우리가 쓰는 '세대 차이'라는 용어가 만들어지고 세대 담론이 본격적인 사회 담론으로 확산된 것은 1960년대 후반 미국에서였다.

1960년대 후반 미국에서는 경제적 풍요와 정신적 빈곤의 모순이 첨예하게 드러났다. 제2차 세계대전 승리 이후 경제가 발전함에 따라 물질적으로는 풍요로웠으나, 그동안 미국 사회에 잠재된 여러 사회적인 문제가 분출하면서 기존의 질서와 가치관이 전면적으로 흔들렸다. 남성 중심의 질서를 부정하는 페미니즘 운동이 확산되었으며, 말콤 X와 마틴 루터 킹 목사 등이 앞장선 흑인 인권 운동이 전국을 휩쓸었다. 이와 함께 1965년에 미국이 파병 규모를 늘려 베트남전쟁에 본격적으로 개입했음에도 불구하고 전쟁이 장기화하자, 미국 내에서도 미군 철수와 전쟁 반대를 주장하는 움직임이 거세졌다.

이 상황에서 당시 젊은이들 사이에서 백인 중심, 강한 미국, 성취 지향을 중시하던 기존 질서와 가치 체계를 부정하는 흐름이 생겨났다. 1964년 활동무대를 미국으로 옮긴 영국의 록그룹 비틀스는 이러한 흐름이 대중적으로 확산하는 데 크게 기여했다. 비틀스 멤버들 스스로가 정치적인 메시지를 명확하게 표현하지는 않았으나, 그들의 반항적인 록 음악과 장발의 머리 스타일, 중성적인 이미지 등은 기존 질서와 가치에 염증을 느낀 젊은이들에게 커다란 호소력을 발휘했다.

이러한 일련의 흐름 속에서 1960년대 후반에는 히피 Hippie 문화를 포함하여 기존 질서와 가치 체계를 부정하고 대안적인 이념과 새로운

[그림 11-1] 미국 잡지 MAD 표지 : '세대 차이'의 형상화

방식의 삶을 추구하는 저항적인 문화가 확산됐다. 제2차 세계대전을 승리로 이끌고 전후 경제 성장을 주도했던 당시 기성세대에게 이러한 반문화적 흐름은 이해하기 어려운 것이었다. 전쟁, 국가, 삶의 지향 등에 관한 기성세대와 젊은 세대의 시각은 확연하게 달랐다. 이러한 차이를 기술하고 설명하는 과정에서 생겨난 용어가 'generation gap세대 차이'이다.

일반적인 두 개의 보통 명사가 결합한, 어떤 면에서는 새롭거나 특별할 것도 없는 이 용어는 1967년 미국의 대중 잡지 LOOK에 실린 'Generation Gap'이라는 제목의 칼럼을 계기로 세간의 관심을 끌기 시작했다. 이후 언론 지상에 비슷한 내용의 글이 연달아 게재되면서 세대 차이는 미국의 중요한 사회적 이슈로 부상했다. 1969년 9월 대중적인 유머 잡지 MAD의 겉표지는 당시 미국 내 사회 문제에 관한 세대 간의 인식 차이를 매우 효과적으로 시각화한 바 있다. 가상의 유머 캐릭터인 알프레드 뉴먼Alfred Newman을 아버지와 아들 두 캐릭터로 나누어 대비시켰는데, 이들의 가슴에는 서로 다른 주장이 담긴 배지가 달려 있다. 아버지는 "나의 조국: 정의 아니면 불의", 아들은 "전쟁이 아닌 사랑을 만들자".

1960년대 후반 미국 젊은이들을 중심으로 한 이러한 흐름은 유럽과 일본 등 다른 지역의 저항 문화에도 커다란 영향을 미쳤다. 1968년 프랑스 대학생들의 시위에서 시작되어 노동자를 비롯한 여러 계층의 저항 운동으로 발전한 68운동은 미국 내 반전 운동 및 인권 운동과 서로 영향을 주고받았다. 이러한 흐름은 일본에도 영향을 미쳐 1960년대 말 '전공투전국학생공동투쟁회의'로 대표되는 급진적인 학생 운동의 대외적 배경으로 작용했다.

미국의 세대 구분과 세대별 특징

1960년대 후반 사회 현안에 관한 세대 간 관점과 입장의 차이가 뚜렷해짐에 따라 이렇게 '세대 차이'의 현실이 발견되었다. 이후 '세대 차이'라는 용어는 특정 세대 집단의 하위문화를 기성 주류문화와 비교할 때 사용하는 용어로 정착되었다. 한 걸음 더 나아가, 한 나라의 인구 집단을 세대의 틀에 따라 개념적으로 구분하는 시도도 뒤따랐다. 미국의 사회학자 스트라우스Strauss와 호위Howe의 구분이 대표적인데, 그들의 구분법을 간략히 살펴보면 다음과 같다.

베이비붐 세대를 연구하던 스트라우스와 호위는 그들의 저작《세대 Generations》(1991)와《네 번째 전환 The Fourth Turning》등에서 처음으로 미국의 전 인구 집단을 세대별로 구분하고 각 세대에 명칭을 부여했다. 그들은 미국의 역사 주기에 대한 분석을 바탕으로 느슨한 세대 구분 구도를 개발했는데, 대략 20~22년의 주기에 걸쳐 사회의 가치와 질서 체계가 크게 변화하는 시대적 전환이 이루어지며, 그 사이클에 따라 서로 다른 성격의 세대 집단이 형성된다고 주장했다. 그들에 따르면, 미국의 역사는 약 20년 안팎의 기간을 주기로 하여 고양기 high, 각성기 awakening, 와해기 unravelling, 고비기 crisis가 순서대로 반복된다.

고양기는 특정 가치 체계가 지배적이고 그에 따라 사회질서가 확고하며 개인주의적 성향과 가치의 다양성이 억제되는 시기이다. 그 뒤를 이어 각성기가 도래하는데, 이 시기에는 도덕성, 윤리, 인권 등 여러 사회적 이슈에 관한 논의가 폭넓게 개진된다. 와해기에는 이전 시기의 경직된 제도와 질서 체계로 인한 정신적 빈곤 문제가 부각되고 이에 따라 개인의 자율성이 점차 고조되며 기존 사회제도의 일부가 느슨해지는 현상이 생겨난다. 고비기는 종종 전쟁과 혁명을 수반하는 해체의 시기이다. 이 시기에는 국가의 생존을 위협하는 위험에 대처하는 과정에서 기존 제도가 해체되고 새로운 제도가 다시 구축되며 국가기관의 권위가 되살아나고 각 개인도 점점 스스로를 더 큰 집단의 구성원으로 간주하게 된다.

스트라우스와 호위에 따르면, 이 네 유형의 시대 주기마다 그에 적합한 세대 원형 proto-type 이 만들어진다. 고양기에는 영웅, 각성기에는 예술가, 와해기에는 선지자, 고비기에는 유랑자의 속성이 지배적인 세대가 출현한다. 20세기 중반 이후 미국을 예로 들면, '위대한 세대', '침묵 세대', '베이비붐 세대', 'X세대'가 각 시기의 세대 원형을 대표하는 세대이다. 이 내용을 간략히 표로 정리하면 [표 11-2]와 같다.

스트라우스-호위의 세대 이론은 세대 원형을 지나치게 인위적으로 설정하고 미국과 세계의 역사를 자신들의 세대 이론을 개진하기에 유

[표 11-2] 스트라우스-호위의 미국 세대 구분 구도

시대 전환	고양기	각성기	와해기	고비기
해당 시기	1946~1962년	1960년대 중반~1980년대 초반	1980년대 중반~2000년대 초반	2000년대 초반~현재
세대 원형	영웅	예술가	선지자	유랑자
주도 세대	위대한 세대	침묵 세대	베이비붐 세대	X세대

[표 11-3] 미국의 세대 구분과 세대별 특징

세대 명칭	출생연도 (년)	연령대 (세)	주요 특징
위대한 세대	1900~ 1927	98+	대공황을 경험하며 성장, 제2차 세계대전 승리의 주역, 전후 미국의 황금기를 주도, 정치와 정부 정책에 관심이 높아 GI(government issue)세대로도 불림
침묵 세대	1928~ 1945	80~97	대공황 이후 제2차 세계대전 이전에 출생, 한국전쟁과 베트남전쟁 파병, 정치적 주장은 적으나 묵묵히 일하는 세대, 이전 및 이후 세대보다 인구가 적어 낀 세대로도 불림
베이비붐 세대	1946~ 1964	61~79	전쟁 주역의 자식 세대, 1960년대 후반 이후 청소년기를 보냄, 반전·성 해방 및 양성평등·반인종주의 운동의 주역, 록 음악을 즐기고 히피 문화 사조를 형성
X세대	1965~ 1980	45~60	자신에 대한 호칭을 거부한 세대라는 의미에서 X세대라 명명, 미국 역사상 처음으로 부모보다 가난해진 세대, 맞벌이 부부 사이에서 양육되어 열쇠고리(latch key) 세대로도 불림, 이혼 또는 별거 상태의 부모에 의해 양육된 경우가 많아 가정에 대한 동경과 반발 심리가 공존, 양성평등 실천 세대, 국가나 집단보다 개인적 생활과 생존 방식에 더 큰 관심
밀레니얼 세대	1981~ 2004	21~44	ICT 환경에 익숙한 세대, 아날로그 시대와 디지털 시대를 구분하여 Y세대와 Z세대로 구분하기도 함, SNS가 생활의 주요 부분, 사회진출 시기에 세계 금융위기를 겪어 가장 크게 피해를 입은 세대, 취업난·일자리 질 저하·낮은 평균소득 등 노동 여건 악화, 결혼과 출산을 미루고 주택 구매에 소극적
Y세대 (또는 밀레니얼 세대)	1981~ 1996	29~44	아날로그와 디지털 환경의 과도기 세대, 베이비 붐 세대의 자식 세대로 인구층이 상대적으로 두꺼움
Z세대	1997~ 2012 (2004)	21~28	인터넷과 함께 성장하고 디지털·모바일 환경에 익숙함, 모바일 기반의 SNS에 친숙, 디지털 기기의 본격 사용자라는 의미에서 디지털 네이티브(digital native)로도 불림
알파 세대	2010~ 현재	0~20	태어난 후 아날로그를 경험한 적이 없이 오직 디지털 기기만을 접하고 사용하는 세대, 디지털 유비쿼터스 환경에서 스마트폰·SNS·AI를 사용하며 성장하였으며 유소년기에 코로나19를 경험함, 텍스트보다 영상과 이미지를 통한 감정 표현과 의사소통을 선호함

리한 방향으로 재단하여 구분했다는 비판을 받아 왔다. 즉, 그러한 구분과 명명에 객관적 근거와 학술적 엄밀성이 부족하며 일반 대중의 호기심을 자극하는 수준에 지나지 않는다는 것이다. 그럼에도 스트라우스-호위가 구분하고 명명한 세대는 오늘날에도 미국의 세대 현상과 관련된 각종 담론의 바탕을 이루고 있다.

현재 미국 내 세대 구분과 관련된 각종 연구와 보도 기사는 스트라우스-호위의 구분법과 사회적 현상에 관한 종합연구기관인 퓨 리서치 센터 Pew Research Center 의 구분법에 기초하고 있다. 세대 명칭과 출생연도에 관한 정의가 부분적으로 다르지만, 주요 구분법을 종합하여 미국의 주요 세대와 세대별 특징을 정리해 보면 [표 11-3]과 같다.[1] [표 11-3]의 세대 구분은 스트라우스-호위의 구분법을 기초로 하고, 1980년대 이후의 밀레니얼 세대는 퓨 리서치 센터의 구분, 알파 세대는 호주의 사회학자 맥크린들의 구분에 따라 보충한 것이다.

앞서 설명한 바와 같이, 미국에서 세대 차이에 관한 관심은 1960년대 후반 상황을 둘러싼 기성세대와 '베이비붐 세대'의 인식 차이에서 촉발되었다. 강한 미국, 경제 성장, 근대적 발전 등의 가치를 추구하고 실제로 많은 부분에서 그 이상을 실현한 '위대한 세대' 및 '침묵 세대'와, 그 가치를 부정하고 새로운 이상을 추구하던 '베이비붐 세대' 간의 차이는 단순히 '요즘 애들'과 '고리타분한 꼰대들'의 인식 차이를 넘어서는 것이다. 이들 간의 세대 차이는 베트남전쟁과 파병 등에 관한 정치적·정책적 입장에 관한 것이었으며, 세상과 사회의 발전에 관한 근본적인 견해의 차이를 드러내는 것이었다.

X세대는 베이비붐 세대를 포함한 기성세대의 관념과 가치를 다른 차원에서 부정하면서 출현했다. X세대라는 명칭은 캐나다의 작가 더글

---

1 [표 11-3]은 스트라우스-호위와 퓨 리서치 센터의 세대 구분법을 종합하여 작성했다. 여기서 '연령대'는 2020년을 기준으로 산출한 것이다.

라스 쿠플랜드Douglas Coupland의 소설 《X세대Generation X》(1991)에서 비롯된 것으로, 1980년대 북미 지역을 휩쓴 경제 불황기에 청소년기를 보내며 미래에 대한 불안감을 지닌 채 성장한 세대를 일컫는다. 미국은 1970년대에 두 차례에 걸친 중동발 석유파동을 겪은 이후 1980년대에 전반적인 경제 침체를 겪었다. 이로 인해 임금 수준이 하락하고 기존에 제공되던 각종 복지 혜택이 축소되었다. 이러한 배경에서 성장한 이들은 미국 역사상 처음으로 부모 세대보다 가난한 세대가 되었고, 부모 세대가 이룩해 놓은 복지 상태에 이르는 것을 포기한 첫 세대가 되었다.

또한 X세대는 어려워진 경제 환경 탓에 부모가 맞벌이를 하거나, 이전 세대의 성 해방 운동 등의 영향으로 부모가 이혼 또는 별거 중인 상태에서 성장한 경우가 많았다. 이로 인해 학교가 끝난 후 혼자서 열쇠로 현관문을 열고 집에 들어가는 아이들이 많아 열쇠고리latch-key 세대라고 부르기도 한다. 이들 세대는 가족 환경이 상대적으로 불안정한 상황에서 성장한 탓에 가족에 대해 동경하거나 오히려 그 반대로 가족주의에 반발하는 경향을 나타낸다. 아울러 현실의 냉혹함을 일찍 깨닫고 전체를 위한 숭고한 이상을 추구하기보다는 각자가 처한 상황에서 현실에 적응하는 것을 중시하는 개인주의적 성향을 보이는 것으로 알려져 있다.

X세대의 뒤를 잇는 밀레니얼Millenial 세대는 2000년대에 성장기를 거친 세대를 가리킨다. 출생 시기에 대해서는 1981년부터 2004년까지Pew Research Center 또는 1981년부터 1996년까지Strauss-Howe 등 일치된 견해는 없다. 그러나 이들이 인터넷을 포함하여 정보통신기술ICT 산업이 급속히 발전하던 시기에 성장기를 보냈으며 사회 진출기를 전후하여 2008년 세계 금융위기를 겪었다는 점에 대해서는 의견이 일치한다. 인터넷과 함께 성장한 세대여서 각종 SNS가 생활의 중요한 부분을 차지한다. 또한 이들은 취업난, 저소득, 일자리 질 저하 등, 세계 금융위기

에 따른 피해를 직접 감수해야 했으며, 이로 인해 만혼, 결혼 포기, 출산 포기 등의 경향이 뚜렷하게 나타난다.

일부 논자들은 연령대별 인구 구성이나 ICT 환경의 변화를 중시하여 밀레니얼 세대를 두 개의 세대로 구분하기도 한다. 밀레니얼 세대를 1981년에서 1996년 사이에 출생한 인구 집단으로 한정하고 그들이 베이비붐 세대의 자식 세대라는 점에 주의를 기울이는 사람이 있는가 하면, 일부는 그 시기에 출생한 집단을 X세대의 뒤를 잇는 집단이라는 의미에서 Y세대로 명명하기도 한다. 또한 ICT 환경의 변화를 중시하여 아날로그 환경에서 성장한 세대를 Y세대, 디지털 환경에서 성장한 세대를 Z세대로 구분하기도 한다. 요컨대, 밀레니얼 세대에 대해서는 그들이 2000년대에 성장기를 경험했다는 점 이외에는 각 견해가 일치하지 않는다.

이와 함께 2010년 이후의 출생자를 알파α 세대로 구분하는데, 이는 아날로그와 디지털을 동시에 경험한 Z세대와 달리 디지털 환경이 일상화된 시대에 태어나고 성장하여 오직 디지털 기기만을 접하고 사용하는 세대라는 의미에서이다. Z를 이을 영어의 알파벳이 없어, 호주의 사회학자 맥크린들 M. McCrindle 이 그리스어 알파벳의 첫 글자 알파α로 새로운 세대를 가리킨 데서 비롯되었다. 알파 세대는 유소년기에 코로나 19를 경험하여 디지털 가상 공간에 익숙하며, 디지털 기기를 사용하여 감정을 표현하고 의사소통할 때 텍스트보다 영상과 이미지를 선호한다는 특징이 있다.

세대와 에쓰닉 구성

1960년대 후반 세대 차이 담론이 확산된 이래 미국에서 세대 관련 논의는 세대 간 문화 차이를 인정하고 각 세대의 특성을 존중하며 상호

공생을 모색하는 방향으로 전개되어 왔다. 2015년에 제작되어 국내에도 개봉되어 큰 인기를 끈 영화 〈인턴The Intern〉은 그 전형적인 사례이다. 이 영화는 은퇴한 70대 백인 노인이 30대 백인 여성 CEO가 운영하는 회사에 인턴으로 채용되면서 벌어지는 일들을 코믹한 방식으로 그려내며 세대 간 소통과 공생이 가능하다는 메시지를 전해 준다.

그러나 향후 미국의 세대 현상은 영화 〈인턴〉이 제시하는 것보다 훨씬 복잡한 양상으로 전개될 것으로 보인다. 오늘날 미국 사회는 인구 구성의 측면에서 두 가지 변화가 진행 중이다. 하나는 평균수명 연장과 출

[그림 11-2] 미국의 연령대별 인구 구성

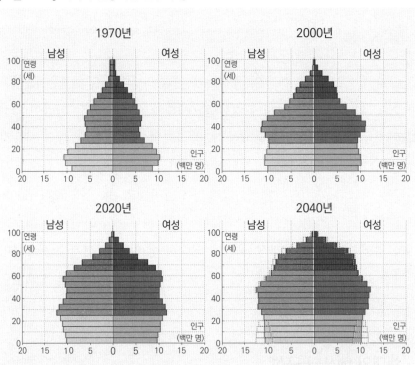

이 그림은 1970년, 2000년, 2020년, 2040년 기준, 미국의 연령대별 인구 구성을 나타낸 것이다. 2020년과 2040년 자료는 예측치를 사용했으며, 2040년 그림에서 점선은 추정값의 최대치와 최소치를 나타낸 것이다.

출처 : UN Population Division 자료를 재구성.

산율 저하에 따른 인구 고령화 현상으로, 이는 미국만의 일은 아니다. 다른 하나는 인종과 에쓰닉 ethnic 집단[2] 구성이 급속히 다양화되고 있다는 점인데, 이는 향후 미국 세대 현상의 전개 방향에 상당한 영향을 미칠 수 있는 요인이다.

[그림 11-2]의 그래프에 나타나 있는 것처럼, 미국의 연령대별 인구 구조는 피라미드형에서 종형으로 변화했다. 낮은 연령층의 절대 인구 수는 큰 변화가 없으나, 60세 이상 고령층 인구는 계속 증가하는 추세이다. 1970년 그래프에서 인구 막대가 길게 그려진 10대와 20대가 베이비붐 세대이며, 2020년 그래프에서 긴 막대로 그려진 20대 후반과 30대 초반이 베이비붐 세대의 자녀 세대인 Y세대 또는 협의의 밀레니얼 세대에 해당한다. 2040년에는 청년층 인구는 큰 변화가 없으나 70대와 80대의 비율이 이전보다 더 증가할 것으로 추정된다.

미국 사회의 경우, 이러한 인구고령화 추세와 함께 각 시대와 연령대별로 에쓰닉 구성이 어떻게 변하는지에 더 주목할 필요가 있다. 여러 에쓰닉 집단으로 구성된 미국 사회는 제2차 세계대전 종전 이후 에쓰닉 다양성이 조금씩 증가하다가 21세기 들어 다양화 속도가 가팔라졌다. 20세기 중반 최대 인구 집단이었던 침묵 세대와 베이비붐 세대는 에쓰닉 구성의 측면에서는 백인이 절대다수였다. 전체 미국의 인구 기준으로 볼 때도, 1950년 백인의 비율은 89.5%에 달했고 흑인과 히스패닉은 각각 10%와 2.1%에 불과했다.[3] 이후 20세기 후반과 21세기에 걸쳐 소수 인종 및 에쓰닉 집단의 비율이 계속 증가하였는데, 1980년 백인, 흑인, 히스패닉의 비율은 각각 83.1%, 11.7%, 6.4%이었으며, 2020년에는

---

2 에쓰닉(ethnic) 집단이란 다민족국가에서 문화적으로 구별되는 집단을 가리킨다. 1960년대 미국에서 사회정치적 차별의 함의가 강한 '인종' 개념을 대체하기 위해 문화인류학자들이 사용하기 시작했다. 한국에서는 종족(種族), 민족(民族) 등으로 번역하거나 '에쓰닉'이라는 단어를 그대로 사용하기도 한다.

3 https://bit.ly/2SsDRNb

[그림 11-3] 미국의 세대별 인종·에쓰닉 구성(2022년)

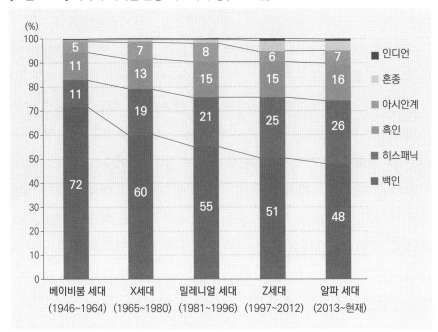

출처: https://bit.ly/3RpT6Vq 자료를 재구성

61.6%, 12.4%, 18.7%로 변하였다. 또한, 2020년에는 아시아인의 비율이 6.2%, 기타 인종이 8.4%를 차지했다.

미국 인구의 에쓰닉 구성 비율의 이러한 변화는 무엇보다도 저연령층 세대의 에쓰닉 구성이 더욱 다양해진 데서 비롯된 것이다. 오늘날 미국의 X세대와 밀레니얼 세대 중 소수 에쓰닉 집단의 비율은 40% 이상으로 추정되는데, 이는 현재 미국의 생산가능 인구 중 40% 이상이 비백인 집단이라는 말이다. 더욱이 2011년부터는 미국의 전체 신생아 중 비백인 신생아가 백인 신생아 수를 추월했으며 그 격차는 계속 확대되고 있다. 인종과 에쓰닉 구성과 관련된 이러한 일련의 변화는 베이비붐 세대, 즉 백인 장년층 중심으로 짜인 미국의 문화 지형이 머지않아 종결된다는 것을 뜻한다.[4]

---

4 https://bit.ly/3cciruR

젊은 세대에서 비백인 인구의 비율이 높아진다는 것은 세대 문제가 인종·에쓰닉 문제와 얽히면서 더욱 복잡한 양상으로 전개될 것이라는 점을 시사한다. 좀 더 구체적으로는, 자원 배분과 관련된 세대 간 경쟁 구도가 시간이 지남에 따라 점점 더 인종·에쓰닉 집단 간의 경쟁으로 전개될 가능성이 크다는 것이다. 퓨 리서치 센터에 따르면, 2010~2030년 사이에 미국의 65세 이상 고령층 인구는 84%가 증가할 것으로 예측되는 반면, 15~64세 사이의 생산가능 인구는 8%, 14세 이하의 유소년 인구는 3% 증가에 그칠 것으로 전망된다.[5] 65세 이상의 고령층 인구가 이렇게 급속히 증가한다는 것은 연금과 의료 등 고령층을 위한 사회보장 비용이 그만큼 더 증가하며, 고령층의 대부분을 차지하는 백인이 그 사회보장의 혜택을 입게 된다는 것을 의미한다.

여기서 문제는 생산가능 인구 세대, 즉 현재의 X세대와 밀레니얼 세대가 고령층과 유소년층이라는 두 피부양 인구집단을 동시에 부양해야 한다는 데 있다. 다시 말하면, 비백인 인구가 40%에 달하는 X세대와 밀레니얼 세대는 비백인 인구가 50% 이상인 유소년층 인구, 즉 자신들의 자녀 세대는 물론, 절대다수가 백인인 고령층 인구까지도 함께 부양해야 하는 것이다. 한정된 납세액과 예산 범위를 고려할 때, 이러한 상황은 필연적으로 고령층과 유소년층 부양 비중을 선택적으로 결정해야 하는 문제로 귀결될 수밖에 없다. 즉, 고령층과 유소년층의 에쓰닉 구성 비율이 확연히 다른 상황에서 세대 부양의 문제가 인종·에쓰닉 차원의 성격을 띠게 된다는 것이다. 이 역설적인 문제를 이해하기 위해서는 미국의 사회보장 체계를 간단히 살펴볼 필요가 있다.

미국의 사회보장제도는 연방정부가 주도하는 보장 체계를 한 축으로 하고 주州정부의 지원을 기초로 연방정부가 보조하는 체계를 다른

---

5 https://bit.ly/2VfzTrm

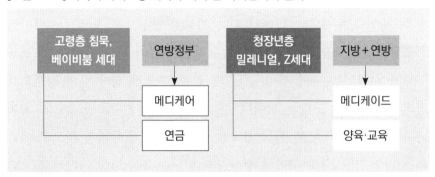

[그림 11-4] 미국의 사회보장 체계와 세대 간 이해관계의 분화

한 축으로 하는 이중의 구조를 이룬다. 연방정부의 보장 항목 중 예산 비중을 크게 차지하는 항목은 노후 연금에 해당하는 사회보장 연금 프로그램과 65세 이상 고령자에게 제공되는 의료보장 서비스 메디케어 medicare 프로그램이다. 즉, 연방정부가 제공하는 사회보장 프로그램의 수혜자는 대부분 고령층인데, 연방국가의 시민으로서 누리는 혜택이라는 상징성 등으로 인해 이들 항목은 신성불가침한 것으로 여겨진다.

이와 함께 주정부는 자체 예산과 연방정부의 보조금을 활용하여 별도의 사회보장 서비스를 제공한다. 저소득층 대상 의료지원 서비스인 메디케이드 medicaid, 영유아 보육 및 학생 학자금 지원, 각종 지역사회 교육 프로그램 등이 이에 해당한다. 지원 항목의 성격상, 극빈층과 영유아 또는 학생 자녀를 둔 청장년층, 노동시장 진입을 앞둔 청년층 등이 주된 수혜자이다. 그러나 이러한 지원 프로그램은 주정부의 관할하에 제공되기 때문에 자체 예산 상황이나 연방정부의 지원 정도에 따라 수시로 조정과 감축이 이루어진다.

이렇듯 미국의 현행 사회보장 체계는 고령자들이 더 많은 혜택을 받는 구조로 편제되어 있다. 고령층과 청장년층의 인종·에쓰닉 구성을 고려하면 고령층의 절대다수인 백인이 더 큰 혜택을 받는 반면, 정작 세금 납부 당사자이자 소수 인종·에쓰닉 집단의 비율이 높은 청장년층은 충분한 혜택을 받을 수 없는 구조이다. 이로 인해 최근 미국에서는 세대 간극에 따른 정치적 입장이 뚜렷하게 분화되고 있는데, 큰 정부와 작은 정부를 둘러싼 논쟁은 이를 보다 분명하게 보여 준다.

백인 고령자들은 정부가 핵심적인 사회보장을 제외한 다른 사회지원 프로그램을 확대하는 것에 반대하는 경향, 즉 작은 정부를 지향하는 경향이 뚜렷하다. 왜냐하면 공공 자원이 한정된 상황에서 유소년층 부양 등을 위한 다른 프로그램을 시행하려면 더 많은 세금을 납부해야 하기 때문이다. 이와 달리, 인종·에쓰닉 다양성이 큰 청장년층, 특히 밀레니얼 세대는 세금을 조금 더 내더라도 정부가 교육 등 가족과 자녀에게 긍정적인 영향을 미칠 수 있는 영역에 더 많은 예산을 편성하기를 기대한다.

이렇게 미국의 주요 세대는 사회보장의 범위와 내용을 둘러싸고 서로 다른 이해관계를 드러내고 있다. 연금, 의료와 같이 중요한 사회보장이 노동력의 미래 생산성과 세금 납부에 의존하고 있는 만큼, 실제 생산노동과 세금 납부를 담당하는 X세대와 밀레니얼 세대의 목소리는 각종 선거 등을 계기로 더욱 커질 것으로 전망된다. 점점 더 많은 소수 인종, 특히 히스패닉계의 젊은층이 주요 유권자층에 진입함에 따라 이들과 백인 고령층의 이해관계가 대립할 여지가 커 보인다. 이처럼 미국의 세대 문제는 연령대에 기초한 세대 그 자체의 문제가 아닌, 인종·에쓰닉 다양성과 빈부격차 등의 문제와 얽혀서 드러나고 있다.

인구 상황과 세대 구분

세대 차이에 관한 담론은 1960년대 후반 미국에서 먼저 본격화되었지만, 일본의 세대 간 문화 차이와 갈등은 서구 그 어느 국가보다 더 첨예한 문제로 제기되어 왔다. 이는 20세기 후반 이래 일본의 인구 상황이 매우 급속하게 변화한 데다 거시경제적 상황 또한 커다란 굴곡을 겪었기 때문이다. 거기에 더해 정치적 보수화가 심해지면서 사회보장 정책 등을 둘러싼 이해관계가 제대로 조정되지 못했기 때문이다. 여기서는 일본 세대 구도의 변화와 세대 문제의 현황을 개괄해 본다. 세 가지 구조적 요인 중 하나인 인구학적 변화부터 살펴보자.

[그림 11-5] 일본 인구 및 인구증가율 변화(1960~2022)

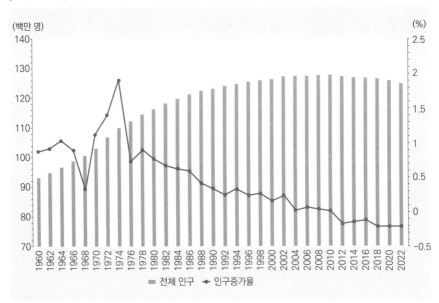

인구증가율은 자연증가율, 즉 전년도 인구에 해당 연도의 출생자 수를 더하고 사망자 수를 뺀 인구수의 증가분을 백분율로 표시한 것이다.
출처 : UN Population Division 통계자료를 재구성

[그림 11-5]의 그래프는 1960년부터 2018년까지 일본의 절대 인구수와 성장률, 즉 자연증가율을 나타낸 것이다. 1960년대 초반, 그리고 1960년대 말부터 1970년대 중반까지 두 번에 걸쳐 높은 증가율을 보인다. 그래프에는 제시되지 않았으나 제2차 세계대전이 종식된 후 1940년대 후반에 더욱 큰 규모의 베이비붐이 일었던 적이 있다. 1970년대 후반부터는 인구증가율이 낮아지고 전체 인구수의 증가 폭도 완만해지는 것을 볼 수 있다. 2011년부터는 증가율이 마이너스로 돌아서면서 전체 인구가 감소하고 있음을 알 수 있다. 1990년대 이후 전 세계적으로 인구증가세가 둔화하고 있으나, 경제 규모가 큰 국가가 실질 감소 추세로 전환했다는 점에서 매우 이례적인 일이 아닐 수 없다.

이러한 인구 구성 변화는 세대 부양의 문제로 이어지기 마련이다. [그림 11-6]의 그래프는 일본의 연령대별 인구 구성 변화 추이와 세대

[그림 11-6] 일본의 연령대별 인구 구성 변화

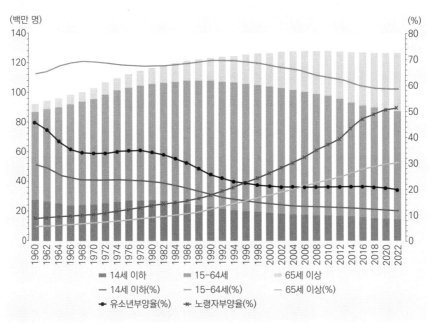

출처: World Bank 홈페이지 국가별(일본) 인구자료를 재구성.

부양률의 변화 추이를 나타낸 것이다. 생산가능 인구15~64세를 기준으로 두 개의 주요 피부양 연령대, 즉 14세 이하 연령대와 65세 이상 연령대를 나누어 표시했다. 이 두 종류의 부양률은 각각 상승과 하락 추세를 지속하다가 1997년을 기점으로 서로 자리가 바뀌었는데, 이는 일본 사회 전체의 관점에서 볼 때 1997년부터는 유소년층 부양보다 고령층 부양에 관한 부담이 더욱 커졌음을 의미한다. 실제로 일본에서는 2000년대 들어 고령층의 사회보장 문제와 관련하여 많은 사회적 논의가 전개되었으며, 이 문제는 오늘날 일본의 청년세대와 고령세대 간 갈등의 중요한 요인으로 작용하고 있다.

그렇다면 세대 부양의 문제가 어떻게 세대 간 갈등의 원인으로 작용하게 되었을까? 그 과정을 이해하기 위해서는 일본 인구 구조의 변화 과정을 주요 세대의 출현과 특징을 중심으로 살펴보아야 한다. [표 11-5]는 1930년대 이후 일본에서 형성되고 이름 붙여진 주요 세대와 특징을 필자 나름대로 정리한 것이다.[6] 일본에서 세대 구분은 미국의 세대 구분보다 더 복잡하고 구분 방식도 다양하여 [표 11-5]의 구분이 일반적이라고 단정할 수는 없다. 그러나 주요 세대의 전반적인 특징을 이해하는 데는 큰 무리가 없을 것이다.

미국에서 세대 담론이 1960년대 후반 기성세대와 베이비붐 세대 간의 인식 차이로 인해 확산한 것과 달리, 일본에서는 세대 간 차이보다는 베이비붐 세대의 특징에 대한 묘사와 함께 시작되었다. 1945년 제2차 세계대전에서 패망한 일본은 폐허가 되었으나, 오랜 전쟁이 종식되자 상대적인 안정기에 접어들었다. 전쟁이나 대재해를 경험한 모든 나라에서 그랬던 것처럼, 일본 또한 전쟁이 끝나고 사회가 안정을 되찾자 출산 인구가 급증했다. 특히 1947~1949년의 출생자가 다른 연도에 비

---

6 이 표는 일본 노동후생성이 공식적으로 언급한 세대 명칭과 주요 언론의 세대 구분 내용을 정리한 것이다. 여기서 '연령대'는 2025년을 기준으로 산출한 것이다.

[표 11-5] 일본의 세대 구분과 세대별 특징

세대 명칭	출생연도 (년)	연령대 (세)	주요 특징
불탄 자리 세대	1937~1945	80~88	전쟁 폐허에서 성장, 새 헌법 영향, 대학교육 혜택
단카이 세대 (団塊世代)	1947~1949	76~78	1차 베이비붐 세대, 입시지옥과 무한경쟁 경험, 서구 대중문화의 영향, 기성세대에 대한 반발과 반체제운동, 1970년 전후 사회 진출, 일본 경제 성장의 주역, 회사에 충성하는 사축(社畜), 경제 성장에 대한 자부심과 보수적 정치 성향
단층 세대 (断層の世代)	1950~1960	65~75	학생운동 실패 후 사회 진출, 3무(무기력, 무관심, 무책임)주의 팽배, 정치 현상에 무관심, 고도 성장기에 핵가족하에서 성장하여 개인주의적 성향, 1970년대 후반 이후 애니메이션·컴퓨터 게임 등 오타쿠 산업의 주된 소비층
신인류 세대	1961~1970 (1958~1964)	55~64	1985년 아사히 저널 연재기사 "신인류의 기수들"에서 유래, 일본이 최고라는 소리 들으며 성장, 격렬한 삶이 아닌 아름다운 것 추구, 청년기에 버블경제 경험, 미디어에 친숙하고 만화 등 하위문화 유행, 개인화 및 전문화 지향
버블 세대	(1965~1970)	55~60	플라자 합의 후 자본의 대량 방출 시 사회진출, 대규모 채용의 시대, 취업 걱정 불필요, 버블경제에서 성장, 아이돌 문화·화려한 패션 붐·해외여행 절정
빙하기 세대	1971~1986	39~54	2차 베이비붐 시기에 출생, 사회 진출기에 버블경제 붕괴로 극심한 취업난, 소비에 소극적, 결혼과 출산을 기피하고 맞벌이, 초식남, 높은 인터넷 의존, 히키코모리
단카이 Jr.	1971~1974	51~54	1차 베이비붐 세대의 자녀, 대학 재학 시 버블경제 붕괴, 피해자 심리, 잃어버린 세대, 취업 경쟁 심화, 경쟁력 강화를 위한 경력 관리, 자격증 취득과 취업 재교육
P-단카이 Jr.	(1975~1984)	41~50	어린 시절부터 게임과 인터넷 문화에 노출, 회사와 개인의 영역을 뚜렷하게 구분, 여성의 사회진출 향상
사토리 세대 (さとり世代)	1987~2004	21~38	유토리(여유/탈주입식) 교육(2002-2010년) 세대, 수업 시간 감소로 학력 저하, 자신의 내면에 충실, 지시를 기다리고 위험을 회피하는 성향 등으로 인해 윗세대와 충돌, 일과 생활의 뚜렷한 분리, 자원봉사 등으로 자기실현 도모, SNS를 통한 횡적 연결이 강하고 종적 연계는 약함
신인류 Jr. (밀레니얼)	1984~1995	30~41	저출산 시대 과잉 보호에서 성장, 풍족한 유소년기, 한류 붐, 모바일의 일상화
Z세대	1996~2005	16~29	디지털·모바일 세대
알파세대	2010~현재	0~15	디지털·모바일·AI 세대

해 압도적으로 많았는데, 일본에서는 이들 베이비붐 세대를 단카이団塊
世代 세대라고 부른다.

　'단카이'라는 명칭은 1947~1949년 3년 동안 출생자가 약 800만 명
에 육박하여 인구 구성 그래프에서 뭉툭한 덩어리 모양을 띠는 데서 비
롯되었다. 일본 경제기획청 장관을 역임한 사카이야 다이치堺屋太一는
1976년 종합 월간지《겐다이現代》에 이 세대를 대상으로 한〈단카이 세
대団塊の世代〉라는 제목의 소설을 연재했는데, 소설 제목을 따라 세대의
명칭이 굳어진 것이다. 사카이야 다이치는 단카이 세대가 많은 인구수
로 인해 진학이나 취업, 주택 문제 등에서 심각한 경쟁을 겪었지만 풍부
한 노동력을 사회에 제공하여 일본의 고도경제 성장에 기여했다는 점
을 부각했다. 이 소설은 중동발 오일 쇼크 이후 일본 경제가 단카이 세
대의 고령화에 따라 어떻게 변해갈지를 신속하게 예측했다는 평가를
받으며 베스트셀러가 되었다.

　단카이 세대는 출생자 수가 많았던 관계로 청소년기를 경쟁 속에서
보냈다. 고등학교와 대학 입시 과정에서 '입시지옥'을 거쳐야 했으며, 사
회 진출기에도 취업을 위한 무한 경쟁을 감내해야 했다. 동시에, 1960
년대 후반 당시 미국과 유럽의 저항적인 청년 문화의 영향을 받아 기성
세대에 대한 반발이 컸던 세대이기도 하다. 그 반발은 1968~1969년 일
본 대학가를 휩쓸었던, 흔히 '전공투'로 묘사되는 폭력적인 반체제 운동
으로 나타났다. 반체제 운동이 실패로 끝나고 1970년을 전후로 사회에
진출한 이들은 대학 시절과는 확연히 구분되는 모습을 드러냈다. 일본
경제와 기업의 고도 성장을 배경으로 그에 대한 자부심이 강하며 회사
일을 중시하고 회사에 대한 충성심이 강하여 '회사의 가축'이라는 의미
에서 사축社畜이라는 별명도 얻었다. 즉, 혁신성과 봉건성이라는 양립하
기 어려운 두 가지 특징이 공존하는 세대인 셈이다. 이러한 성향은 노년
기에 들어서도 여전히 남아 있다고 평가되는데, 오늘날 일본의 보수적

인 정치 성향을 이끌고 있으며 후속 세대로부터는 '목소리가 크다', '누르기가 세다'는 평가를 받기도 한다.

단카이 세대 담론이 대중적 공감을 얻자 다른 세대를 구분하는 시도가 뒤따랐다. 단카이 세대의 특징을 부각하기 위해 그 이전 세대를 규정할 필요가 생겨났다. 1937~1945년 사이에 출생한 이들은 흔히 '불탄 자리 세대'라고 부르는데, 전쟁으로 모든 것이 불타버린 자리에서 성장했다는 의미에서 붙여진 이름이다. 전쟁 폐허에서 자라난 이들은 미군정에 의해 만들어진 새 헌법의 영향을 받아 미국에 대한 거부감이 적으며, 전후에 회복된 대학교육제도의 혜택을 입은 세대로 평가된다.

단카이 세대를 뒤이어 1950~1960년 사이에 출생한 세대는 흔히 단층세대斷層の世代라고 부른다. 이들은 학생운동이 허무하게 실패로 끝난 후 대학에 진학하거나 사회에 진출했다. 가장 정열이 넘쳐야 할 시기였으나, 이전 세대의 실패로 인한 무력감과 실망감을 떠안아야 했다. 일본의 경제는 급속히 성장하고 있었지만, 이들에게는 무기력, 무관심, 무책임을 뜻하는 '3무주의' 또는 거기에 냉담과 무례를 더한 '5무주의'가 팽배했다. 이들은 정치와 사회 문제에도 무관심하여 무관심 세대라고도 한다. 이와 함께 고도 성장기에 핵가족 체제하에서 성장하여 개인주의적 성향이 강하다는 평가를 받는다. 이들의 개인주의적 문화 소비 취향은 1970년대 후반 이후 애니메이션과 컴퓨터 게임 등 '오타쿠' 산업이 발전하게 된 주요 요인의 하나로 꼽힌다.

그 뒤를 잇는 신인류 세대新人類世代는 1950년대 말에서 1970년 사이에 출생하여 일본 경제의 전성기였던 1970년대 중반부터 1980년대에 청년기를 보낸 세대를 가리킨다. '신인류'라는 명칭은 이들이 이전 세대와는 완전히 다른 감성과 가치관, 행동 규범을 가지고 있으며 동시에 기성세대의 가치관과 규범이 이해되지 않는, 전혀 다른 세계에 사는 듯한 세대라는 의미에서 붙은 것이다. 1979년 이 용어가 처음 등장했을 때는 획일화된 사회에 영합하고 무기력한 성향의 당시 젊은이들을 풍자하는 의미가 강했다. 1985년 《아사히 저널》이 '신인류의 기수들'이라는 제목의 연재기사를 게재한 이후 대중적인 유행어가 되었으며, 그 후에는 마케팅의 관점에서 더 많이 사용되었다.

신인류 세대의 특징은 전쟁, 이념 등 이전 세대가 떠안았던 짐에서 완전히 벗어났다는 데 있다. 입시와 취업, 회사 발전을 위해 치열하고 헌신적인 삶을 살아야 했던 이전 세대와는 달리, 일본 경제의 고도 성장을 배경으로 쉽게 일자리를 구하고 충분히 소비할 수 있는 여건이 만들어졌으며 아름답고 재미있는 삶을 추구하는 경향이 두드러졌다. 이들 중 상당수는 청년기에 버블경제를 경험했다. 또한, 미디어를 가까이하고 여행과 만화 등을 통해 독특한 하위문화를 지향하는 경향이 뚜렷했다. 일본의 '아이돌 문화'와 관련 산업이 발전하고 해외여행 붐이 조성된 것도 이들 세대의 소비 지향과 밀접한 관련이 있다.

일부 논자들은 신인류 세대를 1958년부터 1964년 사이의 출생자로 한정하기도 한다. 이 경우, 1965년부터 1970년 사이의 출생자를 버블 세대라는 별도의 명칭으로 구분한다. 재미와 아름다움을 추구하고 소비 지향적이라는 점에서는 신인류 세대와 차이가 없다. 다만, 버블 세대는 1985년 플라자 합의 이후 일본의 해외 자금이 일본 국내로 홍수처럼 밀려들어 거품 경제가 형성될 때 사회에 진출했다는 특징이 있다. 지인의 부탁으로 어쩔 수 없이 입사해 주는 경우가 있을 정도로 취업과 금전적인 문제를 고민할 필요가 없었던 세대이다. 이들의 사회진출과 함께, 아이돌 문화, 고급 자동차 구매, 패션 붐, 해외여행이 절정에 달했다. 버블 경제 시기에 사회에 진출한 이들은 당시 만능감에 도취됐다는 평가를 받는다. 인력 수요가 공급을 압도했던 당시 상황을 고려하는 대신, 자신이 특별한 능력을 지녔으며 무엇이든 할 수 있다고 착각했다는 것이다.

1990년대 초, 일본 경제에 낀 거품이 터지면서 사회와 경제 전반에

급격한 변화가 생겨났다. 이른바 '잃어버린 20년'이라고 부르는 장기 불황이 시작되면서 신인류 세대가 누렸던 것과 정반대 상황이 전개된 것이다. 일본 경제의 거품이 꺼진 1990년대와 2000년대 전반에 걸쳐 사회에 진출한 세대를 빙하기 세대氷河期世代 또는 잃어버린 세대ロスジェネ라 칭한다. 출생년도를 기준으로 보면 1971년에서 1986년또는 1984년 사이의 출생자가 해당한다. 빙하기 세대라는 용어는 1992년 취업 잡지《취직 저널就職ジャーナル》11월호에 처음 등장한 후 노동후생청 등 정부기관을 포함하여 사회 전반에서 폭넓게 사용하고 있다.

빙하기 세대는 사회에 진출하면서부터 취업난 등으로 험난한 시간을 보내야 했다. 사회경제적 여건이 악화됨에 따라 소비와 대인관계에 매우 소극적인 것이 특징이다. 결혼을 기피하고 연애 등 사교활동을 꺼리는 젊은이가 많아지면서 '초식남'이라는 용어도 생겨났다. 결혼한 부부가 함께 생계전선에 뛰어드는 맞벌이 현상이 증가했으며 출산을 기피하는 경향이 더욱 뚜렷해졌다. 이들의 성장기와 청년기에 인터넷이 널리 보급되어 인터넷에 몰두하는 사람이 많아졌으며, 사회생활에 적응하지 못하고 집 안에 틀어박혀 생활하는 은둔형 폐인히키코모리, 引きこもり 현상도 생겨났다. 최근 일본 경제의 회복에 따라 상황이 나아졌으나, 이들은 한창 사회적으로 활동해야 하는 청장년 시기를 극심한 취업난과 경쟁 속에서 보내야 했다.

일부에서는 빙하기 세대를 전기와 후기로 나누어 별도의 명칭을 붙이기도 한다. 1971년에서 1974년 사이의 출생자가 단카이 세대1947~1949년의 자식 세대라는 점에 착안하여 이들을 단카이 주니어 세대라고 부르기도 한다. 실제로 1차 베이비붐 때만큼은 아닐지라도 이 시기 출생자는 그 이전 및 이후와 비교하여 확연하게 많다. 단카이 주니어 세대는 앞서 서술한 빙하기 세대의 특징 전반을 공유하지만, 동일 연령대의 인구가 많아 취업 경쟁이 더 심하고 그로 인해 취업과 이직 시장에서 자신의 가치를 높이기 위해 상급 학교로 진학하거나 각종 자격증을 취득하는 사례가 많은 편이다. 이러한 경향에 따라 '커리어 업'이나 '더블 스쿨'과 같은 유행어가 생겨나기도 했다.

빙하기 세대의 후기 세대, 즉 1975년에서 1986^{또는 1984}년 사이의 출생자를 포스트–단카이 주니어 세대라고 부른다. 이들을 따로 구분하는 이유는 이들이 전기 세대와 인구학적으로 구분되는 데다, 인터넷 문화에 훨씬 친숙하기 때문이다. 유소년기부터 TV 게임을 즐겨온 이들은 인터넷 보급과 함께 인터넷 문화의 주축으로 자리 잡았다. 또한, 이 세대는 '초식남' 현상의 다른 측면으로 여성의 사회진출이 두드러진 세대로 평가받기도 한다.

빙하기 세대의 후속 세대는 사토리 세대^{さとり世代}라고 부른다. 1987년부터 2004년 사이에 출생한 사람들을 가리키며 2025년 기준으로 21~38세에 해당하는 젊은층이다. '사토리^{さとり}'는 득도 또는 달관을 뜻하는 단어로, 이 명칭은 이들 세대가 청소년기에 받은 교육의 방식과 밀접한 관련이 있다. 일본 정부는 기존의 주입식 교육에서 탈피하고 사고력, 표현력, 배려 등 살아가는 데 꼭 필요한 덕목을 갖춘 인재의 양성을 목표로 1980년대부터 단계적으로 교육정책을 개혁했다. 이러한 새로운 방향의 교육을 유토리^{ゆとり} 교육 또는 여유^{餘裕} 교육이라 하는데, 2002년을 기점으로 공교육기관을 대상으로 전면적으로 도입했다. 유토리 교육은 살아가는 데 필요한 힘을 가르치는 교육으로 정의하기도 하는데, 이후 학생들의 전반적인 학력 저하 현상이 나타나면서 2010년에 공식적으로 폐지되었다.

사토리 세대의 명칭은 유토리 교육 등의 영향으로 이들이 욕심이 없고 마치 깨달음의 경지에 이른 것처럼 보인다는 의미에서 붙여졌다. 성공, 연애, 여행 등 성취 지향적이거나 소비 지향적인 것보다 자신의 내면을 충실히 하는 데 더 큰 관심을 기울인다고 평가된다. 직장에서는 능동적이기보다는 상사의 지시를 기다리고 위험을 회피하는 편이라는 평가를 받는다. 일과 생활의 균형, 즉 '워라밸'의 권리를 주장하고 양자를 분리된 영역으로 간주하며, 회사에 대한 충성보다는 개별적인 자원봉사 등으로 자아실현을 도모하는 경향이 뚜렷하다고 한다. 따라서 인간관계에서도 횡적으로는 강한 유대를 발휘하는 반면 수직적인 인간관계에는 잘 적응하지 못한다는 평가가 있다. 이와 함께, 모바일 기기 등을 활용한 SNS 활동이 생활의 주요 부분으로 자리 잡은 세대이다.

사토리 세대를 서로 다른 두 세대로 구분하기도 한다. 1984년에서 1995년 사이의 출생자들이 신인류 세대1961-1970년의 자녀 세대에 해당한다고 하여 이들을 신인류 주니어 세대라고 부르기도 한다. 또한, 이 시기의 출생자가 미국의 밀레니얼 세대처럼 2000년대에 성장기를 거치고 2008년 세계 금융위기 이후에 사회에 진출했다고 하여 밀레니얼 세대라고 칭하기도 한다. 어떤 이름으로 칭하든, 이 세대는 저출산 시대에 과잉보호의 환경에서 성장하여 상대적으로 풍족한 유소년기를 거쳤다는 점과 인터넷과 모바일 환경에 익숙하다는 점이 특징이다. 이와 함께, 1996년에서 2005년 출생자를 Z세대로 구분하기도 한다. 미국의 Z세대와 마찬가지로, 디지털 모바일 환경에서 성장하여 디지털 네이티브라는 의미에서이다.

지금까지 살펴본 것처럼, 일본의 세대 구분은 미국의 세대 구분보다 훨씬 복잡하고 세대 구분에 관한 관점도 더 다양한 편이다. 이는 학계, 정부, 언론, 마케팅 회사 등 다양한 집단이 서로 다른 취지와 목적에서 다양한 틀을 적용하여 세대를 구분해 왔기 때문이다. 여러 세대 구분법이 각자의 틀 내에서는 나름의 정합성을 지니고 있어서 반드시 어떤 구분법이 올바르다고 단언할 수는 없다. 다만, 한국이나 미국도 마찬가지지만 특히 일본의 경우에는 세대 담론과 세대 구분이 마케팅의 목적으로 전개되는 경우가 많으므로 그 점에 유념해야 한다.

이와 함께 일본의 세대는 인구학적, 거시경제적, 정치·정책적 요인으로 각 세대 간의 구별 또는 단절이 더욱 뚜렷하게 드러난다는 점에 유의할 필요가 있다. 그만큼 각 세대 간에 사회경제적 위치가 다르고, 가치 체계를 포함한 문화적인 차이가 크며, 정치적 입장과 국가 정책에 대한 태도가 다르기 때문이다. 즉, 세대 간 차이가 세대 문제 또는 세대 갈등으로 전환될 여지가 많다는 것인데, 실제로 일본에서는 1990년대 이후 세대 갈등이 중요한 사회적 문제로 거론되어 왔다. 일반적으로 사회경제적 기반을 이미 다진 기성세대는 정치적으로 보수적인 성향이 강하지만, 새롭게 무엇인가에 도전해야 하는 젊은 세대는 자유주의적인 성향이 강한 편이다. 이러한 세대 간의 정치적 입장 차이는 특히 일본에서 매우 뚜렷하게 나타난다.

2010년대에 들어 다시 고개를 든 이른바 혐한嫌韓 현상은 세대 간 정치적 인식 차이를 여실히 보여 준다. 2011년 한국 헌법재판소가 위안부 피해자의 대일 배상청구권 문제에 대해 정부가 노력하지 않는 것이 위헌이라는 판결을 내린 이후, 한일 양국 정부 간 위안부 피해배상 협상 문제가 외교적 갈등 현안으로 부상한 바 있다. 2012년 12월, 아베 신조가 총리로 당선되고 새 내각이 출범한 이후 한일 갈등이 심화했으며 일본 사회의 혐한 현상으로까지 번져 나갔다. 이 혐한 현상은 당시 실권을 장악한 보수 우파의 정치적 입장에 영향을 받았는데, 정치적 이슈에 관심이 높은 고령층에서 특히 두드러지게 나타났다.

한국에 대한 세대 간의 인식 차이는 2019년 7월 일본의 전략물자 수출 규제와 한국의 지소미아GSOMIA 중단 경고 등의 문제가 얽혀 한일 관계가 더 악화한 이후에도 재차 확인되었다. 당시 양국 민간 차원에서는 여행 보이콧 흐름이 생겨나면서 방문자 수가 급감했는데 일본 젊은 층의 한국 방문자 수는 그다지 줄어들지 않았다. 또한, 방탄소년단을 비롯한 한국 아이돌 그룹에 대한 일본 젊은이들의 팬덤 문화도 별다른 영향을 받지 않았다. 이러한 현상과 관련하여 일본의 일부 언론들은 한일 관계를 둘러싸고 가족 내에서 벌어지는 세대 갈등을 조명하기도 했다.

사회보장의 세대 편향성과 제도 개혁

일본의 세대 간 갈등은 무엇보다도 이해관계가 확연하게 갈리는 사회보장 영역에서 더욱 뚜렷하게 드러난다. 사회보장을 둘러싼 세대 간 갈등은 인구학적 구성과 거시경제적 상황의 변화 그리고 정책적 요인이 결합하여 생겨난 것이다. 일본의 세대 문제와 사회보장 이슈의 관계를 살펴보기 위해서는 연령대별 인구 구성의 변화 과정을 다시 들여다볼 필요가 있다.

[그림 11-7]은 1970년, 1990년, 2020년, 2040년 일본의 연령대별 인구구성을 막대 구간으로 표시한 그래프이다. 1970년 그래프에서 20대 전반 구간이 긴 막대로 뭉툭하게 표시되어 있는데, 이 구간이 1947년에서 1949년 사이에 출생한 단카이 세대, 즉 1차 베이비붐 세대에 해당한다. 1970년 무렵 사회에 진출하기 시작한 이들은 1990년대 초까지 풍부한 노동력 자원을 제공하며 일본 경제 성장의 주역으로 활동했다.

1990년 그래프를 보면 10대 후반 구간의 막대가 단카이 세대의 막대와 비슷하게 돌출된 것을 볼 수 있다. 이 구간은 1971년에서 1974년 사이 출생자 구간으로 단카이 세대의 자녀에 해당하고 2차 베이비붐 세대라 할 수 있는 단카이 주니어 세대이다. 1990년 시점에서 노동시장과 관련된 두 가지 상황을 주목할 필요가 있는데, 하나는 단카이 주니어 세대가 노동시장에 진입하기 시작했다는 점과 다른 하나는 단카이 세대가 10여 년 후에 정년을 맞이한다는 점이다. 이러한 상황에 대비하여 일본 정부는 1986년부터 당시 55세였던 정년을 점진적으로 60세로 연장하는 조치를 취해 왔으며, 1998년에는 60세 정년을 법제화하는 한편 사용자

[그림 11-7] 일본 연령대별 인구 구성

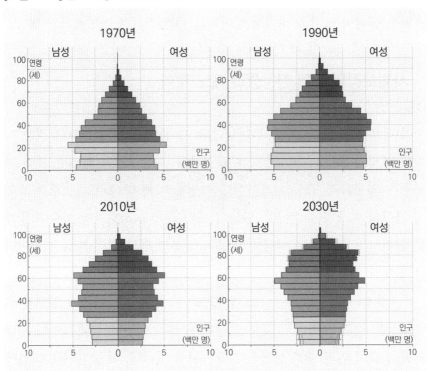

1970년, 1990년, 2010년, 2030년 기준, 일본의 연령대별 인구 구성을 나타낸 것이다.
2030년은 예측치를 사용했고, 점선은 추정값의 최대치와 최소치를 나타낸 것이다.
출처: UN Population Division 자료를 재구성.

가 단계적으로 정년을 추가 연장할 수 있도록 유도했다.

2010년의 그래프는 두 가지 특징이 있다. 첫째, 1차 베이비붐 세대, 즉 단카이 세대가 법정 정년인 60세를 넘기기 시작했다는 점이다. 단카이 세대의 은퇴는 연금을 포함한 사회보장 비용의 증가를 의미한다. 일본 정부는 정년 연장 조치를 단계적으로 시행하고 2013년부터는 고용기간을 65세로 의무화하는 동시에 연금지급 개시연령을 60세에서 65세로 상향 조정했다. 둘째, 1980년대 후반부터 시작된 저출산 추세가 굳어졌다는 점이다. 2차 베이비붐 세대의 자녀 세대에서 두툼한 인구층이 형성되지 않고 계속 감소한 것이다. UN 등 여러 기관의 예측과 같이 일본의 저출산과 평균수명 연장으로 인한 초고령화 추세는 정부가 아무리 적극적으로 개입하더라도 당분간은 변함없을 것으로 보인다.[7]

이러한 인구 구성 변화로 인해 인구 부양률, 특히 고령자 부양률이 급속하게 증가했는데, 이는 현재 생산활동에 종사하는 청장년층과 미래의 생산 주역이 될 유소년층이 고령층 부양을 위해 더 큰 짐을 떠맡아야 함을 의미한다. 2016년 일본 중부권사회연구소가 세대별 사회보장 급부와 부담을 비교 분석한 '세대 회계' 자료는 이와 관련된 이해관계가 세대별로 어떻게 대립하는지를 극명하게 보여 준다. 세대 회계는 개인이 평생 지불해야 하는 세금과 보험료 등의 부담과 국가로부터 받는 연금 및 의료 보험 등의 혜택을 금액으로 환산하여 그 차액을 세대별로 비교하는 지표이다. 그 결과에 따르면, 당시의 70~74세 인구층은 2,100만 엔 정도 이득을 보는 반면, 20~24세 인구층은 약 4,500만 엔 이상의 손해를 감수해야 하는 것으로 나타났다. 평생 소득에서 차지하는 세금 등의 부담 비율도 70대는 1% 이하이나 20대는 20% 이상이나 된다.[8]

더욱 심각한 문제는 저출산, 초고령화가 고착된 상황에서 세대 회계의 불균등성이 더욱 확대되고 있다는 점이다. 2018년 일본 재무성이 발표한 자료에 따르면, 사회보장 총 지출액은 1990년 47조 4,000억 엔에서 2015년 114조 9,000억 엔으로 3배 이상 증가했다. [그림 11-8]에 제시된 것처럼, 이 지출에 필요한 자금은 크게 정부의 공적 부담, 사업주 부담액, 피보험자 부담액 등으로 구성되는데, 같은 기간 동안 공적 부담 비율은 25%에서 37%로 급증했으나, 사업주 부담 비율은 32%에서 26%로 감소하고 피보험자 부담 비율은 28%에서 29%로 1% 증가하는 데 그

---

7 일본은 2006년에 65세 이상 고령층 인구가 전체 인구의 20%를 넘어섬에 따라 UN이 정의한 초고령화 사회에 진입했다. UN은 고령화 정도에 따라 사회를 세 단계로 구분한다. 전체 인구 중 65세 이상 고령인구 비율이 7% 이상이면 고령화 사회, 14% 이상이면 고령 사회, 20% 이상이면 초고령화 사회로 구분한다.

8 https://bit.ly/3c86Lc7

[그림 11-8] 사회보장 지출 구성 및 자금 구성

	1990년	2015년
피보험자 부담	18.5兆円(28%)	35.4兆円(29%)
사업주 부담	21.0兆円(32%)	31.6兆円(26%)
공적 부담	16.2兆円(25%)	46.1兆円(37%)
총지출액	47.4兆円	114.9兆円

(兆円)

지출액 114.9

120.4兆円
요양, 복지 등 24.8兆円
의료 38.9兆円
연금 56.7兆円

재산수입 등
지방세 등 13.6兆円
국채 46.3兆円
국세재원
국고부담 32.7兆円
보험료 68.6兆円

정부 재원
보험료

1990　2000　2010　2015　2017　2017 연도(년)

첫다. 즉, 정부 재원에 의한 부담률만 증가하고 사업주와 피보험자가 부담하는 보험료 비중은 오히려 감소한 것이다. 이와 함께 2018년에 경제재정자문회의가 발표한 자료에 따르면,[9] 사회보장 지출액은 계속해서 증가하여 2040년에는 190조 엔에 이를 것으로 추산되는데, 이는 2017년의 지출액보다 약 60% 상승한 규모이며, 2040년 국민총생산 추정치의 약 24%에 해당한다.

인구 고령화와 저출산에 따른 사회보장 비용 부담의 증가 문제는 충분히 예측할 수 있는 문제여서, 일본 정부는 단계적인 개혁을 추진해 왔다. 1961년 국민의료보험 및 연금체제를 확립한 이후 약 20여 년 동안은 사회보장의 범위와 국가 지원 규모를 꾸준히 확대했다. 국가 부담 비중이 계속 확대되자, 1983년에는 고령층 의료비를 기타 건강보험에

9　https://bit.ly/2AbUPJ8

서 부분적으로 충당하는 내용을 골자로 하는 〈건강의료서비스법〉을 제정·시행했다. 1986년에 연금제도 개혁의 필요성이 제기되자, 정치권은 고령화 사회에 진입한 후에도 연금제도가 유지될 수 있도록 제도를 개혁해야 한다는 데 원칙적으로 합의했다.

1990년대 초 버블 경제가 붕괴되고 청년세대의 미취업 문제가 심각한 사회 문제로 등장함에 따라 사회보장제도를 조속히 개혁해야 한다는 기류가 형성되었다. 이에 따라 일본 정부는 1994년에 21세기 복지 비전을 발표하며 연금 : 의료 : 복지의 비중을 5 : 4 : 1에서 5 : 3 : 2로 전환하는 계획을 추진했다. 2000년대에 들어서서도 사회보장제도 개혁에 관한 논의를 지속했는데, 논의의 초점은 국고 지원을 확대할 수 없는 상황에서 제도의 지속적인 운영을 위해 어떻게 재원을 안정적으로 확보할 것인가에 모아졌다. 실제 일본은 버블 경제 붕괴 이후 국민총생산은 제자리걸음을 반복했으나 국가 채무는 매년 20~50조 엔씩 증가했는데, 그 채무의 상당 부분은 사회보장 부문의 비용 증가와 관련이 있었다.

이러한 상황에서 2009년에 집권한 민주당 내각은 사회보장제도와 세금제도를 연동하여 개혁하는 방향을 제시하고 단계적인 방안 마련에 착수했다. '사회보장-세 일체 개혁'이라는 이 방안은 5단계로 나뉘어 추진되었다. 이 개혁 방안을 단계별로 간략히 살펴보면 다음과 같다.[10]

1단계는 전반적인 방향과 방안을 모색하는 단계로, 당시 민주당 정부는 2010년 10월에 사회보장개혁검토본부를 설치하고 2011년 중반까지 사회보장의 구체안과 세제 개혁안을 통합적으로 검토하여 최종안을 마련하기로 했다. 이후 전문가 기구 등을 설치하고 논의를 지속하여 2011년 6월 '사회보장-세 일체 개혁안'이하 개혁안을 만들었다. 이 안은 사회보장의 재원을 안정적으로 확보하기 위해 당시 5%였던 국가와 지

---

10 국민대통합위원회(2017), 「해외국민 통합사례」

방의 소비세 세율을 2010년대 중반까지 10%로 인상한다는 내용을 골자로 한다. 이 개혁안은 소비세율 인상 시점을 명기했다는 점과 민주당이 집권 전에 내건 사회보장 확대 공약을 부분적으로 철회하고 과감하게 정반대의 정책을 제시했다는 점에서 의미가 있는 것으로 평가된다.

2단계는 그 개혁 방향과 방안을 확정하는 단계로, 주요하게는 '사회보장-세 일체 개혁 대강'^{이하 개혁 대강}이 대외적으로 발표되었다. 개혁 대강은 "혜택은 고령자, 부담은 현역세대"라는 기존 제도의 기조를 수정하는 것을 목표로 한다. 주요 내용은 연금, 의료, 요양 이외에 미래 세대에 대한 투자를 강화하는 차원에서 어린이 육아 지원을 확대하고, 소득 정도를 반영하여 연금 급부액을 조정하며, 사회보장-세 개혁에 모든 세대가 함께 대응한다는 방향을 설정했다. 또한, 소비세 개혁 일정을 구체화하여 2014년 4월까지 8%로, 2015년 10월까지 10%로 인상하는 방안을 확정했으며, 그 밖에 소득세 최고 세율을 인상하고 상속세 과세를 강화하는 반면 증여세는 경감하는 방안 등을 함께 제시했다.

3단계는 입법 과정으로, 개혁 대강에서 구체화한 개혁안이 여러 법률에 반영되어 제정되거나 개정되었다. 2012년 8월, 사회보장-세 일체 개혁의 법적 근거가 명시된 〈사회보장제도 개혁추진법〉을 비롯하여, 〈세제발본개혁법〉, 〈어린이·육아 지원법〉, 〈공적연금법〉, 〈소비세법〉 등 총 8개 법률이 중의원과 참의원의 심의로 제정·개정되었다. 특히 〈세제발본개혁법〉에서는 연금, 의료, 요양 등 사회보장 비용과 저출산 대책 경비 등을 위한 안정적인 재원을 마련하기 위해 소비세율을 2014년 4월에 8%로, 2015년 10월에 10%로 인상하도록 했다.

4단계는 추진기구 설치 및 시행 법안 제정 단계이다. 2012년 12월에 출범한 아베 신조 수상의 자민당과 공명당 연립내각의 주도하에 진행되었다. 자민당-공명당 연립내각은 민주당 집권기에 마련된 사회보장-세 일체 개혁을 계속 추진한다는 입장을 표명하고 사회보장제도개혁 국민회의를 출범시켰다. 국민회의는 전문가 위원회를 설치하여 사회보장의 4대 분야, 즉 저출산, 의료, 요양, 연금의 개혁 방향성에 대해 논의하여 각각의 결과를 제시했다. 정부는 이를 바탕으로 2013년 8월 사회보장제도 개혁에 관한 프로그램법의 골자를 만들었으며, 12월에는 〈사회보장개혁 프로그램법〉이 의회를 통과했다.

5단계는 개혁 추진 단계로, 각 부처의 관료로 구성된 사회보장제도 개혁 추진본부가 실제적인 개혁을 담당한다. 2014년 4월부터 소비세율을 8%로 인상하고, 2015년 4월부터 어린이·육아 지원과 관련된 새로운 제도를 시행했으며, 2017년 4월부터 노령기초연금 수급자격 기간을 10년으로 단축하는 등 제·개정된 법률에 따라 정책을 시행해 오고 있다. 그러나 다른 한편으로는, 소비 침체 우려와 고령층의 반발 등으로 개혁 과정이 지체되거나 연기되는 경우도 발생했다. 그 대표적인 예가 소비세율 2차 인상인데, 2015년 10월에 10%로 인상하기로 예정되었던 계획은 두 차례 연기를 거쳐 2019년 10월에야 실시되었다.

실버민주주의와 개혁의 지체

지금까지 살펴본 바와 같이 일본의 사회보장제도는 젊은층보다 고령자를 우선하고 있어서 매년 재정지출이 고령자에 편중될 뿐만 아니라 정부의 부채 누적이라는 형태로 미래 세대의 부담이 커지는 상황이다. 저출산 고령화의 상황에서 현 고령자에 지급되는 급부 재원을 세금과 사회보험료만으로는 충당할 수 없어서 부채가 늘어나고 있다. 이는 결국 후속 세대의 부담이 되기 때문에 갈수록 세대 간 격차가 확대되는 결과를 낳고 있다. 이러한 세대 간 불공정 문제를 해결하기 위해 일본 정부는 사회보장－세 일체 개혁을 추진하고 있지만 '실버민주주의'가 개혁의 발목을 잡는 면이 있다.

실버민주주의는 민주주의 국가에서 고령층의 투표율이 높기 때문에 고령자의 이익에 합치하는 정책이 추구되기 쉽고 고령층의 이익을 반영한 근시안적 정치가 지배하는 현상을 말한다. 일례로 일본 민주당에서는 2009년 중의원 선거를 앞두고 제창한 공약 중 하나인 '어린이수당' 정책을 추진하려다가 실패했는데, 이 경우도 실버민주주의의 영향으로 볼 수 있다. 민주당은 '육아의 사회화'라는 관점에서 어린이수당 정책을 구상했는데, 이는 고령층 위주로 편중된 사회보장 급부를 어린 세대에게 확대하여 세대 간 불균형을 바로 잡으려는 의도였다. 그러나 어린이수당의 본연의 취지에 대한 사회적 논의가 활성화되지 못한 상태에서 어린이수당의 재원 문제가 여야의 쟁점으로 부상하는 바람에 이 정책은 실패로 끝나고 말았다. 고령층 위주의 사회보장 예산은 그대로 견지하면서 어린이수당이라는 새로운 정책에 필요한 재원 마련 방안만이 논쟁거리가 되었기 때문이다.

　　이 밖에도 2015년 5월 17일 오사카부의 오사카시를 폐지하고 5곳의 특별구를 설치한다는 오사카도의 구상도 무산되었다. 사회보장 예산이 감소할 것을 우려하여 고령층 유권자가 주민투표에서 반대표를 던진 것이다. 많은 인구층을 바탕으로 한 고령층의 정치적 영향력이 커지면서 일본의 정치인들이 고령층을 우선시하는 정책을 내세우는 경우가 많아졌으며, 이러한 경향은 최근 10여 년간 더욱 뚜렷해지고 있다. 세대 간 불공정성 시정의 필요성에 대해 많은 정치인이 공감하지만, 실제 개혁을 추진하는 과정에서는 실버민주주의가 걸림돌로 작용하는 것이다.

　　일본의 사회보장–세 일체 개혁 추진은 세대 갈등이라는 사회 문제를 안고 있는 나라들에 많은 시사점을 던져 준다. 첫째, 정치적으로 합의된 사회보장 개혁 방향의 마련이다. 일본은 사회보장제도를 개혁하기 위해 재원 확보와 연계 추진 등의 기본 방향을 설정했고, 구체적인 추진 방식과 추진 시점 등을 명문화하는 등 합의된 개혁 방향을 마련했다.

둘째, 사회보장과 조세 부담을 결합한 통합적 개혁 추진이다. 세계 각국이 저출산 고령화에 따라 사회보장비의 지출이 급증하고 있는 현실을 감안하면 사회보장 개혁과 세제 개혁 그리고 국가와 지방 간의 역할 분담 등을 통합적으로 고려하여 개혁을 추진하는 방안은 매우 효율적일 수 있다. 특히 각종 세제상의 공제 혜택과 사회보장서비스 간의 상관관계를 고려하여 사회보장의 혜택 대상자를 선정하고, 미래 세대에 큰 부담을 주지 않으면서 동일 세대 내에서 혜택과 부담을 공유하려는 논의 등은 주목할 필요가 있다.

그러나 사회보장과 조세 부담을 결합한 통합적 개혁이라는 원래의 방향과 달리, 실제 개혁 과정은 사회보장 개혁보다 세금 개혁에 초점이 맞춰지는 바람에 사회보장 개혁의 속도는 상당히 더딘 편이다. 또한 재원 확보의 주요 수단이 되는 소비세 인상 시점이 계속 연기되어 아쉬움을 남기고 있다. 몇 년간에 걸친 소비세율 인상 논의 끝에 2015년 4월에 8%, 2015년 10월 10%를 인상하기로 확정했으나, 자민당 정권의 아베 총리는 경기 상황을 이유로 10%의 인상 시점을 2017년 4월로 연기하고, 다시 2019년 10월로 재차 연기했다. 우여곡절 끝에 결국 소비세율이 인상되었으나, 이로 인해 소비가 위축된다는 우려의 목소리가 있는가 하면 거듭된 연기로 인상의 실효성이 떨어졌다는 비판적 견해도 있다. 이로 인해 재원 확보가 어려워져 사회보장 개혁의 실효성이 떨어질 수 있다는 우려도 제기되었다.

이러한 상황은 무엇보다도 소비세율 인상에 대한 국민적 합의가 미비한 데서 비롯된 것이다. 따라서 전문가들의 개혁 검토와 더불어 국민의 의사를 흡수하고 논의하는 제도적 장치가 필요함을 알 수 있다. 특히 유권자 수가 많은 일부 세대의 정치적 영향력에 휩쓸리기보다는 모든 세대가 공정하게 참여하는 논의의 틀을 마련하는 것이 중요하다.

결론적으로, 일본의 사례는 저출산 고령화 사회의 사회보장 정책은 급부와 부담의 세대 간 격차를 해소하면서 일부 세대에게 편중되지 않는 지속 가능한 제도로 나아가야 한다는 점을 시사한다. 실버민주주의의 영향을 배제하기가 현실적으로 쉽지 않을 수 있으나, 개혁을 사회적 의제로 격상하여 공공의 장에서 세대 간의 논의와 조정, 적절한 타협을 모색해 나가는 것이 중요하다.

📖 참고문헌

국민대통합위원회(2016), "해외국민통합사례연구: 경험과 시사점."《대통령소속 국민대통합위원회 보고서》. 2016−11.

Strauss, William and Neil Howe(1991). *Generations: The history of America's future, 1584 to 2069*. New York: William Morrow & Co.

Strauss, William and Neil Howe(1997). *The fourth turning: What the cycles of history tell us about America's next rendezvous with destiny*. New York: Broadway Books.

https://www.pewresearch.org/topics/generations-and-age/ (퓨리서치센터의 미국 인구 및 세대 관련 글 모음)

https://population.un.org/wup/DataQuery/ (UN 인구분과 인구 관련 통계 데이터베이스)

https://www.worldbank.org/ (World Bank 국가별 인구 관련 통계 DB)

https://bit.ly/2SsDRNb (Wikipedia 미국 인종 및 에쓰닉 인구 관련 자료)

https://bit.ly/3c86Lc7 (중부권사회연구소 일본 세대회계 관련 자료)

https://bit.ly/3dbGvif (국민대통합위원회 홈페이지, [일본] 세대 간 대립과 사회보장제도 개혁 — 계층 및 세대 갈등 통합 사례)

https://bit.ly/2AbUPJ8 (일본 경제재정자문회의 사회보장 미래 지출액 추산 자료)

제12장

디지털 세대의
새로운 시민성과 시민교육*

* 이 장은 '박기범(2017). AI쇼크와 시민교육의 과제. 시민교육연구, 49(4), pp.25-41.'을 수정 보완했다.

① AI 시대의 도래와 기술적 실업

다가오는 특이점

👤 4차 산업혁명을 주도하는 인공지능

1956년, 수학, 심리학, 컴퓨터공학 분야의 학자들이 모인 다트머스 회의에서 '생각하는 기계'에 대한 논의를 시작으로 인공지능AI이란 용어가 처음 등장했다(ETRI, 2016: 56 재인용). 그 이후 2016년에 국외의 '4차 산업혁명'과 국내의 '알파고 충격'에 대한 논의는 우리 사회의 주요 이슈가 되었다. 과학기술과 융합학문의 발전으로 도래한 인공지능으로 우리 사회는 큰 도전에 직면해 있다. 인문사회 분야에서도 관련 정보와 아이디어에 기반한 다양한 미래 예측 결과가 홍수를 이루고 있다. 시민교육 분야 또한 새로운 도전에 직면하며, 미증유의 과제를 부여받고 있는 상황이다.

우리는 20세기에 공상과학 영화에서 볼 수 있었던 수많은 상상적 이야기를 현실에서 목도하고 있다. 글로벌 지성인, 스티븐 호킹 박사는 인공지능이 인간을 완전하게 대체할 수 있다고 경고한다. 그는 인공지능이 인간보다 우월한 새로운 생명체일 것임을 예견했다(cambridge news, 2017). 천재 물리학자뿐만 아니라 많은 연구자들은 인간이 인공지능과 로봇에 지배받는 사회가 도래할 수 있음을 우려한다.

인간이 개발한 기술지능과 인간의 지능에 대한 논의에서, 스캐너와 신디사이저를 발명한 구글의 엔지니어링 이사인 레이 커즈와일은 컴퓨터의 능력과 인간의 전체 지능 수준에 차이가 없어져 전통적인 사고체계로 예측할 수 없는 시기를 특이점 singularity 으로 규정한다. 특이점의 사전적 의미는 놀랄 만한 결과를 가져오는 특이한 사건인데, 레이 커즈와일은 인간의 능력이 기술과 연결되어 생물학적 한계를 추월할 수 있다는 견해를 설파한다. 인간의 능력이 선형적 증가에서 생물학적 인간의 능력과 기술의 융합으로 기하급수적 증가의 형태로 발전할 수 있다는 것이다. 그는 인간의 생물학적 능력과 인공지능 테크놀로지에 차이가 없어지는 기술적 특이점 technological singularity을 2045년으로 추론한다 (Kurzweil, 2005).

인간의 지적 능력과 기술 수준의 차이가 없어지고, 인간의 고유한 영역인 지적 분야에서 인간을 대체할 수 있는 인공지능의 출현을 예견하는 시점에서, 시민교육의 새로운 지향점은 무엇인가? 19세기 후반에 사회적 효용성과 평등을 위해 등장한 보통 교육에 기반한 시민교육은 새로운 지평과 비전을 제시할 시점에 직면했다.

이 장에서는 4차 산업혁명 시대의 특징과 전개 양상을 살펴보고, 기술이 인간의 고유영역으로 여겨 왔던 지적 능력에 도전하는 시대에, 인간을 위한 시민교육의 방향을 탐색하고자 한다.

👤 특이점

우리가 알고 있는 특이점에 대해 최초로 언급한 사람은 존 폰 노이만이다. 그는 게임이론과 원자폭탄 개발로 잘 알려진 수학자이다. 그 외에 미국의 수학자인 버너 빈지와 AI 연구자 한스 모라벡이 커즈와일 이전에 기술적 특이점을 논했다(Inoue, 2016: 42-43; Kurzweil, 2005: 44-45) 카네기 멜론 대학 로봇연구소의 한스 모라벡 박사는《마음의 아이들 Mind Children》에서 인공지능이 10년마다 세대가 바뀔 정도로 급속히 발달해 2040년대 이후에는 로봇이 인간의 지능 1억 MIPS[1] 에 도달할 것으로 전망했다. 그는 로봇이 인류의 정신적 문화유산, 지식, 문화, 가치관 등을 이해할 수 있는 수준이 되면, 자기학습을 통해 인간의 능력을 추월

---

1   1MIPS: 초당 100만 개의 명령을 실행하는 컴퓨터 속도 단위

할 것으로 예측한다. 로봇이 스스로 논리를 만들어 낼 수 있는 능력을 갖는 것이다(Hans Moravec, 1988: 한겨레신문(2012)에서 재인용). 여기서 컴퓨터 한 대의 처리 속도가 모든 인류가 가진 지능의 처리 속도를 능가하는 급격한 진보와 더불어 유전 공학, 나노테크놀로지, 로봇 공학 등이 특이점의 도래를 가능케 한다고 한다(Inoue, 2016: 44; Kurzweil, 2005: 277-310). 결국 특이점은 인공지능이 인간의 지능을 추월하는 변곡점으로 해석할 수 있다.[2]

👤 인공지능의 진화

인공지능은 인간이 개발한 고도의 지적 기술을 의미한다. 설Searle은 인공지능을 약인공지능weak AI과 강인공지능strong AI으로 구분하고, 약인공지능은 인간의 활동을 지원하는 도구로 활용되지만, 강인공지능은 그 자체가 하나의 마음으로 인간과 같은 사고를 할 수 있다고 한다(Searle, 1980: 417). 한국전자통신연구원ETRI은 인공지능기술의 진화 단계를 [그림 12-1]처럼 세 단계로 제시한다. 인공지능은 인간의 지적 활동을 지원하는 빅데이터 인공지능과 인간능력증강 인공지능 단계를 거

[그림 12-1] 인공지능 기술의 진화 방향

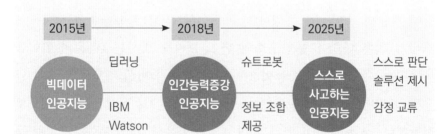

출처: ETRI, 2015: 12.

---

2 그의 저서 《특이점이 온다》의 원서 부제는 'When Humans Transcend Biology' 이다.

쳐 스스로 사고하고 판단할 수 있는 강인공지능으로 진화할 것으로 예상된다(2015: 12).

인공지능은 인간의 고유영역으로 알려진 언어 개발과 소통, 호기심과 추론 능력 분야에서 지속적으로 진화하고 있다. 최근 페이스북 인공지능연구소Facebook AI Research Lab, FAIR 의 연구는 인공지능이 스스로 언어를 개발하는 단계에 이르렀다는 연구 결과를 공개했다. 연구원 마이크 루이스와 조지아공대 데비 파리크 등 연구진은 최근 페이스북의 챗봇에 협상 방법을 훈련시키는 과정에서 인공지능이 새로운 언어를 스스로 개발해 업무를 수행하는 일이 발생했다고 한다. 언어를 개발하라는 인간의 지시가 없었으나, 인공지능은 높은 보상을 받기 위한 방법으로 스스로 언어를 만들어 인공지능끼리 협상하려고 시도했다는 해석이 있었다(한겨레신문, 2017). 페이스북 연구진이 챗봇 훈련 과정에서 발견한 인공지능의 '고유 언어의 자발적 개발' 현상은 결국 오류로 판정됐지만 인공지능의 미래에 관해 새로운 질문과 과제를 던진다. 지구라는 행성에 살고 있는 우리 인간이 다른 생명체와 구별되는 고등생물로 인정받는 이유 중 하나는 복잡한 언어를 통하여 소통한다는 것이다. 인간만의 고유능력으로 인정되었던 언어 개발과 소통은 이제 인간의 전유물이 아닐 수 있다. 인공지능의 언어 개발과 그들 사이의 소통은 고차원적으로 사유하는 새로운 종의 탄생으로 귀결될 수 있다. 아직은 가능성의 단계이지만 향후 인공지능의 언어 개발과 소통에 주목할 필요가 있다. 부정적인 관점에서 해석하자면 호모 사피엔스와 인공지능 사이에 종간 경쟁의 시대가 도래할 수도 있다는 것이다.

한편, 구글의 자회사인 딥마인드DeepMind 는 다양한 정보를 연결해 상황을 해석하거나 통찰할 수 있는 '관계형 추론relational reasoning' 기능의 인공지능을 구현했다. [그림 12-2]는 관계형 추론의 예이다. 네 개의 객체를 포함하는 이미지가 비관계형 질문과 관계형 질문이 함께 표

[그림 12-2] 관계형 추론의 예-금속과 고무로 만들어진 사물의 관계적 추론

출처: Santoro et al., 2017: 2 참고

시되는데, 단순 질문에는 특정 이미지의 속성에 대한 추론만 필요하지만, 관계형 질문에는 네 가지 객체 사이의 관계에 대한 명시적인 추론이 필요하다. 관계형 추론 테스트 결과, 68.5%의 응답률을 보인 기존 인공지능과 달리 관계형 추론 기능의 인공지능은 95.5%의 응답률을 기록했다(Santoro et al., 2017).

인공지능의 빛과 그림자

인공지능이 인간을 돕고 풍요로운 삶을 보장할 수 있다는 낙관적인 관점이 있다. 21세기 사회는 개인화와 다원화를 주요 특징으로 한다. 인간이 개인화될수록 인간관계 형성 예: 동료의식으로 느낄 수 있는 감성이 결핍될 수 있으며, 이를 충족시킬 대체재가 필요할 것이다. 이러한 맥락에서 사람과 감성적인 소통을 목적으로 하는 감성로봇은 지속적으로 진화해 왔는데, 개인화 사회가 심화되는 일본에서 감성로봇인 페퍼 pepper의 선풍적 인기는 필연적인 결과라고 할 수 있다.

한편, 인공지능의 등장은 자본주의 사회에서 인간의 생존에 필수적인 일자리와 소득의 문제를 야기한다. 2016년 미국에서 개장한 식료품

[그림 12-3] 일본 소프트뱅크가 판매 중인 감성로봇 페퍼

출처: https://www.softbankrobotics.com/emea/en

점, '아마존 고 amazon go'에는 계산을 위해 구매자가 줄을 서는 일이 없다. 계산대가 없으며 구매자가 물건을 선택하여 나가면 자동으로 계산된다. RFID[3] 기술에 기반하기 때문에 물건을 선택하면 아마존 계정을 통하여 자동으로 비용이 지불되며 영수증이 발송된다(Amazon, 2017). 독일 아디다스는 2015년 제조공장을 해외로 옮긴 지 23년만에 자국에 인공지능 기반의 무인 신발공장인 스피드 팩토리 speed factory를 열었다. 20세기에 아디다스는 고임금으로 인한 생산비 증가의 대안으로 중국이나 동남아시아에 공장을 세웠으나 자동화로 인건비가 절감되면서 신발제조공장을 본국으로 회귀시킨 것이다. 스피드 팩토리는 100% 로봇 자동화 공정을 갖추고 있어 상주 인력이 10여 명뿐이지만 연간 50만 켤레의 운동화를 생산하는데, 일반 신발공장이라면 600명이 매달려야 한다(한국경제, 2016).

아마존 고나 스피드 팩토리의 사례는 인공지능 기술이 인간의 노동시장을 붕괴시킬 수 있음을 암시한다. 자본주의 시스템에서 노동시장이

---

3 RFID(radio frequency identification): 극소형 칩에 상품정보를 저장하고 안테나를 달아 무선으로 데이터를 송신하는 장치(시사상식사전, 박문각)

붕괴하면 인간의 소득은 급격히 감소할 수 있다. 이는 극단적인 빈부격차를 유발한다. 결국 자본주의 체제에서 인공지능을 관리하거나 진화시킬 수 있는 일부의 테크노크라트technocrat나 경영자만이 고소득 일자리를 점유하며, 대부분의 인간은 극빈층이나 실업 상황에 몰릴 수 있다.

이러한 현상은 미국의 경제동향으로도 증명된다. [그림 12-4]는 미국의 소득 추세이다. 1980년대부터 가계소득의 중앙값중위가구 소득이 1인당 GDP의 성장률을 따라잡지 못하고 있다. 중앙값은 전체 순위에서 중앙에 있는 존재의 값으로 평균과는 의미가 다르다. 중앙값에 비해, 평균은 특정 고순위자의 값이 크면 전체적으로 높은 수치를 나타내기 때문에 현상을 왜곡시킬 수도 있다. 우리가 직면하는 양극화는 중앙값은 낮지만 평균은 이전보다 높은 수치를 나타내는 추세를 의미한다. 미국의 소득 추이를 보면 실제 소득GDP은 증가하고 있으나 중앙의 가구 소득은 이를 따라가지 못한다. 이는 평균값과 중앙값에 차이가 나타난다는 것이며, 양극화가 심화되고 있는 것으로 해석할 수 있다. 맥아피McAfee는 노동자의 생활상과 거시경제의 추세가 보이는 이러한 괴리를 '거대한 탈 동조화great decoupling'라고 규정하고, 그 주된 요인이 정보 기술

[그림 12-4] 미국의 소득 추세(1953~2011년)

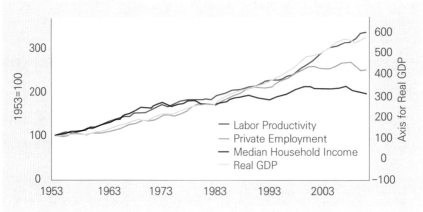

출처: McAfee, 2017.

의 발달이라는 '스킬 편향적인 기술 진보'라고 말했다(Inoue, 2016: 33; McAfee, 2017). 이러한 추세는 정보기술 능력을 소유한 일부 테크노크라트가 미래의 자본과 권력을 독점할 수 있다는 추론을 가능케 한다. 이는 중산층이 무너지고 대부분의 시민이 빈곤층으로 전락하는 극단적인 양극화 사회의 도래를 의미한다. 이노우에(Inoue, 2006)는 중산층을 이루는 사무직 노동자의 일자리가 AI로 대체될 가능성이 높으며, 이로 인해 기술적 실업 technological unemployment 이 유발되고, 대부분의 실업자는 육체노동자로 전직하게 된다는 논리를 펼친다(Inoue, 2016: 34). 미국의 아마존 등에서는 최저임금보다 낮은 돈을 받고 개인 프로필과 데이터를 수집하는 단순 반복 노동에 종사하는 근로자가 상당히 늘고 있다(한국일보, 2017).

같은 맥락에서 슈밥 Schwab 은 그의 저서 《클라우스 슈밥의 제4차 산업혁명》에서 불편한 진실을 언급한다. 4차 산업혁명으로 창출되는 직업은 과거의 산업혁명으로 발생한 직업의 수보다 적다는 것이다. 슈밥은 기술과 고용에 관한 마틴 프로그램의 분석을 인용하며, 이전 세기에는 존재하지 않았던 산업 분야에 고용된 미국의 노동인구는 0.5%에 지나지 않는다고 한다. 이는 새로운 산업 분야가 창출한 일자리에 고용된 노동력이 1980년대에는 8%, 1990년대에는 4.5%였던 것에 비해 상당히 낮은 수치이다. 최근 진행된 미국 경제총조사 US Economic Census 에서도 이러한 현상은 사실로 확인되며, 기술혁신과 실업 사이에 주목할 만한 관계가 성립됨을 보여 준다. 결국 생산성이 상승된 이유가 노동력이 많이 필요한 재화의 등장 때문이 아니라, 정보 기술과 파괴적 기술의 혁신으로 스킬 편향적인 기술의 진보에 따라 기존 노동자를 대체하는 데서 비롯된다는 사실을 확인할 수 있다(Schwab, 2016: 68-69). 세계경제포럼(WEF, 2016: 15)이 발표한 '일자리의 미래 The Future of Jobs' 보고서는 4차 산업혁명으로 15개 국가에서 2020년까지 약 710만 개의 일자리가 사라지고 약 200만 개의 일자리가 탄생할 것으로 예측한다. 결국 4차 산업혁명을 통해 새롭게 발생하는 일자리는 사라지는 일자리의 3분의 1 정도에 그친다.

일본의 경제학자 이노우에(2016)는 향후 인공지능 시대에 중산층 이상의 삶을 유지할 수 있는 경제 계층은 10%에 불과할 것으로 예측했다. 일반 시민 중 중산층의 비율은 급격히 감소할 수 있으며, AI가 필요 없는 저임금의 불량 일자리가 증가할 수 있다는 것이다. 역설적으로 AI시대에 육체노동자는 단기간에 사라지지 않을 수도 있다. 경제적 효율성을 따지는 자본주의 체제에서 굳이 저임금으로 충당이 가능한 일자리를 AI로 대체하기보다는, 고비용의 고급 일자리를 대체하는 데 집중할 수 있기 때문이다. 이는 중산층을 붕괴시켜 극단적인 양극화를 초래하고 사회 불안을 가속시킬 수 있다. 결국 인공지능은 우리 사회를 유지시키는 민주주의와 자본주의 체제를 위협할 수 있다.

인공지능은 교육 분야에서도 대변혁의 동인으로서 작용할 수 있다. 《사피엔스》의 저자인 유발 하라리(Harari, 2015)는 학교에서 배우는 내용의 80~90%는 학생이 40대가 됐을 때 거의 무용지물이 될 수 있다고 예견한다. 연결에 따른 디지털 네트워크의 투명성과 개방성이 지식의 생성에서 소멸에 이르는 지식의 반감기 the half-life of facts를 단축시키고 있는 것이다. 과학계량학자 아브스만에 따르면 지식의 양은 18개월마다 2배씩 증가한다(Arbesman, 2013). 지식이 팽창하고 지식의 반감기가 짧아질수록 시민은 지속적인 학습을 강요당한다. 결국 짧아지는 지식의 반감기는 행동주의, 인지주의, 구성주의와 같은 전통적인 학습이론에 익숙한 시민에게 과도한 부담으로 작용할 수 있다. 전통적인 방식으로 학습하는 것은 한계를 드러낼 뿐만 아니라 비효율적이다(박기범, 2017: 66에서 재인용). 디지털 기술의 발달이 지식 중심 학교 교육의 패러다임 전환을 요구할 시기가 도래하고 있다.

② 20세기 교육 계약의 종말과 새로운 시민성

20세기 교육 계약의 종말

19세기 말부터 오늘날까지 보통 교육을 지향하는 학교 교육은 학습 받아야 할 연령의 모든 학생에게 평등한 교육을 제공하는 데 주력했다. 특히 국가와 사회 발전을 위하여 효율성 있는 시민을 양성하는 도구적 교육관이 요구되었다. 시대사적 맥락에서 좋은 시민을 육성하려는 국가적 요구로 시민교육이 태동한 것을 부정할 수 없다. 이러한 관성은 21세기의 우리나라에도 이어진다. 국가 수준에서 역량 중심 교육과정으로 명명되는 2015 개정 교육과정에는 교육이 국가와 사회 발전에 기여해야 한다는 도구적 교육관이 함의되어 있다. 개인은 교육을 통해 국가적 요구를 수용하고 국가가 설정한 성취 목표에 따라 좋은 결과를 산출하도록 요구받는다. 이는 글로벌 수준의 무한 경쟁 시대에 생존할 수 있는 지적 능력을 갖춘 학습자를 높게 평가하고, 이들에게 충분한 보상을 주며, 사회적으로 성공한 존재로서 존경받도록 하는 교육 및 사회 풍토에 기인한다. 요컨대, 경쟁에 기반한 실력주의 교육이 학교 교육의 주류를 이루어 왔다.

그러나 인공지능 시대로 접어드는 21세기에 지적 능력을 갖춘 실력 있는 시민으로 인정받을 수 있는 사람은 그리 많지 않을 것으로 예상된다. 전술한 내용처럼 지적 노동력의 상당 부분을 인공지능과 기계가 대체할 수 있는 상황에서 능력 중심의 교육을 받은 학습자의 상당수가 사회적 인정과 대우를 받을 것으로 기대하는 것은 몽상일 수 있다. 이제 도구적 교육관과 실력주의 교육관을 견지하는 전통적 교육의 시대는 종말을 맞이할 가능성이 크다. 인간의 본질적 가치를 추구하는 새로운 교육 비전이 필요하다.

디지털 시대의 새로운 시민성과 시민교육

👤 새로운 보상 기제의 필요

우리는 국가와 사회적 요구를 반영하는 기존의 실력주의 교육관에 대한 성찰이 필요하다. 실력주의 교육관이란 국가가 실력주의에 기반한 도구적 교육목표를 제시하고교육과정, 시민이 이를 충분히 성취하면 이에 상응하는 보상과 지위를 사회에서 부여받을 수 있다는 교육관이다. 국가와 사회가 요구하는 실력주의 교육관은, 자본주의적 관점에서 개인과 국가가 공진화coevolution한다는 입장에서 타당했다. 그러나 21세기에는 국가와 사회에서 요구받았던 인간의 능력은 인간이 개발한 지적 능력에 대체될 수 있다. 국내총생산과 중위소득의 탈 동조화는 인간의 역할을 진화된 기술인 인공지능이 대체하고 있는 현상으로도 해석할 수 있다. 이는 노동 제공자로서 인간의 역할을 극단적으로 축소하여 소득에 기반한 시민의 소비를 약화시켜 자본주의 경제시스템의 근간을 위협할 수 있다. 효율성에 기반한 자본주의의 극단적 고도화가 자본주의를 붕괴시킬 수도 있는 것이다. 따라서 국가가 요구하고 개인이 수용한 국가와 개인의 20세기 교육계약은 실효적으로 만료 시점에 직면할 것이다. 지속 가능한 인간사회를 위해, 자본주의에 기반한 능력 있는 시민 육성과 이에 상응하는 사회적 보상자본, 권력 등이 새로운 보상 기제로 대체될 시점이 도래하고 있다.

가설적 수준이지만, 새로운 보상 기제는 자신의 존재와 가치를 추구하는 과정 그 자체일 필요가 있다. 인공지능 시대에 인간은 도구적 존재가 아닌 목적 그 자체가 되어야 한다. 인공지능은 인간이 담당했던 생산적 역할도구적 존재로 존재하고, 인간은 충분한 자아실현목적적 존재으로 공동체 이익에 기여할 수 있다. 이들이 경쟁하는 접점이 존재할 것으로 예상되는데, 최선의 해결을 위해서는 인본주의 기반의 보편적 가치가 작동해야 할 것이다.

한편, 충분한 자아실현이 공동체의 이익에 항상 기여하는 것은 아니다. 예를 들어 자연에서 삶을 누리는 생태주의적 시민이 자본주의적 가치를 창출하는 것은 그리 쉽지 않다. 따라서 약한 사회적 기여자에게 보상할 수 있는 대안이 필요한데, 2016년 유럽의회가 쟁점화하고, 최근 캘리포니아주 샌프란시스코에서 구체화되고 있는 로봇세robot tax는 대안 모색의 단초를 제공할 수 있다. 나아가, 교육적 차원에서 목적적 존재로서의 인간 교육을 위해 맞춤형 교육으로 나아가는 대전환이 필요하다.

인공지능은 인간의 경쟁 상대나 투쟁의 대상이 아니라, 국가와 사회 발전을 위해 인간이 담당했던 일부 기능도구적 기능을 대신하는 존재로 보아야 할 것이다. 즉, 인간과 공진화하는 존재로 해석하는 것이 합당하다. 이러한 인공지능 시대의 상호 역할은 시민들의 숙의와 합의를 통하여 도출해야 한다. 인간과 인공지능이 관계 맺기와 상호작용을 통해 보편적 가치를 공유하며[4] 공진화할 때 건전한 사회 생태계가 지속될 수 있을 것이다.

👤 디지털 시민성

디지털 시민성은 기술 기반의 네트워크 환경에서 권리와 의무의 차원에서 합리성, 실천성, 도덕성을 맥락적으로 부여받는 시민성을 의미한다. 특히 21세기 4차 산업혁명 시대에 시민에게 필요한 역량은 합리성 측면의 연결 역량과 도덕성 측면의 책임 역량이다. 디지털 네트워크를 통해 끝없이 연결되는 시민에게 인간과 지식의 합리적 연결을 통한 새로운 대안의 창출과 이에 대한 책임이 필요하다.

---

4 최근 로봇학계에서 로봇윤리 가이드라인이 전문가들의 숙의를 통해 수립되고 있다.

👤 도덕성과 보편적 가치의 추구

인공지능 시대의 시민교육은 도덕과 가치에 주목할 필요가 있다. 먼저, 도덕성에 기반한 시민교육이 필요하다. 시민성의 개념은 합리성, 도덕성, 실천성 측면에서 논할 수 있다(박기범, 2014). 20세기 전통적 시민성은 도덕성이 활성화되고, 그에 비해 합리성과 실천성은 약화되는 성향이 있었다. 21세기 디지털 시대의 시민성은 합리성과 실천성에 비하여 상대적으로 도덕성이 약화되는 경향을 보인다. 이러한 도덕성의 약화는 다양한 사회적 문제를 야기한다. 디지털 네트워크 시대에 발생하는 다양한 문제인 개인정보 유출과 도용, 정보 왜곡, 반인권적 행위 등은 도덕적 책임감의 결여에서 그 원인을 찾을 수 있다. 향후 시민교육은 책임감을 함양시키는 방향으로 전개될 필요가 있다.

둘째, 보편적 가치를 추구하는 시민교육이 필요하다. 인간은 욕구의 생물이며, 이러한 욕구 추구는 본능적인 특질로 규정된다. 나아가 적절한 경쟁은 긍정적인 긴장감을 유발하고, 이는 개인과 사회 발전에 기여할 수 있다는 것이 20세기의 통념적 인간관이었다. 이제 인간의 욕구를 사적 욕망의 추구보다는 보편적 공동선으로 유도하는 교육의 방향 전환이 필요하다. 인간의 내적 욕망을 공동선으로 승화시킬 필요가 있다. 전통적으로 우리 사회에서 인간에게 요구했던 일들은 인공지능으로 대체하고, 인간은 그동안 잊어 왔던 보편적 가치 추구에 충실하도록 하는 것이다. 최근 역량 중심 교육과정으로 알려진 우리의 2015 개정 교육과정을 면밀히 따져 보면 이러한 보편적 가치를 추구하려는 움직임이 일부 보인다. 인권, 평화, 지속 가능 발전, 문화 다양성 교육의 강화는 보편적 가치 추구와 맥을 같이한다고 볼 수 있다.

👤 휴머니즘에 기반한 자아실현 교육관

역사 이래로 인간 행동의 기제는 선함과 아름다움을 온전히 추구하는 것이었다. 인권, 평화, 배려, 관용, 사랑, 미美의 추구가 그것이다. 그러나 20세기 사회는 전통적 자본주의에 기반한 경쟁 중심의 교육이 주류를 이루었다. 21세기 인공지능 시대에 교육이 주목해야 할 것은 경쟁을 통한 능력 있는 효율적 시민의 육성이 아니다. 자유, 정의, 평등과 같은 인간의 기본권을 추구하는 휴머니즘을 바탕으로 하는 인간교육에 주목해야 할 것이다.

🕮 참고문헌

레이 커즈와일(2007). 김명남·장시형 역.《특이점이 온다》. 김영사.

박기범(2014). "디지털 시대의 시민성 탐색."《한국초등교육》, 25(4), 33-47.

박기범(2017). 커넥티비즘(Connectivism)의 이해와 사회과 교수학습의 새로운 패러다임.《사회과교육》. 56(2). pp.65-74.

새뮤얼 아브스만(2014). 이창희 역.《지식의 반감기》. 책읽는수요일.

유발 하라리(2015). 조현욱 역.《사피엔스》. 김영사.

이노우에 도모히로(2017). 김정환 역.《2030 고용절벽 시대가 온다》. 다온북스.

클라우스 슈밥(2016). 송경진 역.《클라우스 슈밥의 제4차 산업혁명》. 새로운현재.

한겨레신문(2012). "[KISTI의 과학향기]인간 뛰어넘는 인공지능 개발될까?" 2017. 1. 17.

한겨레신문(2017). "인공지능, 목적 이루려 스스로 언어 개발, 사람은 이해 못해." 2017. 6. 25.

한국경제(2016). "'무인 공장' 덕에 23년 만에 독일 돌아온 아디다스." 2016. 10. 26.

한국일보(2017). "인공지능이 몰고 올 '죽음의 계곡', 새 분배 시스템으로 넘어라." 2017. 2. 24.

한스 모라벡(2015). 박우석 역.《마음의 아이들》. 김영사.

ETRI(2016). "인공지능 분야 국가경쟁력 제고 및 사업화 혁신방안."《ETRI 정책세미나 발표자료》.

Amazon(2017). Frequently asked question. Retrieved from https://www.amazon.com/b?node=16008589011

Cambridge news(2017). Stephen Hawking says he fears artificial intelligence will replace humans. 2017. 11. 1. Retrieved from http://www.cambridge-news.co.uk/news/cambridge-news/stephenhawking-fears-artificial-intelligence-takeover-13839799

IFR(2016). World robotics report 2016. International Federation of Robotics. Retrieved from https://ifr.org/ifr-press-releases/news/world-robotics-report-2016

McAfee, A.(2017). The Great decoupling of the US economy. Retrieved from http://andrewmcafee.org/2012/12/the-great-decoupling-of-the-us-economy/.

Santoro, A., Raposo, D., Barrett, D. G. T., Malinowski, M., Pascanu, R., Battaglia, P. & Lillicrap, T.(2017). *A simple neural network module for relational reasoning*. London: DeepMind.

Searle, J. R.(1980). Minds, brains, and programs. *The behavioral and brain sciences*. Cambridge University Press, 3, pp.417-457.

WEF(World Economic Forum)(2016). The Future of jobs. Retrieved from http://www3.weforum.org/docs/WEF_Future_of_Jobs.pdf

제13장

디지털 세대의 지적 역량 (연결 역량)*

* 이 장은 '박기범(2008). Spiro의 인지적 융통성 이론이 사회과 수업과 교재 구성에 주는 시사점. 사회과교육, 47(1).', '박기범(2016). 시민교육에서 학습의 재개념화. 학습자중심교과교육연구, 16(11).', '박기범(2016). Bloom의 신교육목표분류학에 기반한 사회과 성취기준 분석. 한국초등교육, 27(4).', '커넥티비즘(Connectivism)의 이해와 사회과 교수학습의 새로운 패러다임. 사회과교육, 56(2).', '박기범(2018). 디지털 시민성으로서 연결역량, 사회과교육, 57(2).', '송주신, 박기범(2019). 커넥티비즘 기반 사회과 수업이 창의적 문제해결력에 미치는 영향. 한국초등교육, 30(3).'을 연결, 종합하여 편집하고 수정 보완했다.

① 왜 연결인가?

지식의 성격(가변성과 다면성)

디지털 네트워크 사회에서 유통되는 지식과 정보에 대한 이해는 바람직한 시민성을 함양하는 데 필요조건이다. 디지털 콘텐츠에 의미를 부여하기 위해서는 교육에서 다루는 내용, 특히 지식의 성격을 이해해야 한다. 교육의 목표는 바람직한 민주 시민의 양성에 있다. 미래의 주역인 학습자를 민주 시민으로 양성하기 위해서 연구가들과 교육실천가들은 의미 있는 학습 내용을 선정하고 조직하여 학습자에게 제시한다. 더 나아가 그들이 의미 있는 지식을 구성하도록 안내한다.

여기서 주목해야 할 것은 교수·학습에 투입되거나 학습자가 직접 수집하여 활용하는 지식에 대한 기초적 관점이다. 정보사회 이전에는 지식의 생성과 소멸의 주기가 매우 길었다. 새로운 지식이 체계화되는 데는 많은 시간이 걸렸으며, 견고하게 다져진 지식에 의문을 제기하고 이를 수정하거나 반증하는 데도 그에 못지않은 숙의와 인고의 시간이 필요했다. 그러나 정보 폭발로 상징되는 정보사회에서는 지식의 생성과 소멸의 주기가 매우 짧으며, 그 의미도 다원적이다. 따라서 교육의 내용으로 선정되고 조직되는 지식에는 새로운 관점이 필요하다. 빛의 속도로 전달되고, 그만큼 빠르게 논의되며 진화해 가는 지식을 고정된 스키마의 구조 속에 고착시키는 것은 매우 위험하며 불필요하다. 이러한 측면에서 시민교육에서 지식을 바라볼 때 필수적으로 인지해야 하는 것이 바로 지식의 가변성과 다면성이다.

지식의 가변성의 예는 다양한 학문 영역에서 찾아볼 수 있다. 지난 2006년 8월 24일 국제천문연맹IAU은 태양계의 행성 가족에서 명왕성을 퇴출시켰다. 이유는 태양계의 다른 행성들에 비해 지나치게 외소하기 때문이란다. 지난 60년 이상 과학 교과서에서 태양계의 행성으로서 불변의 지식으로 받아들여졌던 명왕성이 행성의 자격을 상실한 것이다 (IAU0601, 2006). 아메리카 대륙을 최초로 발견한 탐험가는 콜럼버스라는 역사의 정설도 새로운 가설로 인해 조금씩 힘을 잃는 듯하다. 콜럼버스 정설을 반증하는 연구가들은 콜럼버스보다 약 500년 앞서 북유럽의 바이킹족이 아메리카를 먼저 발견했다는 가설을 제시했다. 이들은 북유럽에서 아이슬랜드, 그리고 그린란드와 캐나다 본토에 이르는 바이킹족의 여정을 따라가며 고고학적 실증 자료를 지속적으로 제시하고 있다. 콜럼버스가 아메리카 대륙을 최초로 발견했다는 지식은 수정되거나 퇴출될 가능성이 높다.

이처럼 실증적 경험에 바탕을 둔 자연과학이나 인문학은 새로운 단칭 명제들에 따라 수정되거나 반증되고 있다. 우리가 절대적이라고 믿는 오늘날의 지식도 어느 날 하루아침에 오개념으로 해석될 수 있는 것이다. 이처럼 논리 실증주의에 입각한 지식은 귀납적인 경험에 기반하기 때문에 새로운 사실의 출현으로 허무하게 무너질 수 있다. 여기서 허무하게 무너진다는 것은 새로운 사실의 발견 이전에는 절대적인 지식으로 인정받았음을 거꾸로 입증하는 것이다.

이러한 논리 실증주의적 접근은 20세기에 들어서 반증 가능성을 역설한 포퍼 중심의 반증주의와 쿤을 중심으로 한 패러다임 주의로 대체된다. 중요한 것은 이러한 과학철학 사조의 변화에도 불구하고 교육은 여전히 정선되고 대표적인 지식만을 교육의 내용으로 선정하려는 관성을 유지하고 있다는 점이다. 물론 학습자에게 제공되는 교재는 교사의 메시지가 녹아 있는 자료로서, 정선되고 다듬어질 필요가 있다. 이때 교사가 제공하는 지식에 대해 교사 자신과 학습자 사이의 모종의 약속이 되어 있는지가 중요하다. 즉 교육의 시간과 공간 속에서 교수·학습의 매개로 구실하는 교재 속의 지식은 잠정적이며 가변성이 있는 지식이라는 합의점을 갖고 있는지 여부는 매우 중요하다.

한편 지식은 시간과 공간의 구별에 따라 다양한 의미로 해석될 수 있다. 최근 온실 가스에 의한 지구 온난화와 이에 따른 기후 변화는 전지구적인 이슈이다. 이러한 생태학적 이슈는 약화되는 근대주의의 중요한 요소인 거대 서사를 부활시키는 것으로 해석되기도 한다. 생태학적 재앙은 공약 불가능성과 같은 논리로 해체를 주장했던 과학적 가치를 다시 확증해 주는 것이다(조지 마이어슨, 2003). 그러나 황사나 온실 효과와 같은 생태학적 이슈가 과학적 지식의 가치를 재확인시켜 줄 수는 있으나, 시간과 공간이라는 요소가 등장하면서 시민교육에서는 다양한 의미로 해석될 수 있다. 21세기에 동북아 지역의 황사는 심각한 환경 문제를 유발하면서 국가 사이의 문제로 확장되었다. 그러나 시간을 거슬러 올라가면 황사는 중국의 서북부 지역의 흙먼지를 한반도와 일본에 이동시킴으로써 땅의 비옥함을 더해 주었다고 한다. 과거에는 긍정적 관점에서 해석되었던 자연 현상이 시간과 환경의 변화로 오늘날 정반대의 부정적 측면을 갖게 된 것이다.

다른 한편 온실 효과는 공간의 차이에 따라 새로운 의미로 해석될 수 있다. 과학자들은 현재 진행되는 지구의 온난화 현상이 지구의 미래에 대재앙으로 귀결될 것이라고 예측한다. 이에 따라 기후 변화에 대한 전지구적인 협약을 도출해 내고자 국가 간의 협의를 진행했다.[1] 지구 생태계에는 부정적 의미로 받아들여지는 온실 효과가 공간을 달리하면 새로운 인류의 보금자리를 건설하는 데 매우 유용한 지식일 수 있다. 바

---

[1] 지구 온난화 규제 및 방지의 국제협약인 기후변화협약의 구체적 이행 방안으로 교토 의정서(Kyoto protocol)가 1997년 12월 일본 교토에서 개최된 기후변화협약 제3차 당사국총회에서 채택되었다. 이때 선진국의 온실 가스 감축 목표치를 규정했다. 또한 2012년 교토 의정서의 법적 효력 상실에 따라 2009년 12월에 개최된 코펜하겐 당사국총회에서는 코펜하겐 협약을 도출했으나 당사국 간 이해관계로 온실 가스 감축에 대한 강제성이 배제되어 있다(두산백과사전. 2010.01.18).

로 행성 개발이다(브라이언 스키너, 2003: 604). 태양계에서 지구 환경과 유사한 행성은 화성이다. 우주 과학자들은 화성을 개발하는 데 기본적으로 대기와 물이 필요한데, 이를 위해서 지구에서 벌어지는 온실 효과를 이용하여 화성의 대기를 형성할 수 있다는 의미 있는 계획을 제시했다. 이처럼 지식은 시간과 공간에 따라 다양한 해석이 가능하다. 지식은 해석적 측면에서 다면성을 지닌 것이다.

지식의 성격에 기반한 시민교육의 방향

정보통신기술과 디지털 네트워크의 발달은 인터넷이라는 가상공간을 통하여 수많은 지식을 폭발시키고 있다. 미래학자 버크민스터 풀러는 현재는 13개월마다 인류 지식의 총량이 두 배로 증가하고 있지만, 그 주기가 점차 단축될 것이라고 예측했다(Buckminster F., 1981). 이러한 정보의 홍수와 시대적 변화에 대처하기 위해서는 자신에게 필요하고 적합한 정보인지를 판단하는 능력, 정보를 분석하고 조직하는 능력, 새로운 정보를 만들어 내는 능력, 그리고 이를 종합하여 새로운 문제를 발견하고 그 문제를 성공적으로 해결할 수 있는 능력이 필요하다(신종호 외, 2009). 이러한 과정에서 새로운 정보를 창출하고 효과적으로 문제를 해결하기 위해 필요한 능력이 창의적 문제 해결력이다.

새로운 패러다임의 변화 속에서 국가 수준의 2015 개정 교육과정에서도 민주 시민으로서 갖추어야 할 역량으로 창의적 사고력과 문제 해결력을 강조한다. 또한 교육 전문가들도 변화에 능동적으로 대처하기 위해서 학습 내용을 단순히 암기하기보다는 정보와 지식을 합리적이고, 창의적으로 활용할 수 있는 다양한 사고와 기능을 강조한다(임희숙, 2012). 같은 관점에서 박기범(2016)은 사회과 교육에서 학습의 재개념화의 필요성을 역설한다. 박기범은 학습은 기억이나 특정한 인지구조로 직면한 문제 상황을 해석하거나 해결하려는 패턴을 지양해야 하며, '개인의 내면화 차원', '지식 중심의 기억'의 키워드에서 탈피해야 한다고 했다. 따라서 학습의 개념도 결과라기보다는 상황마다 해체되고 재구성되는 과정으로 해석되어야 할 필요가 있다.

② 디지털 시대의 시민의 지적 역량

21세기 사회의 요구

21세기 사회는 단순 개념의 습득보다는 실제적 상황에서 지식을 적용하고 문제를 해결할 수 있는 창의적 문제해결능력을 시민에게 요구한다. 미국의 21세기 대비를 위한 국가조직인 21세기 역량 협의회(The Partnership for 21st Century Skills: P21, 2009: 1)는 21세기 학습자 역량을 제시하는데, 그중 학습과 혁신 능력 Learning and Innovation Skills 영역에서 4Cs Critical thinking and problem solving, Communication, Collaboration, and Creativity and innovation를 강조한다(그림 13-1 참고). 4Cs는 소통, 협업, 비판적 사고력, 창의성을 의미한다. 소통과 협업은 사회구성원의 연결과 지식의 연결을 의미한다. 이러한 연결을 통해 현상을 객관적으로 해석하고 비판적 사고 이에 기반하여 새로운 아이디어를 창출 창의성할 필요가 있다. 특히 창의성은 불확실성의 시대에 미증유의 문제를 해결하기 위한 필수적 사고력이다.

블룸의 교육목표 분류학은 보스톤에서 열린 1948년도 미국심리학회 American Psychological Association 의 연차대회에 참가했던 대학시험 출제자들의 비공식 회합에서 시작되었다. 이 회합에서 검사 작성자들은 편리한 의사소통을 위한 이론적 기반에 관심을 가졌다. 특히 목표 공유와 소

[그림 13-1] 21세기 학습자 역량

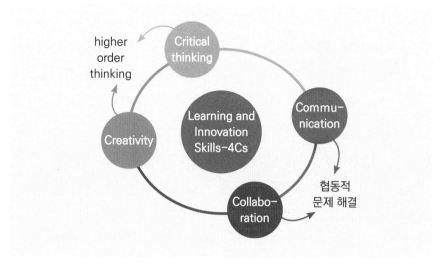

출처: 박기범, 2104 재인용.

통을 통한 체계적인 문항 개발을 위한 교육목표 이론의 필요성에서 교육목표 분류학의 논의가 출발한다. 당시 참여했던 여러 연구자들 사이의 장기간 논의를 거쳐 블룸은 1956년 교육목표 분류학을 발표한다(벤저민 블룸, 1983).

블룸의 교육목표 분류학의 교육적 효과성은 다양한 연구 결과로 입증된다. 하버드대학의 데비토와 그로처(2005)는 수업 목표, 학생 활동, 평가의 일관성을 유지하는 데 블룸의 신교육목표 분류학이 효과적이라고 하였다. 학생들이 성취한 지식과 인지 과정의 수준을 분석한 결과, 분류표를 활용하면 단원의 목표를 명료하게 시각적으로 조망할 수 있으며, 교육과정 설계와 교수 활동을 위한 성찰 자료를 얻을 수 있다는 것이다. 이처럼 교육과정의 계획, 수행, 평가, 피드백으로 이어지는 순환적 교육활동과, 학생들의 명확한 교육목표 인지 및 상위 인지 과정을 가능하게 하는 데 블룸의 교육목표 분류학이 효과적이라는 연구는 다수 발견된다(김명옥, 2012: 6-7 재인용).

블룸의 교육목표 분류학은 교육을 위한 설계, 내용 선정, 조직, 수업, 평가에 이르는 교육과정 설계를 체계화하기 위한 이론적 기반이 될 수 있다. 교육 연구자뿐만 아니라 목표를 설정하고 수업과 평가를 실행하는 교육실천가들의 체계적 성찰에 기여했다고 볼 수 있다. 신교육목표 분류학 이전에 전통적인 블룸의 교육목표 분류학인지영역은 지식, 이해, 적용, 분석, 종합, 평가로 목표를 분류하고, 이를 다시 하위 요소로 세분화한다. 지식에서 평가에 이르는 목표는 인지 과정의 수준을 의미하는 것으로, 지식은 가장 단순한 인지 과정이며 평가는 가장 고차원적인 사고를 요구한다.

블룸의 교육목표 분류학에서 인지적 단계는 단순한 것에서부터 복잡한 인지과정까지 설정되어 있으며, 상위 단계가 하위 단계를 포함하도록 구성되어 있다. 따라서 어떤 문제를 사전에 경험한 학습자는 기억 수준의 하위 인지과정으로 문제를 해결할 수 있으나, 문제에 생경한 학습자는 일반적 원리를 적용하여야 문제를 해결할 수 있다는 것을 가정

[그림 13-2] 블룸의 교육목표 분류학과 신교육목표 분류학

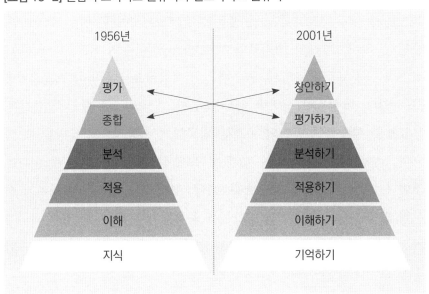

한다(조희형, 1984: 31).

한편, 이러한 블룸의 교육목표 분류학은 여러 연구자들이 지속적인 연구를 통해 신교육목표 분류학으로 개정된다. 신교육목표 분류학의 위계 수준을 기존의 구조와 비교하면 [그림 13-2]와 같다(Wilson, 2001: 4)

[그림 13-2]에서 신교육목표 분류학의 가장 큰 특징은 인지적 목표를 지식과 인지 과정으로 구분하여 2차원적인 분류 체계를 고안하고, 인지적 위계에서 가장 높은 인지수준인 평가evaluation를 5단계로 내리고, 종합synthesis을 창안하기create로 수정하여 가장 높은 인지 수준으로 수정한 것이다.

창의성은 어디에서 오는가?

👤 융통성 있는 사고(인지적 융통성 이론)

인지적 융통성 이론Cognitive Flexibility Theory, CFT은 1980년대 중반, 미국에서 태동했다(Spiro et al., 1987; Spiro et al., 1988). 이 시기는 스키마schema 이론이 주류를 이루고 있었다. 스키마 이론은 지식을 이해하고 적용하기 위한 기초로서 기억[2] 속에 조직화된 지식 구조가 작동한다는 것을 기본 원리로 한다.

이러한 스키마 이론에는 문제점이 있다. 사람은 결코 실제 상황에서 일어나는 현상을 이해하거나 해결하기 위해 적합한 스키마를 사전에 갖고 있지 않다는 것이다(Spiro & Myers, 1984). 따라서 기존에 구성되어 있는 스키마로 새로운 학습 상황을 이해하거나 문제를 해결하는 것은 현상의 본질을 오도할 수 있으며, 학습자의 활동 결과가 매우 편협하거나 일방적일 수 있다.

---

2 이를 호출된 도식(schema) 또는 사고의 틀(frames)이라고도 한다.

한편 스피로(1988)는 환원적 편견 reductive biases 이라는 개념으로 기존 인지주의 이론의 문제점을 설명하며 인지적 융통성 이론의 정당성을 반증한다. 스피로는 중요하게 여겨야 할 복잡한 측면을 정지整枝하고 단순화시키려는 일반적 경향을 환원적 편견이라 했다. 이것은 학습자가 실제로 경험하는 다양한 현상을 기존에 구성하고 있는 스키마에 맞추려는 경향일 것이다. 인간은 조직화되고 일반화되어 있는 자신의 인지구조에 좀 더 폭넓게 해석되어야 할 외부 현상을 기계적으로 해석하거나 처리하려는 경향을 가지고 있다는 것이다. 이는 피아제가 말했던 동화 assimilation 와 유사한 의미이다. 물론 피아제는 조절 accommodation 이라는 개념을 도입하여 인지 구조의 재구성을 역설했으나, 스피로의 환원적 편견은 동화 측면이 학습에서 강하게 작용한다는 문제를 강조하고 있는 듯하다.

학습자가 사물의 본질을 이해하지 못하고 이와 같은 오개념을 갖게 되는 가장 큰 요인은 초기 학습 경험이나 고차적인 학습 경험에서 복잡한 자료를 지나치게 단순화시키는 경향, 즉 환원적 편견에 있다. 다양한 관점에서 폭넓게 해석되어야 할 자료에 대한 편협한 해석은 ① 자료에 대한 성급하고 단편적인 처리, ② 단선적인 전략으로 학습 절차에 접근해 가는 습성, ③ 학습자에게 복잡한 처리 절차에 대한 적절한 인지적 레퍼토리를 제공하지 않음에서 기인한다(Spiro et al., 1987).

스피로는 이러한 환원적 편견의 유형을 다음과 같이 제시하고 있다(Spiro et al., 1988).

- 복잡하고 불규칙적인 구조에 대한 지나친 단순화
- 개인의 정신적 표상 도출에 기초가 되는 단편적 원리에 대한 지나친 신뢰
- 전체적인 구성에서 세부에 이르는 자신의 하향식 top down 절차에

대한 지나친 신뢰

- 탈맥락적 context-independent 인 개념적 표상
- 사전에 구성된 지식 구조에 대한 지나친 신뢰
- 실제 속에서 상호 의존적인 지식의 구성요소에 대한 엄격한 구획
화 compartmentalization
- 추상적 기호화를 통한 수동적이며 기계적인 지식 유통

인지적 융통성 이론은 실제 접하는 다양한 상황을 고려한 이론이다. 이는 실제 세계는 비구조화되어 있다는 것을 전제로 한다. 이러한 상황을 적절하게 해석하고 문제를 합당하게 처리하거나 해결하려면 탈맥락적인 원리나, 단순화되어 있거나 지나치게 연역화되어 있는 도식으로는 충분하지 않다. 사례나 자료를 다면적으로 해석하고 상황 맥락적으로 사고해야 할 것이다. 다음은 이러한 인지적 융통성 이론의 개념, 목적, 원리를 알아보겠다.

👤 연결을 통한 생각 만들기

상술한 스피로의 논리에 따르면, 21세기 디지털 시대의 시민은 상황과 관련된 다양한 지식과 인간을 연결하여 비판적으로 해석하고, 이를 바탕으로 창의적인 아이디어를 창출해야 한다. 예를 들면 우리가 문제 상황에서 A라는 지식 node 를 알고 있을 때, 상황에 대한 해석은 A의 영향을 받는다. 그러나 상황과 관련된 B라는 새로운 지식을 연결한다면 상황에 대한 해석과 대안은 기존과 다를 수 있다.

박기범(2017)은 시민교육의 핵심 과제로 창의적 시민성의 함양을 규정하고, 시민교육에서 추구해야 할 핵심능력은 연결능력을 함양하는 것이라고 했다. 시민은 상황과 관련된 지식으로서 무엇을 알고 있는가에 주목하기보다는, 직면한 문제를 해결하기 위하여 다양한 지식을 어떻게

연결하여 대안을 모색할 수 있는지에 초점을 맞추어야 한다. 즉 지식과 인간의 연결을 통하여 대안을 모색하고 결론을 도출하는 과정에 주목해야 한다고 본다. 21세기 디지털 네트워크 사회는 네트워크의 발달로 테드TED, 무크MOOC, 칸아카데미Khan Academy 등의 다양한 온라인 교육 활동 및 원격교육이 활발히 이루어지고 있다. 또한 교실환경에서도 다양한 정보통신기기를 활용한 온라인 수업이 점차 확산되는 실정이다. 그뿐만 아니라 디지털교과서가 개발되어 보급되고, 학교에서도 다양한 스마트 도구를 활용해서 수업하고 있다. 이제 시민은 무엇을 알고 있는가보다는 무엇을 연결할 수 있는가에 주목해야 한다.

지멘스의 커넥티비즘

현재 커넥티비즘에 관한 연구는 지멘스Siemens와 다운즈Downes의 거넥디비즘 이론에 대한 연구물과 이들의 논리를 토대로 한 연구물로 나눌 수 있다. 먼저 지멘스(2005a)는 디지털 시대의 학습을 설명할 때 기존의 행동주의, 인지주의, 구성주의의 전통적인 학습 이론이 한계가 있다고 하며, 커넥티비즘connectivism의 개념과 원리를 제시했다. 다운즈(2008)는 현재와 같은 정보통신기술 발달로 네트워크 환경에서는 '지식 자체가 네트워크이며, 학습은 네트워크 연결성을 습득하는 것'이라고 하며, 커넥티비즘을 구체적으로 설명했다. 다운즈는 이 연구에서 현대 사회에 필요한 지식은 연결지식connective knowledge이라고 주장했다. 여기서는 커넥티비즘 학습 이론을 실제 교수학습에 구체적으로 적용하여 효과성을 확인하고자 한다.

4차 산업혁명과 인공지능의 발달로 사회는 급변하고 있으며, 이에 따라 교육 분야에서도 많은 변화가 이루어지고 있다. 교육 방법 측면에서는 한 공간에서 교수자가 학습자에게 지식을 전달하는 방법을 뛰어

넘어 원격 교육, 온라인 교육 등 다양한 방법이 시도되고 있다. 또한 스마트폰, 웹, 클라우드 컴퓨팅 기술의 발달로 인간의 기억뿐만 아니라 판단, 인지 등의 지적 활동 영역에서도 인간의 두뇌를 보조할 수 있는 도구들이 등장했다. 이런 정보통신 기기와 서비스는 인간의 두뇌를 대신하여 학습하고 기억한다. 또한 필요하다고 판단하면 최선의 조건에 맞추어 최적의 결과물을 인간에게 제공한다. 이러한 시대적 변화 속에서 박기범(2016)은 학습의 개념도 재개념화할 필요가 있음을 주장한다. 즉 학습을 개인에게 내면화되는 것을 넘어 지식의 연결 과정으로 해석하는 탈내면화적 관점에서 보고, 상황과 관련하여 지식의 연결을 통한 변화 그 자체로 해석해야 함을 제언한다. 왜냐하면 기존의 전통적인 학습 이론인 행동주의, 인지주의, 구성주의는 학습을 내면화의 과정으로 생각하기 때문에 디지털 네트워크 사회의 학습 현상을 포괄하는 데 한계가 있기 때문이다[3].

상술한 맥락에서, 지멘스(2005a, 2005b)는 개인과 사회의 사회적 상호작용을 강조하는 구성주의조차도 학습에서 개인의 내적인 변화에 초점을 맞추며, 학습이 사람들의 외부에서 발생할 수 있다는 점을 인정하지 않는다고 보았다. 지멘스(2005a)는 전통적인 이론들은 기술이 발전되기 이전의 학습 이론으로, 정보에 대한 접근성이 향상되고 빠르게 발전하는 현재의 교육 환경에서의 학습을 이해하기에는 한계가 있다고 하였다. 상술했듯이 급변하는 사회적 변화 속에서 기존의 인식론을 바탕으

---

3 인지주의(Cognitivism) 관점에서 학습은 학습자의 인지 구조 속에 있는 기억이 변화하는 것, 행동주의(Behaviorism) 관점에서 학습은 경험의 결과로 나타나는 관찰 가능한 행동의 변화, 구성주의(Constructivism) 관점에서의 학습은 학습자가 외부 환경과 상호작용을 바탕으로 유의미한 경험이나 지식을 내부로 표상하고 이를 자신의 이해와 해석을 통하여 구성해 나가는 능동적인 문제해결 과정으로 본다. 이러한 관점에서 박기범(2016)은 전통주의적 이론들을 학습을 내면화의 과정으로 해석하고 있다.

[그림 13-3] 인지주의, 행동주의, 구성주의, 커넥티비즘

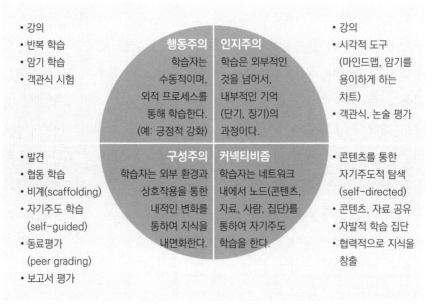

출처: Morrison, 2013 재구성

로 하는 전통적 학습 이론으로는 현재 학습의 개념과 교육을 설명하는 데 한계가 있다(박기범, 2017). 이러한 배경에서 지멘스(2005a, 2005b)는 기술이 발전하고 네트워크화된 현재의 세계에서 학습자의 학습을 설명하는 새로운 학습 이론이 필요하다고 주장하며 커넥티비즘을 제언했다.

커넥티비즘은 네트워크화된 디지털 시대에서 학습을 이해하고 탐구하는 방법을 자세히 설명하는 학습 이론이다. 지멘스(2005a)는 커넥티비즘은 끊임없이 변화하는 학습 네트워크의 진화, 복잡성 및 기존 학습 네트워크의 촉진과 새로운 학습 네트워크의 생성을 설명하는 학습 이론이라고 하였다. 또한 지멘스(2008)는 커넥티비즘은 사회·문화적 맥락의 역할을 강조하는 학습의 이론으로 지식의 구조를 네트워크로 보고 학습은 패턴을 인식하는 과정 자체라고 하였다. 이러한 관점에서 지식은 정보 네트워크를 통해 배포되는 다양한 디지털 형식으로 저장할 수 있다. 즉 지멘스는 학습은 사회화와 기술에 영향을 받는 네트워크 현

상이라고 하며, 이러한 학습은 내면화되는 것을 넘어서야 한다고 주장한다. 또 그동안 교육은 새로운 학습 도구와 환경 변화의 영향을 인식하는 데 느렸으며, 지식이 계속 발전하고 폭발적으로 늘어남에 따라 현재 학습자가 알고 있는 것만큼 앞으로 필요한 것을 습득하는 능력이 중요하다고 하였다. 따라서 현재 교육에서 중요한 것은 앞으로 필요한 지식을 연결하는 연결능력이라고 하였다(Siemens, 2005a, 2005b). 한편 다운즈(2008)는 지식을 정성적 지식qualitative knowledge과 정량적 지식quantitative knowledge으로 구분하고, 연결지식을 제3의 지식으로 제안했다. 연결지식은 단절된 것이 아닌 말 그대로 다른 지식과 연결된 지식을 의미한다. 이 연결된 지식은 다른 지식과 실제로 연결되며 새롭게 해석될 수 있다고 하였다(Downes, 2008). 상술한 연구자들의 내용을 종합해 보면 커넥티비즘은 학습이 발생하는 방법과 장소에서 사회·문화적 맥락의 역할을 강조하는 디지털 시대의 학습 이론으로, '지식'을 네트워크로 보며, 학습을 연결과정으로 본다. 따라서 지식들을 연결하는 데 중점을 둔다.

📚 참고문헌

김명옥(2012). Bloom의 신교육목표분류학에 기반한 초등 국어과 교육과정 목표 분석. 경북대학교 대학원 박사학위 논문.

마시 드리스콜(2007). 양용칠 역.《학습심리학》. 교육과학사.

박기범(2010). "의미연결망 분석을 통한 사회과 교육과정의 이해."《사회과교육》. 49(1). pp.57-69.

박기범(2014). "사회과교육에서 플립러닝의 교육적 함의."《사회과교육》. 53(3). pp.107-120.

박기범(2016). "사회과교육에서 학습의 재개념화."《학습자중심교과교육연구》. 16(11). pp.553-568.

박기범(2017). 커넥티비즘(Connectivism)의 이해와 사회과 교수학습의 새로운 패러다임. 사회과교육, 56(2).

백욱인(2013).《디지털 데이터, 정보, 지식》. 커뮤니케이션북스.

벤저민 블룸(1983). 임의도 역.《교육목표분류학 I》. 교육과학사.

브라이언 스키너(2003). 박수인 등역.《생동하는 지구》. 시그마프레스.

새뮤얼 아브스만(2014). 이창희 역.《지식의 반감기》. 책읽는수요일.

신종호 외 (2009). 창의적 문제해결력 증진을 위한 사회과 교육과정의 재구성
방안 연구. 서울: 한국교육과정평 가원. 서울대학교.

신중섭(1992).《포퍼와 현대의 과학철학》. 서광사.

임희숙(2012). TOCfE의 구름 사고도구를 활용한 수업이 사회과 창의적 문제
해결력에 미치는 영향. 석사학위 논문, 경인교육대학교.

조지 마이어슨(2003). 김완구 역.《생태학과 포스트모더니티의 종말》. 이제이
북스.

조희형(1984). Bloom 등의 교육목표 분류론의 본질과 그 문제점. 과학교육논
총, 9, pp.29-36.

토머스 S. 쿤(2002). 김명자 역.《과학혁명의 구조》. 까치글방.

학지사(2000).《교육심리학용어사전》.

Banks, J. A.(1990). Teaching strategies for the social studies: Inquiry,
Valuing and Decision-making. 4th edition. White Plains, NY: Longman.

Barabási, A. L.(2002). *Linked: The New Science of Networks*. Cambridge,
MA: Perseus Publishing.

Buckminster F.(1981). Critical Path. New York: St Martin's Press.

Downes, S.(2008). An Introduction to Connective Knowledge. In K.
Habitzel, T. D. Mark, S. Prock(Eds.), Media, *Knowledge & Education*(pp.
77-102). Innsbruck University Press.

Downes, S.(2012). *Connectivism and Connective Knowledge*. National
Research Council Canada.

Driscoll(1994). *Psychology of learning for instruction*. Pearson Education.

Engle, S.(1960). Decision making: The heart of social studies instruction.
Social Education, 24, 301-306.

Feltovich, P. J., Spiro, R. J., & Coulson, R. L.(1989). The nature of
conceptual understanding in biomedicine: The deep structure of

complex ideas and the develompment of misconceptions. In D. Evans & V. Pater(Eds.) *The congitive sciences in medicine.* pp. 113-172. Cambridge, MA: MIT Press.

IAU0601(2006). News Release [The IAU draft definition of "planet" and "plutons"] from http://www.iau.org/public_press/news/detail/ iau0601/....2006.8.16).

Jacobson, M. J., Spiro, R. J.(1993). Hypertext learning environments, cognitive flexibility, and the transfer of complex knowledge: An empirical investigation. *Technical Report,* No. 573. Center for the Study of Reading in University of Illinois at Urbana-Champaign.

Kuhn, Thomas S.(1987). *That are the Scientific Revolutions?,* In The Probablistic Revolution. Cambridge: The MIT Press.

Morrison, D.(2013). How course design puts the focus on learning not teaching. https://onlinelearning insights.wordpress.com에서 2019. 05. 26. 인출

Partnership for 21st Century Skills(2009). P21 Framework definitions. Partnership for 21st Century Skills.

R. Shriram, & Steve Carlise Warner(2010). Connectivism and the impact of web 2.0 technologies on education. *Asian Journal of Distance Education,* 8(2), 4-17.

Siemens, G.(2005a). Connectivism: A Learning theory for the digital age. *International Journal of Instructional Technology & Distance Learning,* 2(1), 1-8. http://www.itdl.org/journal/jan_05/article01.htm 에서 2016년 5월 1일 인출.

Siemens, G.(2005b). Connectivism: Learning as network-creation. http:// www.elearnspace.org/Articles/networks.htm 에서 2016년 5월 1일 인출.

Siemens, G.(2006). *Knowing Knowledge.* http://www.knowing knowledge. com 에서 2017년 1월 10일 인출.

Siemens, G.(2008). About: Description of connectivism. Connectivism: A learning theory for today's learner. http://www. connectivism. ca/about.html에서 2018. 1. 26. 인출. Carmen Tschofen & Jenny Mackness(2011). Connectivism and dimensions of individual

Experience. *The International Review of Research in Open and Distance Learning.*

Spiro, R. J.(2001). Principled pluralism for adaptive flexibility in teachning and learning to read. In R. F. Flippo (Ed.), *Reading researchers in search of common ground.* Newark, DE: International Reading Association.

Spiro, R. J., & Jehng, J. C.(1990). Cognitive flexibility and hypertext: Theory and technology for the nonlinear and multidimensional traversal of complex subject matter. in D. Nix & R. J. Spiro(Eds), *Congnition, Education, and Multimedia: Explorations in High Technology.* pp.163-205. Hillsdale, NJ: Lawrence Erlbaum Associates.

Spiro, R. J., & Myers, A.(1984). Individual differences and underlying cognitive processes in reading. In P. D. Pearson(Ed.), *Handbook of Research in rReading.* New York:Longman.

Spiro, R. J., Collins, B. P., Thota, J. J., & Feltovich, P. J.(2003). Cognitive flexibility theory: Hypermedia for complex learning, adaptive knowledge application, and experience acceleration. *Educational Technology*, September-October, pp.5-10.

Spiro, R. J., Coulson, R. L., Feltovich, P. J., & Anderson, D.(1988). Congnitive flexibility theory:Advanced knowledge acquisition in ill-structured domains. *Tenth Annual Conference of the Cognitive Science Society*, pp. 375-383. Hillsdale, NJ: Lawrence Erlbaum Associates.

Spiro, R. J., Vispoel, W. L., Schmitz, J., Samarapungavan, A., & Boerger, A.(1987). Knowledge acquisition for application: Cognitive flexibility and transfer in complex content domains. Technical Report No. 409. Center for the Study of Reading in University of Illinois at Urbana-Champaign.

Wilson, L. O.(2001). Anderson and Krathwohl − Understanding the New Version of Bloom's Taxonomy. http://thesecondprinciple.com/teaching-essentials/beyond-bloom-cognitive-taxonomy-revised/

제14장

디지털 세대의 책임[*]

* 이 장은 '박기범(2018). 디지털 시민성으로서 책임.
학습자중심교과교육연구, 18(24), pp.573-582.'를
수정 보완했다.

① 왜 책임인가?

21세기 시민의 특징

제4장에서 살펴본 것처럼 시민성의 속성은 크게 합리성, 도덕성, 실천성 측면에서 논의할 수 있다(박기범, 2014). 베넷(2008)과 돌턴(2008)에 따르면 전통적 시민은 사회적 규범에 기반한 도덕성이 상대적으로 활성화된다. 그러나 21세기 시민은 준법 등의 가치를 지향하는 도덕성이 약화되고 있다(Bennett, 2008; Dalton, 2008; 박기범, 2014). 따라서 시민교육에서 시민성교육은 도덕성에 주목할 필요가 있다.

21세기 시민은 자신과 관련 있는 생활정치를 중심으로 네트워크로 연대하는 실천성과 합리성이 활성화된다. 이들의 생활정치를 활성화시킨 핵심 동인은 디지털 네트워크 환경으로 볼 수 있다. 특히 모바일 기반의 디지털 네트워크는 시민이 시간과 장소의 한계 없이 언제 어디서든 사회 문제에 쉽게 연결할 수 있는 참여 환경을 조성한다. 네트워크 기반 참여는 연결된 모든 사용자에게 정보 생산자로서 권리를 부여하기도 한다. 디지털 네트워크에 기반한 시민 참여의 편리성과 정보 생산자로서의 역할 변화는 21세기 인간 사회에 새로운 지평을 열고 있다. 특히 디지털 네트워크 사회는 전자적 네트워크를 통한 지식정보의 생산과 유통을 활성화시킨다. 시민은 네트워크에 연결된 모바일 장치를 활용하여 필요한 정보에 실시간으로 접근할 수 있다. 이러한 정보접근의 편리성에 더하여, 네트워크의 특징인 익명성과 분산성은 물리적 공간에서 형성된 전통적 억압관계를 약화시킨다. 이는 시민으로 하여금 네트워크를 통한 사회참여행위와 정보 생산을 촉진한다. 21세기 디지털 네트워크는 새로운 연결과 사회적 현상을 유발하는 동인이 되는 것이다.

그러나 이러한 가능성이 우리 사회에 항상 긍정적으로만 작동하는 것은 아니다. 디지털 네트워크는 도덕성 측면에서 부작용을 야기하기도 한다. 박기범(2014)은 개인정보의 유출과 사생활 침해, 교차적 접근이 생략된 단편적 정보의 수집과 활용, 검색어와 SNS 조작을 통한 시민 여론의 왜곡, 게임 중독, 확인되지 않은 정보의 무책임한 배포 등의 원인으로 시민의 도덕성 약화를 지적한다.

21세기 디지털 네트워크는 합리성과 실천성 측면에서 시민에게 무한한 권리를 부여하지만, 네트워크의 익명성과 분산성은 사회적 압력을 약화시켜 도덕성 측면의 문제를 야기하기도 한다. 따라서 디지털 시민성교육은 도덕성 측면에 주목할 필요가 있으며, 특히 네트워크가 부여하는 권리 확장에 따른 책임에 대한 심도 있는 논의가 필요하다.[1]

영국의 사회학자 T. H. 마셜Marshall은 시민성을 '시민적, 정치적, 사회적 권리가 존재하는 정치적 공동체의 모든 구성원에게 부여되는 것'으로 정의했다. 여기에는 사회적 자산을 충분히 공유하는 권리와 그 사회에 널리 퍼져 있는 약속에 따라서 시민화된 삶을 살아가는 권리를 포함한다(Mossberger et al., 2008). 이러한 약속에 따라 '부여'된 것은 권리뿐만 아니라 공동체 구성원으로서 '의무'도 포함된다고 볼 수 있다. 요컨대 시민성은 공동체의 구성원에게 부여되는 권리와 의무적 속성을 지닌다. 모스버거(Mossberger, 2008: 1)은 디지털 시민성을 '온라인 사회에 참여하는 능력'으로 정의한다. 이는 공동체에 참여하는 것을 시민성의 궁극적 자질로 해석하는 일반적 관점을 수용하고, 이를 디지털 시대의 키워드인 네트워크와 접목시킨 정의로 해석할 수 있다.

한편 박기범(2014)은 합리성과 도덕성에 기반한 시민성의 논의에 21세기 역동적 시민성향을 반영하여 21세기 디지털 시민성에 대한 논의를 합리성, 도덕성, 실천성으로 범주화했다. 디지털 시민성에 대한 캐런

---

1   위의 내용은 '박기범(2014). 디지털 시대의 시민성 탐색. 한국초등교육, 25(4), pp.33-46.'을 인용하였다.

의 정의에서 '참여'는 박기범이 제시한 실천성과 같은 개념으로 이해할
수 있다. 따라서 박기범의 디지털 시민성에 대한 논의 범주는 디지털 시
민성을 참여 능력으로 정의하는 캐런의 정의를 포함한다. 나아가 시민
성에 대한 마셜의 정의에서 합리성, 도덕성, 실천성의 구체적인 구인예:
표현, 행동, 존엄성 등은 권리와 함께 의무의 속성을 함의한다고 해석할 수 있
다. 시민 권리의 최대 실현은 결국 공동체 구성원 간의 타자 권리 존중
에서 시작되기 때문이다. 따라서 동전의 양면처럼 시민성으로서 권리는
의무를 동반한다고 볼 수 있다. 결국 디지털 시민성은 참여를 궁극적인
목적으로 하지만, 그것은 도덕성과 합리성의 작동을 전제로 한다. 시민
의 손에 주어진 네트워크 디바이스는 공동체 참여에 효율적이다. 그러
나 과거보다 참여적 환경이 조장된 21세기 사회에서 합리성과 도덕성
이 결여된 시민 행동은 공동체에 많은 문제를 초래하고 있다. 시민의 공
동체 참여는 합리성과 도덕성에 기반할 필요가 있다. [그림 14-1]은 이
와 같은 내용을 중심으로 시민성의 세 영역의 관계를 구조화한 것이다.

　　상술한 논의는 합리성과 실천성을 포괄하는 확장된 의미의 디지털
시민성에 대한 정의가 필요함을 시사한다. 캐런, 마셜, 박기범의 논리를
중심으로 디지털 시민성을 재개념화하면, 디지털 시민성은 기술 기반의

[그림 14-1] 시민성의 영역과 관계

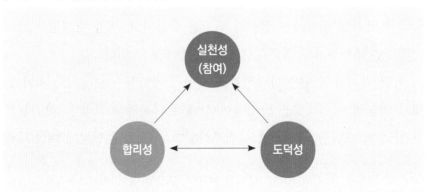

[그림 14-2] 21세기 시민의 특징

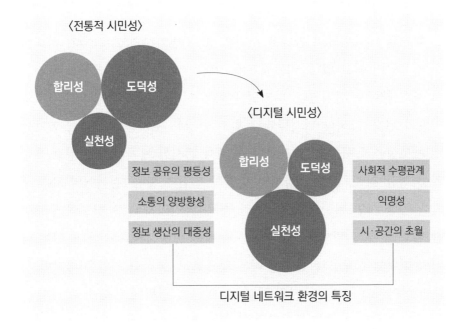

네트워크 환경에서 권리와 의무의 차원에서 합리성, 실천성, 도덕성을 맥락적으로 부여받는 시민성으로 규정할 수 있다. 요컨대, 디지털 시민성은 디지털 네트워크 환경에서 살아가고 있는 시민에게 부여되는 합리성, 실천성, 도덕성 역량competencies의 연결로 정의할 수 있겠다. 이러한 디지털 시민성은 21세기 4차 산업혁명 시대에 진입하면서 그 중요성이 더해지고 있다. 예를 들어, 합리성 측면에서 연결 역량connection competencies은 매우 중요하다. 네트워크를 통해 유통되는 무한한 정보를 연결하여 새로운 의미를 찾거나 만들어 가는 시민적 자질은 디지털 네트워크 환경의 시민에게 필수적이다. 다른 한편으로 디지털 네트워크의 고유한 성격으로 발생하는 다양한 도덕적 문제를 해결할 수 있는 도덕성의 함양은 디지털 시민성의 핵심 속성이다.

디지털 사회의 문제

디지털 네트워크의 발달은 시민의 삶을 변화시키고, 21세기 사회변화의 요인이 되고 있다. 네트워크에 기반한 가상 공간의 확산으로 시민의 사회 참여는 쉬워졌다. 디지털 문화는 시민의 참여와 합리적 사고의 기반이 된다. 그러나 디지털 네트워크 환경은 순기능과 동시에 역기능의 가능성을 동시에 갖기도 한다. 앞에서 제시한 예처럼, 개인정보 유출과 사생활 침해, 단편적 정보의 병렬적 수집과 활용, 검색어와 SNS 조작을 통한 시민 여론의 왜곡, 게임 중독, 확인되지 않은 정보의 무책임한 배포 등 이루 말할 수 없이 많은 문제를 발생시키기도 한다. 이는 디지털 미디어의 오용과 남용에 따른 것으로, 근본적인 원인은 디지털 시대를 살아가는 시민으로서의 책임accountability 결핍에서 찾을 수 있다.

디지털 네트워크 환경과 책임

디지털 네트워크의 특징 탐색을 통해 디지털 시민성으로서 책임이 중요한 이유를 맥락적으로 도출할 수 있다. 모든 사물과 인간을 연결하는 초연결 사회에서 네트워크의 어떠한 속성이 다양한 사회 문제를 야기하는 것일까? 이는 디지털 네트워크의 속성을 통해 추론할 수 있다. 20세기 아날로그 기반 사회와 구별되는 디지털 사회에서 '디지털 네트워크'의 특징에 대해 논의해 보자.

디지털 네트워크는 분산성과 익명성을 조장한다. 과거 미국과 소련 간의 냉전 체제에서 소련의 핵공격을 방어하기 위한 수단으로 도입된 네트워크 개념은, 하나의 중심에 의존하지 않는 네트워크를 설계함으로써 적의 공격에도 통신이 가능하도록 하는 아이디어에서 탄생했다. 이러한 분산성은 네트워크를 민주화시키는 동인이 될 수 있다. 민주화된 네트워크는 과거에 특정 전문가, 권력가, 자본가가 소유했던 정보 생산의 독점을 약화시키고, 네트워크에 접근할 수 있는 모든 시민에게 정보 생산자의 권리를 부여했다. 그러므로 디지털 네트워크의 분산성은 민주성과 평등성을 함의한다고 볼 수 있다.

한편 네트워크는 익명성을 최대한 보장하려 한다. 익명성 보장의 정도는 시간과 장소에 따라 다양한 스펙트럼으로 나타난다. 국가나 포털사이트의 정책에 따라서도 다양한 익명성 보장 정책이 시행되고 있다. 국내의 네이버와 카카오는 외국의 구글이나 인스타그램과 익명성 정책에서 차이를 보인다. 네트워크의 권한 주체에 따라서 차이는 있으나, 개인정보 보호와 직결되는 익명성은 디지털 네트워크의 중요한 특징이다. 이러한 네트워크가 제공하는 익명성은 아날로그 사회에서 결정된 전통적인 권력 관계를 약화시키며, 시민 개개인에게 정보 생산과 의사 표현의 자유를 부여한다. 즉 아날로그 공동체 문화에서 화석화된 관계는 디지털 네트워크의 익명성으로 약화되며, 시민에게 전통적 권력과 자본의 굴레에서 벗어날 수 있는 자유를 부여하는 것이다.

그러나 이러한 자유의 보장이 공동체의 유지와 발전에만 기여한다고 볼 수 없다. 오늘날 네트워크를 통해 발생하는 다양한 사회적 문제를 우리는 목도하고 있다. 특히 익명성은 책임 주체의 식별이 어려워 사회적 규율에서 이탈할 가능성이 매우 높다. 변순용(2002: 122)은 익명성의 조장이 자유를 활성화시킬 수 있지만 결과적으로 책임의 약화를 초래할 수 있다는 점을 지적한다. 따라서 네트워크를 통해 부여된 자유는 그만큼 자율적 통제가 필요하다. 시민의 자율적 통제는 네트워크의 특징인 분산성과 익명성으로 발생하는 부작용을 최소화하는 예방적 동인으로 작동할 수 있다. 디지털 시민성의 합리성, 실천성, 도덕성 측면 중 자율적 통제에 기반이 되는 영역은 도덕성과 관련이 있다. 특히 시민 스스로 자신을 통제하는 자율적 통제의 결정적 변인은 책임이다. 시민이 네트워크를 통해 자신의 정보 생산, 유통, 소통의 과정에서 성찰적 책임을 작동시킨다면, 디지털 네트워크 환경에서 발생하는 사회적 문제를 감소시킬 수 있다. 여기서 성찰적 책임은 타자를 충분히 설득할 수 있는 보편적 가치와 논리에 기반하여 자신의 행위를 평가해 보는 것을 의미한다. 이러한 가치와 논리에 따른 시민의 행위는 해당 사회가 축적하고 이어 온 가치와 통념에 따라야 하며, 이는 보편적 가치를 바탕으로 해야 한다. 결국 성찰적 책임은 시민 자신과 타자를 설득할 수 있는 보편적 가치에 기반한 도덕적 역량으로 해석할 수 있다. 디지털 네트워크 사회에서 시민의 자율성은 충분히 보장되어야 하지만, 그 전제로 책임은 필요조건이다.

민주주의 사회에서 시민은 공동체의 주인으로서 보편적 권리와 의무를 부여받는다. 21세기 시민에게 부여되는 권리와 의무는 네트워크로 확장되었다. 특히 아날로그와 구별되는 디지털 네트워크의 특징은 시민의 자유권을 이전보다 높은 수준으로 부여하고 있다는 것이다. 정보 생산과 소비 주체의 구별이 명확한 전통적 상황에서는 해당 행위에 대한 선별적 통제가 가능했다. 하지만 네트워크의 분산성과 익명성으로 경계가 무너진 21세기 4차 산업혁명 시대에는 시민 개개인이 자신을 통제하는 자율적 통제가 필요하다. 따라서 디지털 시민성은 도덕성 측면에 주목할 필요가 있으며, 특히 자율적 자기 통제를 위한 설명 책임으로서 성찰적 책임은 매우 중요하다. 보편적 가치와 사회 통념에 기반한 시민의 성찰적 책임은 4차 산업혁명 시대를 살아가는 디지털 시민으로서 갖추어야 할 중요한 자질인 것이다.

② 책임의 의미

책임의 시작과 어원

책임 accountability 은 미디어, 교육학, 행정학, 기록학의 학문적 진화와 함께 투명하고 정당한 과제 수행과 대응에 대한 논의에서 주목받고 있으며, 오늘날은 4차 산업혁명 시대 AI의 진화에 따른 책임 주체에 대한 논의로 확장되고 있다.

옥스퍼드 사전에는 accountability를 '설명할 수 있는 사실이나 상황'으로 정의한다. 한편 책임의 또 다른 표현인 'responsibility'는 '과제나 사물을 다루는 의무를 가진 사실이나 상황'으로 정의한다(Oxford Dictionary, 2018). 위 두 표현의 사전적 의미는 유사하나 'accountability'는 일련의 과정에 대한 책임의 성격이 강하며, 'responsibility'는 결과적 책임과 처벌의 성격을 함의한다고 볼 수 있다.

책임[2]의 개념은 그리스 아테네의 민주정치에서 발원됐다.

아테네에서 공직을 담당하는 사람은 민회에서 매년 규칙적으로 회계 관련 업무 보고서 account 를 제출해야 했다. 시민은 보고받을 권리가 있었으며, 공직자는 자신의 업무를 충실히 설명할 책임이 부여됐다. 나아가 시민은 공직자의 보고가 부적절하거나 설명이 부족하다고 판단하면 재판에 회부했다. 아테네에서는 공직자가 책임을 이행하지 않는 것을 직무유기로 간주한 것이다. 데이(Day, 1987)는 이러한 책임의 의미를 확장하여, 설명적 책임은 개인과 개인, 즉 일대일 관계에서 시작한다고 하였다. 개인과 개인이 스스로를 정당화하기 위해 해명하고 설명하면서 대화를 나누는 것이 책임의 출발이자 본질로 간주한다(Day, 1987; 정수영, 2015).

---

2 여기서 '책임'에 대한 논의는 'accountability'를 중심으로 전개하고자 한다.

다양한 학문 분야에서의 책임

한편 기록연구사archivist들은 이러한 설명 책임이 기록memory에 기반한다고 한다. 개인과 공동체는 활동에 대한 주요 기록을 통해 설명하고 정당화하는 능력이라는 의미로 책임을 정의한다. 기록학에서 설명 책임은 공적 영역의 기록 관리 행정의 중심 목적으로 간주되며, 그러한 중요성에 따라 기록 관리 시스템 설계 시 시스템의 설명 책임은 시스템을 평가하는 기준이 되었다. 설명 책임이란 기록에 의해 제3자에게, 또는 법령에서 지정한 기관에게 업무 또는 행정 수행의 전말을 설명할 수 있어야 함을 뜻한다(지머슨, 2016).

교육학, 특히 교육평가에서는 책임을 책무성으로 해석한다. 또 책무성은 법적 책무성, 계약적 책무성, 도덕적 책무성, 전문적 책무성으로 유형화된다. 또한 책무의 대상에 따라 외부와 내부로 나누고, 외부 조직이나 사람에 따라 책무성 확인이 필요한 외부 책무성과, 조직 내부에서 조직의 위계를 중심으로 자체적으로 자기 기관이나 자기 자신의 수행을 점검하는 내부 책무성으로 구분하기도 한다. 한편 수행 결과와 과정에 따라 결과 책무성과 과정 책무성으로 나누기도 한다(한국성인교육학회, 2004).

일반 교육학에서 책임은 개인이나 조직이 자신이 수행한 일이나 결과에 기꺼이 책임을 지고, 합리적 절차로 발견된 과오를 수정할 수 있는 것을 의미한다. 특히 책무성은 교육의 효과나 결과에 대한 책임 소재를 밝혀 내어 징벌하는 것이라기보다는, 산출된 결과의 원인을 밝히고 설명하는 데 역점을 둔다. 이러한 맥락에서, 교육학에서 책임은 학교나 교육의 성취 결과를 가리는 데 주목하기보다는 학교 교육 결과에 미치는 요인들을 찾아내고 그 이유를 설명하는 데 더 주안점을 둔다(서울대학교 교육연구서, 1995).

책임의 의미

상술한 책임에 대한 각 학문 분야의 논의를 통해 디지털 시민성 차원에서 책임의 의미 구성을 위한 몇 가지 시사점을 도출할 수 있다.

첫째, 디지털 시민성으로서 책임을 논할 때, 'accountability'의 타당성이다. 유사 개념어인 'responsibility'와의 비교에서, 'accountability'는 결과 산출의 과정에 대한 일련의 설명 책임으로 해석할 수 있다. 또한 사회 공동체에서의 성문화된 법적 제도에 따르는 책임보다 확장된 의미의 비제도적 책임으로서, 일반 시민에게 적용 가능한 도덕적 의미로 해석할 수 있다.

네트워크는 가상공간에서 개인의 자유를 극대화하기 때문에, 시민이 부여받은 자유는 자율성으로 실현되어야 하며, 이러한 자율성은 시민 자신의 행위에 대한 설명 능력을 요구한다. 따라서 디지털 시민성으로서 책임에 대해서는 'responsibility'보다는 'accountability'를 중심으로 논의하는 것이 논제에 정합한다. 제도적 성격이 강한 'responsibility'보다는, 자기 통제적 자율성을 함의하는 책임을 논할 때 'accountability'는 어의語義적 측면에서 합당하다.

둘째, 시민성에서 책임의 도덕적 성격에 주목할 필요가 있다. 전술한 책임은 법적, 계약적, 도덕적 측면 등 다양하게 유형화할 수 있다. 공동체 내의 시민은 특정한 목적 집단에서 책임을 부여받기도 하지만, 사회 공동체의 구성원으로서 일상의 삶에서도 시민으로서 책임을 부여받는다. 이는 법적·규제적 책임으로 규정할 수도 있으나, 시민의 자유권 측면에서 강제적 의무보다는 자연권적으로 부여받은 권리와 의무의 차원에서, 시민 스스로 자신을 통제할 수 있는 자율적 성격의 책임이 필요하다. 따라서 디지털 시민성으로서 책임의 의미는 도덕적 측면에 주목할 필요가 있다.

셋째, 내적 책임으로서 메타 책임reflective accountability에 초점을 맞추어 보자. 시민의 삶에서 문제 발생에 따른 책임의 문제는 대부분 타자에 대한 설명 책임에 초점을 맞춘다. 이는 결과가 실현된 후에 전개되는 양상을 띤다. 그러나 시민성에 대한 논의에서는 타자에 대한 책임과 더불어 시민 자신을 향한 합리적 설명에 주목할 필요가 있다. 특히 책임을 통한 사회 문제 발생의 예방이라는 차원에서 더욱 그러하다. 결과 발생 이전에 개인의 내면에서 과제 수행에 대해 자율적으로 성찰하는 성찰적 책임에 초점을 두어야 한다. 이러한 성찰적 책임은 사회 문제 발생을 억제하는 자기통제적 기제로 작동할 수 있다.

③ 21세기 디지털 사회에서 책임

디지털 시민성은 디지털 네트워크 환경에서 합리성, 실천성, 도덕성에 기반한 권리와 의무를 맥락적으로 부여받는 4차 산업혁명 시대의 시민성이다. 시민성의 본질을 투영할 때, 디지털 시민성은 실천action에 기반한 참여 역량을 궁극적인 목적으로 한다. 그러나 이러한 참여는 지적 합리성과 도덕성에 기반해야 한다. 지난 세기보다 참여가 수월해진 네트워크 환경에서 합리성과 도덕성에 기반하지 않은 공동체 참여는 많은 문제를 야기하기 때문이다. 디지털 시민성의 도덕적 영역에서 책임의 의미를 명료화하면 다음과 같다.

첫째, 책임은 시민의 행위 과정에 대한 일련의 설명 책임으로 해석할 필요가 있다. 건전하고 지속 가능한 사회와 시민들의 공진화를 위해서는 결과에 대한 책임에 더하여, 자신의 행위 과정에 대한 책임의식을 가져야 결과의 부작용을 최소화할 수 있다.

둘째, 시민싱에서 책임은 도덕적 책임에 주목해야 한다. 시민은 사회

공동체의 구성원으로서 일상의 삶에서 시민으로서의 책임을 부여받는다. 일상의 삶에서 시민의 행위는 법적인 강제 의무보다는, 자연권적으로 부여받은 권리와 의무를 기반으로 하기 때문에 시민 스스로 자신을 통제할 수 있는 자율적 성격의 책임이 필요하다.

셋째, 성찰적 책임 reflective accountability 은 네트워크를 통해 발생하는 부작용을 감소시켜 사회적 비용을 최소화하고 공동체 발전과 건전함을 유지시킨다. 디지털 시민성으로서 책임은 타자에 대한 설명 책임에 더하여 자신을 향해 합리적으로 설명할 수 있는 성찰적 책임에 방점을 두어야 한다. 이러한 성찰적 책임은 사회 문제 발생을 억제할 수 있는 자기통제적 기제로 작동하여, 21세기 디지털 시민사회를 건전하고 지속 가능하게 하는 동인이 될 수 있다.

21세기 분산성과 익명성에 기반한 디지털 네트워크는 시민에게 양적 자유를 충분히 부여하고 있으며, 이러한 자유는 법적 통제 이전에 시민 개인에게 자율적 통제를 요구하고 있다. 자율적 통제가 제대로 작동하기 위해서는 도덕적 측면에서 시민 자신의 성찰에 기반한 설명 책임의 역량이 필요하다.

디지털 시민성으로서 성찰적 책임 행위에 대한 정당성과 충실성 여부를 판단하는 기준은 공동체가 축적하고 공유해 온 보편적 가치와 통념에 기반해야 할 것이다. 책임은 결과에 대한 책임도 중요하지만, 왜 그러한 결과가 산출되었는가에 대한 보편적 가치에 기반한 합리적 설명으로 타자를 설득하는 것이 필요하다. 보편적 가치와 통념에 기반한 타자의 설득에 실패한다면 시민은 행위의 부적절성으로 결과적 책임을 물어야 할 것이다.

📖 참고문헌

랜달 C. 지머슨(2016). 민주화운동기념사업회 역. 《기록의 힘》. 민주화운동기념사업회.

박기범(2014). "디지털 시대의 시민성 탐색." 《한국초등교육》. 25(4). pp.33-46.

변순용(2002). "익명성과 사이버 책임의 관계에 대한 연구." 《국민윤리연구》. 56. pp.121-141.

서울대학교 교육연구소(1995). 《교육학용어사전》. 하우동설.

정수영(2015). 《어카운터빌리티, 새로운 미디어 규범》. 커뮤니케이션북스.

한국기록학회(2008). 《기록학용어사전》. 역사비평사.

한국성인교육학회(2004). 《교육평가용어사전》. 학지사.

Bennett, W. L.(2008). Changing citizenship in the digital age. *Civic life online: Learning how digital media can engage youth.* pp.1-24.

Dalton, R. J.(2008). Citizenship norms and the expansion of political participation. *Political Studies*, 56, pp.76-98.

Day, P.(1987). *Accountability: Five public service.* Tavistock Publication.

Marshall, T. H.(1992). The Problem stated with the assistance of Alfred Marshall. *Citizenship and social class.* London: Pluto Perspectives

Mossberger, K., Tolbert, C. J. & McNeal, R. S.(2008). *Digital citizenship: The internet, society, and participation.* The MIT Press.

Oxford Dictionary(2018). http://www.oed.com/208.11.07

제15장

세대 갈등, 어떻게 할 것인가

① 갈등 관리의 관점

갈등은 나쁜 것일까? 상이한 생각, 이익, 가치를 가지고 사는 사람들과 집단에게 갈등은 상존해 있다. 따라서 갈등은 사회의 본성일 수도 있어 갈등을 소멸시킬 수는 없다. 실제 갈등은 세상을 발전시키는 원동력이 될 수 있다. 변증법의 정반합 원리에 따르면 갈등은 새로운 합, 즉 새로운 정을 만드는 에너지이다. 이런 점에서 갈등은 나쁜 것도 좋은 것도 아니다. 갈등은 적절하게 다루면 사회를 진보와 창조로 이끌지만, 부적절하게 다루면 사회를 폭력과 파괴로 이끈다(Bercovith, 1984: xi).

갈등은 어떻게 다루어야 할까? 주목할 점은 사회적 합리성에 따라 다르다는 점이다. 코로나19와 이에 대한 대응은 각 사회가 갈등을 다룰 준비를 어떻게 했는가에 따라 결과가 다를 수 있음을 보여 준다. 즉 의료를 시장에 맡긴 미국의 경우 사회적 위험과 이로 인한 갈등을 해소하기 어려워 보인다. 미국에서 미성년자 중에 첫 번째 희생자가 한국 교포였다. 그는 의료보험이 없어서 긴급치료를 거부당했다(중앙일보, 2020). 현지의 미국 교포는 다음과 같이 증언한다.

"어찌어찌 검사를 받아도 검사비로 약 500만 원이 청구된다. 보험으로 일부 공제되는 경우도 있지만 그럴 때도 본인 부담금으로 약 160만 원을 내야 한다. 많은 사람들이 검사받는 것도 부담스러워했다.《뉴욕타임스》는 코로나바이러스 확진 판정을 받아 입원 치료를 받은 한 젊은 여성에게 의료비로 4,300만 원이 청구됐다는 소식을 보도했다(이예송, 2020).

코로나19 앞에서 미국인들은 총기를 사재기하고 있다. 도대체 어떤 요인 때문에 총부터 사들이고 있는 것일까? 첫 번째는 코로나19 사태가 장기화되다 보면 언젠가 자기가 사는 지역의 경찰, 의료, 소방서 등

[그림 15-1] 접합의 방법

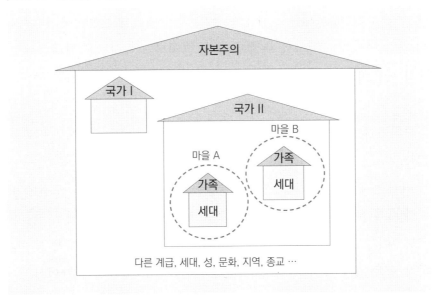

치안 유지 조직들이 약화돼 지역의 치안이 매우 불안해질 수 있다는 것이다. 두 번째는 정부가 코로나19 사태를 계기로 여러 다양한 비상 대책을 펼치면서 개인의 자유권이 침해될 수 있는데, 총기 역시 구매 제한이 이뤄질 수 있다는 우려에 미리 사재기를 하고 있다는 것이다(아시아경제, 2020).

이상에서 보듯이 미국은 재난 앞에 개인적으로 대응하고 있다. [그림 15-1]에서 보듯이 자본주의에서 국가Ⅰ, Ⅱ, Ⅲ 등 상이한 국가들이 존재한다. 각 국가의 성격에 따라 갈등과 위험은 다르게 다루어진다. 특히 주목할 것은 국가 안에서도 마을, 가족, 친족에 따라 대응이 다르다는 점이다. 국가, 가족, 마을에 상이한 세대가 존재하지만 이들의 갈등은 어떤 제도, 경험, 유산, 특징을 갖고 있는가에 따라 다르다. 이때 세대는 갈등을 설명하는 하나의 요소이다. 이 밖에도 인종, 젠더, 계급 등이 존재한다. 이런 점에서 제솝(2000)은 하나의 현상을 설명하는 데 다양한 관점의 접합이 필요하다고 했다.

갈등이 어떻게 나타나는가 하는 것도 정치적·사회적 영향을 받는다. 예를 들어 전라도, 강원도, 경상도 등의 지역이 분명 존재하고, 이 지역에 사는 사람들은 각자의 특성이 있다. 그래서 고향사람을 만나면 공감대가 만들어지고 반갑다. 이는 자연스러운 현상으로 나쁘거나 좋다고 할 수 없다. 그런데 지역정서가 지역주의로 가면 위험해질 수 있다. 지역주의는 같은 지역에 존재한다는 이유만으로 특혜를 줄 수 있기 때문이다.

세대는 분명 존재하고, 세대 자체는 문제가 되지 않는다. 그런데 세대가 세대주의로 가면 문제가 된다. [그림 15-2]에서 보듯이 노인층은 꼴보수이고 틀딱이며 꼰대라고 인식한다면, 노인세대와 대화가 불가능하다. 또한 청년층이 게으르고, 의지가 박약하고 무례하다고 인식한다면 노인들은 청년층과 대화를 시도하지 않을 것이다. 또한 세대주의는 모든 문제를 세대의 관점에서 이해하려고 한다. 코호트적으로 동시대에 존재했다고 해서 동시대의 사람들이 모두 동일한 시선을 갖는 것은 아니다. 산업화 세대가 모두 가난을 극복하고 잘 산다고 할 수는 없다. 현재 노인의 빈곤율은 거의 50%에 달하기 때문이다.

[그림 15-2] 세대주의

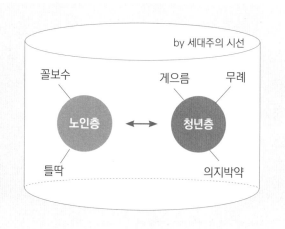

금수저와 흙수저 논쟁을 볼 때, 부자 부모를 둔 청년은 일자리를 걱정하지 않는다. 모든 청년들이 비정규직과 N포 세대에 있는 것은 아니다. 금수저의 아이들은 금수저가 될 개연성이 높기 때문이다. 이처럼 계급이나 계층의 관점에서 시민의 삶을 깊이 통찰할 수 있는 요소들이 있다.

한편, 세대 문제를 바라볼 때 반드시 고려해야 할 시각이 계층과 계급의 시선이다. 20대 남성은 어느 순간에 정부 여당에 대한 지지율이 낮았다. 이에 대한 원인이 정부의 젠더 정책에 있다고 분석되었다. 이에 대해 권순정 리얼미터 조사분석실장은 "표면적으로 일종의 방아쇠가 된 것은 젠더 문제로 축약할 수 있을 것 같다"며 "기본적으로 20대가 갖고 있는 취업을 비롯한 사회경제적 조건의 악화, 젠더 문제에서 20대 남성이 실질적으로 느끼는 역차별 의식, 불공정성에 대한 문제제기 등이 지금 나타나는 국정에 대한 부정적 태도, 정당 지지도에 영향을 미치는 것 같다"고 진단했다. 아울러 권 실장은 이번 사태의 일차적인 요인인 젠더 문제보다는 그 근간에 깔려 있는 취업과 고용의 문제 등 사회

[그림 15-3] 계급과 세대

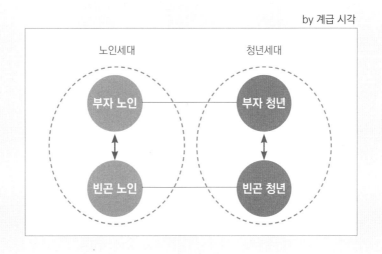

경제적 조건이 해결돼야 근본적으로 20대 남성의 문제가 해결될 것이라고 강조했다(투데이신문, 2019).

이상에서 보듯이 세대는 특정한 한 현상을 보여 주는 데 유용하다. 그런데 주의할 점은 한 측면이라는 점에 있다. 즉 모든 것을 설명해 주는 통찰을 제공하지 않는다. 오히려 세대는 계급 문제를 덮어버릴 수도 있다. 즉 세대의 눈으로 보면 계급 간의 격차나 불행이 보이지 않기 때문이다. 이런 점에서 세대는 하나의 접근일 뿐이므로 세대를 포함해서 총체적인 시각을 가져야 한다.

여성과 청년세대는 586세대에 비판적이다. 원인이 무엇일까? 돈과 권력을 가진 기득권자에 대한 보편적이고 자연스러운 분노 외에도, 민주화 운동과 운동권 또는 민주정부의 '실패'에 대해 조중동 같은 세력이 퍼뜨려 온 조롱과 폄하가 개재해 있을 수도 있다. 그러나 분노의 본령은 '헬조선' 현실에 대한 것이며, 특히 '진보 꼰대'에 대한 실망과 분노일 것이다. 586세대가 '민주화 운동 했노라고…', '우리 때는…'이라고 말하지만, 그들이 생활 세계에서 보이는 무능이나 보수적인 이중성과 위선, 한국사회 타자들의 현실에 대한 무감각, 시대에 동떨어진 젠더 의식 등에 분노하는 것이다(천정환, 2018: 334).

[그림 15-4] 갈등을 보는 시선

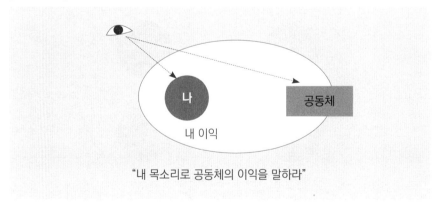

"내 목소리로 공동체의 이익을 말하라"

[그림 15-3]에서 보듯이 노인세대와 청년세대가 대립할 수 있다. 그러나 세대 내의 대립이 훨씬 심각할 수도 있다. 즉 부자 노인과 빈곤 노인, 부자 청년과 빈곤 청년의 계급과 계층의 불평등이 보다 본질적인 문제일 수 있다. 부자 노인과 부자 청년 대 빈곤 노인과 빈곤 청년이 대립 구도가 더 현실적인 분석일 수 있다.

이상에서 보듯이 나와 타자의 관계, 그리고 그 관계를 둘러싼 공동체 속에서 갈등과 문제를 분석해야 한다. 그리고 갈등을 풀어 나갈 때는 공동체의 입장에서 갈등을 보는 관점을 가져야 한다. 즉 내 목소리로 공동체의 이익을 말하는 태도가 필요하다. 이런 맥락에서 볼 때, 문제를 내 세대만의 이익에서 보면 위험하다. 내 세대뿐만 아니라 공동체의 관점, 즉 공공의 관점에서 봐야 한다. 《해석과 사회 비판》에서 왈저가 말한 권력에서는 떨어지되 공동체에는 긴박되어야 한다. 즉 권력에 밀착해 권력을 대변하는 것이 아니라 공동체를 위해 끊임없이 비판해야 한다. 이때 비판의 핵심은 우리의 일상을 지배하는 정책까지 향해야 한다.

② 갈등의 두 갈래 길과 문제 제기식 대화

갈등의 두 길

세대 갈등을 어떻게 다룰까? 두 갈래 길이 있다. [그림 15-5]에서 보듯이 A는 세대 갈등이 나타나면 혐오와 배제로 가는 것이다. 이 길이 필연코 전쟁으로 귀결된다면, B는 차이와 공존으로 가면서 갈등이 관리되는 것이다.

그렇다면 어떻게 이런 차이가 발생한 것일까? 각각의 블랙박스 안을 들여다 보자. [그림 15-6]의 오른쪽 그림에서 보듯이 세대는 기업,

[그림 15-5] 갈등 해결의 두 길

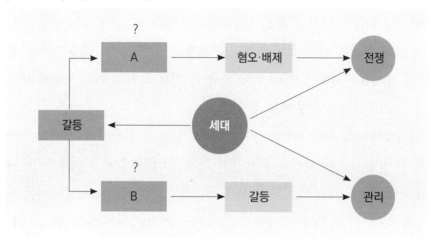

정치권, 언론 등의 목적에 따라 세대주의로 제조된다. 이 과정에서 차이는 우열이 되고 갈등 관계는 세대라는 유일한 기준에 따라 규정된다. 마치 모든 갈등이 세대 때문에 발생하는 것처럼 이야기하면 모든 갈등의 원인을 여기서 찾게 된다.

예를 들어 보자. 젠더화된 세대 게임의 효과는 분명하다. 자본과 계급의 문제나 노동시장에 존재하는 구조적 불평등의 다양한 요소는 가려진다. 청년 여성－페미니스트 세대가 광장에서 외치는 저항의 목소리는 그저 '집단이기주의'로 포장되면서, 유리한 고지를 선점하고도 불만으로 가득 찬 여성들은 그 자체로 사회적 문제로 인식된다. '불쌍한 20대 남성들'은 자연스레 피해자로 자리매김한다. '저출산'(에 대한 여성들의 책임 방기)과 여성의 정치적 과잉 대표, 여성만을 위한 복지 등의 요소를 내용으로 하는 '이퀄리즘'은 세대 게임의 요소들을 꼭 닮았다. 이제 젠더화된 세대 게임은 젠더와 세대, 계급의 구조적 불평등을 마구잡이로 흩어버린다(정성조, 2019: 26).

[그림 15-6] 오른쪽 그림의 블랙박스 B를 보자. 세대는 분명히 존재히고 갈등도 잠재되이 있다. 그린데 길등을 규징하는 주체가 시민이나.

[그림 15-6] 갈등의 블랙박스

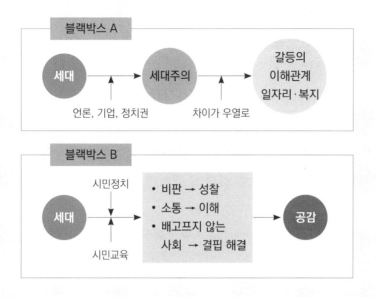

이들은 시민교육을 통해 상호 이해하고 시민정치를 통해 갈등을 관리한다. 따라서 비판을 통해 성찰하고, 소통을 통해 갈등의 구조와 갈등의 당사자를 이해한다. 특히 사회 구조가 안전을 추구하도록 하는 과정에서 배고프지 않는 사회에 합의하는 방법으로 결핍을 해결하려고 한다. 이 과정에서 세대 간 공감대가 형성된다.

달을 보라고 하면 달을 보는 것이 아니라 '달을 가르키면서 달을 보라는 놈'일명 달달놈을 보아야 한다. 왜 달을 보라고 하는지, 달을 보면 누구한테 유리한지, 그것을 통해서 달달놈이 얻고자 하는 이익이 무엇이고 내가 잃을 이익은 무엇인지를 알아야 한다.

잘못된 분석 사례를 하나 들어 보자. 2018년 말, 현 정부에 대한 20대 남성의 지지율이 눈에 띄게 하락하면서 정치권은 이들의 정치적 필요에 주목하기 시작했다. 흥미로운 사실은 현 정부에 대한 지지율이 20대 내에서 성별에 따라 두 배 가까이 차이가 난다는 점이다. 이에 대통령 직속 정책기획위원회는 20대 남성의 지지율 하락이 페미니즘 운동의 강화나 성평등정책의 반작용이라며, 20대 여성이 집단이기주의 집단으로 급부상했다는 보고서를 내놓아 논란을 일으키기도 했다(정성조, 2019: 15). 대통령 직속 정책기획위원회가 "20대 여성은 민주화 이후 개인주의, 페미니즘 등의 가치로 무장한 새로운 '집단이기주의' 감성의 진보집단으로 급부상"했다고 표현하는 등 성차별적인 인식을 드러낸 것으로 나타났다(한겨레신문, 2019). 문제의 원인은 젠더 문제일 수도 있지만 불평등한 현실에서 오는 불만이 젠더에 얹어진 것일 수 있다. 즉 원인의 원인에 대해 살펴보아야 한다.

20대가 정치성을 포기한 데는, 광범위한 개인주의가 만연하고 경쟁구도를 자연스럽게 받아들이는 시대에서 현실의 압박이 크기 때문인 것으로 분석된다. 이 세대는 이념적·정치적 격변 없이 자랐으며, 사회진출을 앞두고 저성장의 장벽에 가로막힌 저성장 세대이다. 이념 문제를 숙고할 이유도 줄어들었으며, 당장 등록금과 아르바이트, 취업이 필수가 되었다. 전통적인 운동권은 개인을 둘러싼 현실의 문제를 구조적인 차원에서 접근하며 공동의 연대를 모색했다. 90년대 중반만 하더라도, 개인의 문제를 구조 안에서 풀어가려고 했던 세력들이 있었으며, 이들이 당시 20대의 정치적 성향을 주도해 갔다고 한다면, 두 차례 외환위기를 거치는 동안, 오늘날 20대는 현실 세계의 경쟁에서 낙오할 때 감당해야 할 현실적인 어려움이 생각보다 크다는 것을 학습하게 되었고, 취업에 더 많은 시간을 투자해야 할 현실적인 명분도 얻었다. 그들에게 중요한 것은 정치적인 이슈도 경제적이고 실용적인 측면에서 접근할 수 있다는 것이다(임성빈, 2014: 260).

문제 제기식 대화

어떤 사람 A를 만난다고 하자. 누구에게 A의 평판을 물었더니, 매우 이기적인 인간이라는 답변이 돌아왔다. 그래서 잔뜩 경계를 하고 A를 만났는데, 다른 사람을 배려할 줄 아는 매우 친절한 사람이었다. 이런 만남이 99번째 지속되었지만, A가 이기적인 존재라는 것을 잊을 수가 없었다. 그런데 100번째 만남에 A가 이기적인 모습을 드러냈다. '아, 그래서 그 사람이 이기적이라고 했구나!'라고 생각해야 할까?

만약 내가 이런 평판을 듣지 않고 그 사람을 99번째 만났다면, 매우 좋은 사람이라고 생각했을 것이다. 100번째 만났을 때 이기적인 모습을 보였다면, 그럴 사람이 아닌데 왜 그런지를 맥락에서 이해하려고 노력했을 것이다.

현상학의 판단 중지라는 개념은 알고 있는 이론이나 선입관을 괄호 안에 쳐 두고 본질 그 자체에 도달하라고 말한다. 즉 'A의 얘기'를 'A에 대한 얘기'보다 먼저 들어야 한다는 것이다.

한편, 앎에는 두 가지 방식이 있다. [그림 15-7]의 왼쪽 그림에서 D는 모든 것을 알고 있다. A, B, C는 D를 따라 배우고 있다. 이 상황에서 D는 나머지 모든 사람들의 선생이다. 나머지 사람들은 선생의 학생들

[그림 15-7] 주입식과 문제 제기식

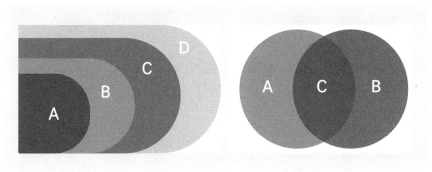

이고 따라서 선생의 지적인 노예들이 된다. 이 사회에서는 선생만 생각하면 되고 I THINK 나머지는 그를 따라 배우기만 하면 된다.

한편, 오른쪽 그림에서는 A, C를 아는 사람과 B, C를 아는 사람이 만난다. 양자는 공통적으로 C를 알지만, 각자는 상대방이 아는 것, 즉 A 혹은 B를 모른다. B, C를 아는 사람은 A를 더 알려고 하고, A, C를 아는 사람은 B를 알기 위해 노력한다. 이 모델은 '모든 것을 아는 사람도 없고 아무것도 모르는 사람도 없다'는 원칙을 전제한다. 따라서 앎은 우리가 대화를 통해 함께 세상을 이름 짓는 과정이다. 즉 앎은 '우리는 생각한다'We think에서 생겨난다. 즉 우리가 함께 생각할 때 내가 진정한 앎에 도달할 수 있는 것이다. 이것은 나는 A, C를 알고 있고, 상대는 B, C를 알고 있다는 데서 출발한다. 공통으로 C를 알고 있지만 각각 상대방의 B 혹은 A를 알지 못한다.

토론이란 무엇인가? 상대방을 만나 대화를 통해 서로 모르는 것을 알아 가는 행위인 것이다. 상대방은 나와 대화를 하면서 D를 알게 된다. 그러면서 자신의 원래 생각 B, C를 E로 확장한다. 이것은 나의 경우도 마찬가지이다. 내가 상대방의 생각 중 F를 알게 됨으로써 나의 생각은 기존의 A, C에서 G로 확장된다.

[그림 15-8] 성찰의 과정

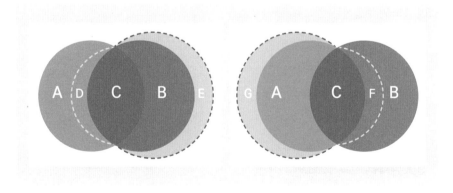

이처럼 토론과 소통을 통해 나는 A, C, E, G로 생각이 변화되고, 상대방도 B, C, D, E로 생각이 변화한다. 이런 대화의 태도는 '모든 것을 아는 사람도 없고 아무것도 모르는 사람도 없다'는 것에 전제한다. 이것은 상대에게 항상 놀랄 준비가 되어 있어야 한다는 것을 의미한다. 프레이리는 이에 대해 이렇게 말한다.

> 참된 교육은 'A'가 'B'를 위해 또는 'A'가 'B'에 관해 행하는 것이 아니라 'A'가 'B'와 함께 행하는 것이다. 변화는 민중을 위해서가 아니라 그들과 함께 하는 것이다(프레이리, 2002: 112).

여기에서 생각해 볼 점이 또 있다. 토론에 참여하기 이전에 나와 타자는 C만큼 공감대가 있었다. 하지만 토론이 끝난 이후 C + D + F만큼 공감대가 형성되었다는 것이다. 토론은 내 지식이 넓어지는 것이기도 하지만 공감대가 깊어지는 것이기도 하다. 이를 통해 각자는 토론이 끝난 후 공동성찰과 지혜를 얻을 수 있다.

이상에서 보듯이 프레이리는 "내가 생각한다. 고로 우리가 존재한다"는 입장이 시민을 대상화하는 것이라고 비판하고, 우리, 즉 A, C와 B, C를 아는 사람들이 동료로서 함께 생각하여 세상을 이해하고 새롭게 호명할 때 비로소 내가 세상을 이해할 수 있다고 주장했다. 그런데 여기에서 주목할 점은 A, C를 아는 나와 B, C를 아는 타자가 우열이 아니라 '차이'의 관계라는 점이다. 그것은 계몽된 나와 계몽되어야 하는 타자의 관계가 아니라 모든 것을 알지 못하고 아무것도 모르지 않는 사람들이 서로를 토론하는 동료로 받아들이고, 차이가 편안히 드러나는 '광장'에서 자유롭게 토론해야 한다는 것이다. 토론은 세상을 변화시키는 행위이다.

인간적으로 존재한다는 것은 세계를 이름 짓고 변화시키는 것이다. 대화는 사람들이 세계를 매개로 해서 세계를 이름 짓기 위해 만나는 행위이다(프레이리, 2002: 106).

그렇다면 토론을 통해 어떤 길로 나아갈 것인가? "내가 생각한다. 고로 우리가 존재한다"는 모델에서 해답은 내가 갖고 있다. 하지만 "우리가 생각한다 고로 내가 존재한다"는 모델에서는 토론을 해 봐야 방향을 알 수 있다. 결국 토론하는 동료들과 함께 방향을 정하는 것이다.

이상에서 보듯이 세대 갈등은 상대방을 대화의 파트너로 인정하고, 그에게 놀랄 준비가 된 상태에서 시작되어야 한다. 즉 산업화, 민주화, 정보화 세대는 그 자체로 상대의 세대가 볼 때 놀랄 만한 것이 잠재되어 있다. 내가 알고 있는 것을 상대방에게 진리로 주입하는 것이 아니라, 아는 것을 말한다는 관점에서 대화를 시작해야 한다. 듣는 사람은 상대의 이야기를 들을 때 문제를 제기한다는 관점에서 자신이 알고 있는 것과 대비하면서 성찰해야 한다. 이 과정에서 서로 배우고 서로 가르칠 수 있다.

③ 선배 시민의 갈등 관리

세대 갈등을 논의할 때 가장 많이 등장하는 주인공은 노인이다. 우리나라 노인의 정체성은 무엇일까? 우리나라 노인은 산업화 시대의 엔텔레키를 갖고 있다. 산업화 시대의 이념은 반공주의와 발전주의의 의식과 성층화된 경험으로 세상을 보는 경향이 있다. 이 관점에서는 문제의 원인이 개인이고, 선성장 후분배로 경제 정책과 사회 정책이 만들어져야 한다고 본다. 이 관점에서 가난은 개인의 책임이다. 청년들의 문제는 청년 자신의 문제가 된다.

세대로서 노인을 시민으로서의 노인으로 보면 어떻게 될까? 이와 관련하여 선배 시민 프로젝트를 소개하고자 한다. 한국사회복지사협회에서 1999년 세계노인의 해에 노인이라는 용어를 대체할 작명을 시도했다. 이때 채택된 용어가 '어르신'이었다. 심사위원장인 허웅은 다음과 같이 이 용어에 대해 평했다.

> '어르신네'이란 말은 남의 아버지를 높여서 일컬을 때 쓰는 말인데, 그 뜻에서 번져나가 아버지와 벗이 되거나 또는 그 이상이 되시는 분을 높여서 부르는 말로 많이 쓰이고 있으므로, 노인을 부르거나 또는 노인을 일컫는 말로는 매우 적절한 것이라고 생각된다. … 어원으로 보더라도 '어르신'은 '노인'이나 '늙은이'를 갈음하여 쓰일 수 있는 매우 적절한 말이다(채영희, 2012: 121-122에서 재인용).

이후 어르신이라는 용어는 보편적인 담론의 하나가 되었고 이 맥락에서 '어르신 노인복지관'과 같은 작명도 생겨났다. 한편, 노인복지관에서는 흔히 노인을 '어머님'과 '아버님'이라는 용어로 부르기도 한다.

이런 노인을 국가의 일원으로 일정한 지위가 있는 시민이라는 관점에서 새롭게 조명해 보자. 노인은 인권, 즉 자유권은 물론이고 사회권을 가진 시민이다. 그리고 노인의 특징으로 차별받지 않을 권리가 있다. 따라서 노인을 시민으로 보고, 코호트적인 특징을 부여하여 선배 시민으로 새롭게 규정해 보자.

선배 시민은 나를 사회적 관계와 공동체 속에서 규정하고, 더 나은 관계와 공동체를 상상하고 실천하는 존재이다. 선배 시민은 돌봄의 대상이 아니라 국가에 사회권을 요구하고 이를 위해 조직하는 시민이다. 따라서 여기서는 선배 시민을 잔여주의 복지가 아니라 제도주의 복지를 위해 학습하고, 토론하고, 실천하는 시민으로 본다.

이런 맥락에서 선배 시민은 후배 시민인 청년들과 소통한다. 상황을 생각해 보자. 노인이 청년에게 "너희들이 취업을 하지 못하는 것은 게을러서 그래, 노력하지 않아서 그래, 의지가 박약해서 그래"라고 할 수 있다. 이것은 《세일즈맨의 죽음》에서 윌리가 그의 아들 비프에게 취했던 태도이다. 이 태도는 마치 세상을 다 알고 있고 자신의 이야기는 진리라고 생각하는 것이다.

이에 대해 청년은 말할 것이다. "어르신, 우리 시대에 살아 봤어요?" 그렇다. 비프의 시대는 세계 대공황기를 막 거쳐간 시대이다. 이 시대에 개인의 노력으로 해결될 수 있는 것이 거의 없다. 따라서 사회의 노력과 국가의 노력이 필요하다. 코로나19라는 재난을 개인이 노력으로 해결할 수 있을까?

선배 시민의 소통은 나와 너, 즉 우리를 둘러싼 세상을 인식하고 그 속에서 이루어져야 한다. 개인이 할 문제와 사회의 문제를 분리하고, 연결하고, 함께 할 것을 고민해야 한다. 만약에 이 같은 관점에서 접근한다면 세대는 존재하지만 갈등이 되는 것이 아니라 차이를 드러내고 소통을 할 수 있는 상황에 불과할 뿐이다.

이처럼 시민으로서 공통점을 찾아낸다면, 변화를 위한 실천을 함께할 수 있다. 자신의 정체성을 선배 시민이라고 이해한다면 실천이 달라진다. 기존에 자신의 건강만 체크했던 노인들이 모여 지역사회의 사회체육시설을 점검한다. 개인의 안전만 생각했던 노인들이 지역의 유해 환경, 예를 들어 모텔 등이 학교 근처에 생기는 것을 개선하기 위해 조례를 제정하기 시작한다. 이들은 이제 자신을 선배 시민으로 선언한다.

첫째, 우리는 선배 시민이다.
– 우리는 선배이다. 후배 시민과 소통하고 후배 시민을 돌보는 선배이다.

– 우리는 시민이다. 공동체에 대한 권리와 의무를 가진 시민이다.

– 그러므로 우리는 최소한 인간답게 살 수 있는 권리를 요구하고 후배 시민을 돌보는 의무를 다한다.

둘째, 우리는 서로에게 당당하고 풍요로운 세상을 꿈꾼다.

– 우리는 돈, 지위, 학벌 앞에 침묵하고 순응하는 것이 아니라 누구나 당당하게 말할 수 있는 정의로운 세상을 꿈꾼다.

– 우리는 시민들을 위협하는 사회적 위험을 함께 맞서 누구나 안전하고 생존의 문제를 걱정하지 않는 풍요로운 세상을 꿈꾼다.

– 그러므로 우리는 차이가 편안히 드러나는 광장에서 서로에게 당당하고 풍요로운 세상에 대해 말하고 상상할 것이다.

셋째, 우리가 걸어가면 길이 될 것이다.

– 우리는 무기력한 늙은이도, 자신과 가족만을 생각하는 개인주의자도 아니다.

– 우리는 선배 시민이 되기 위해 늘 함께 생각하고, 소통하고, 학습할 것이다.

– 우리는 이제 더 이상 돌봄의 대상이 되기를 거부하고 후배 시민과 공동체를 돌보는 일에 적극적으로 참여할 것이다.

– 그러므로 우리 선배 시민이 걸어가면 그것은 곧 공동체의 새로운 길이 될 것이다.('노인자원봉사단 대축제 선배 시민 선언', 2017, 〈제11회 전국자원봉사대축제〉)

선배 시민 대학과 실천을 함께한 노인들이 말한다. "노인이 이렇게 의미 있는 존재인 줄 몰랐다." "자식과 손주와 정치 이야기를 시작했다." 그리고 선배 시민 관련 프로그램을 함께 한 사회복지사가 말한다. "존경할 노인이 생겼다.", "내 미래가 보인다."

📚 참고문헌

밥 제솝(2000). 유범상·김문귀 역.《전략관계적 국가이론》. 한울.

아시아경제(2020). "미국인들은 왜 마스크가 아닌 '총'을 사재기할까?". 2020. 4. 12.

이예송(2020). "영리의료 천국 미국의 끔찍한 코로나19 현실."《노동자연대》. 317호.

임성빈(2014). "세대 차이와 통일인식에 대한 신학적 반성."《장신논단》, Vol. 46 No.2, 254.

정성조(2019). "청년 세대 담론의 비판적 재구성: 젠더와 섹슈얼리티를 중심으로."《경제와 사회》. 2019년 가을호(통권 제123호).

중앙일보(2020). "美 17세 한인 코로나 사망…의료보험 없다고 긴급치료 거부". 2020. 3. 30.

채영희(2012). "노인 어휘망에 나타난 '늙은'의 의미분석에 따른 새로운 노년인식". 부경대학교 인문사회과학연구소 노년인문학센터.《인문학자, 노년을 성찰하다》. 푸른사상.

천정환(2018). "세대담론 2018, 그리고 영화 〈1987〉."《역사비평》.

투데이신문(2019). "문재인 정부에 등돌린 20대 남성…이유 없는 분노는 없다". 2019. 3. 8.

파울로 프레이리(2002). 남경태 역.《페다고지》. 그린비.

한겨레신문(2019). "'페미니즘 무장한 20대 여성은 집단이기주의'라는 대통령 직속 정책기획위". 2019. 2. 27.

Bercovith. J.(1984). *Social conflicts and third parties: Strategies of conflict resolution*. Boulder: Westview Press.

세대와 소통

— 워크북 —

유범상
박기범
성미애
이지혜
장호준
정준영
지음

지식의날개

차례

제 1 장

시선의 정치: 세대인가 세대주의인가

① 세대, 너는 누구냐

국민학생과 초등학생

- 요즘 아이들은 초등학교를 다니지만 1996년 이전까지 아이들은 국민학교를 다녔음. 국민학교는 1941년 〈제4차 조선교육령〉에 따라 생긴 명칭으로 황국신민이라는 뜻이었기 때문에 1996년 일제 잔재 청산이라는 명분하에 초등학교로 이름이 바뀌었음.
- 군사독재 시절의 국민학교는 한국적 민주주의가 기본적인 교육목표였음. "우리는 민족중흥의 역사적 사명을 띠고 이 땅에 태어났다"라는 국민교육헌장에서 보듯이, '나'가 아니라 '우리'였고, 내 삶의 의미는 민족중흥의 사명을 다하기 위해서였음.
- 국민학교에서 강조한 것은 충효였고, '스승의 그림자도 밟지 말라는 것'이며, '군사부일체'였음. 국가, 스승, 부모의 권위에 대한 인정은 권위주의 문화로 귀결됨. 가족은 아버지를 중심으로 돌아갔고 가부장제는 '회사를 가족처럼'이라는 구호에서 보듯이 일터에서도 관철됨.
- 초등학교는 국민학교와 다른 교육을 받았음. 이것은 민주화를 바탕으로 교육과정이 개편되어 왔고, 현재 학교 현장에서는 민주시민교육이 이루어져 가부장제 문화나 권위주의 문화가 큰 도전을 받고 있음.
- 초등학교를 다닌 사람과 국민학교를 다닌 사람은 살아온 정치적 환경뿐만 아니라 경제적 환경도 매우 달랐음. 국민학교 세대는 초등학교 세대와 달리 고도성장의 시기에 성장했음. 대학생이라면 누구나 취업을 할

수 있었고, 대학진학을 하지 않더라도 직장을 얻을 수 있었음. 하지만 초등학교 세대는 저성장의 시대에 살고 있어 특히 1990년대 말 경제 위기 이후에 비정규직이 보편화되었고, 부모의 능력이 자식의 학력, 취업, 건강 등을 결정하는 시대가 됨.

세대에 대한 정의

- 세대란 연령집단과 관련이 있음. 즉 세대를 흔히 코호트에 초점을 맞추어 구분함. 코호트는 인구학적 연령집단으로, 흔히 10대, 20대, 30대처럼 그룹을 지어 구분함. 즉 생물학적인 출생과 죽음의 리듬에 기반해서 이들을 특징 지음. 세대는 동일한 사건을 경험하고 동일한 문화를 갖고 있는 인구학적인 집단임.
- 80대 노인세대에 있는 사람이 모두 동일한 의식을 갖고 있는 것은 아님. 태극기가 아니라 촛불을 들고 정권에 저항하는 노인도 있기 때문임. 따라서 세대의식을 초점에 두고 세대를 구분하는 경향도 있는데, 세대는 동일한 의식을 가진 집단으로 자기정체성을 가짐.
- 한편 세대를 구분할 때, 세대에 대한 정의를 내리는 존재를 생각해야 함. 세대담론을 만들고 이것의 의미를 생산해 내는 존재는 주로 정치가, 언론, 광고기획사, 기업, 학자 등임. 이들은 상이한 목적을 갖고 세대담론을 주조함.

만하임의 정의

- 만하임의 《세대 문제》에 따르면, 세대를 정의하는 방법으로 실증주의적 방법과 낭만주의적 · 역사주의적 방법의 두 가지가 존재함. 실증주의자들은 생물학적인 사실에서 세대의 특성을 도출함. 즉 연장자는 항상 보수적인 요소로 그리고 청년은 저돌성의 상태에 있음.
- 한편, 낭만주의 · 역사학파는 질적인 내적 시간에 주목함. 물리적인 흐름인 시간 속에서 특정한 시기에 특정한 경험을 한 시간이 있어서 연령대가 아니라 경험한 내용이 중요함. 이런 점에서 실증주의자들이 젊은이

가 진보적이라고 주장한다면, '질적으로 파악한 내적 시간의 현존'이라는 측면에서 볼 때 반드시 젊은이가 노인보다 진보적이라고 할 수 없음. 어떤 시대를 경험했는지에 따라 의식이 결정되기 때문임.

– 만하임은 이상의 두 입장에 대해 실증주의를 객관주의로, 낭만주의를 주관주의로 규정함. 만하임은 두 가지 입장을 취합하여 만든 구성주의를 주장하는데, 구성주의는 동일연령대의 사람들이 주관적인 의식을 통해 세대로 구성된다는 입장임.

– 만하임은 세대 위치와 실제 세대를 통해 설명함. 세대 위치(generation location)는 비슷한 시기에 태어나서 경험을 공유하는 상태를 의미하는데, 이때 경험의 성층화(stratification of experience) 개념이 중요함. 출생 시기가 다른 이들이 성장하면서 당연히 누적적으로 경험하는 구조의 차이가 발생하는데, 이것이 경험의 성층화임.

– 경험의 성층화에서 가장 중요한 경험이 기층경험(primary stratum of experience)임. 기층경험은 다른 경험들에 특정한 의미와 성격을 부여하는 것으로, 성층화된 경험 중에 결정적인 영향을 미치는데 대체로 17세에 시작하여 25세까지 이어짐.

– 경험의 성층화는 의식화로 이어짐. 즉 이 집단군은 상호간의 연계와 유사성을 기반으로 공동 연대를 만들어 갈 때 진짜 세대, 즉 만하임이 말한 실제 세대(generation as an actuality)가 됨.

– 실제 세대에게 중요한 것은 '특정한 개인의 코호트를 의식적인 연령 단층으로 묶어 주는 트라우마적 사건'임. 이는 일종의 '집합기억'으로, 역사적·문화적 경험을 공유하는 동류의식의 바탕이 됨. 이런 맥락에서 만하임은 생물학적인 요인이 바로 세대가 되는 것이 아니기 때문에 역사학적 접근 방식과 사회학적 접근 방식이 필요하다고 주장함.

– 세대 단위는 실제 세대가 좀 더 현실에 개입한 부류로, 사회운동 조직처럼 훨씬 더 구체적인 연대감을 가진 집단임. 세대 위치에 있는 세대 단위는 한 단위만 존재하는 것이 아니라 경합하는 세대 단위들이 존재하는데, 실제 세대와 세대 단위를 이해할 때 중요한 개념은 엔텔레키임. 엔텔레키는 일종의 공유된 의식으로 세대 특유의 스타일, 세대의식, 동

류의식 등을 일컬음. 세대 위치가 실제 세대와 세대 단위가 되는 중요한 정신적인 접착제 역할을 함.

- 이상에서 보듯이 기층경험과 엔텔레키가 다르기 때문에 동시대의 비동시성이 발생함. 즉 동시대에서 같은 것을 보고도 서로 다르게 인식하기 때문에 같은 시대에 세대 단위들이 상이한 목소리를 냄.

② 세대를 보는 눈

제도는 세력 관계의 응축

- 나는 누구일까? 나는 하늘에서 뚝 떨어져서 홀로 존재하지 않고 특정한 관계와 구조에 영향을 받는 존재임. 관계가 지속되다 보면, 즉 패턴화되면 이것을 안정화하려는 경향이 생기고 법과 제도가 만들어짐. 이런 법과 제도에 따라 관계는 더욱 일정한 패턴을 지니는데 이 과정에서 어떤 구조가 만들어짐.

- 이처럼 나는 관계와 구조 속에서 영향을 받는 관계적인 존재이자 이 속에서 적응해 나가는 전략적인 존재임. 이 관점에서 볼 때 법은 특정한 세력 관계가 일정하게 패턴화되어 응축된 것으로 제도적 총체인 국가에도 적용할 수 있음. 국가는 어떤 형태가 결정된 사회적 관계임. 이 맥락에서 볼 때 구조는 딱딱한 당구공처럼 응결된 것이 아니라 관계임. 관계가 응집되어 있어서 이 관계가 변화된다면 구조는 얼마든지 바뀔 수 있음. 이렇게 본다면 정치는 법과 구조의 부모임.

담론정치

- 사회적 관계를 규정하는 것은 무엇일까? 권력은 타인에게 영향력을 행사하는 힘으로 이 영향력을 행사하는 폭력과 동의라는 두 가지 수단에 주목해야 함. 폭력이 직접적이고 물리적이라면, 동의는 설득의 과정을 거치는 것으로 폭력에 비해 간접적임. 국가는 폭력의 수단으로 군대, 경

찰, 사형제도 등을 발전시키는 동시에 동의의 장치로 교육, 복지, 언론 등을 활용함.

- 담론과 헤게모니는 동의를 설명하는 이론 틀이자 동의의 핵심적인 수단임. 담론은 체계화된 언술로서 특정한 지식을 바탕으로 조작된 말, 해석의 틀, 인지적 틀을 의미함. 다시 말해 정당성과 보편성을 담고 있는 어떤 의도를 가진 말이자 글임.
- 헤게모니는 그람시의 개념으로, 정치적·지적·도덕적 리더십을 의미함. 즉 헤게모니는 일반이익 관념을 통해 능동적 동의를 이끌어 내고, 헤게모니를 갖기 위해 정당은 시민들이 이해하고 동의할 수 있는 상식에 기반해서 말해야 함. 그리고 이런 헤게모니는 지식을 바탕으로 해야 하는데, 헤게모니를 생산해 내는 존재가 유기적 지식인임. 따라서 헤게모니는 지식과 공모해서 영향력을 행사함. 이런 점에서 푸코는 지식의 이면에는 늘 권력이 있다는 지식─권력론을 전개했음.
- 그렇다면 이런 지배의 헤게모니에 저항하는 방법은 무엇일까? 새로운 담론, 프레임, 헤게모니, 즉 대항 헤게모니가 필요함. 예를 들어 복지는 정당한 일의 대가이고, 사회의 유효수요를 창출하는 투자이며, 지속 가능한 성장을 이룬 국가는 보편적 복지국가임. 이런 주장을 바탕으로 '복지=투자=성장동력=정의로운 일'이라는 담론과 프레임을 바탕으로 대항 헤게모니를 만들어야 함.

세대담론의 정치학

- 세대도 일종의 담론이고 프레임이며 헤게모니가 될 수 있음. 세대를 담론, 프레임, 헤게모니와 관련하여 볼 때, 세대(generation)와 세대주의(generationism)가 구분됨.
- 세대와 세대주의를 구분하면 우리는 세대담론에 좀 더 신중하게 접근해야 함. 담론은 기본적으로 정치적이기 때문임. 그렇다면 이런 세대담론을 만들어 내는 자는 누구일까? 왜 만들었을까? 그것을 믿고 따르면 어떤 일이 벌어질까, 누구에게 유리할까?
- 세대 게임론은 이것을 잘 설명해 줌. 세대 게임은 "참가한 사람들이 세

대를 이뤄 서로 경쟁하고 다투는 활동과, 게임의 판을 짠 집단들이 어떤 이익을 취하기 위해 세대를 활용하여 사람들의 경쟁이나 싸움을 부추기는 움직임"을 의미함.

- 이상에서 보듯이 세대를 그대로 받아들이지 않아야 함. 세대 게임의 눈에서 세대의 매니저가 누구인지를 봐야 함. 왜냐하면 세대 자체가 세대 갈등이나 그 세대만의 특징을 그대로 반영하지 않기 때문임. 세대의 공통된 이해가 존재하기 때문에 세대 타협도 가능할 수 있음. 특히 세대에 대한 특정한 시선은 누가 만든 것일 수도 있다는 점을 고려해서 접근해야 함. 이런 점에서 세대는 정치적으로 구성되는 것이므로 세대의 정치학이 필요함.

③ 쟁점과 방향

젊은 세대는 늘 진보적인가

- 1940년대 복지국가를 살았던 시대의 청년이 1980년대 신자유주의 시대에 노인이 되었고, 이들이 신자유시대의 청년과 만났다면, 누가 더 진보적일까? 이것은 한국적 상황에서도 가능한 질문임. 1980년대에 소위 386세대가 지금 586세대가 되었는데, 이들을 IMF 위기 이후의 요즘 20대보다 보수적이라고 할 수 있을까?
- 연령이 진보와 보수를 결정하는 기준이라고 할 수 없음. 따라서 세대론은 집단적인 경험과 더불어 주관적인 의식을 봐야 함.

세대인가 계급인가

- 2020년 코로나19 팬데믹은 전 세계적인 사회적 위험임. 위험은 모두에게 공통적으로 닥쳤지만, 이 위험에 대한 피해는 취약계층에게 더 컸음. 한편, 인종 문제도 계급 문제와 함께 연관해서 봐야 하는데, 미국에서 코로나19에 더 큰 희생을 당한 사람들은 빈곤한 상황에서 기저질환을

앓고 있던 흑인이었음.

- 이는 세대 문제를 볼 때도 적용할 수 있음. 부유한 동네에 사는 상층 계급의 신세대는 가난한 지역에 사는 하층 계급의 신세대와 성향이 같을까? 이런 점에서 세대 문제를 다룰 때도 계급 문제와 연동해서 봐야 함.

세대 문제를 어떻게 할 것인가

- 갈등은 좋은 것일까, 나쁜 것일까? 흔히 갈등을 부정적으로 인식하는 경향이 있지만 상이한 생각과 경험, 이해를 가진 사람들이 만났을 때 갈등은 자연스러운 것임. 세대 갈등도 자연스러운 것이므로 갈등 관리에 정치가 개입한다면, 세대 타협으로 갈등을 관리할 수 있음.

- 세대 갈등을 바라보는 또 다른 시선은 갈등을 차이의 관점에서 바라보는 것임. 세대 갈등의 관리 혹은 차이의 관점에서 세대 문제를 해결하기 위해 우선 그동안 제시되었던 세대담론을 의심하면서 검토해야 함. 담론의 이면에 있는 담론 생산자와 이 담론으로 나타나는 현상의 분석이 필요함. 이를 위해서는 언론, 정치권, 자본 등의 매니저에 대한 분석이 필수적임.

- 갈등 해결에서 중요한 것은 민주시민교육임. 시민들이 공동체의 지향과 공동체의 방향을 함께 공유하는 과정에서 세대 갈등은 세대 타협과 세대 합의로 나타날 수 있음. 시민교육은 우선 시민문해교육부터 시작해야 함.

연습문제

1. 다음 중 국민학교를 다닌 세대와 초등학교를 다닌 세대의 차이점으로 <u>틀린</u> 것은?

① 초등학교 세대는 반공주의와 발전주의에 기반한 한국적 민주주의를 주로 배웠다.
② 국민학교 세대는 똘이장군을 보면서 자랐다.
③ 초등학교 세대는 1996년 이후에 학교를 다녔다.
④ 국민학교 세대는 국민교육헌장을 배웠다.

정답 ①
해설 한국적 민주주의의 세대는 국민학교 세대이다.

2. 다음 중 세대에 대한 설명으로 옳은 것은?

① 실증주의자들은 내적 시간을 중요시한다.
② 낭만주의자들은 생물학적 사실에서 세대를 도출한다.
③ 만하임은 세대를 보는 시각으로 구성주의를 제안했다.
④ 만하임은 실증주의를 주관주의라고, 낭만주의를 객관주의라고 비판했다.

정답 ③
해설 실증주의는 생물학적 사실에 기반을 두고 낭만주의는 내적 시간을 중시한다. 만하임은 실증주의를 객관주의라고, 낭만주의를 주관주의라고 비판했다.

3. 다음 중 세대와 관련된 개념 설명으로 거리가 <u>먼</u> 것은?

① 세대 위치는 비슷한 시기에 태어나서 경험을 공유하는 상태를 의미한다.
② 실제 세대에게 트라우마적 사건이 중요하다.
③ 엔텔레키는 공유된 의식으로 세대 스타일을 의미한다.
④ 세대 단위는 30대, 40대처럼 코호트로 분류된 집단을 의미한다.

정답 ④
해설 세대 단위는 사회운동 조직처럼 훨씬 더 구체적인 연대감을 갖는 집단이다.

4. 다음 중 담론정치의 관점에서 세대를 설명한 것으로 타당한 것은?

① 세대담론은 객관적이고 과학적이다.

② 세대 게임과 담론은 무관하다.

③ 세대담론의 이면에 있는 세력을 보아야 한다.

④ 세대담론은 세대주의와 전혀 연관이 없다.

정답 ③

해설 세대담론은 누군가가 특정한 목적을 갖고 세대에 의미를 부여해서 생긴 조직화된 말이므로 객관적이지 않다. 따라서 세대 게임과 세대주의는 세대담론과 깊이 연관된다.

5. 다음 중 세대에 대한 특징으로 옳은 것은?

① 젊은 세대는 늙은 세대에 비해 늘 진보적이다.

② 세대 문제는 계급 문제와 전혀 상관이 없다.

③ 세대 문제를 둘러싼 갈등은 언제나 나쁘다.

④ 세대 갈등을 해결하는 방법으로 민주시민교육이 필요하다.

정답 ④

해설 갈등은 자연스럽다. 문제는 어떻게 해결하는가에 따라 다르다. 기층경험에 따라 세대의 특징이 결정되기 때문에 젊은 세대가 반드시 진보적이라고 할 수 없다. 세대 문제는 계급 문제와 연동해서 이해해야 한다.

제2장

한국의 세대담론

① 상이한 생각의 사람들

– 영화 〈국제시장〉, 〈1987〉, 〈기생충〉에 등장한 상이한 세대들은 산업화,
  민주화, 정보화라는 상이한 기층경험과 트라우마적 사건들을 겪었음.
  따라서 이들은 생각이 다름.

② 한국의 세대 위치와 세대 단위

세대 위치와 기층경험

– 오늘날 노인들의 기층경험은 무엇일까? 경제적으로는 급격한 산업화이
  고, 정치적으로는 한국전쟁과 군부독재임. 이 세대는 보통 1940년대에
  서 1950년대에 태어난 사람들로서 현재 70대 이상의 노인임.
– 이 세대는 정치적으로는 한국전쟁을 겪으면서 반공주의를 국시로 하는
  데 누구보다도 동의함. 이들의 반공은 반(反)북주의 혹은 반(反)김일성주의
  로 표현될 수 있음. 따라서 군부독재는 반공주의와 발전주의를 위해 불가
  피하다고 이해함. 한국적 민주주의는 이들의 적극적인 지지를 받았음.
– 또 다른 세대는 지속적인 경제적 성장 과정에서 정치적으로 민주화를
  요구하고 실현한 기층경험을 지닌 사람들임. 대체적으로 1960년대에서
  1970년대 중반에 태어난 세대로 50대에서 60대의 장년층임.
– 정치적으로는 1980년 광주민주항쟁부터 1987년 6·10 항쟁을 통해 독재

를 무너뜨린 경험이 있음. 특히 1989년 소련과 동유럽의 붕괴로 인해 탈냉전의 시대 속에서 자유로운 표현을 했던 세대임.

	기층경험	정치적 세대 위치	경제적 세대 위치
산업화	1940년대~1950년대	냉전, 군부독재	산업화
민주화	1960년대~1970년대 중반	탈냉전, 민주화	3저 호황과 경제 성장
정보화	1970년대 중반 이후	세계화, 정보화, 신자유주의	경제 위기

– 마지막으로 오늘날 세대는 정치적인 민주화와 경제적인 풍요를 누린 세대임. 이들은 또한 1990년대 말의 경제 위기를 통해 신자유주의와 세계화를 경험했고, 인터넷의 보급과 함께 시작된 정보화 시대 속에서 자랐음. 1970년대 중반 이후의 세대로서 오늘날 20대에서 40대에 해당함.
– 이들은 어려움 없이 자라기도 했지만, IMF 경제 위기를 경험하면서 좌절을 겪었음. 특히 신자유주의의 전면화로 인한 고용 불안, 승자독식 체제의 경쟁 속에서 결혼, 연애, 취업을 포기한다는 뜻의 3포 세대라고도 함.

트라우마적 사건과 엔텔레키

– 산업화 시기의 세대 위치는 1950년 한국전쟁, 5·16 군사정변, 새마을 운동, 박정희 대통령의 서거 등을 통해 실제 세대가 됨. 이 사건들 중에서 한국전쟁은 모든 의식과 행동의 준거점으로 죽음, 이산, 공포, 혐오 등의 원천이 되었음.
– 박정희 정부는 반공주의를 넘어 새로운 정당화의 기제가 필요했는데, 그것은 발전주의였음. 즉 먹고살게 해 주겠다는 의미로 새마을 운동이 상징적인 사건임.
– 민주화 세대는 1949년 4·19, 1970년 전태일, 1980년 광주, 1987년 민주화, 남북정상회담 등을 통해 실제 세대로서의 정체성을 형성함. 민주화

세대에게 집단적인 기억은 1987년 민주항쟁으로 박정희와 전두환으로 이어지는 군부독재에 대한 저항과 전복을 의미함.

- 한편, 민주화 세대는 남북관계 개선에 긍정적임. 2000년 남북 정상 간의 역사적인 회담이 성사되었고, 6·15 남북공동선언이 발표되었음. 남북정상회담은 북한을 적대적인 대상으로 간주했던 것에서 하나의 국가체제로 인정하는 것을 의미했음.

- 정보화 세대의 트라우마적 사건으로 1988년 올림픽, 1997년 IMF, 2002년 월드컵,《88만원 세대》(우석훈·박권일, 2007) 출간, 촛불집회 등을 들 수 있음.

- 이 세대는 IMF 경제 위기를 겪으면서 심각한 트라우마적 사건으로 빠져들었음. 이 세대를 잘 표현하는 것이《88만원 세대》라는 책으로, 1997년 IMF 경제 위기 이후 20대의 현상을 '88만원 세대'라는 담론으로 표현했음. 주목할 점은 이 책이 이들의 탈정치적인 측면을 부각시키고, 세대 간 전쟁에 주목했다는 것임.

- 산업화 세대에게 엔텔리키는 국가(국민), 가족. 성장제일주의, 희생 등임. 개인보다는 가족, 가족보다는 국가가 우선이 되는 삶을 사는 것이 정상적인 국민의 모습임.

- 민주화 세대의 엔텔레키로는 민주주의, 민족(통일), 노동자의 발견 등을 들 수 있음. 민주주의는 국민에서 시민으로 구성원의 지위가 바뀌었다는 것을 의미함. 한편 민족과 북한에 대한 태도도 재정립됨. 북한을 파트너십을 가진 협력 주체로 보고 상호 협력과 체제 인정의 점진적인 통일관을 제시함.

- 정보화 세대를 상징하는 엔텔레키는 개인, 경쟁, 불평등, 삶의 질, 사이버 광장의 발견 등임. 이 시기에 무엇보다 중요한 발견은 개인임. 그동안 국민, 시민, 민중 등의 담론에 가려 개인은 개인주의의 맥락에서 부정적인 담론이었지만, 정보화, 신자유주의, 경쟁력 등의 담론은 개인을 집단에서 떼어 내어 스스로 사고하는 조건과 방법을 가르쳐 주었음. 개인은 사이버 광장에 나와 주체적으로 자신을 표현할 수 있음. 한편, 개인은 결코 행복해 보이지 않는데, 불평등이 심화되면서 삶의 질이 추락

하기 시작했기 때문임. 직장은 정규직과 비정규직으로 나뉘고 정규직이 되는 것은 하늘의 별따기가 되었고 더 이상 '개천에서 용 나지 않음.'

세대 단위

- 산업화 세대의 세대 단위로 가장 적극적인 활동을 하는 집단은 소위 '태극기 부대'임. 태극기 부대는 앞서 언급한 산업화 세대의 특징을 극단적인 형태로 간직하는데, 냉전 시기의 반공주의를 여전히 신봉하고 군부 독재 세력과 신념을 공유함. 이들은 민주화 세력을 빨갱이로 치부하고 아스팔트 투쟁을 지속함.
- 민주화 세대의 세대 단위는 386세대 그룹임. 민주화를 주도했던 이들은 현재 한국 사회의 기득권으로 민주화에 대한 열망은 크지만 분배 문제에서는 산업화 세대와 큰 차이가 없음.
- 정보화 세대 중에서 '20대 남자론'에 초점을 맞추면 이들은 개인의 경쟁력을 추구하는 그룹임. 2008년 촛불을 든 10대를 바라보면서 《88만원 세대》의 저자인 우석훈은 20대를 '끝장 세대'라고 명명함. 이들은 냉소주의에 빠져 있고, 집단적인 자각을 하지 않는다는 것이 특징임.

세대담론

- 다양한 세대 명칭이 마케팅 차원에서 생성되었음. 10~20대 청소년들은 1990년대 이래 구매력이 높은 핵심 소비자층으로서 의류, 패션잡화, 전자제품 시장의 주요 공략 대상이 되어 왔음. 학교 급별 연령 범위를 이용해 작명한 1318세대 등이 상업적 목적의 층화·차별화 전략을 전형적으로 동원한 세대명임. 정도는 덜하지만 1020세대나 2030세대 역시 마케팅 목적으로 사용되며, 고령층을 상징하는 실버 세대라는 작명에서도 실버산업의 유혹이 감지됨.
- 그런데 동일한 세대 위치에 있는 세대가 모두 실제 세대가 되는 것은 아님. 또한 실제 세대 내에 있는 세대들이 모두 동일한 세대 단위가 되는 것도 아님. 더 나아가 동일한 세대 단위가 일관성을 가지지도 않음.

세대 분류

- 우리나라 세대 연구의 유형화에 대한 일정한 합의는 다음과 같음. 주요한 '결정적 집단경험'을 한국전쟁, 민주화, 탈냉전으로 봄. 즉 첫째, 한국전쟁과 관련하여 1930년이나 1950년경에 출생한 사람들, 둘째, 민주화 경험과 관련하여 1950년이나 1960년경 출생한 사람들, 마지막으로 1990년대 탈냉전과 정보화라는 변화된 환경에서 성장한 사람들임.
- 여기서는 산업화, 민주화Ⅰ, 민주화Ⅱ · 정보화 등의 세대로 구분함. 산업화와 민주화Ⅰ은 기존의 산업화와 민주화 구분과 범주와 내용에서 동일함. 사회권을 담고 있는 것을 민주화Ⅱ로 보고, 지금의 시대가 정보화를 특징으로 하고 사회권을 지향하고 있다고 봄.

③ 세대 갈등의 쟁점

- 상이한 세대가 동시대를 살아가고 있는 현상을 '동시대의 비동시대성'이라고 표현함. 이것은 이념 갈등에서 잘 나타남. 그런데 신세대를 볼 때, "60대 이상의 노년 세대가 대체로 보수적이고, 30~50대의 중·장년 세대는 대체로 진보적이라고 인식되어 왔다면, 20대의 청년들은 보수적일까 아니면 진보적일까?"라는 의문이 제기됨.
- 세대 갈등의 쟁점으로 북한에 대한 태도, 이익 갈등, 문화 갈등에 주목해야 함. 특히 국가와 가족, 그리고 회사 내부 등 갈등이 일어나는 장소도 중요함. 또한 세대 단위 즉 태극기 부대, 586세대 그리고 20대 남자에도 주목해야 함.
- 주의할 점은 세대론이 몇 가지 약점을 갖고 있다는 사실임. 연속선상에 있는 사람들(출생시점이든 태도 측면이든)을 임의적 기준에 따라 나누는 것, 동질적이라 볼 수 없는 어떤 연령층을 단일 세대로 명명하는 것은 세대론의 약점임.
- 약점이 있음에도 불구하고 세대담론이 꾸준히 재생산되는 것은 '세대' 개념만큼 시대 변화를 담아 내는 은유로서의 매력을 가진 용어가 별로 없기 때문임.

📚 연습문제

1. 다음 중 영화와 관련된 사건과 특징을 옳게 연결한 것은?

   ① 〈1987〉은 산업화 시대의 아버지상을 보여 준다.
   ② 〈국제시장〉은 민주화 시대 청년들의 특징을 보여 준다.
   ③ 〈기생충〉은 한국 자본주의의 성장과 성과를 보여 준다.
   ④ 〈국제시장〉, 〈1987〉, 〈기생충〉은 세대를 이해할 수 있는 내용을 담고 있다.

   정답 ④

   해설 각각의 영화는 트라우마적 사건과 특징을 다룬다. 〈국제시장〉은 산업화 시대의 아버지상을 보여 준다. 〈1987〉은 민주화 시대 청년들의 특징을 보여 준다. 〈기생충〉은 불평등이 소재이다.

2. 다음 중 한국의 세대 위치에 대한 설명으로 <u>틀린</u> 것은?

   ① 산업화 세대의 트라우마적 사건은 탈냉전이다.
   ② 민주화 세대는 3저 호황을 경험했다.
   ③ 정보화 세대는 경제 위기를 경험했다.
   ④ 광주민주항쟁은 민주화 세대에 영향을 미쳤다.

   정답 ①

   해설 트라우마적 사건은 세대를 묶어 주는 경험이다. 산업화 세대는 한국전쟁, 5·16 등이 트라우마적 사건이다.

3. 다음 중 한국의 세대 단위에 대한 설명으로 <u>틀린</u> 것은?

   ① 민주화 세대의 세대 단위는 586세대라고 할 수 있다.
   ② 20대 남자는 태극기 세대를 '틀딱'이라고 비난한다.
   ③ 태극기 부대는 586세대 그룹을 빨갱이라고 비난한다.
   ④ 586세대 그룹은 태극기 부대를 햇볕정책 세대라고 비난한다.

   정답 ④

   해설 586세대 그룹은 햇볕정책을 지지하는 반면 태극기 부대는 이를 비판한다.

4. 다음 중 한국의 세대 분류와 그 특징에 대한 설명으로 옳은 것은?

① 산업화 세대는 경제 성장과 사회권을 옹호한다.
② 민주화 세대는 독재정권을 비판하고 성장제일주의를 지지한다.
③ 정보화 세대는 경쟁을 거부하고 불평등을 적극적으로 지지한다.
④ 세대 구분은 학자에 따라 다를 수 있다.

정답 ④

해설 산업화 세대는 보편적 복지와 사회권을 비판한다. 이 세대는 성장제일주의를 지지한다. 정보화 세대는 경쟁 속에서 자랐고, 불평등을 비판한다.

5. 다음 중 한국의 세대와 엔텔레키에 대한 설명으로 옳은 것은?

① 산업화 세대의 엔텔레키는 성장제일주의와 가족주의이다.
② 민주화 세대의 엔텔레키는 개인과 사이버 광장의 발견이다.
③ 정보화 세대의 엔텔레키는 민주주의와 개인의 희생이다.
④ 한국에서 압축성장 세대의 엔텔레키는 존재하지 않는다.

정답 ①

해설 민주화는 민주주의, 민족통일, 노동권 등이고 정보화는 개인, 사이버 광장, 경쟁 등이다.

제3장

세대와 문화

① 문화의 개념, 세대 문화

문화의 다양한 의미

- 문화는 서로 구별되는 뜻이 혼재함.
- ① 정신의 특정한 발전 상태, ② 정신의 발전 과정, ③ 정신을 발전시키는 과정에서의 수단, ④ 특정 민족이나 여타 사회집단의 삶의 방식 전체 등(레이먼드 윌리엄스)

■ 문화의 의미 변화

- 원래 경작, 재배의 의미. 인간적이라고 할 수 있는 요소가 포함됨.
- 신분제 사회가 발전하면서 의미가 변화함. 정신노동과 육체노동이 구분됨. 정신노동의 결과물만을 문화로 파악함. 결국 문화는 상위 신분 사람들의 행위의 결과를 가리키게 됨.
- 18세기에 문화의 복수 개념이 등장하면서(헤르더) 문화가 삶의 양식이라는 원래의 의미를 회복함. 이 과정에서 그전까지 문화라는 말에 포함되어 있던 단일 기준은 문명이라는 말 속으로 넘어감.
- 19세기 이후 인류학적 문화 개념이 발전함.

■ 광의의 문화와 협의의 문화

- 인류학적 문화 개념은 광의의 문화 개념임. 인간이 동물과 구분되어 했던 온갖 행위의 결과라는 원래 개념과 연결됨.

- 인류학자 E.B. 타일러의 정의가 대표적임. "지식, 신앙, 예술, 법률, 도덕, 풍습 등 사회구성원으로서 인간이 획득한 능력과 습관의 총체"
- 협의의 문화 개념은 고상하고 품위 있는 예술과 비슷한 것으로 문화를 보는 것. 신분제 사회가 발전한 이후에 나타난 문화의 개념과 연결됨.
- '세대와 문화'에서 문화는 광의의 문화 개념과 연결된 것으로 각 세대의 생활양식을 모두 포괄함.
- 여기서는 적응양식으로서의 문화라는 관점을 취함. 우리를 둘러싸고 있는 삶의 조건이 그에 적합하고 특정하게 유형화된 행위양식을 만들어 내며, 이것이 문화라는 의미임.

문화의 종류

- 볼드리지는 내용에 따라 경험적 문화, 심미적 문화, 규범적 문화로 구분함. 경험적 문화란 주어진 환경에 적응하며 얻은 기술, 지식이 축적된 문화이고, 심미적 문화란 한 사회 내에서 정립된 아름다움의 기준을 말함. 규범적 문화란 특정 사회에서 바람직하게 생각하는 인간의 행동은 어떤 것인가를 규정하는 것임.
- 섬너는 규범적 문화 내에서 규제력의 정도에 따라 민습과 원규, 법률로 구분함. 민습은 가장 규제력이 약한 것으로 흔히 상식이나 매너 또는 에티켓이라 부르는 종류의 규범이고, 원규는 그 사회가 중요하다고 생각하는 가치와 관련된 규범임. 법률은 그 사회에서 반드시 지켜야 할 규범으로서 공식적으로 명문화된 규범임.
- 문화의 포괄 범위에 따라서 전체문화와 부분문화·하위문화가 구분됨. 전체문화는 포괄 범위가 한 사회의 전체이고 부분문화는 일부분임. 하위문화는 청년이나 범죄집단 등 문화가 적용되는 특정한 집단의 성격을 강조하는 의미임.
- 부분문화나 하위문화 중 전체문화를 단지 특정하게 변화시킨 것도 있는 반면 의식적으로 전체문화를 바꾸고자 하는 문화도 있음. 의식적으로 전체문화를 바꾸고자 하는 문화는 대항문화와 반문화로 구분됨. 반문화란 범죄집단의 하위문화와 같이 전체문화와 자신들의 부분문화를 구분하는

데 일차적인 목적을 두는 문화임. 부분문화 중 적극적으로 기존의 전체 문화를 변경시켜서 새로운 문화로 바꾸고자 하는 문화가 대항문화임.
- 레이먼드 윌리엄스는 문화의 시간적 지배력에 따라서 지배적 문화, 잔여적 문화, 신생적 문화로 구분함. 지배적 문화란 현재 그 사회의 다수 구성원에게 통용되며 일종의 규범으로 존재하는 문화임. 잔여적 문화는 과거에는 지배적이었지만 지금은 일부 집단에게만 영향력을 유지한 채 사멸하고 있는 문화이고, 신생적 문화란 아직 지배적 문화의 위치에 오르지는 못했지만 새로운 세대의 지지를 받아 미래에 지배적 문화가 될 가능성이 높은 문화임.

세대 문화

- 세대 문화란 특정한 세대가 지닌 부분문화의 일종임. 특정 세대가 지닌 경험의 차이에 따라 대응방식에 차이가 나타나고 이로부터 세대 문화가 발생함.
- 결국 세대란 역사적·사회적 조건의 차이에 따라 비슷한 경험을 공유하고 그 결과 다른 세대와 구분되는 특정한 생활양식을 발전시킨 집단임. 이처럼 구분되는 독특한 생활양식이 세대 문화를 구성함.
- 따라서 세대란 서로 구분되는 생활양식을 지닌 서로 다른 연령대 사람들의 모임임. 세대란 기본적으로 문화적으로 규정되는 존재임.

② 세대 차이와 세대 내 차이

세대 차이의 역사성, 사회성

- 세대 차이가 발생하는 기본 배경은 서로 다른 연령집단 간에 존재하는 삶의 조건 차이임.
- 세대를 나누는 기준은 역사적이고 사회적임. 세대란 생물학적인 연령에 따라 규정되기보다 사회적 속성을 지님.

■ 세대 간 문화 차이를 만들어 내는 삶의 조건의 차이

- 생물학적인 요인으로 성장과 노화에 따른 육체의 변화. 이는 기존 체제
에 대한 경험의 정도와 연관됨.
- 연령에 따라 경험의 폭과 종류가 달라진다는 점도 있음. 나이가 들수록
더 다양한 사람을 만날 가능성이 높음.
- 사회적 요인으로는 각 연령대의 사람들에게 기대되는 사회적 역할의 차
이가 있음. 세대의 차이는 사회적 지위의 변화와도 연관됨.
- 기술 발전 등의 영향으로 발생하는 삶의 조건에도 차이가 생김. 변화가
빠른 현대 사회에서는 연령대에 따른 경험의 차이도 큰 편임.
- 일반적으로 연령이 높아짐에 따라 경제적 수입이 증가한다는 점도 생활
양식에 차이를 발생시키는 요인임.

세대 차이는 얼마나 절대적인가?

- 세대와 무관하게 사람 사이의 차이를 만들어 내는 요인도 많음.
- 세대 내 차이가 대표적임. 젊은 세대 내의 성별 갈등이 그 사례임.
- 이외에 계층 간 차이나 지역 간 차이도 존재함.

세대 내 차이의 주요 원인

- 동일한 연령대에 속하지만 여러 요인으로 삶의 조건이 달라지기 때문임.
- 성별 차이, 경제적 지위의 차이, 인종 차이, 종교 차이, 거주지역의 차이,
혼인 상태와 가족 형태의 차이 등이 세대 내 차이를 만들어 냄.
- 세대의 개념이 허구적이라는 주장이 나오는 기반이 되기도 함.

그럼에도 세대 간 차이가 강조되는 이유는?

- 비판적인 관점에서 보자면 좀 더 중요한 차이인 계급 · 계층 간 차이나
성별 차이를 가리고자 하는 것임. 마르크스주의나 페미니즘의 입장에서
이런 비판을 찾아볼 수 있음.

- 그럼에도 세대 간 차이가 강조되는 이유는 세대 간 차이가 외적으로 뚜렷이 드러난다는 점이 일차적 이유임.
- 더불어 성별 차이는 실제와 달리 생물학적인 것으로 상정되고 동일한 성 내 차이 역시 세대 내 차이보다 더 두드러진다는 점도 세대 간 차이에 더 주목하도록 만들었음.

③ 세대 차이와 세대 갈등

세대 간의 권력관계에 영향을 미치는 요인

- 일반적으로 기성세대는 젊은 세대보다 강한 존재임. 정치적·경제적으로 우월한 위치에 있으며, 전통 사회에서 그랬듯이 더 지혜로운 존재로 상정되기도 함.
- 하지만 이 권력의 격차는 사회적 상황에 영향을 받음.
- 경제적 상황, 각 세대의 인구수, 사회적 권위가 어느 세대에 더 부여되어 있는가, 사회적 분위기, 세대 내 응집성 등이 사회적 상황임.
- 경제적 호황기는 상대적으로 경제적 형편이 떨어지는 젊은 세대에게 더 유리함.
- 인구수는 유권자의 수와 잠재적 소비자의 수와 연결되어 있어 인구가 많을수록 정치적·경제적 힘을 얻을 수 있음.
- 사회변화가 빠를 때나 기술변화가 급속할 때는 기성세대의 사회적 권위, 즉 정당화된 권력(막스 베버)이 상대적으로 약화됨.
- 사회적 분위기가 미래지향적인가, 과거지향적인가도 세대 간 권력관계에 영향을 미치는 요인임.
- 세대 내 응집성, 즉 각 세대가 같은 세대에 속해 있다는 동질감을 얼마나 강하게 지니고 있는가도 중요함.

④ 세대 간의 문화적 갈등을 완화하기 위하여

세대 간 갈등은 항상 부정적인가?

- 세대 간에 문화적 차이가 존재하고 일정 정도의 갈등이 발전하는 것은 자연스러운 현상임. 사회화의 불완전성이 근본적 이유임.
- 갈등이 지닌 순기능도 존재함. 갈등은 사회의 문제를 파악하고 오히려 사회를 더 결속시키는 기반이 될 수도 있음(루이스 코저). 나아가 세대 간 갈등은 사회변화를 앞당기는 데 기여할 수도 있음.

세대 갈등의 부정적 측면

- 세대 갈등이 사회 해체로 이어진다면 위험함. 인간이 사회적 존재이고 사회를 떠나서 생존할 수 없는 존재이기 때문임.

■ 세대 갈등이 사회 해체로 이어지지 않으려면?
- 권력관계에서 우월한 위치에 있는 세대의 일정한 양보가 필요함.
- 덧붙여 권력관계에서 약한 쪽에 있는 세대의 이해와 수용하려는 태도도 필요함.
- 양보와 이해가 이루어지면 화해를 공고하게 만드는 제도 마련에 합의가 이루어져야 함. 정치적으로 투표 연령 하향 조정, 경제적으로 연금 관련 제도나 정년 관련 제도, 최저임금 관련 제도, 노동 관련 제도 등이 이런 합의가 이루어져야 할 영역임.

1. 다음 중 문화를 "지식, 신앙, 예술, 법률, 도덕, 풍습 등 사회구성원으로서 인간이 획득한 능력과 습관의 총체"로 보는 것과 같은 문화의 개념을 가리키는 용어로 가장 적합한 것은?

   ① 정치학적 문화 개념
   ② 경제학적 문화 개념
   ③ 심리학적 문화 개념
   ④ 인류학적 문화 개념

   정답 ④

   해설 위의 정의는 인류학자 타일러의 문화에 대한 정의로서 인류학적 문화 개념을 보여 주는 대표적 정의이다.

2. 다음 중 적극적으로 기존의 전체문화를 변경시켜서 새로운 문화로 바꾸고자 하는 문화를 가리키는 가장 적합한 용어는?

   ① 경험적 문화
   ② 민습
   ③ 대항문화
   ④ 반문화

   정답 ③

   해설 대항문화와 반문화 모두 부분문화에 속하지만 반문화는 단지 지배문화와의 구분만을 의도하는 것이고 대항문화는 적극적으로 지배문화를 바꾸려 한다.

3. 다음 중 레이먼드 윌리엄스가 현재 그 사회의 다수 구성원에게 통용되며 일종의 규범으로 존재하고 있는 문화를 가리키기 위해 사용한 문화로 가장 적합한 것은?

   ① 하위문화
   ② 지배적 문화
   ③ 신생적 문화
   ④ 잔여적 문화

4. 다음 중 세대 간 차이를 만들어 내는 주요 요인으로 가장 적합하지 <u>않은</u> 것은?

① 성장과 노화에 따른 육체의 변화

② 세대별로 다른 남녀의 비율 차이

③ 연령에 따른 경험의 폭과 종류의 차이

④ 서로 다른 세대에게 기대되는 사회적 역할의 차이

5. 다음 중 막스 베버가 정당화된 권력을 가리키기 위해 사용한 용어는?

① 권위

② 세대

③ 갈등

④ 사회 해체

제4장

아날로그 세대와 디지털 세대의 시민

① 아날로그 세대와 디지털 세대의 특징과 시민성

디지털 시대의 사회 문제

- 디지털 미디어의 발달은 시민의 삶을 변화시키고, 21세기 사회변화의 동인이 되고 있음.
- 네트워크에 기반한 디지털 미디어는 순기능과 동시에 역기능의 속성을 지님.
- 디지털 시대의 사회 문제는 개인정보 유출과 사생활 침해, 단편적 정보의 병렬적 수집과 활용, 검색어와 SNS 조작을 통한 시민 여론의 왜곡, 게임 중독, 확인되지 않은 정보의 무책임한 배포 등이 있음.
- 디지털 시대의 사회 문제는 책임(accountability)의 결핍에서 찾을 수 있음.
- 디지털 시민성은 디지털 환경에서의 시민성으로 이해할 수 있음.

전통적 세대와 디지털 세대의 시민 성향

- 디지털 시대에서 시민들의 상호작용은 주로 인터넷 기반의 가상공간에서 이루어지는데, 이러한 가상공간은 익명성을 보장하고 구성원들이 수평적 관계를 형성하도록 함.
- 익명성과 수평적 관계는 시민들의 역동적 상호작용에 기여하지만, 시민을 비도덕적이고 불법적 행위에 빠져들게도 함.
- 미국의 커먼센스미디어(Common sense Media 2009: 1-3)는 디지털 시민성과 이를 위한 전략을 큰 틀에서 제시함. 디지털 미디어 시대에 시민은

안전하고 합법적이며 도덕적으로 행동할 필요가 있다고 주장함.

- 리블과 베일리는(2004)는 디지털 시민성이 학교 문화의 부분이어야 함을 주장함. 그들은 디지털 시민성을 아홉 가지 속성으로 범주화했음.
- 베넷(2008)은, 전통적 정치 참여와 선거 중심의 시민에서 생활양식이나 환경의 질과 같은 것에 더 많은 관심을 갖는 시민으로 시민성이 변화하고 있다고 말함. 전통적 시민은 '의무적 시민(dutiful citizen, DC)'으로 새로운 시대의 시민을 '역동적인 시민(actualizing citizen, AC)'으로 명명함.

디지털 세대의 시민성의 논의 동향

- 오관석(2009b)은 시민성에 대한 논의를 크게 두 가지로 구분함. 하나는 형식적 관점에서 합리성이며 다른 하나는 내용적 관점에서 도덕성임. 이를 바탕으로 시민성 교육은 사회적 문제 해결을 위한 합리적 의사결정의 능력을 기르고, 도덕적 가치를 실현하기 위한 인간의 존엄성을 내면화하는 방향으로 나아가야 함을 강조함.
- 젠킨스(2006)는 인터넷을 통한 젊은 세대의 참여문화(participatory culture)를 언급함. 그는 참여문화의 특성을 ① 연대(affiliations), ② 표현, ③ 협동적 문제해결, ④ 정보의 순환적 유통(circulations)으로 구분하여 설명함.
- 젠킨스는 이러한 시민 문화에 필요한 11가지의 역량을 제시하는데, 디지털 시민의 자질은 디지털 시민성에 대한 논의를 기술적 차원의 논의에서 좀 더 확장시켰다는 데 의의가 있음.
- 정책적 차원에서 디지털 시민성을 언급한 예로 미국의 캘리포니아 교육청을 들 수 있음. 그들은 기술을 사용할 때, ① 안전하게, ② 책임감 있게, ③ 비판적으로, ④ 생산적으로, ⑤ 디지털 사회에 기여할 수 있는 시민적 자질을 디지털 시민성으로 규정함.

② 디지털 세대의 시민성

디지털 시민성의 논의 영역

- 디지털 시민성에 대한 선행 연구들은 디지털 시대의 문제점을 제시하고 이러한 문제점을 효과적으로 해결하기 위한 디지털 시대의 시민교육의 방향을 제언함.
- 디지털 시민성의 논의는 본질적 차원에서 디지털 시민성을 구성하는 핵심 요소에 대한 연구를 바탕으로 상위 속성을 따져 보는 연구와, 이러한 시민성을 함양시키기 위한 구체적인 기능이나 역량에 대한 연구로 범주화할 수 있음.
- 특히 상위 수준의 디지털 시민성 논의는 크게 합리성, 도덕성, 실천성이라는 영역으로 범주화할 수 있음.
- 디지털 시민성에서 구성요소들의 활성화 정도와, 디지털 시민성의 하위 구성요소를 중심으로 분석할 때 디지털 시민성은 전통적인 시민성과 구별됨.

전통적 시민성의 특성

- 베넷과 그의 동료들(2008a, 2008b)은 시민성이 의무적 시민성에서 미디어 발달에 기인한 역동적 시민성으로 변화하고 있음을 주장함.
- 전통적 시민성은 선거에 참여하고 정당에 가입하는 것을 바람직한 시민성의 핵심 자질로 봄.
- 이러한 의무적 시민성의 풍토에서, 시민들 사이의 역동적 상호작용을 바탕으로 하는 집단 지성의 창출, 충분한 정보 수집을 통한 합리적 사고와 판단, 주도적이고 자발적인 참여 등이 약화될 수 있음.

21세기 디지털 시민성의 특성

■ 디지털 네트워크 기반 사회의 특징

- 디지털 시대의 특징으로 박기범(2009)은 ① 시·공간의 초월성, ② 정보

공유의 평등성, ③ 민주성, ④ 정보 생산의 대중성을 제시함.
- 디지털 사회의 특징이 발현되는 양상은 ① 정보 공유의 평등성, ② 양방향성, ③ 참여의 편리성, ④ 정보생산의 대중성, ⑤ 익명성, ⑥ 사회적 수평관계로 구체화할 수 있음.
- 부정적 측면에서 도덕성의 부재와 과잉 참여라는 결과를 낳을 수 있음.

■ **디지털 네트워크 사회의 시민성의 특성**
- 디지털 시민성은 전통적인 시민성의 구성요소를 유지하지만 구성요소들의 활성화 정도는 전통적 시민성과 차이점을 보임.
- 디지털 시민성은 합리성과 실천성이 활성화되지만 상대적으로 도덕성은 약화됨.

③ 우리는 무엇을 준비해야 하는가?

- 디지털 시민성에 대한 탐색은 디지털 시민성 교육의 방향을 설정하고 교육과정을 수립하는 데 의미 있는 지표가 될 수 있음.
- 디지털 미디어의 특성을 충분히 활용하여 합리성과 실천성의 활성화 정도를 더욱 높이고, 상대적으로 약화되는 도덕성의 문제를 해결하기 위한 대안을 제시할 필요가 있음.
- 구성원 사이의 역동적 의사소통, 협업, 비판적 사고와 창의적 사고를 요구하는 21세기 사회에서 합리성과 실천성은 더욱 강화되어야 하며, 도덕성 부재로 발생하는 문제의 대안 또한 필요함.
- 창의적 시민을 요구하는 디지털 사회에서, 도덕성이 실천성과 합리성의 활성화를 압도하는 양상은 쉽게 볼 수 없을 것임.

1. 다음 중 디지털 시대의 사회 문제로 적절하지 <u>않은</u> 것은?

   ① 개인정보 유출 및 사생활 침해
   ② 시민의 사회 참여 확장
   ③ 단편적 정보의 병렬적 수집과 활용
   ④ 확인되지 않은 정보의 무책임한 배포

   정답 ②
   해설 시민들의 사회 참여는 긍정적인 현상으로 사회 문제로 볼 수 없다.

2. 다음 중 베넷(Bennett)의 연구에서 제시한 '역동적인 시민'의 특성으로 적절한
   것은?

   ① 미디어와 정치인에 대한 불신
   ② 정부 참여에 대한 강한 책임감
   ③ 선거는 민주주의의 핵심적 행동이라는 생각
   ④ 대중매체를 통한 의사소통

   정답 ①
   해설 역동적 시민은 미디어와 정치인 등의 사회적 권위에 대한 불신을 갖는다.

3. 시민성의 핵심 요소를 세 가지로 구분할 때, 21세기 디지털 시민성에서 그 활성
   화 정도가 상대적으로 <u>낮은</u> 요소는?

   ① 합리성
   ② 도덕성
   ③ 실천성
   ④ 연대성

   정답 ②
   해설 디지털 네트워크의 평등성과 익명성은 전통적 억압 관계를 약화시키기 때문
   에, 자칫 도덕성의 약화를 야기할 수 있다.

4. 시민성의 핵심 요소를 세 가지로 정리했을 때, 다음 중 전통적 시민성에서 그 활성화 정도가 상대적으로 <u>낮은</u> 요소는?

① 합리성
② 도덕성
③ 실천성
④ 연대성

정답 ③

해설 전통적인 아날로그 사회에서 사회 참여와 같은 실천성은 시·공간의 한계로 활성화 정도가 상대적으로 낮다.

5. 다음 중 디지털 네트워크 기반 사회의 특징으로 바르지 <u>않은</u> 것은?

① 정보 공유의 평등성
② 시·공간의 초월성
③ 정보 접근의 어려움
④ 정보 생산의 대중성

정답 ③

해설 디지털 네트워크의 발달은 필요한 정보를 충분히 수집할 수 있도록 하며 정보 유통을 활성화시킨다.

제5장

세대와 젠더, 그리고 인권

① 세대 간 젠더 갈등

젠더 특징

– 젠더는 인간을 성(sex)이라는 개념을 통해 생물학적인 차이로 구분하는 방식에 대한 대안적 개념임. 성(sex)이 성별화된 인간 구분을 인간이 가진 자연적 특징에 전제한 개념이라면, 젠더(gender)는 성별화된 인간 구분이 가진 사회문화적 성격을 강조하기 위한 개념임.

– 지연된 혁명: 노동인구 변화, 일·가족양립제도, 가족 친화제도 확대에도 불구하고 현실의 가정과 직장, 남성들이 이러한 변화에 적응하지 못하고 있는 현상

– 젠더 갈등은 대상 집단이 특정되기 어려운 거의 모든 사회구성원을 포괄한다는 점, 갈등의 장이 중층적일 뿐만 아니라 경제적 요소와 규범적 요소가 서로 교차하며 갈등을 구성하고 심화한다는 점에서 복합적인 갈등임.

세대 간 젠더 갈등

– 우리 사회에서 세대 간 젠더 갈등은 사회 갈등으로서 젠더 갈등, 섹슈얼리티와 젠더 갈등, 성역할과 젠더 갈등, 노동시장과 젠더 갈등으로 나누어서 살펴볼 수 있음.

– 사회 갈등으로서 젠더 갈등: 성인 남녀의 개인적 갈등에서부터 노동시

장의 성차별적 관행과 제도를 둘러싼 갈등, 성평등과 관련된 법 제정이
나 정책수립 과정에서 기존의 가부장적 질서에 대한 도전을 둘러싸고
남성과 여성의 이해가 대립하는 공적인 영역에서의 갈등을 모두 포함
함.
- 섹슈얼리티와 젠더 갈등: 일방적인 억압, 불균형, 피해, 일탈의 형태로
나타나며 데이트폭력과 가정폭력을 포함한 성폭력, 외모에 대한 억압과
차별도 섹슈얼리티 차원의 젠더 갈등 양상임.
- 성역할과 젠더 갈등: 여성의 노동시장 참여가 증대되고 역할도 변했지
만 여전히 남아 있는 가족 내 여성과 남성의 역할에 대한 전통적 고정관
념이 유발하는 젠더 갈등임.
- 노동시장과 젠더 갈등: 노동시장의 채용이나 승진과 관련된 성차별은
젠더 갈등을 유발하는 원인이 되기도 하고 이로 인한 긴장과 불평등 그
자체를 젠더 갈등이라 할 수 있음.

세대 간 젠더 갈등에 대한 접근

- 균등 처우: 기존 남성 위주의 주류 질서에 여성을 통합하여 평등을 추
구함. 공적 영역에서 여성에 대한 차별을 문제로 보고 남성과 동일한 법
적·제도적 권리를 보장함으로써 평등을 이루고자 함. 그러나 남성 중
심의 제도와 질서에 직접적으로 도전하지 못할 뿐 아니라 남성과 다른
여성의 상황을 고려하지 못한 한계가 있음.
- 특별 처우: 남성과 여성의 차이를 인정하고 여성의 특수한 조건과 욕구
를 인정하고자 함. 여성 직업 훈련, 취업과 창업 지원과 같은 여성 특화
제도와 정책을 통하여 여성의 노동시장 참여를 지원함. 그러나 이러한
특별 처우에서 여성의 욕구와 경험은 여전히 주변화될 수밖에 없으며,
관련 정책들이 단기적이고 저예산인 경우가 많아 성불평등 문제 개선에
미치는 효과는 미비함.
- 성 주류화: 성불평등의 구조를 변혁하여 성불평등 문제를 해결하고자
함. 성평등을 실천하기 위한 정책적 개혁으로 모든 공공정책을 성평등
관점에서 평가하고 재조직화하고자 함. 그러나 정책수단을 통하여 모든

정부 부처의 성불평등적 요소를 개선해 나간다는 측면에서 관료적 절차와 도구로 축소되는 한계가 있음.

■ 세대 간 젠더 갈등 해소 방안

- 양성 평등한 결혼 문화, 가사와 육아의 분담, 생활 속 성차별 언어 개선 등과 같은 생활 속에서 양성 평등한 문화가 확산되어야 함.
- 남성의 생계 부양, 여성의 돌봄이라는 성별화된 노동 분업의 재조정을 통하여 남녀 모두 평등하게 일할 권리와 기회를 보장함.
- 사회문화적으로 형성된 여성과 남성의 차이를 인식하고, 고정된 성역할에 구속되지 않고 자신의 능력을 자유롭게 개발하고 실현할 수 있도록 성별에 따른 차별 요소를 배제함.
- 대중매체에서 양성 평등과 관련된 콘텐츠를 확대하고, 성차별 실태를 모니터링하고 이를 개선함.

② 세대 간 인권 갈등

인권 특징

- 인간이 갖는 기본적 권리로, 인간으로서 존엄과 가치를 존중받으며 살 수 있도록 하는 것임.
- 인간이 갖는 보편적 권리로, 본질적으로 누구에게나 적용되고 일반적이고 보편적인 성질을 가지고 있음.
- 책임을 동반한 권리로, 모두가 누려야 할 권리라는 점에서 타인과의 관계를 고려해야 함.
- 개인과 집단을 포괄하는 권리로, 불평등한 구조로 억압받는 제3세계나 소수집단을 고려하면 인권을 단순히 개인의 권리로만 규정할 수 없음.
- 국가 정당성의 기준으로, 제도적 제한이 구체적으로 드러나는 한 국가의 제도, 법, 관습 등의 정당성을 판단할 수 있는 근거가 됨.
- 인간의 존엄한 삶을 위한 최소한의 조건을 제시하고 그 조건에 적합하

도록 사회가 변화될 것을 요구함.
- 인권감수성: 인권 침해 상황에 대하여 인지하고 인권 침해 상황에 대한 공감을 의미함. 인권 관련 상황을 개선하기 위해 책임감을 느끼고 정의롭게 행동하는 데 인권감수성이 우선적으로 필요함.

세대 간 인권 갈등

- 인권 의식은 자신을 포함한 사회구성원에게 부여된 다양한 인권을 인식하고, 이를 존중하며 적극 실천하는 태도임. 인권 의식을 인권 인식, 인권 평가, 인권 경험, 인권 지지, 인권 행동으로 분류하여 세대 간의 차이와 이에 따른 갈등을 살펴볼 수 있음.
- 인권 인식: 인권에 대한 관심 및 지식 수준으로, '인권'이라는 용어를 접하는 정도, 국내외의 인권 상황에 대한 인지, 헌법에 기본적 인권 보호 명시에 대한 인지, 세계인권선언문에 대한 인지 등이 해당됨.
- 인권 평가: 인권 상황에 대한 비판적 평가로, 국내외 인권 상황에 대한 비판적 평가, 인권 보장과 직접적 관련이 있는 기관에 대한 평가 등이 해당됨.
- 인권 경험: 기본적 사회보장을 제대로 받지 못한 경험, 열악한 노동조건에서 일한 경험 등과 같은 인권 침해 경험, 나이로 인한 차별, 신체조건에 따른 차별과 같은 인권 차별 경험, 학교의 인권 교육, 기관과 단체의 인권 교육 등과 같은 인권 교육 경험 등이 해당됨.
- 인권 지지: 인권과 관련된 상황에 대한 지지적 태도로, 인권과 관련된 각종 현안이나 정책에 대한 지지 여부, 자유권적 인권, 사회권적 인권, 연대권적 인권에 대한 관점 등이 해당함.
- 인권 행동: 인권 문제와 관련된 실천적 차원으로 인권 침해나 인권 차별 상황이 발생했을 때의 대처, 인권 보호를 위한 활동 참여 등이 해당함.

세대 간 인권 갈등에 대한 접근

■ 세대 간 인권 갈등 해소 방안

– 인권교육의 기회와 인권교육 기관의 확대를 통해 인권에 대한 세대 간의 인식의 차이를 좁히고, '인권'에 대한 세대 간의 합의를 도출해야 함.

– 인권과 관련된 문제가 공론화될 수 있어야 하며, 인권 문제에 대해 세대 구분 없이 자신의 의견을 이야기할 수 있는 공론 공간이 마련되어야 함.

– 세대별로 성장 배경이 다르기 때문에 인권 의식 역시 다를 수밖에 없음. 따라서 이러한 서로 간의 인권 의식 차이를 인정할 수 있는 문화가 조성되어야 함.

– 세대의 이해를 돕는 교육 프로그램을 통하여 각 세대의 생물학적 · 심리적 특성, 각 세대의 성장 배경을 이해하고 소통할 수 있어야 함.

🔖 연습문제

1. 다음 중 노동인구 변화, 일·가족양립제도, 가족 친화제도 확대에도 불구하고 현실의 가정과 직장, 남성들이 이러한 변화에 적응하지 못하고 있는 현상은?

   ① 성 주류화
   ② 지연된 혁명
   ③ 균등 처우
   ④ 특별 처우

   정답 ②

   해설 지연된 혁명이란 변화한 여성들과 변하지 않는 직장·사회 간의 긴장을 의미한다.

2. 다음 중 성평등을 실천하기 위한 정책적 개혁으로 모든 공공정책을 성평등 관점에서 평가하고 재조직화하는 것은?

   ① 특별 처우 정책
   ② 균등 처우 정책
   ③ 성 주류화 정책
   ④ 일반 처우 정책

   정답 ③

   해설 성 주류화 정책은 남성과 여성의 불평등한 관계를 가져오는 체계와 구조를 변혁하는 것이다.

3. 다음 중 인권 침해 상황에 대하여 인지하고 인권 침해 상황에 대한 공감을 의미하는 것은?

   ① 인권 지식   ② 인권 평가
   ③ 인권감수성   ④ 인권 경험

   정답 ③

   해설 인권감수성은 인권 관련 상황에서 그 개선에 대한 책임감을 느끼고 정의적인 행동을 위해 필요한 것이다.

4. 다음 중 인권에 대해 인식하고, 인권을 존중하며, 인권 보호 활동에 적극적으로 참여하는 것은?

① 인권 평가
② 인권 경험
③ 인권 지지
④ 인권 의식

정답 ④

해설 인권 의식은 자신을 포함한 사회구성원에게 부여된 다양한 인권에 대해 인식하고, 이를 존중하며 적극적으로 실천하는 태도이다.

5. 다음 중 인권과 관련된 실천적 차원에서 인권 침해를 겪게 될 때의 대처, 인권 보호를 위한 활동 참여 등을 가리키는 것은?

① 인권 인식
② 인권 행동
③ 인권 평가
④ 인권 지식

정답 ②

해설 인권이 이론에서 멈추지 않고 인권 보호를 위한 구체적이고 실질적인 참여를 위해서는 인권 행동이 필요하다.

제6장

세대와 가족: 중년기 부모 세대와 청소년기 자녀 세대의 관계

① 세대와 가족

가족의 특성과 세대

- 가족: 젠더, 세대, 가족생활주기, 사회경제적 지위 등의 구조적 특징(틀)과 가족구성원 간의 인지적·교류적·정서적 상호작용(과정)을 통해 관계가 이루어지는 공동체를 의미함. 가족구성원 간의 상호작용을 통해 누적된 개인 삶의 경험이 반영되는 사회적·역사적 산물임.

■ 가족 내 세대 관계
- 가족은 상이한 세대가 끊임없이 상호작용하는 역동적 체계임.
- 세대 관계의 질과 상호작용에 대한 이해가 중요함.
- 사회에서 보이는 세대 현상이 가족 내 부모−자녀 관계 간 갈등으로 증폭되기도 함.

> 예 사회 내 노인 부양 문제: 가족 내 노부모 부양 또는 노부모−성인 자녀 문제가 갈등으로 전환되어 나타날 수 있음

세대 통합의 장(場)이 되는 가족

- 가족: 세대 통합의 장이 되면서 세대 간 소통과 공존의 방안을 마련할 수 있음. 다른 세대인 가족구성원과의 상호작용을 통해 다른 세대에 대한 이해와 공감의 기회를 가짐.

> * 조부모 세대와의 애착은 아동에게 또래나 낯선 어른과의 사회적 관계에서 자신감을 발휘하는 데 긍정적 영향을 미침(박명숙, 2002).

중년기 부모 세대와 청소년기 자녀 세대의 관계

■ 두 세대는 소통이 필요한 세대

- 중년기 부모 세대와 청소년기 자녀 세대의 어려움: 각 세대의 발달적 특성 및 과업을 성취하는 데 어려움이 큰 세대임.

> *** 중년기 부모 세대와 청소년기 자녀 세대의 발달적 특성 및 과업**
> - 중년기 부모 세대는 갱년기를 경험하면서 은퇴를 준비해야 하며, 자녀에 대한 보호 욕구와 양육 부담을 덜고자 하는 욕구가 충돌하는 시기에 있음.
> - 청소년기 자녀 세대는 사춘기 경험하면서 성인기를 준비해야 하며, 자아의식 과잉으로 인한 정서 불안, 독립의 욕구, 또래 동조 욕구가 높은 시기에 있음.
>   → 두 세대 모두 신체적·정서적 변화가 큰 상황에서 이후의 발달과업을 준비해야 함.

- 성장 과정에서 경험한 역사적·사회적 경험 차이가 큰 세대

> *** 중년기 부모 세대와 청소년기 자녀 세대의 역사적 · 사회적 경험 차이**
> - 중년기 부모 세대는 산업화 시대에서 성장한 세대임.
> - 청소년기 자녀 세대는 정보화 시대에서 성장한 세대임.
>   → 가치, 태도, 규범 등에서 차이가 크며, 이러한 차이를 잘 이해하고 수용하지 않으면 부모–자녀 간 갈등으로 이어질 수 있음.

■ 청소년의 의미 있는 타자는 부모

– 청소년기 자녀 세대는 또래 동조 욕구가 크긴 하지만, 부모 역시 여전히 의미 있는 타자임. 따라서 부모와의 관계가 삶의 질에 중요한 영향을 미침.

– 부모 역시 청소년 자녀와 대화를 통해 고민을 알고자 하나 실제 부모와 청소년 자녀가 대화하는 시간은 많지 않음.

② 중년기 부모 세대의 발달적 특성

노화

– 노화로 인해 신체적·생리적·심리적 변화가 나타남.

> * 중년 여성: 여성호르몬인 에스트로겐이 급속히 감소하는 갱년기 경험
> – 성호르몬의 변화: 홍조, 두통, 잦은 기분 변화, 우울, 피로 등을 경험함.
>
> * 중년 남성: 남성호르몬인 테스토스테론 분비가 감소하는 갱년기 경험
> – 성호르몬의 변화: 정자 수 감소, 발기불능, 홍조 등이 나타남.

자아개념의 변화

– 신체적·심리적 변화에 따라 자아에 대한 회의, 재평가, 공허감이 증가하며, 삶에 대한 의욕 저하로 지나치게 소극적인 태도를 보임. 또한 은퇴로 인한 사회적 지위 변화에 대한 고민이 증가하면서 위기도 겪음(중년의 위기).

중년기 부모 세대의 발달과업

■ 생산성 대 침체성(Erikson, 1978)

– 중년기: '나는 다음 세대에게 무엇을 줄 수 있는가'를 고민하는 시기

→ 자신에게 몰두하기보다 생산적인 일과 자녀 양육과 교육에 책임을 다해야 함.

> **＊ 에릭슨(1978)의 심리사회적 인간발달 단계 中 중년기의 발달과업**
> － 생산성: 다음 세대를 위해 자녀를 양육·교육하고 타인을 지도하며 사회를 위해 생산적인 일에 에너지를 투자하며 일하는 것
> － 침체성: 자신에게만 몰두하고 자녀와 사회에 관심을 가지지 않는 것

■ 개방적 태도와 경륜의 조화

－ 개방적 태도와 경륜의 조화를 통해 차세대 리더를 양성하는 위치에 있음. 이때 자신의 주장만 강조하면 권위주의와 연결될 수도 있음.

■ 경제적 부담 증가

－ 경제적으로 최고조의 지위를 갖게 되지만 부담도 증가하기 때문에(예: 자녀의 교육과 결혼비용 지출이 증가, 은퇴 이후 삶에 대한 경제적 준비가 필요한 시기) 계획성 있는 가계 운영이 필요함. 특히 이 세대는 부모에 대한 부양의식과 자녀에 대한 책임의식 둘 다 높으면서 이중 부양 부담의 문제를 경험함.

> ＊ 샌드위치 세대(sandwich generation): 본인은 물론 자식과 노부모를 함께 부양해야 하는, 두 세대 사이에 낀 중년 세대를 일컫는 용어(Miller, 1981)
> → 이중 부양 부담을 갖고 있음.

■ 변화에 대한 재적응의 시기

－ 신체적·생리적·심리적·사회적·가족적 변화와 재적응의 시기를 어떻게 보내느냐에 따라 삶의 만족도가 달라지는 만큼, 이러한 변화에 대한 재적응이 필요함. 또한 노화로 인한 신체적 변화와 자녀의 독립으로 자신의 삶을 재정비할 필요가 있음.

> **＊ 빈둥지증후군(empty nest syndrome)**
> − 자녀가 독립하면서 물질적 · 정신적 부담에서 벗어남.
> − 모든 관심을 자녀 양육과 교육에 집중해 온 경우 공허함을 경험함.

③ 청소년기 자녀 세대의 발달적 특성

신체의 급격한 성장

− 제2의 성장기로 신장과 체중이 급격히 증가하며, 성호르몬 분비에 따라 2차 성징이 시작됨.

형식적 조작기

− 인지 발달에서 형식적 조작기로, 추상적 사고가 가능하며, 추상적 사고를 통해 문제를 해결함. 이에 따라 가설적 사고, 연역적 사고, 조합적 사고도 가능함.

> ＊ 가설적 사고: 어떤 현상을 설명하기 위해 그 현상의 원인이나 법칙에 대해 예측하고 이를 직접 검증함.
> ＊ 연역적 사고: 일련의 전제에 근거해서 논리적 결론인 구체적 사실을 이끌어 냄.
> ＊ 조합적 사고: 문제 해결을 위해 필요한 변인만을 골라서 체계적으로 조합하고 구성함.

메타인지와 자기중심성

− 메타인지가 발달되어 인지 능력이 향상되나 메타인지가 발달되는 초기에는 자기중심성이 나타남.

* 메타인지: 자신과 타인의 생각에 대해 사고할 수 있는 인지
* 자기중심성: 자기 자신에 대한 강한 몰두이며, 이로 인해 자신과 타인의 관심사를 적절하게 구분하지 못하는 인지적 경향성

– 청소년기 자기중심성의 특성으로 상상 속 청중, 개인적 우화가 나타남.
– 자신이 타인에게 어떻게 보일지에 매우 예민하며, 자신의 존재를 특별한 존재로 인식하면서 다른 사람들이 자신을 이해할 수 없을 것이라 생각함.

* 상상 속 청중: 자신을 무대 속 주인공처럼 생각하고 다른 사람은 모두 청중이라고 생각함.
* 개인적 우화: 자신이 갖는 개인적 경험과 감정, 사고는 아주 독특해서 청소년은 자신을 매우 특별하게 생각하는 경향이 있음.

정서의 고조

– 사춘기가 찾아오면 정서적 불안정, 갑작스러운 감정의 변화를 경험함.
– 급격한 성적 변화에 적응하는 데 어려움을 겪고, 인간관계가 확대되어 이전과는 다른 관심과 가치관에 적응하면서 긴장과 갈등을 겪기 때문임. 가족 간 갈등을 비롯한 불안, 우울과 관련된 문제를 보이기도 함.

자아정체감 형성 대 정체감 혼미

– 자아정체감을 형성해 나가는 시기로, 현재와 미래의 역할에 대한 혼란 때문에 자아정체감 위기를 경험함.

* **자아정체감(ego identity):**
- '나는 누구인가'에 대한 총체적인 느낌과 인지를 뜻하는 용어
  → 에릭슨은 청소년기의 성숙한 자아정체감 형성이 향후 개인적 사고와 직업, 생활양식에 헌신하는 기초를 제공한다고 주장(Erikson, 1968)
- 마샤(Marcia)는 위기, 수행을 축으로 자아정체감 발달 이론을 구축함
  → 위기: 자신이 선택한 삶의 목표, 가치, 신념 등과 관련해 적절한 대안을 찾으면서 고민하는 것
  → 수행: 자신이 선택한 삶의 목표, 가치, 신념 등을 위해 전념해서 노력하는 것
- 두 차원에 따라 자아정체감을 4가지로 구분
  → 정체감 혼미: 위기(無) + 수행(無)
  → 정체감 유실: 위기(無) + 수행(有)
  → 정체감 유예: 위기(有) + 수행(無)
  → 정체감 확립: 위기(有) + 수행(有)

집단정체감 형성

- 또래와 관계를 맺는 것이 이전 시기보다 훨씬 더 중요해지며, 또래 관계를 통해 사회성을 발달시켜 나가며 집단정체감을 형성함.

* **집단정체감(group identity):**
- 청소년기는 동료집단의 영향을 매우 중요하게 여기며 소속되길 원함.
- 동료의 관심과 주의에 예민하고 동료집단을 모방함.
- 집단 내에서 그들만의 독특한 문화를 형성하여 서로 영향을 주고받음.

④ 중년기 부모 세대와 청소년기 자녀 세대의 사회·역사적 경험 차이

- 세대 간 역사적·사회적 경험의 차이는 세대 간 갈등의 요소가 될 수 있음.
- 세대 간 상이한 결혼 및 가족관계 경험 또한 갈등 요소가 될 수 있음.

중년기 부모 세대의 사회·역사적 경험

− 1980년 광주항쟁~1987년 6월 항쟁에 이르는 민주화 운동을 경험함.
− 2002년 대선 후 사회적 중심세력으로 부상함.
− 개인적 욕구와 공동체적 가치 사이에서 고뇌함.
− 경제적 급성장으로 인한 풍요와 위기를 동시에 경험함.
− 고용 불안과 자녀 교육에 시달림.
− 유교적 가족주의 및 연고주의의 마지막 수용자임.

■ 중년기 부모 세대의 결혼, 가족관계적 경험

− 동료애, 우정, 낭만적 사랑이 강조되는 동반자적 결혼관을 가짐.
− 전통적 가족주의에 입각한 부모 부양 책임의식이 강함.

청소년기 자녀 세대의 사회·역사적 경험

− 첨단 통신기기의 활용으로 정보환경에 친숙하며, 정보화 시대의 선두에 있음.
− 정치경제적 이념보다 문화 코드로 동질감을 느낌.
− 한국적 규범과 가치보다 세계적 규준을 중요하게 여김.
− 생존보다 삶의 질을 추구함.
− 가상세계에서 공동체를 구축함.
− 독립성, 자율성, 적극적 자기 표현, 익명성, 자기중심적 사고가 뚜렷함.
− 국민으로서 자부심과 민족주의적 성향을 가지고 있으나 국가나 사회를 위해 개인이 희생해야 한다는 생각은 약함.

■ 청소년기 자녀 세대의 결혼, 가족관계적 경험

− 부부관계에서 평등성 강조
− 공평한 가사 분담, 공동의 의사결정, 비위계적 의사소통, 평등적 성관계와 상호존중과 호의 등

⑤ 중년기 부모 세대와 청소년기 자녀 세대의 가치관 차이

개인주의 대 가족주의

- 개인주의(자녀 세대): 가족보다 본인을 더 중요하게 생각하며, 본인 위주로 사고함. 풍요한 사회 환경에서 자란 세대로, 부모 세대의 경제적 지원으로 여가와 문화생활을 즐기며, 가족을 위한 희생보다는 자신의 인생을 즐기고 싶어 함.
- 가족주의(부모 세대): 개인보다 가족에 높은 가치를 두며, 가족을 중심으로 사고함. 결혼과 자녀 출산을 필수적인 것으로 인식하며, 노부모 부양과 자녀에 대한 희생을 당연시하고, 개인보다 집단을 우선하는 집단주의적 성향이 강함.
  - → 자율성 허용과 통제 면에서 개인주의적 성향이 강한 청소년 자녀 세대와 갈등을 겪기도 함.
- 양성평등적 성역할 인식(자녀 세대): 젠더에 기초한 고정된 성역할 분담을 부정적으로 인식함.
  - → 맞벌이는 필수이며 가정 내 역할 분담은 남녀가 함께 해야 한다는 양성평등적 성역할을 지향함.
- 전통적 성역할 인식(부모 세대): 젠더에 기초해서 고정된 성역할 분담을 지지함
  - → 남자는 일, 여자는 자녀 양육과 가사가 당연한 사회적 인식 속에서 성장해 옴.

변화에 대한 수용능력 차이

- 높은 변화 수용력(자녀 세대): 새로운 사회적 경향과 변화에 대한 학습과 수용이 빠르며, 디지털 기기에 대한 부담감이 없음.
- 낮은 변화 수용력(부모 세대): 학습 속도가 느려지면서 새로운 것을 받아들이는 데 어려움을 겪으며, 디지털화되는 사회변화에 부담감이 큼.
  - → 변화 수용능력에 대한 차이로 세대 간 의사소통이 단절될 수 있음.

인간발달 단계에서 차이로 인한 갈등

– 반항적 성향(자녀 세대): 반항적이고 자유로움을 추구함.
– 통제적 성향(부모 세대): 보수적이고 통제하고자 함.

> * 청소년기 자녀 통제의 이중적 의미(박영신, 김의철, 2002)
> – 한국 사회에서 청소년에 대한 부모의 통제: 부모가 적대적이고 거부적인 양육 태도를 지니는 것으로 지각함과 동시에 부모가 성취 지향적이고 애정적인 양육 태도를 지니며 많은 사회적 지원을 해 주는 것으로 지각하는 이중적인 속성 지님.

⑥ 중년기 부모 세대와 청소년기 자녀 세대의 관계상 쟁점

학업성취를 둘러싼 갈등

– 한국 사회에서 학업성취는 세대를 막론하고 중요한 이슈로, 고등학교 청소년들이 인식하는 부모와 갈등이 가장 심한 영역도 성적과 진로임.

> * 한국 가족의 청소년 자녀 사회화 연구(손승영, 2009)
> – 부모의 공부 중심의 기대 표출과 평가 및 공부 압력을 수반한 개입: 자녀의 독립심, 자율성 저해, 부모-자녀 관계 악화의 원인이 됨.

중년기 부모 세대의 양육 태도

– 바움린드의 부모 양육 유형(Baumrind, 1973)
  → 부모의 '통제'와 '애정' 차원의 정도에 따라 부모 양육 형태를 네 가지 유형으로 분류함.

- 이전 사회에서는 권위주의적 양육 태도를 가지면서 부모 자신의 판단, 가치, 목표를 자녀가 무조건적으로 수용할 것을 기대했으나 현대 사회에서는 권위적 양육 태도가 필요함.

⑦ 중년기 부모 세대와 청소년기 자녀 세대의 소통

세대 관계의 이해

■ 중년기 부모 세대와 청소년기 자녀 세대의 관계

- 청소년기가 되면 또래 집단의 영향력이 커지지만, 청소년의 성장과 발달에서 부모-자녀 관계는 여전히 중요한 요인임.
- 청소년기 자녀 세대가 부모 세대에게 기대하는 것은 부모의 긍정적 지지, 경청과 공감적 이해, 부모의 사랑과 긍정적 감정, 수용과 승인임.
  → 부모가 일방적으로 통보하는 식이 아니라 함께 대화를 나눌 수 있기를 원함.
  → 부모는 자녀에 대한 내적 지지(격려, 이해, 신뢰, 사랑 등)와 외적 지지(포옹, 외식, 영화 관람, 선물 등)를 함께 제공해야 함.
- 애정에 기반한 내적·외적 지지는 청소년 자녀의 삶의 만족도와 긍정적으로 관련됨(Young et al., 1995).

→ 부모 세대는 자녀 세대를 독립된 개인으로 인정해 주어야 함.

상호존중적 의사소통

■ 중년기 부모 세대와 청소년기 자녀 세대 간 소통 증진 방안

− 세대 간 차이를 인정하는 수용력이 필요함.

− 서로의 다름을 인정하는 수용적 자세와 공감적 태도를 보여야 함.

* 가족생활교육
− 가족이 갈등이나 문제에 처했을 때 적절하게 대처할 수 있도록 가족의 잠재력과 역량을 강화하는 데 초점을 두는 예방적 생활교육
− 건강가정지원센터 및 다문화가족지원센터에서 다양한 가족생활교육 프로그램이 실시되고 있음.

🔖 연습문제

1. 다음 중 가족에 대한 설명으로 알맞지 <u>않은</u> 것은?

   ① 가족은 세대 통합의 장이 되면서 세대 간 소통과 공존의 방안을 마련할
   수 있다.
   ② 다른 세대의 가족구성원 간 상호작용을 통해 다른 세대를 이해하는 기
   회를 가질 수 있다.
   ③ 조부모와의 애착은 손자녀에게 또래나 낯선 어른과 관계를 가질 때 부
   정적인 영향을 주는 것으로 나타났다.
   ④ 세대 간 공감이 이루어지는 가족에서 성장한 경험은 다른 세대의 복리
   증진에 긍정적 영향을 주는 것으로 나타났다.

   정답 ③
   해설 손자녀는 조부모와의 애착 형성을 통해 세상에 대한 이해를 확장하며, 심리
   사회적으로 긍정적인 발달을 해 나간다.

2. 다음 중 중년기 부모 세대와 청소년기 자녀 세대의 관계에 대한 설명으로 가장
   알맞은 것은?

   ① 중년기 부모 세대는 사회적 역할이 줄어들면서 모든 관심을 자녀에게
   쏟으면서 밀착된 부모−자녀 관계를 형성해야 한다.
   ② 청소년기 자녀 세대는 부모로부터 독립하고자 하는 욕구가 높아지긴 하
   지만 부모와의 소통은 여전히 중요하며, 원하는 것으로 나타났다.
   ③ 청소년기 자녀 세대의 경우 부모와의 대화 빈도가 높을수록 가정생활
   만족도는 떨어지는 것으로 나타났다.
   ④ 학업성취가 중요한 우리나라의 경우 다른 나라에 비해 중년기 부모 세
   대와 청소년기 자녀 세대가 자녀의 고민을 중심으로 대화를 많이 하는
   것으로 나타났다.

   정답 ②
   해설 청소년기에는 부모의 통제에서 벗어나고 싶은 욕구와, 부모와의 대화를 통한
   정서적 지지를 받고 싶은 욕구 둘 다 존재하며, 부모의 영향력이 큰 것으로
   보고되고 있다.

3. 다음 중 중년기 부모 세대의 발달적 특성에 대한 설명으로 가장 알맞은 것은?

① 에릭슨은 중년기의 발달과업으로 통합감 대 절망감을 제시했다.

② 노화의 진행으로 이전과 다른 자신의 모습이나 지위를 인식하면서 자아를 재정립해야 한다.

③ 사회의 중추가 되는 만큼 보수적·안정적 태도를 보여야 한다.

④ 갱년기를 잘 극복하기 위해서는 모든 관심과 에너지를 자신에게 집중해야 한다.

정답 ②

해설 중년기에는 노화로 인한 자신의 신체적·사회적 변화를 받아들이고, 은퇴 후의 삶을 계획해 나가야 한다.

4. 다음 중 청소년기 자녀 세대의 발달적 특성에 대한 설명으로 가장 알맞은 것은?

① 피아제는 청소년기의 인지발달 단계를 구체적 조작기로 명명했다.

② 자아정체감을 형성하는 단계로, 에릭슨은 '적응'과 '수용'이라는 두 축으로 자아정체감 유형을 구분했다.

③ 자아정체감을 형성하면서 집단정체감에서는 벗어나게 된다.

④ 초기에는 자기중심성이 나타나면서 '상상 속 청중'이나 '개인적 우화' 현상이 나타난다.

정답 ④

해설 피아제는 청소년기의 인지발달 단계를 형식적 조작기로 명명했다. 마샤는 청소년의 자아정체감을 형성하는 단계로, '위기'와 '수행'이라는 두 축으로 자아정체감 유형을 구분했다. 청소년기에는 정서의 고조와 동시에 '내가 곧 세상의 중심'이라는 자기중심성이 나타난다.

5. 다음 중 중년기 부모 세대와 청소년기 자녀 세대의 소통 방안에 대한 설명으로 가장 알맞은 것은?

① 중년기 부모 세대는 허용적 양육 태도를 가져야 한다.

② 중년기 부모 세대는 자녀의 아동기 때와 동일한 관계 규범을 유지해야 한다.

③ 내적 지지와 외적 지지를 적절하게 결합하여 자녀에게 제공해야 한다.

④ 청소년기 자녀에게 부모는 의미 있는 타자가 아니기 때문에 자녀와의

상호작용을 최소화하면서 자녀의 독립을 지원해야 한다.

정답 ③

해설 중년기 부모가 청소년기 자녀와 소통을 증진하기 위한 방안으로는 부모의 격려, 이해와 같은 내적 지지와, 포옹, 외식과 같은 외적 지지를 함께 제공하는 것이 있다.

제7장

세대와 가족: 노년기 부모 세대와 성인 전기 자녀 세대의 관계

① 노년기 부모 세대와 성인 전기 자녀 세대의 관계

노년기 부모 세대와 성인 전기 자녀 세대의 특징

■ 노년기 부모 세대와 성인 전기 자녀 세대의 특징(Hess & Waring, 1978)

- 노년기 부모 세대와 성인 전기 자녀 세대 모두 성인으로, 개별화의 문제에 직면함.
- 각자 세대의 역할적응의 어려움으로 경제적·정서적 지원을 둘러싼 갈등을 경험할 수 있음.

■ 노년기 부모 세대와 성인 전기 자녀 세대의 관계 변화

- 고령화로 인한 관계의 장기화, 노부모 돌봄에 대한 가치 변화로 호혜성 규범이 유지되기 어려워짐.
- 전통적 효규범에 따른 밀착된 관계에서 벗어나 새로운 관계 변화가 요구됨.
- 노부모 돌봄의 탈가족화 현상이 가속화될 수 있음.
- 청년층의 실업, 만혼화, 교육기간의 장기화로 인해 노부모가 성인 전기 자녀를 돌보는 상황이 발생함.
  → 발달론적 관점에서 가족 내 세대 간 신체적·심리적·역사적 차이를 이해하고 서로 소통하려는 노력을 해 나가야 함.

② 노년기 부모 세대의 발달적 특성

- 신체 및 인지의 급격한 노화: 신체적 변화 및 감각기능의 쇠퇴
- 인지적 변화: 환경의 변화에 대한 즉각적인 대처의 어려움, 타인과의 상호작용에서의 어려움, 대상에 대한 선택적 주의집중의 어려움, 지속적·목표지향적 사고와 정보 처리의 어려움을 경험함.
  → 익숙한 방법으로 문제를 해결하려는 경향을 보임.
- 자기중심성: 대상이나 사상에 대한 자신의 입장 외에 타인의 입장이 있음을 인식하지 못하는 것임. 인지능력이 퇴화되며 사고의 자기중심성이 나타남.
  → 연령차별주의 같은 문화는 노인을 사회적으로 소외시키면서 노인의 자기중심성을 강화하고, 사고의 유연성과 창의성을 저해할 수 있음.
- 우울증 경향: 건강 수준의 쇠퇴, 질병, 퇴직으로 인한 역할 상실, 경제사정 악화, 가족이나 사회단체와 모임으로부터의 고립 등이 원인임.
  → 그러나 성숙한 성격의 소유자는 노화를 자연스러운 삶의 과정으로 받아들이며, 부정적인 과거 경험보다 행복했던 순간을 기억하면서 심리적 평안을 얻음.
- 내향성과 수동성의 증가: 개인의 에너지와 관심을 외부보다 자신의 내면에 두며, 일 처리에서 수동적인 자세를 취하면서 신비주의적 경향도 보임.
- 경직성의 증가: 문제 해결에서 익숙하고 편한 방법을 고수하는 경향
  → 세대 간 갈등의 원인이 되기도 함.

노년기 부모 세대의 발달과업

- 절망감 대신 통합성 가지기: 자신의 인생을 인정하고 죽음을 긍정적으로 수용하면서 인생의 마감을 차분하게 준비해야 함.
- 신체적 변화에 대처하기: 신체적 변화를 수용하고 건강이 악화되는 것을 예방하려는 노력이 필요함.

– 은퇴 준비하기: 장기적인 은퇴 생활을 준비해야 함.

> **＊ 은퇴자의 삶의 만족에 영향을 미치는 요인 연구(홍성원, 정민희, 유서구, 2016)**
> – 배우자나 자녀와의 관계 만족도가 높고, 스스로 건강하다고 인식하며, 주택을 소유하고 월평균 용돈이 많으며, 모임이나 단체 활동을 하는 경우 삶의 만족도가 높음

③ 성인 전기 자녀 세대의 발달 과업

– 청년기와 중년기의 중간에 위치한 과도기로 사회 시민, 직업인, 배우자, 부모 등의 역할을 수행해야 하는데, 오늘날에는 이러한 발달과업을 수행하는 것이 쉽지 않음.
→ '표준적 성인기로의 이행'이 점차 해체 내지 변형되면서 '지연된 성인기'(Emerging Adulthood, by Arnett, 2000)라는 용어도 나옴.
– 성인기에 새로운 역할을 수행하면서 스트레스도 경험함.

> **＊ 스트레스**
> – 인간이 심리적 혹은 신체적으로 감당하기 어려운 상황에 처했을 때 느끼는 불안과 위협의 감정
> → 학교 졸업, 취업, 결혼, 자녀 출산 등 다양한 생활사건(긍정적이든 부정적이든)으로 인해 스트레스 경험

④ 노년기 부모 세대와 성인 전기 자녀 세대의 사회·역사적 경험 차이

베이비붐 세대 대 에코 세대

- 베이비붐 세대
- 1955년~1963년 출생집단을 일컫는 용어
- 급격한 경제성장을 경험한 성장주의(생존 중시)
- 가족주의와 공동체 중심의 집단주의
- 위계질서를 강조하는 권위주의

- 에코 세대
- 1979~1992년 출생집단을 일컫는 용어
- 문화산업의 발달을 경험한 소비주의(삶의 질 및 문화 코드 중시)
- 자아실현과 개성 표현의 개인주의
- 개방적이고 자유로운 탈권위주의

노년기 부모 세대와 성인 전기 자녀 세대의 가족관

- 노년기 부모 세대: 법, 제도와 종교적 신념에 의한 두 사람의 결합이 강조되는 제도적 결혼(institutional marriage)을 지지함.
  → 가족에 대한 헌신을 중요시하며, 남자는 일, 여자는 가사 및 자녀 양육이라는 전통적 성역할 분담 인식이 강함.
- 성인 전기 자녀 세대: 부부관계에서 친밀감과 평등을 강조함.
  → 가사 및 자녀양육에 대한 공평한 분담, 비위계적인 의사소통, 평등적인 성관계, 관계에서 상호존중과 호의 등을 강조(Harris, 2006)

⑤ 노년기 부모 세대와 성인 전기 자녀 세대의 가치관 차이

정치 성향 차이

- 노년기 부모 세대: 가장 보수적인 정치 인식을 보임.
- 성인 전기 자녀 세대: 가장 진보적인 정치 인식을 보임.
  → 세대 간 정치 이념의 차이는 고령자에 대한 편견으로 이어지기도 함.

경제 인식 차이

- 각 세대의 경제적 위치가 나빠지고 있다고 인식할 때, 그것도 상대적으로 다른 세대에 비해 나쁘다고 인식할 때 세대 갈등이 조성되기 쉬움.
- 세대 갈등을 완충하는 힘: 가족을 매개로 한 공감, 노동조건이 취약하다는 인식을 세대 간 공유하는 데 있음.
- 세대 갈등을 강화하는 힘: 세대 위치를 구조적인 문제와 분리하여 자기중심의 세대관으로만 바라보고 비판·판단하는 데 있음.

⑥ 노년기 부모 세대와 성인 전기 자녀 세대 관계상 쟁점

성인 전기 자녀 세대의 독립 문제

- 한국사회에서는 자녀가 결혼하면서 부모로부터 독립하는 경향이 있는데, 현재 초혼 연령의 상승은 성인 전기 자녀 세대의 독립 시기가 늦어지고 있음을 보여 줌.
- 성인 자녀의 독립 지연은 부모 역할 갈등을 겪게 함.

노년기 부모 세대의 성인 전기 자녀에 대한 책임감

– 한국의 부모 세대는 자녀 부양에 대한 책임 의식이 높음.
   → 청년층의 취업난은 노년기 부모 세대의 경제적 부담감으로 연결될
     가능성이 높음.

* 우리나라 베이비붐 세대 4,674명을 대상으로 한 연구(한경혜, 2010)
  – 노년기 부모 세대가 은퇴 후 가장 부담으로 생각하는 것: 1위는 성인 자녀
    세대의 결혼 자금(29.2%), 2위는 자녀 교육 자금(26.9%)으로 나타남.
  – 기대수명 연장으로 노년기 부모 세대는 자신의 노후생활과 더불어 자녀의
    결혼 자금까지 마련해야 한다는 부담감을 가지고 있음을 알 수 있음.

성인 전기 자녀 세대의 노부모 부양관 변화

– 노인 부양은 노인 스스로 해결해야 한다거나 사회가 해결해야 한다는
   응답률이 증가 추세임.

조부모 세대의 손자녀 돌봄

– 맞벌이 부부의 증가로 손자녀를 양육하는 조부모가 증가하고 있음.
   → 조부모 대상 손자녀 양육의 어려움 원인 조사 결과, '체력적으로 부
     침'이 1순위, '손자녀 학습 지도의 어려움'이 2순위였음.
   → 조부모는 손자녀 양육에서 부모에 비해 체력적으로 상당히 부치며,
     학습 지도의 어려움과 양육으로 인한 스트레스가 높음을 의미함.

⑦ 노년기 부모 세대와 성인 전기 자녀 세대의 소통

각 세대에 대한 이해와 존중

- 다른 세대의 어려움을 이해
- 성인 전기 자녀 세대: 높은 실업률과 취업난으로 경제적 기반이 약함.
  - → 상황을 고려하지 않고 자녀에게 무조건적인 부양을 요구하는 일은 지양해야 함.
- 노년기 부모 세대가 중시하는 '효'의 가치를 재정립해야 함.
  - → 바람직한 현대적 '효'는 강압적이고 규범적인 것보다는 존중에 입각한 정신적 유대를 맺어가는 방향으로 나아가야 함.
- 노년기 세대에 대한 편견과 비난은 큰 사회 문제로 이어질 수 있음.
  - → 노년기 세대가 가진 경험의 가치와 연륜을 존중해야 함.
  - → 노년기 세대가 속했던 역사적·정치적 상황을 이해하려는 노력이 필요함.

호혜성 규범 확보

- 세대 공동체 의식을 기반으로 한 상호호혜주의
- 전통 사회의 노부모-성인 자녀 관계 : 노부모 '부양'이 화두였음.
  - → 부모 세대는 미성년 자녀를 양육·교육하고, 성인 자녀 세대는 노부모를 부양하면서 장기적인 맥락에서 호혜적인 관계를 유지해 왔음.
- 현재 노부모-성인 자녀 관계: 전통 사회의 호혜성이 지켜지기 어려움.
  - → 부모 세대는 자녀의 양육과 교육에 지나치게 많이 지원하였으나 성인 자녀 세대에게 노후 부양을 기대하기가 어려워짐. 호혜성이 지켜지지 않은 상황에서는 관계의 질이 떨어질 수밖에 없음.
- 세대 공동체 의식 속에서 각 세대는 자신이 미처 경험하지 못했던 시간과 공간을 경험하고 서로 많은 것을 배우고 얻을 수 있음.
  - → 서로 다른 연령집단이 가지고 있는 각자의 이점과 능력을 통하여 상호호혜적 관계를 유지할 수 있음.

* 세대 공동체 의식: 여러 세대가 비록 서로 살아가는 시간과 경험 면에서 다르다 해도 전체 생애의 일부분으로서 서로 관련되어 있다는 인식을 말함.

■ 느슨한 유대

– 노부모–성인 자녀 관계는 장기적인 호혜성 맥락에서 재구성되어야 함.
  → 과도하게 밀착된 관계가 아니라 좀 더 느슨한 유대를 통해 관계의 질을 높여야 함.
– 노부모 세대: 자녀 세대의 독립과 그 세대 나름의 가치관을 인정하기
            독재적이고 권위주의적인 태도 고치기
– 자녀 세대: 심리적으로 부모로부터 분화하기
          부모 세대의 풍부한 경험과 지혜를 존중하는 자세 갖기

📖 연습문제

1. 다음 중 노년기 부모 세대와 성인 전기 자녀 세대의 특징에 대한 설명으로 가장 알맞은 것은?

   ① 두 세대 모두 신체적·심리적·사회적 역할 변화가 크다.
   ② 두 세대 모두 밀착된 부모-자녀 관계에 대한 요구가 높아진다.
   ③ 두 세대 모두 가족, 직장, 지역사회에서 다양한 역할을 요구받으면서 역할 과중의 어려움을 경험한다.
   ④ 두 세대 모두 독립된 가족을 형성하면서 자립해야 하는 발달과업을 가진다.

   정답 ①

   해설 노년기 부모 세대는 배우자 사별, 은퇴로 인한 역할 상실을 경험하고, 성인 전기 자녀 세대는 노부모와 자녀에 대한 경제적 책임 증가로 역할 과중을 경험하는 등 두 세대 모두 역할 변화가 크다.

2. 다음 중 노년기 부모 세대의 발달적 특성에 대한 설명으로 가장 알맞은 것은?

   ① 에릭슨은 노년기의 발달과업으로 생산성 대 침체성을 제시했다.
   ② 사회적 책임에서 벗어나면서 우울증 경향이 줄어든다.
   ③ 사회를 객관적으로 인식하면서 융통성과 능동성이 증가한다.
   ④ 대상에 대한 선택적 주의집중력이 떨어지며, 익숙한 방법으로 문제를 해결하는 것이 안전하다고 생각한다.

   정답 ④

   해설 노년기에는 노화로 인한 인지능력의 쇠퇴로 선택적 주의집중력이 떨어지며, 이전에 사용했던 익숙한 방법으로만 문제를 해결하려고 한다.

3. 다음 중 성인 전기 자녀 세대에 대한 설명으로 가장 알맞은 것은?

   ① 법, 제도, 종교적 신념에 의한 결합이 강조되는 제도적 결혼을 규범으로 생각하면서 수용한다.
   ② 자신의 행복을 우선시하는 개인주의적 성향이 강하다.
   ③ 가족과 국가에 헌신하는 태도가 강하다.
   ④ 전통적 성역할 분담을 지지한다.

정답 ②

해설 에코 세대에 속하는 성인 전기 자녀 세대는 문화산업의 발달을 경험했으며 자아실현과 개성 표현의 개인주의적 성향이 강하다.

---

4. 다음 중 노년기 부모 세대와 성인 전기 자녀 세대의 관계상 쟁점에 대한 설명으로 가장 알맞은 것은?

① 성인 전기 자녀 세대의 독립이 지연되면서 노년기 부모 세대가 부모 역할에 대한 갈등을 경험하게 만든다.

② 노년기 부모 세대의 자녀에 대한 책임감이 낮아지면서 세대 간 독립성이 잘 유지되고 있다.

③ 성인 전기 자녀 세대는 노부모의 부양을 가족의 책임으로 보면서 노인 부양의 가족화를 선도하고 있다.

④ 노년기 부모 세대의 손자녀 돌봄이 표준화되면서 노부모–성인 자녀 간 갈등이 사라지고 있다.

정답 ①

해설 노년기 부모 세대와 성인 전기 자녀 세대 둘 다 개별화의 문제에 직면하며, 역할 적응의 어려움으로 경제적 · 정서적 지원을 둘러싼 갈등을 경험한다.

---

5. 다음 중 노년기 부모 세대와 성인 전기 자녀 세대의 소통 방안에 대한 설명으로 가장 알맞은 것은?

① 전통적 효규범을 실현해야 한다.

② 세대공동체 의식을 기반으로 한 상호호혜주의를 실현해야 한다.

③ 관계의 질을 위해 밀착된 관계를 유지해야 한다.

④ 관계의 질을 위해 사회적 · 심리적 양가적 감정을 가져야 한다.

정답 ②

해설 공동체 의식을 통해 각 세대는 자신들이 미처 경험하지 못했던 시간을 간접적으로 경험하게 되고, 각 세대가 지닌 이점과 능력을 주고받으며 세대 간 소통을 증진시켜 나갈 수 있다.

제8장

이념 갈등: 촛불과 태극기

① 이념의 왜곡

이념-자본주의와 불평등을 보는 눈

- 울리히 벡은 자본주의를 돌진적 근대화라는 개념으로 설명함. 돌진적 근대화는 위험을 만들고 자본주의의 위험이 사회화됨. 하지만 자본주의는 여전히 무한질주하는데 왜 그럴까? 초기에는 자본주의의 위험을 이익을 위해 위험을 무릅쓰다 보면 어쩔 수 없이 오는 부수적인 것에 불과하다고 생각했기 때문임.
- 전염병 코로나19는 위험이 진짜 위험하다는 사실을 보여 줌. 자연의 파괴로 숲속의 바이러스가 동물의 몸을 숙주로 삼아 인간에게 왔고, 이런 일은 이제 빈번해졌고 인간은 위험해짐. 하지만 자본주의는 성장을 멈추지 않을 것임. 첫째, 위험할수록 이윤 추구를 할 수 있는데 제약회사, 제조업, 금융회사 등에게 더 큰 위험은 더 큰 기회임. 둘째, 위험이 올지라도 위험은 약자에게만 옴. 위험은 차별적인데, 실례로 코로나19로 더 많은 위험에 처한 사람은 하층임. 이것은 구조적인 불평등 때문임.
- 불평등을 어떻게 볼 것인가? 불평등은 당연하고, 시장에서 노력한 개인의 성적표이며, 인간은 기회의 평등을 보장받으면 된다는 것이 자유주의의 입장임. 사회민주주의자들은 다른 입장을 취함. 시장에서 불평등은 구조화되어 있고 개인의 노력 여부보다 계급구조와 기울어진 운동장이 문제이므로 소득이전을 통해 사회보장제도를 만들고 불평등을 완화해야 한다는 입장임. 기회만이 아니라 조건의 평등을 이루어야 한다는

것임. 이처럼 자유주의와 사회민주주의는 자본주의의 자유와 평등을 바라보는 태도가 다름. 이념은 이에 대한 체계적인 생각임.

– 이념은 크게 자유주의, 사회민주주의의 우파, 사회민주주의 좌파, 사회주의 혹은 공산주의라는 4가지로 분류될 수 있음. 사회민주주의 좌파와 사회주의는 자본주의를 부정적으로 보고 사적 소유와 시장을 비판함. 즉 생산 수단의 공적 소유와 자본주의의 시장체제를 폐지해야 한다고 주장함. 자유주의와 사회민주주의 우파는 자본주의를 인정하고 그 안에서 경제와 정치 체제를 구상함.

한국적 민주주의와 이념의 왜곡

– 한국은 이념적 좌표에서 어디에 속할까? 한국의 이념 지형은 주로 자유주의 영역에서 형성됨. 이처럼 오른쪽으로 치우친 것은 한국의 역사와 무관하지 않음. 한국은 일제에서 해방된 이후 미군정과 군사독재를 거치면서 서유럽의 민주주의와 다른 경로로 이념이 만들어졌음.

– 박정희 정부가 표방한 한국적 민주주의는 자유와 평등의 이념보다는 반공주의와 발전주의를 중심으로 만들어진 것임. 반공주의는 공산주의와 사회주의를 이념의 파트너로 인정하지 않았고, 발전주의는 성장제일주의로 보편적인 사회복지를 허용하지 않았음.

반북주의와 이념의 왜곡

– 반공주의는 공산주의를 반대하는 것임. 그러나 한국의 반공주의 교육이 향한 곳은 북한이었고, 반공주의는 반북주의 교육으로 변질되었음. 이처럼 한국의 반공주의는 사실 반북주의임.

– 이 관점에서 진보주의는 계급이라기보다는 북한을 민족으로 인정하는 것으로 왜곡되었는데, 즉 반공주의 입장에서 친북, 파트너로서 북한 인정은 종북임. 종북은 공산주의자이고 나쁜 놈이라는 논법은 지금도 여전히 유효한 시각임.

② 진리의 정치

조소앙과 조봉암

- 한반도에서 남한은 한국적 민주주의를, 북한은 소련식 공산주의를 받아
  들였고, 각자가 진리라고 주장했음. 따라서 사회민주주의에 대해 북한
  에서는 개량주의로, 남한에서는 빨갱이로 비판받았음.
- 조소앙과 조봉암은 사회민주주의의 대표적인 정치인으로, 이들은 각각
  북한과 남한에서 배척당했음.
- 조소앙은 한국의 헌법에 영향을 끼친 인물로, 1919년 2월 1일 대한독립
  선언서를 작성하고, 상해임시정부의 대한민국임시헌장도 작성했음. 조
  소앙이 가진 기본권 사상의 특징은 ① 평등조항을 기본권 목록 중 서두
  에 배치했다는 점, ② 초기의 자연적 기본권 인식에서 법실증주의적인
  기본권 인식으로 전환했다는 점, ③ 생활권을 중시하여 매우 구체적인
  권리 내용을 자유권에 우선하여 규정했다는 점 등임. 그는 사형철폐를
  주장했고, 교육과 의료를 무상으로 제공하자고 주장했는데 이것의 이론
  적 기반은 삼균주의임.
- 조봉암은 일제하 공산주의 운동에 헌신했으나, 1946년 박헌영과 갈등
  을 계기로 사상 전향했음. 이후 그는 좌우합작 운동에 참여해서 남북협
  상을 위해 노력했고, 1948년 제헌국회의원 선거에 출마하여 국회의원에
  당선되었음. 이승만 정부에서 초대 농림부장관을 하며 토지개혁을 주도
  했음. 그는 진보당을 창당하여 1952년과 1956년 대통령 선거에 나섰고,
  결국 이승만 정부에서 빨갱이로 몰려 사형당했음.
- 조봉암은 재산권의 제한에 찬성하고, 토지개혁을 통해 지주에게서 농민
  으로 토지와 산림을 분배해야 한다고 주장했음. 또한 무상교육을 주장
  했고, 특히 노동3권과 실업급여를 주장했음. 그는 진보당의 이념을 창당
  대회에서 '사회적 민주주의'로 설정하고 복지국가, 사회보장제도, 모든
  국민의 생활 향상, 분배의 평등, 급속한 경제 성장, 평화 통일, 참된 민주
  주의의 실시 등을 내세웠음.

통합진보당의 해산

- 2014년 12월 19일, 헌법재판소 선고를 통해 국회의원 5명을 가진 통합
  진보당이 해산되었음. 이것은 헌정 사상 처음으로 헌법재판소가 정당
  해산을 결정한 사건임. 헌재는 통합진보당의 강령이 '종북', 즉 북한의
  지도이념을 추종했다고 보고, 국가기관이 정당의 존폐를 결정한 것임.
- 정치·사회적 영향력이 큰 사건을 1년도 안 되어 결론을 내린다는 점에
  서 성급한 결정이 아니냐는 지적이 나왔음. 특히 헌재 결정 이전에 열렸
  던 일반 법원의 항소심에서 내란음모죄 부분에 대해서는 무죄 판결을
  내렸다는 점이 해산 결정에서는 전혀 고려되지 않아, 통합진보당이 실
  질적 위협요인이라고 주장하는 데 가장 결정적 비중을 지녔던 근거가
  무력화되었다는 사정을 완전히 도외시했다는 점도 판결의 문제점으로
  지적됨.
- 9명 중 1명의 헌법재판관만 반대 의견을 냈다는 점에서 한국은 여전 냉
  전기의 이념 대립의 사회라는 의심을 받을 만함.

촛불과 태극기

- 박근혜 대통령의 탄핵을 둘러싸고 두 개의 광장이 만들어졌음. 촛불집회
  가 박근혜를 탄핵시키기 위해 결집되었다면 태극기집회는 박근혜 탄핵
  에 반대하기 위해 결집되었음. 그렇기에 태극기집회는 촛불집회에 맞선
  '맞불'집회라고도 함.
- 태극기는 정부 수립부터 박정희 정권 때까지 국가주의와 반공을 결합시
  키는 의미의 상징물로 활용되어 왔음. 태극기와 함께 한 것이 성조기와
  이스라엘기임. 성조기의 경우, 2004년 친미집회 당시 시위대가 들고 나
  서면서 주목을 받았는데, 동맹으로서의 상징과 구원자로서의 상징이었
  음. 이스라엘 국기는 최근 한국 극우 개신교 집단 사이에서 퍼지고 있는
  '선민' 의식과 같은 선상에서 해석될 수 있음. 이것은 여전히 냉전기의
  이념적 태도를 보여 줌.
- 흥미로운 사실은 촛불집회와 태극기집회는 모두 수도권에 거주하는 중

도 성향의 대학 이상 고학력, 중간소득층이 이끌었을 가능성을 보여 주었다는 사실임. 이처럼 오늘날 한국은 여전히 나는 옳고 상대는 틀리기 때문에 대화가 불가능하다는 진리의 정치가 존재함.

③ 쟁점: 북한, 젠더 그리고 조국

북한, 민족인가 종북 게이인가

- 한국의 이념은 어떤 기준에서 만들어졌을까? 많은 연구들에서 우리 사회에서 보수와 진보를 구분하는 가장 중요한 잣대가 북한 문제에 대한 태도로 한정되어 있음을 보여 줌. 즉 북한에 비판적 입장을 견지하고 햇볕정책을 반대하는 태도를 보이면 보수주의자로 규정되며, 북한에 유화적 태도를 보이고 햇볕정책을 지지하면 진보주의자로 분류됨.

- 북한과 관련해서 세 가지 세대의 입장이 다르다. 첫째, 반북 대결의식과 종북 몰이를 주된 인식론으로 가진 '안보 보수'가 주류인 노장년 세대, 둘째 1980~1990년대 민주화와 통일운동, 민주정부 시절 햇볕정책으로 분단사 전체에서 예외적인 남북 화해 · 협력이 시도된 시기를 경험한 30~50대(흔히 이번 논란에서 '586세대'라 지목됨), 마지막으로 이명박 · 박근혜식 신자유주의 체제와 핵미사일 위기 속에서 자라난 10~20대로, 통일을 경제적인 차원에서 바라보고, 통일 자체에 관심이 없는 무관심층임.

- 한편 북한을 비판하는 입장에서는 '북한=악=제거'의 대상으로 생각해 왔음. 이런 맥락에서 성소수자 차별을 종북과 연동시키는데, '종북 게이'는 극우 개신교 집단들이 성소수자를 비판하기 위해 만든 개념임. 즉 종북 게이는 '친북=빨갱이=동성애 옹호, 국가 안보=반동성애'의 프레임을 띰. 이것은 종북 이슬람, 종북 메갈, 종북 외노 등으로 확산되고 있음. 이처럼 한국에서 종북은 가장 사악한 행위로 인식됨.

여성은 더 이상 약자가 아니다

- 20대 남자의 68.7%가 남성 차별이 심각하다고 생각함. 20대 남자는 연애 · 결혼 시장이건 국가정책이건 간에 게임의 법칙이 불공정하다고 인식하는데, 분노의 핵심은 남성 차별이고, 차별론의 핵심은 '게임의 법칙이 왜곡되어 있다'는 인식임. 정부의 양성평등정책은 게임의 법칙을 왜곡하는 원천으로 이들은 여성우대정책을 비판함.
- '공정함＝반(反)무임승차'론은 일베류나 일부 20~30대 남성이 공유하는 중요한 이데올로기임. 그들은 여성, 이주노동자를 일자리나 '기회'를 위협하는 존재로 간주하는데, 병역 같은 '의무'나 경쟁을 다하지 않고 무임승차한다는 것임. 그래서 여성, 이주노동자뿐 아니라 기간제 교사, 비정규직 노조 같은 경쟁 이외의 모든 '승차'가 무임으로 간주되고 혐오의 대상이 됨.

조국을 어떻게 할 것인가

- 조국 사태는 2019년 8월 9일 조국이 청와대 민정수석비서관에서 물러난 후 곧바로 대한민국 법무부 장관 후보로 지명되면서부터 발생한 문제임. 그는 35일 만인 2019년 10월 14일 사퇴했음.
- 야당인 한국당은 조국 장관의 비리를 드러내어 부도덕성을 나타내고자 했는데, 이들의 목적은 명확하게 민주당에 대한 비판에 있었음. 광화문의 태극기부대는 이와 같은 입장을 취했음. 한편, 여당인 민주당은 검찰 개혁으로 이슈를 전환하고자 했고, 서초동의 촛불에 참여한 많은 사람들이 이에 동조했음.
- 한편, 세대 문제와 관련하여 여기서 주목하는 것은 대학생들의 시위임. 서울대, 연세대, 고려대 등 주요 대학에서 검찰 개혁이 아니라 조국 법무부 장관 사퇴를 요구하는 촛불집회가 벌어졌다는 점임. 전국 50여 개 대학교 재학생을 중심으로 전국대학생연합촛불집회로 확장됨. 대학생들은 여러 의혹 가운데 무엇보다 조 장관 딸을 둘러싼 '입시 특혜'에 주목했음.

- 이들의 비판은 '386세대'에 향했는데 대학생들은 586세대가 된 이들을 위선적인 존재로 평가하는 경향이 있었음. 민주화를 외쳤지만 지금은 기득권을 쥐고 반칙을 행하고 있다고 보았기 때문임.

④ 광장은 있는가

- 한국의 광장은 한편에서는 빨갱이에 대한 혐오가 성소수자 · 종북 게이에 대한 혐오로, 이주노동자에 대한 혐오가 이슬람 난민 혐오로 진화하고 있음. 반대편에서는 태극기집회에 나온 노인들을 '태극기충', '틀딱충'이라고 비판함. 서로가 서로를 벌레 보듯 하는 지금, 광장은 혐오가 혐오를 낳는 중임.
- 광장은 차이가 편안히 드러나는 성찰의 공간이어야 하지만 한국의 광장은 여전히 진리를 옹호하고 비진리를 단죄하는 공간임. 즉 자신을 과시하고, 홍보하고, 전시하고 있음. 동시대의 비동시성이 한국의 광장에서 타협이 아니라 갈등과 분열로 존재함.

📚 연습문제

1. 다음 중 코로나19를 통해 자본주의를 보는 관점과 거리가 먼 것은?

   ① 자본주의의 돌진적 근대화가 위험을 만들었다.
   ② 위험은 차별적으로 영향을 미친다.
   ③ 위험은 부수적이기보다는 본질적이다.
   ④ 의료 경쟁을 통해 신약을 빠르게 개발해야 한다.

   정답 ④
   해설 위험에 대한 대응으로 의료를 민영화하기보다는 공공성을 강화해야 한다.

2. 다음 중 이념과 관련한 설명으로 옳은 것은?

   ① 자유주의는 시장경제의 불평등을 비판한다.
   ② 사회민주주의는 의료 민영화를 지지한다.
   ③ 사회주의는 생산수단의 사적 소유를 공적 소유로 전환하고자 노력한다.
   ④ 이념은 정책과 무관한 선언에 불과하다.

   정답 ③
   해설 자유주의는 시장경제를 지지하고 불평등을 인정한다면 사회민주주의를 공공화를 통해 불평등을 완화하려고 한다.

3. 다음 중 한국의 이념 지형에 대한 설명으로 거리가 먼 것은?

   ① 조소앙과 조봉암의 사건은 한국이 사회민주주의를 수용한 것을 의미한다.
   ② 반공주의는 반북주의의 형태를 띠었다.
   ③ 통합진보당의 해산은 오늘날 한국이 냉전기 이념 지형의 연장선상에 있다는 것을 보여 준다.
   ④ 촛불집회와 태극기집회는 한국의 이념 지형이 이분법적으로 갈라져 있다는 것을 보여 준다.

   정답 ①
   해설 조소앙과 조봉암의 죽음은 중간지대, 즉 사회민주주의를 인정하지 않는 한국 사회의 모습을 보여 준다.

4. 다음 중 세대를 둘러싼 쟁점과 관련해서 올바른 설명은?

① 종북 게이는 민주화 세대의 주장이다.

② 연령대가 높으면 누구나 다 북한의 붕괴를 통한 통일을 지지한다.

③ 20대 남자들은 여성보다 자신들이 차별을 받고 있다고 생각하는 경향
  이 있다.

④ 조국 사태는 조국 개인의 인격 때문에 발생했다.

정답 ③

해설 종북 게이는 주로 기독교 근본주의 입장의 담론이다. 고령층의 모두가 북한
  붕괴를 바라지 않는다. 조국 사태는 복합적인 쟁점을 갖고 있고 이해관계와
  이념에 따라 관점이 다르다.

5. 다음 중 광장과 관련한 진술과 거리가 먼 것은?

① 촛불 정국에서 한국의 광장은 상호이해와 타협의 광장이 되었다.

② 광장은 차이가 편안히 드러나는 곳이 되어야 한다.

③ 한국의 광장에서 참여자들은 자신을 과시하고 홍보하는 경향이 있다.

④ 촛불과 태극기 집회는 동시대의 비동시성의 모습을 보여 준다.

정답 ①

해설 촛불 정국에서 태극기와 촛불은 심각한 균열을 보여 주었다.

제9장

분배 갈등: 복지는 정치다

① 통인가 사람인가

나의 라임오렌지 나무

- 《나의 라임오렌지 나무》는 이웃의 중요성을 보여 줌. 이웃이 없었다면 제제는 이 세상 사람이 아니었을 것임. 성인이 된 제제는 제2의 뽀루뚜가 아저씨가 되었음.

표창원과 신창원

- 창원이라는 이름을 가진 동명이인이 있는데, 신창원과 표창원임. 1960 년대에 태어났고, 거의 비슷한 환경에서 살았는데, 이들의 어린 시절은 제제와 비슷했음. 말썽꾸러기였지만 한 사람은 희대의 범죄자가 되고 다른 사람은 유명인이 되었음. 왜 그랬을까?
- 표창원은 이웃으로 그것을 설명함. 신창원은 이웃도 없었고 학교에서 수업료 미납으로 벌을 서고 매를 맞았으며, 소년원 친구들을 둔 그는 결국 살인자가 되었음.
- 이웃이 정말 구원의 대안이 될 수 있을까? 표창원에게는 그랬지만 표창원보다 더 많은 신창원들에게도 그럴 수 있을까? 마을의 이웃은 표창원이나 제제 정도를 구할 수는 있지만 수많은 표창원까지 구하지는 못함. 그래서 누구나 안전할 수 있는 국가 시스템을 구상하게 되었고 이것이 복지국가임. 《나의 라임오렌지 나무》에서 마지막 질문은 "왜 아이들은 철이 들어야만 하나요?"임. 누구나 애다울 권리를 보장하라! 누구나 배고프지 않은 소

크라테스가 될 조건을 보장하라! 그것이 국가가 할 일임.

통과 사람

- 통이 있을 때 통 속에 잘 적응하는 사람이 있는 반면, 견디기 힘들어 튀어 나온 사람과 쓰러진 사람이 있음. 정의로운 사회는 튀어 나온 사람과 쓰러진 사람을 적응시키는 것임. 그런데 이것이 정의라고 전제하려면, 통이 정의로워야 함. 만약 통이 정의롭지 못하면 통을 넓혀야 하지 않을까?
- 통이 문제라면 사회를 관리해야 함. 그동안 한국 사회는 적응하지 못하는 사람이 문제라는 관점에서 접근해 왔고, 적응하지 못하는 사람을 선별해서 최소한의 복지를 제공했음. 서유럽의 복지는 통을 문제 삼아 넓히고자 했는데 대표적인 복지국가의 교본서가 〈베버리지 보고서〉임. 이 보고서는 사회적 위험으로 궁핍·질병·나태·무지·불결을 제시하고, 이러한 다섯 개의 적을 사회적 힘으로 몰아내기 위한 전략을 제시함.
- 복지국가의 자원을 누가 조달할 것인가? 이것의 비밀은 세금에 있음. 모든 사람들이 이 비용을 만드는 데 노력하지만, 이 방식은 매우 차별적임. 즉 돈을 많이 버는 사람이 많이 내고, 적게 버는 사람이 적게 낸 뒤에 적게 낸 사람이 많이 받고, 많이 낸 사람이 적게 받는 구조임. 이를 통해 사회복지는 생존의 문제에 빠지지 않게 할 뿐만 아니라 불평등을 해소하고자 노력함.

② 분배 갈등, 누가 왜?

무상급식, 의무급식인가 포퓰리즘인가

- 무상급식은 무상으로 밥을 주는 것인데 대상을 어떻게 할 것인가? 초등학생에게 한정할 것인가. 아니면 중고등학생 모두에게 줄 것인가? 또 준다면 취약계층의 자녀에게만 줄 것인가 아니면 모두에게 조건 없이 줄 것인가? 무상급식 논쟁은 이 주제를 둘러싸고 전개되었음.

- 이것이 세대 갈등의 쟁점이 될 수 있는 여지는 첫째, 다른 연령층에게 쓸 돈을 청소년을 위한 복지비로 과다하게 사용할 수 있다는 점임. 둘째, 보편적 복지를 반대하는 노년층과 이것을 지지하는 청년층 간에 갈등이 발생할 수 있다는 점임.
- 무상급식은 보편적 복지와 잔여적 복지의 대립을 내포하는 주제임. 특히 보편적 복지의 지지자들에게 무상급식은 젊은 세대들에게 체험을 통한 보편적 복지 교육이 될 수 있음. 서유럽에서 사회복지의 경험이 복지국가에 대한 지지로 귀결되어 왔다는 점을 감안하면, 이것은 보편적 복지의 시작이 될 수 있음.

노인 지하철 무임승차

- 1980년부터 시작된 지하철 경로우대 무임승차 제도는 점차 세대 갈등 쟁점 중의 하나로 떠올랐음. 그 이유는 무엇일까? 우선 젊은층이 볼 때 과도한 복지비의 지출은 자신에게 돌아올 복지를 축소시키고, 더 나아가 노인들이 지하철을 많이 이용함으로써 자리 양보 등의 갈등이 생겨날 수 있음.
- 경로우대 무임승차 제도의 비용을 누가 부담해야 할까? 중앙정부와 지자체는 이 비용을 놓고 갈등하고 있는데. 이런 와중에서 이 제도에 대한 수정 혹은 폐지에 대한 주장이 제기됨. 노인들은 당연히 노인 무임승차 제도 폐지에 매우 부정적인 반면 청년들은 찬성하는 경향이 있음.
- 세대 갈등뿐만 아니라 비용부담 책임을 놓고 갈등을 벌이는 이 제도는 어떤 의미가 있을까? 경로우대 무임승차 제도를 시민의 이동권이라는 측면에서 접근할 수 있음. 이동권을 보장하여 이동의 제약으로 발생하는 사회적 배제의 문제를 미연에 방지하고, 이들이 일상적인 사회활동에 적극적으로 참여하는 기회를 제공함으로써 궁극적인 사회적 통합을 제고할 수 있음. 더 나아가 사회편익 측면에서도 이 제도는 큰 효용성이 있는데, 무임승차 제도는 노인 여가활동 증가, 고령자 경제활동 증가, 노인 보건의료비 절감, 노인 복지 지원예산 절감, 관광산업 활성화 등의 파급효과가 있는 것으로 평가되었음.

- 이상에서 볼 때, 노인 지하철 무임승차 제도는 사회편익이 손실보다 크
다는 것을 알 수 있음. 그런데 이 손실 비용이 과대 포장되었을 가능성
도 있다는 주장이 제기되고 있음.

국민연금 논쟁

- 연금은 세대 간 계약으로, 연금에 대한 세대 갈등의 쟁점은 '노인이 자
기가 낸 것보다 더 많이 받아 젊은층이 희생하고 있는가'라는 질문에 있
음. 즉 '노인이 청년보다 더 많은 복지 자원을 가져가는 문제'임.
- 국민연금은 늘 개혁 중에 있는데, 현재 쟁점은 첫째, 국민연금의 소득대
체율을 어느 선까지 할 것인가임. 현 제도는 40%에 맞춰 있는데, 이것을
더 높일 것인가 하는 점임. 소득대체율이 낮으면 삶을 지지해 주지 못해
서 '용돈연금'이라는 오명을 듣게 됨. 둘째, 보험료율에 관한 것으로 매
월 납부하는 국민연금보험료는 가입자의 기준 소득월액 평균액에 보험
료율을 곱하여 계산하기 때문에, 보험료율의 인상은 바로 납부 보험료
의 인상과 직결된 사안이 됨. 따라서 쟁점은 보험료율을 현행 9%에서
높일 것인가 하는 문제임. 소득대체율을 높이고 연금소진을 늦추려면
보험료율을 높여야 함.
- 국민연금을 둘러싼 세대 간 갈등을 어떻게 해결할 것인가? 우선 청년들
의 불신을 해소하는 것이 필수임. 흔히 국민연금에 대한 4불(不)이 있다
고 함. ① 불만: 강제가 아니면 안 내고 싶다. ② 불신: 연금기금이 잘못
운영되고 있다. ③ 불안: 노후에 연금을 못 받게 된다. ④ 부지: 국민연
금은 세금이다. 이에 대해 국민연금의 정당성과 효용성에 대한 설명과
동의가 필요함.
- 특히 '국민연금은 과연 청년에게 불리할 것인가?'에 대한 논의가 필요함.
누구나 노인이 될 수 있고 만약 현재의 노인을 누가 돌보지 않으면 청년
들이 가족 내에서 스스로 돌봐야 함. 이런 점에서 국민연금은 노인과 가
족을 위한 최소한의 사회적 안전장치일지 모름. 즉 노인의 케어는 청년
의 문제이기 때문에 연금제도는 필수적임. 또한 국민연금의 소득재분배
기능에 초점을 맞추어야 하는데 국민연금은 기업도 부담할 뿐만 아니라

그 자체 내에 소득이전의 기능을 담고 있음. 따라서 부자를 위한 것이 아니라 시민을 위한 것으로 결국 국민연금의 세대 간 연대가 가능함.

③ 복지 갈등은 정치다

보는 눈-젠가복지를 넘어

- 복지는 소득이전의 정치가 전제되어야 함. 세대 간, 세대 내 소득이전은 사회복지를 정치적인 문제로 만들고 있음.
- 젠가복지는 왼쪽의 것을 빼서 오른쪽에 넣거나 아랫돌을 빼서 위로 옮기는 것처럼 복지예산 총량은 그대로 두고 다양한 방식으로 복지를 하는 것을 의미함. 젠가복지는 기초연금을 위해 선별복지에서 재원을 빼내는데, 이런 상황에서 특정 사람들은 선별주의가 보편복지보다 좋다고 생각하는 경향이 생겨남.

분배의 두 방향

- 세대 갈등의 핵심적인 당사자는 노인과 청년으로, 이들은 제로섬 게임의 주체임. 즉 노인을 위해서는 청년이 희생당해야 해서 양자는 갈등적임. 그런데 노인과 청년은 제로섬 관계가 아닐 수도 있음. 사회복지는 소득이전이므로 노인과 청년이 아니라 부자 노인과 빈곤 노인, 부자 청년과 빈곤 청년으로 소득이 이전되는 것이 사회복지의 정상적인 경로임. 앞서 보았듯이 문제는 통이고, 이 통을 넓히는 방법은 소득이전의 정치에 있음.
- 청소년의 무상급식, 노인 지하철 무임승차, 국민연금의 보험료 부담과 혜택 등은 청년과 노인 간의 제로섬 게임이 아닐 수 있음. 또한 이것은 시민의 권리로 타협의 문제가 아닐 수도 있는데, 이것을 세대 문제로 보는 순간 다른 쟁점이 사라질 수 있음.

📚 연습문제

1. 다음 중 《나의 라임오렌지 나무》에서 얻을 수 있는 교훈과 거리가 <u>먼</u> 것은?

   ① 이웃의 중요성을 일깨워 준다.
   ② 어른 아이가 된 것은 가족의 돌봄이 충분하지 않은 것과도 연관이 있다.
   ③ 누구든 힘들어도 개인 스스로 견뎌내야 한다.
   ④ 국가의 역할에 대한 언급을 찾아보기 힘들다.

   정답 ③
   해설 자립적인 개인에 초점을 두기보다는 지지와 힘이 되어 주는 이웃의 역할을 잘 보여 준다.

2. 다음 중 통에 적응하지 못한 아이에 대한 구조적 대응으로 옳은 것은?

   ① 통을 넓혀 준다.
   ② 〈베버리지 보고서〉는 개인 노력의 중요성을 보여 준다.
   ③ 통에 적응하지 못하는 사람들에게 중요한 롤모델은 《나의 라임오렌지 나무》의 주인공 제제이다.
   ④ 통에 적응시키는 제도들을 만들어야 한다.

   정답 ①
   해설 베버리지는 통을 넓히는 제안서이고, 《나의 라임오렌지 나무》는 이웃의 도움을 중시한다. 통에 적응시키는 선별적 제도는 통을 구조적으로 바꾸는 것과 상관이 없다.

3. 다음 중 분배 갈등을 세대의 관점에서 설명한 것으로 옳은 것은?

   ① 무상급식은 세대 갈등과 상관이 없다.
   ② 노인 무임승차에 대해 노인들의 지지는 높다.
   ③ 국민연금제도에 대해 청년들은 모두 찬성한다.
   ④ 보편적 복지에 대해 세대 갈등이 발생하지 않는다.

   정답 ②
   해설 무상급식, 보편적 복지, 국민연금에 대해 세대 갈등이 발생한다. 특히 국민연금은 청년들이 노인에게 유리하고 자신에게 불리하다고 인식해서 반대하는 경향이 있다.

4. 다음 중 노인 지하철 무임승차와 관련한 논의로 거리가 먼 것은?

① 노인 지하철 무임승차는 이동권과 관련이 있다.
② 노인 지하철 무임승차는 효용성의 측면에서 파급 효과가 노인의 지하철 요금 할인 외에는 없다.
③ 노인 지하철 무임승차로 고령자의 경제활동이 증가하는 측면이 있다.
④ 노인 지하철 무임승차는 관점에 따라 평가가 달라질 수 있다.

정답 ②

해설 노인 지하철 무임승차는 노인 여가활동 증가, 고령자 경제활동 증가, 노인 보건의료비 절감, 관광산업 활성화 등의 효과가 있다.

5. 다음 중 젠가복지에 대한 설명으로 옳은 것은?

① 복지 총량을 그대로 두고 복지 분배를 하는 현상을 의미한다.
② 선별적 복지 수혜자들이 지지한다.
③ 결과론적으로 사회복지를 향상시킨다.
④ 선별복지를 비판하고 보편복지를 지지하는 원인이 생길 수도 있다.

정답 ①

해설 보편복지를 위해 선별복지를 축소함으로써 보편복지를 비판하고 선별복지를 지지하는 원인이 생길 수도 있다.

제10장

고용 갈등: 세대가 진짜 문제일까

① 고용 갈등

세일즈맨의 죽음

- 아서 밀러의 《세일즈맨의 죽음》은 '노력하면 된다'는 아메리칸 드림을 믿고 열심히 살았던 가장인 주인공 윌리와 그 가족의 이야기임. 열정과 의지를 가진 윌리는 노령으로 인한 직장 해고라는 현실 앞에서 결국 자살을 할 수밖에 없었음.
- 윌리의 아들 비프는 비정규직을 전전하면서 밥벌이를 하지 못하고, 아버지는 비프가 열심히 노력하지 않는다고 비판함.
- 윌리와 비프의 시대는 다른데, 아버지의 시대가 고도성장을 이룬 산업화를 특징으로 했다면, 아들의 시대는 미국의 대공황이 배경임. 노력은 성공의 아버지였던 시대와, 높은 실업률과 비정규직 일자리만이 있는 좌절의 시대는 인간의 노력이라는 변수만으로 설명되지 않았음.
- 윌리 자신도 회사에서 해고를 당함. 두 아들은 여전히 변변한 직업을 얻지 못했고, 집 담보 대출은 여전히 갚지 못한 상태였음. 결국 그는 사고사를 위장한 자살을 함.
- 《세일즈맨의 죽음》은 '해고가 살인'이라는 사실을 보여 줌. 또한 아무리 노력을 하더라도 구조적인 문제 앞에서 질 좋은 일자리를 구하기 힘들다는 것임. 이제 질 나쁜 일자리가 일상화될 수밖에 없음.

소득의 출처

　　～～～～～～

– 실업 등의 위험에서 시민이 안전한 방법은 없을까? 크게 두 가지 방법이 있는데, 첫째, 노동시장을 안전하게 만드는 것이고, 둘째, 사회임금을 높이는 것. 사회임금은 의료와 주택 등 현물뿐만 아니라 청년수당, 사회보장제도 등 공적인 제도를 통해 받는 돈을 의미함.

– 노동자들은 공장에서 노동자가 되었을 때, 즉 단결권, 단체교섭권, 단체행동권을 가진 노동조합이 되었을 때 더 나은 시장임금을 획득할 수 있음. 한편, 사회임금을 결정하는 것이 제도정치이므로 시민은 유권자가 되어 정당정치에 관여하고 국가의 정책에 개입해야 함. 이때 노동조합은 주요한 정치적 자원이고, 개별 시민과 조직된 시민단체도 국가 정치에 영향력을 행사해야 함.

② 일자리는 누구의 책임인가

N포 세대와 임계장

– 한국의 청년들은 삼포 세대에서 N포 세대로 변화했다고 평가받음. 삼포세대는 '세 가지를 포기한 세대', 즉 연애, 결혼, 출산을 포기한 '88만원 세대'를 의미하는데, 수많은 것을 포기해야 하는 세대를 일컫는 'N포 세대'가 된 것임.

– 청년만 포기했을까? 《임계장 이야기》는 노인도 그 이상으로 포기하고 있음을 보여 줌. '임계장'은 '임시 계약직 노인장'이라는 말의 준말로 임계장은 '고·다·자'라 불리기도 함. 고르기도 쉽고, 다루기도 쉽고, 자르기도 쉽다고 해서 붙은 말임.

– 현재 한국의 사회보장제도는 취약함. 1988년에 도입된 국민연금은 첫째, 역사가 짧아 전체 노인의 40% 미만이 수령하고 있고, 둘째, 명목 소득대체율이 40%에 불과하다. 한국에서 이런 상황은 심화될 것으로 보이는데, 노령층의 증가 속도에 비해 한국의 사회보장은 미비하기 때문임.

정년 연장과 임금피크제

- 노인 일자리 정책이 문제가 된 계기 중의 하나가 베이비붐 세대의 집단 퇴직임. 베이비붐 세대는 1955년에서 1963년 사이에 태어난 세대로 전체 인구의 14.5%, 즉 700만 명이 넘음. 정부는 베이비붐 세대에 대한 대책으로 정년 연장을 제안했는데, 정년 연장은 임금피크제와 연동되었음.
- 임금피크제란 일정 연령을 기준으로 임금을 삭감하는 대신 일정 기간 고용을 보장하는 제도를 말함. 즉 노동자가 일정 연령에 도달한 시점부터 임금을 삭감하는 대신 노동자의 고용을 보장(정년 보장 또는 정년 후 고용 연장)하는 제도로, 기본적으로는 정년 보장 또는 정년 연장과 임금 삭감을 맞교환하는 제도라 할 수 있음.
- 한국경영자총협회는 임금피크제 도입으로 2016년부터 2019년까지 4년간 18만 2,339개(대기업 3만 3,252개, 중소기업 14만 9,087개)를 청년층 일자리를 창출할 수 있다고 관측했음(중앙일보, 2015) 정년연장과 임금피크제는 청년들의 일자리 창출에 도움이 되었을까? 사실 기업들은 임금피크제로 절감된 돈을 새롭게 청년들을 고용하는 데 사용할 생각이 애초부터 없었고, 임금피크제를 도입하자는 이야기가 나온 배경은 기업들의 비용 절감 때문이었음. 재벌 대기업들이 직접 고용하는 인원은 거의 없고 대부분 인턴이나 창업 교육을 지원하겠다는 숫자로, 임금피크제의 본질이 어떤 것인지를 잘 보여 주고 있음.

청년수당에 대한 관점

- 청년수당정책은 IMF 외환위기 이후 지속적인 문제로 대두되는 청년실업률을 해결하기 위해 등장했음. 청년수당 관련 정책은 서울시, 경기도, 강원도, 광주, 부산 등에서 실시됨.
- 성남시의 청년배당사업은 청년을 일자리정책의 대상이 아닌 복지의 대상으로 보고 기본소득을 도입해 지원하는 정책으로, 취업 여부와 소득에 관계없이 성남시 거주 기간이 3년 이상인 만 19~24세 청년 모두에게 분기별로 25만 원을 지급하는 정책임. 성남시의 청년배당사업은 청

년실업의 증가라는 사회적 배경과 함께 생애주기별 맞춤형 복지와 보편적 복지의 확대를 기본 정책방향으로 설정한 성남시의 정책적 배경에서 등장했음.

- 서울시는 2015년 1월에 〈서울특별시 청년 기본 조례〉를 전국 최초로 제정해 청년 지원을 위한 법적 근거를 마련했고 4월에는 일자리 중심의 기존 청년정책을 생활안전 전반으로 확대한 '2020 청년정책 기본계획'을 수립했음. 이 계획의 핵심 내용 중 하나가 바로 '청년수당 지원사업'임. 이것은 정기소득이 없는 미취업자 중 활동 의지를 가진 청년들(만 19세~29세)의 사회 참여활동 및 관계망 형성을 위해 심사를 거쳐 최소 2개월에서 최대 6개월간 월평균 50만 원의 활동보조금(수당)을 지원하는 정책임.
- 청년에게 수당을 지원하는 정책은 비판의 대상이 되어 왔음. '포퓰리즘성 현금복지다' 혹은 '사지 멀쩡한 청년에게 돈을 뿌려 나태하게 만든다'는 비판이 대표적임. 즉 '포퓰리즘', '청년 용돈 주기', '달콤한 무상복지'라는 비판이 지속되고 있음.
- 이에 대한 옹호도 다양한 논리와 함께 제기됨. 청년이 이 돈으로 건강, 학업 지속, 취업 준비 등의 기초적인 비용으로 사용한다는 것임.

③ 일자리의 세대 정치학

탓의 정치학

- 청년 실업률은 떨어질 줄 모르고 올라가고, 청년층의 비정규직 비율도 높아짐. 이것은 누구 탓일까? 첫 번째 해석은 《세일즈맨의 죽음》에서 보듯이 외부의 정치경제적 요인일 수 있음. 두 번째 해석은 노인들이 일자리를 차지하고 있기 때문이라는 것임. 이들은 임금피크제와 정년 연장을 통해 양질의 일자리에 오래 머무름.
- 첫 번째 해석처럼 구조적인 요인에 초점을 맞춘다면, 노동정책과 더 나아가 유연 안정성과 같은 사회 정책에 관심을 두게 됨. 그런데 두 번째 해석에 초점을 맞추면 세대 갈등, 더 나아가 세대 전쟁이 됨.

- 청년들은 실업과 빈곤의 책임이 정부에 있다고 생각하는 것으로 조사됨. 2015년 6월 당시 새누리당 여의도연구원의 청년가치관 조사에 따르면, 실업과 빈곤의 책임이 정부에 있다고 답한 비율이 각각 73.6%와 63.5%에 달했음.

근본적인 질문

- 첫째, 정년 연장과 임금피크제는 진짜 청년의 일자리를 늘렸을까? 2015년 정부는 임금피크제로 비축한 돈과 '초임 삭감을 통한 일자리 확대' 정책을 제시했음. 대부분의 기업은 일자리를 늘리지 않은 것으로 보이고, 특히 기업들은 질 나쁜 일자리를 만드는 경향이 있음. 이것은 고령층의 임금 삭감으로 나타났음.
- 둘째, 청년수당은 청년을 게으르게 만들까? 보수주의자들과 노인들 중 일부가 이런 비판을 제기했는데 상식적으로 청년수당은 매우 적은 금액이기 때문에 이것으로 도덕적 해이가 발생할 수가 없고, 오히려 청년수당을 취업 준비를 하는 데 활용하는 비중이 높았음.
- 셋째, 청년 일자리와 노인 일자리가 경쟁적일까? 청년층 일자리와 고령층 일자리가 일치하지 않을 가능성이 상당 정도 있음. 청년층은 국가기관, 공기업, 대기업을, 그리고 직종별로는 사무직과 전문직을 선호하고, 고령층은 중소기업이나 영세기업에서, 그리고 직종별로는 기능직 분야에서 주로 일하고 있음.
- 그런데 이상의 질문보다 더 근본적인 질문은 바로 "왜 일자리가 문제가 되는가?"임. 노인은 사회보장제도가 비미하여 생존비를 벌기 위해 노동시장에 나선 것임. 노인세대의 불안정은 청년세대와 가족을 이루고 사는 가계를 불안정성으로 이끎.

대안에 대한 토론

- 일자리에 대한 논의에서 노동시장에 나온 노인에 대한 따뜻한 시선이 필수적임. 질 나쁜 일자리에서 일하고 있는 노인은 게으름의 결과가 아님.

예를 들어 젊어서 국밥집을 운영했던 노인은 자신이 젊어서 국밥집을 할 때 불쌍한 노인이 공짜로 밥을 먹으러 오면 '젊어서 일을 하지 않은 대가이다'라면서 속으로 비난했는데, 그렇게 열심히 살았는데도 불구하고 현재 자신이 그 처지에 있다면서 당시에 자신이 비난했던 노인들에게 지금 미안하다고 했음.

- 일자리를 둘러싼 세대 갈등을 대할 때는 첫째, 문제의 원인을 세대 갈등으로 보지 않으려는 시각을 가져야 함. 청년 실업을 기성세대 탓으로 돌리는 정부 여당의 세대 갈등 프레임과 접근 방식으로는 문제를 해결할수 없음. 문제의 원인이 상대방이 아니므로 노년과 청년을 문제로 보지 않아야 함.

- 이제 세대가 아니라 모두를 위한 새로운 제도 만들기를 고민해야 함. 오랫동안 진보정당과 노동계, 시민사회단체가 청년고용 해법으로 내놓은 '노동시간 단축'이나 '청년 의무고용 할당제의 확대' 및 '재벌 대기업 사내 유보금의 투자 전환' 등의 방안에 주목할 필요가 있음.

- 어떻게 이것이 가능할까? 세대 문제가 아니라 구조적인 문제라는 자각에서부터 시작해야 함. 예를 들어 사회임금이 보장된다면, 노인들이 오래 일자리에 머무르려는 욕구는 그만큼 줄어들 것이고, 청년수당이 보장된다면 청년들은 일자리 나누기에 동참할 수도 있음. 이처럼 고용 갈등은 세대 문제를 넘어선 지평에서 다시 생각해야 함.

📚 연습문제

1. 다음 중 《세일즈맨의 죽음》에 관한 설명과 연관된 것은?

   ① 아들의 실업은 열심히 노력하지 않은 결과이다.
   ② 세일즈맨의 죽음은 자신을 관리하지 않은 결과이다.
   ③ 세일즈맨의 실업은 사장과의 인간적 불화 때문이다.
   ④ 아들의 실업은 세계 대공황과 밀접한 연관이 있다.

   정답 ④
   해설 세일즈맨과 아들은 노력했지만, 노령 혹은 대공황에 따라 실업이 불가피했다.

2. 다음 중 N포 세대와 임계장에 대한 설명으로 거리가 먼 것은?

   ① N포 세대는 수많은 것을 포기하는 것을 상징한다.
   ② 임계장은 임시 계약직 노인장을 의미한다.
   ③ N포 세대와 임계장은 더 이상 노력하지 않는 청년과 노인의 모습을 보여 준다.
   ④ N포 세대와 임계장은 노동시장이 유연화되었다는 것을 상징적으로 보여 준다.

   정답 ③
   해설 N포 세대와 임계장은 노동시장의 구조적 문제를 보여 준다.

3. 다음 중 정년 연장과 임금피크제에 관한 설명으로 타당한 것은?

   ① 세대 갈등과 무관하다.
   ② 부모 세대의 임금을 삭감하는 대신 청년들의 정규직이 크게 늘었다.
   ③ 임금피크제를 반대하는 사람을 청년실업을 외면하는 사람이라고 비판했다.
   ④ 기업은 임금피크제가 도입되자 적극적으로 일자리 창출에 나섰다.

   정답 ③
   해설 부모 세대의 임금을 삭감하여 청년들의 일자리를 창출한다는 취지의 임금피크제와 정년 연장은 일자리를 둘러싼 세대 갈등을 보여 준다.

4. 다음 중 청년수당과 관련된 서술과 거리가 먼 것은?

① 청년수당은 청년 실업에 대한 대안으로 제시되었다.
② 청년수당은 보수주의자들로부터 포퓰리즘으로 비판을 받았다.
③ 청년들은 청년수당을 대부분 유흥비로 탕진한 것으로 나타났다.
④ 보수 정당은 청년수당정책을 대법원에 제소했다.

정답 ③

해설 청년들은 대체로 청년수당을 건강, 학업 지속, 취업 준비 등 기초적인 비용에 사용했다.

5. 다음 중 일자리에 대한 근본적인 질문과 거리가 먼 것은?

① 정년 연장과 임금피크제는 청년의 일자리를 늘렸을까?
② 청년수당은 청년을 게으르게 만들었을까?
③ 집안 환경이 나쁜 사람에게 일자리를 주어야 할까?
④ 청년 일자리와 노인 일자리가 경쟁적일까?

정답 ③

해설 집안 환경과 일자리는 상관관계가 없다.

제11장

비교사회론의 관점에서 본 세대 문제

① 세대는 어떻게 '문제'가 되는가?

세대 현상의 보편성과 특수성

- 사회 질서에 관한 세대 간의 인식 차이와 긴장은 보편적 현상
- 수메르(Sumer) 점토판의 부자 간 대화, 젊은 세대에 대한 소크라테스와 한비자 등의 한탄, 오늘날의 "요즘 애들" 담론 등은 그 대표적인 사례임.

- 세대 간 차이와 긴장이 드러나는 양상은 사회마다 다름
- 각 사회는 서로 다른 역사적 사건을 경험하고, 서로 다른 구조적 환경에 처해 있으며, 세대 집단을 구분하는 방식도 다르기 때문임.
- 이로 인해 '세대'가 사회적 이슈로 '문제화'되는 양상도 달라짐.
- '세대'는 계급, 젠더, 인종 등 다른 요소와 섞이거나 중첩되어 드러나는데, 각 사회 또는 시대에 따라 중시되는 요소가 다르기 때문임.

세대를 '문제'로 만드는 구조적 요인

- 세대 간 차이가 차별로 작용할 때 세대 현상이 사회적 문제가 됨
- 불균등한 권력관계와 상충하는 이해관계가 개입하기 때문임.

- 세대 현상이 세대 문제로 전환되는 데 영향을 미치는 구조적 요인
- 인구학적 요인: '인구'는 주어진 조건이자 세대 분석의 출발점임.

– 거시경제적 요인: 자원 총량에 영향을 미쳐 이해관계의 틀을 형성함.

– 정치·정책적 요인: 자원 배분 방식을 결정하고 세대 관계를 제도화함.

② 미국의 세대 현상

세대 차이의 발견

■ 세대 차이에 대한 사회적 담론은 1960년대 후반 미국에서 형성

– 페미니즘 운동, 인권 운동, 베트남 전쟁 등의 이슈 부각 → 세대 간 인식 차이가 뚜렷해짐.

– 기성세대: 백인 중심, 강한 미국, 성취 지향의 가치를 중시함.

– 청년세대: 기성세대의 가치와 질서 부정 → 비틀스, 히피(Hippie) 문화가 확산됨.

■ 세대 차이(generation gap) 담론 확산

미국의 세대 구분과 세대별 특징

■ 스트라우스(Strauss)와 호위(Howe)의 세대 구분

– 20~22년 주기로 미국의 가치와 질서 체계가 크게 변화했다고 주장하며, 그 변화를 기준으로 세대를 구분함.

시대 전환	고양기	각성기	와해기	고비기
해당 시기	1946~1962	1960년대 중반~1980년대 초반	1980년대 중반~2000년대 초반	2000년대 초반~현재
세대 원형	영웅	예술가	선지자	유랑자
주도 세대	위대한 세대	침묵 세대	베이비붐 세대	X세대

– 학술적 엄밀성이 떨어지고 인위적이나, 이후 여러 세대 구분법에 영향을 줌.

■ 미국의 세대 구분과 세대별 주요 특징

– 스트라우스와 호위, 퓨 리서치 센터 등의 구분을 종합하여 다음 표에 제시함.

– 한국과 일본 등의 세대 구분에도 영향을 줌.

세대 명칭	출생연도(년)	주요 특징
위대한 세대	1900~1927	대공황을 경험하며 성장, 제2차 세계대전 승리의 주역, 전후 미국의 황금기 주도
침묵 세대	1928~1945	제2차 세계대전 이전에 출생, 한국전쟁과 베트남전쟁 파병, 정치적 주장은 적으나 묵묵히 일하는 세대
베이비붐 세대	1946~1964	전쟁 주역의 자식 세대, 1960년대 후반 이후 청소년기, 반전·성 해방 및 양성평등·반인종주의 운동의 주역, 록 음악을 즐기고 히피 문화 사조를 형성
X세대	1965~1980	자신에 대한 호칭을 거부한 세대라는 의미, 처음으로 부모보다 가난해진 세대, 맞벌이 부부 또는 이혼 및 별거 상태의 부모에 의해 양육, 가정에 대한 동경과 반발 심리가 공존, 양성평등 실천 세대, 개인적 생활과 생존 방식에 더 큰 관심
밀레니얼 세대 (Y, Z세대 포함)	1981~2009	ICT 환경에 익숙한 세대, 아날로그 시대와 디지털 시대를 구분하여 Y세대와 Z세대로도 구분, SNS가 생활의 주요 부분, 세계 금융 위기로 큰 피해, 취업난·낮은 소득·노동 여건 악화, 결혼과 출산에 소극적
알파 세대	2010~현재	디지털 유비쿼터스 환경에서 태어나 아날로그를 경험한 적이 없으며, 스마트폰·SNS·AI 시대에서 성장, 텍스트보다 영상과 이미지를 통한 감정표현 및 의사소통에 능숙

세대와 에쓰닉 구성

■ 미국 인구 구성의 변화에 따른 세대 현상의 변화

– 세대 간 소통과 공생을 지향하나, 인구 구성에 큰 변화가 진행 중임.

■ 베이비붐 세대의 고령화

– 2020년을 전후하여 인구가 많은 베이비붐 세대가 고령층에 진입하고 은

퇴하고 있음.

- 베이비붐 세대는 백인 비율이 87.5%로 절대 다수를 차지함.

■ 젊은 세대에서 인종·에쓰닉 구성의 다양화

- 20세기 후반 이후 비(非)백인 인구층의 비율이 점진적으로 증가해 왔음.
- 현재 미국 생산가능 인구(16~64세)의 40% 이상이 소수인종·에쓰닉 집단
- 백인 장년층 중심의 미국문화 지형이 조만간 종결될 수 있음.

■ 자원 배분을 둘러싼 경쟁 구도: 고령화되는 백인 대 생산해야 하는 비백인

- 연금, 의료, 교육 등 사회보장에 소요되는 자원 배분을 둘러싼 세대 간
  경쟁 구도가 인종·에쓰닉 집단 간 경쟁의 양상을 띠고 전개될 가능성
  이 커짐.
- 생산가능 인구 세대, 즉 현재의 X세대와 밀레니얼 세대는 고령층과 유소
  년층이라는 두 피부양 인구집단을 동시에 부양해야 함.
- 한정된 자원과 미국의 사회보장제도를 고려할 때, 이러한 상황은 고령
  층과 유소년층 부양 비중을 선택적으로 결정하는 문제로 귀결됨.

■ 미국의 이원화된 사회보장체계: 세대 간 이해관계의 분화

- 침묵 세대와 베이비붐 세대로 구성된 고령층은 메디케어(medicare)와 연
  금에 대한 지원을 중시하는데, 이는 연방정부의 재원으로 충당됨.
- 비백인 인구가 많은 밀레니얼 세대 등 청장년층은 자녀의 양육과 교육,
  빈곤자 지원, 메디케이드(medicaid) 지원 등에 관심이 많은데, 이는 지방
  정부의 재원과 연방정부의 지원금으로 충당됨.
- 연방정부가 지원하는 사회보장 항목은 신성불가침한 것으로 여겨지므
  로, 정부의 긴축 재정 시 청장년층의 관심 항목이 우선적으로 조정되어
  축소될 수밖에 없는 구조임.

■ 미국에서의 '작은 정부' 대 '큰 정부'

- 고령층은 '작은 정부' 선호: 연금, 메디케어로 대표되는 핵심적 사회보장
  을 제외한 다른 사회지원을 확대하는 것에 반대하는 경향이 뚜렷함.

– 청장년층은 '큰 정부' 선호: 세금을 더 내더라도 정부가 자녀 양육과 교육 등에 대한 지원을 확대하는 것에 찬성하는 경향임.
– 향후 20여 년 동안 백인이 고령층의 절대다수를 이루는 한편 생산 인구층에서는 비백인의 비율이 높아지는 상황을 고려하면, 세대 문제는 인종·에쓰닉 다양성의 문제로 드러나게 됨.

③ 일본: 사회보장의 세대 정치

인구 상황과 세대 구분

■ 일본의 사례: 세 가지 구조적 요인의 복합적 작용
– 인구학적 요인: 심각한 저출산율과 고령화
– 거시경제적 요인: 고도 성장 이후 장기 불황
– 정치·정책적 요인: 유권자층 변화와 보수화

■ 전체 인구 감소와 고령층 비율 증가: 세대 부양의 사회 문제화
– 제2차 세계대전 종전 이후 1970년대 중반까지 인구 규모가 증가함.
– 1970년대 후반부터 인구증가율 감소 후, 2011년부터 전체 인구가 감소함.
– 연령대별 인구 구성의 불균형 → 세대 부양 문제 → 세대 갈등

■ 일본의 세대 구분과 세대별 주요 특징
– 단카이 세대, 즉 베이비붐 세대의 특징에 관한 관심에서 시작했음.
– 세대 구분법이 다양하며 마케팅 관점에서 자주 활용됨.

세대 명칭	출생연도(년)	주요 특징
불탄 자리 세대	1937~1945	전쟁 폐허에서 성장, 새 헌법 영향, 대학교육 혜택
단카이 세대	1947~1949	1차 베이비붐 세대, 입시지옥과 무한경쟁 경험, 서구 대중문화의 영향, 기성세대에 대한 반발과 반체제운동, 사회진출 후 일본 경제성장 주도, 회사에 충성하는 사축(社畜), 경제 성장 자부심과 보수적 정치 성향

단층 세대	1950~1960	학생운동 실패 후 사회 진출, 3무(무기력, 무관심, 무책임)주의 팽배, 정치 현상에 무관심, 개인주의적 성향, 애니메이션·컴퓨터 게임 등 오타쿠 산업의 원조 소비층
신인류 세대 (버블 세대 포함)	1961~1970 (1958~1964)	일본이 최고라는 소리 들으며 성장, 편하고 아름다운 것 추구, 버블경제에서 성장하고 경험, 대규모 채용, 개인화 및 전문화 지향, 아이돌 문화·패션·해외여행 붐
빙하기 세대	1971~1986	사회진출 전에 버블경제 붕괴, 극심한 취업난과 노동조건 악화, 피해자 심리, 잃어버린 세대, 소비에 소극적, 결혼과 출산 기피, 맞벌이 증가, 초식남, 높은 인터넷 의존, 히키코모리(대인기피증)
사토리 세대 (밀레니얼, Z세대 포함)	1987~2009	유토리(여유) 교육(2002~2010년) 세대, 수업시간 감소로 학력 저하, 수동적이며 위험 회피 성향, 일과 생활의 뚜렷한 분리, 모바일의 일상화, SNS 통한 횡적 연계는 강하고 종적 연계는 약함
알파 세대	2010~현재	디지털 유비쿼터스 환경에서 출생 및 성장, 스마트폰·SNS·AI 일상화

■ 세대 간 구별과 단절이 뚜렷

- 각 세대 간 사회경제적 위치가 다르고, 가치 체계를 포함한 문화적 차이가 크며, 정치적 입장과 국가 정책에 대한 태도가 다름.
- 기성세대의 정치적 보수성과 청년세대의 자유주의적 성향이 뚜렷함.
- 2010년대 들어 혐한 현상이 확산되고 2019년 한일 갈등이 심화한 상황에서도 기성세대와 청년세대의 입장은 상당히 다르게 나타남.

사회보장의 세대 편향성과 제도 개혁

■ 일본의 세대 갈등: 사회보장 영역에서 확연히 드러남

- 인구학적 구성, 거시경제적 상황 변화, 정치정책적 요인의 결합으로 사회보장체계가 기형화됨.
- 단카이 세대의 은퇴: 1947~1949년 출생한 약 800만 명의 단카이 세대의 은퇴를 앞두고 1980년대에 정년 연장 조치를 단계적으로 시행함.

- 버블 경제의 붕괴: 빙하기 세대(2차 베이비붐 세대)의 사회 진출 시기인 1990년대 초에 버블 경제가 붕괴됨.
- 연금, 의료, 양육 등 사회보장 비용 증가와 재원 확보 문제가 1990년대 핵심적 사회 문제로 부상함.

■ 고령자 부양 부담의 형평성과 재원 마련 문제

- 세대 회계: 개인이 평생 지불해야 하는 세금과 보험료 등의 부담과 국가로부터 받는 연금 및 의료 등의 혜택을 금액으로 환산하여 그 차액을 세대별로 비교하는 지표임.
- 고령층은 커다란 이득을 보는 반면, 취업 상황도 좋지 않은 청년층은 더 큰 손해를 감수해야 하는 상황임.
- 국민총생산이 제자리걸음인 상태에서 사회보장 비용이 급증함에 따라 정부는 국채를 발행하여 비용 마련: 후속 세대가 갚아야 할 국가 채무임.

■ 사회보장-세 일체 개혁 추진

- 2009년 당시 집권당이었던 민주당이 사회보장제도와 세금제도를 연동한 개혁 방안을 제시하고 당시 야당이었던 자민당 등과 국가적 차원에서 추진하기로 합의함.
- 사회보장 재원을 안정적으로 확보하기 위해 당시 5%였던 소비세 세율을 2015년까지 10%로 인상하는 것을 주요 골자로 하는 방안임.
- 2012년 자민당 집권 이후, 개혁 조치를 수정·완화하고 소비세율 10% 인상안은 두 차례의 연기를 거쳐 2019년 10월에 시행되었음.

실버민주주의와 개혁의 지체

■ 사회보장제도의 세대 공정성 문제

- 일본의 사회보장제도는 재정지출이 고령층에 편중되어 있으며, 경제 침체에 따른 재원 확보의 어려움을 국가 부채로 해결해 왔음.
- 국가 부채 증가로 인해 후속 세대의 부담이 가중되어 세대 간 불공정성의 문제가 꾸준히 제기되어 왔음.

– 세대 공정성을 확보하기 위해 사회보장-세 일체 개혁을 추진해 왔으나 정치적 요인으로 인해 지연됨.

■ 실버민주주의로 인한 개혁 지체
– 실버민주주의: 민주주의 국가에서 고령층의 높은 투표율로 인하여 고령자의 이익에 합치하는 정책이 추구되기 쉽고 고령층의 이익을 반영한 근시안적 정치가 지배하는 현상임.
– 일본의 실버민주주의: 많은 고령층 유권자와 그들의 높은 투표율을 의식하여 개혁 조치를 완화하고 속도를 지연시킴.

■ 일본 사회보장-세 일체 개혁 추진의 시사점
– 여야 정당이 초당적 협력을 통해 정치적으로 합의안을 마련했음.
– 사회보장제도의 개혁과 세제 개혁을 통합적으로 추진: 사회보장비 지출 급증에 따른 재원 부족 해결 방안을 개혁의 핵심 과제로 삼음.
– 사회보장의 내용 개혁보다는 세금제도 개혁에 초점이 맞춰짐으로써 개혁 속도가 더뎌짐.
– 유권자가 많은 일부 세대의 정치적 영향력으로 모든 세대의 목소리가 골고루 공정하게 반영되지 못함.

📚 연습문제

1. 다음 중 세대 현상의 보편성과 특수성에 관한 설명으로 알맞지 <u>않은</u> 것은?

   ① 역사적 경험과 구조적 환경이 서로 다른 사회에서는 세대 간 차이와 긴장이 드러나는 양상도 다르다.
   ② 질서와 가치 체계 등에 관한 세대 간의 인식 차이와 긴장은 어디에서나 있을 수 있는 보편적 현상이다.
   ③ 수메르 점토판의 부자 간 대화, 젊은이에 대한 한비자의 한탄 등은 세대 현상이 보편적임을 방증한다.
   ④ 오늘날 모든 국가에서는 세대 현상이 계급, 인종, 젠더 세 가지 핵심 요소와 결합하여 중첩되어 드러난다.

   정답 ④
   해답 세대 현상은 계급, 인종, 젠더 등 다른 사회문화적 요소와 결합하여 중첩적으로 나타난다. 그러나 그중 어떤 요소가 중요하게 작용하는가는 사회마다 다르다.

2. 다음 중 세대 현상을 세대 문제로 만드는 구조적 요인 중의 하나로 세대 분석의 출발점이자 단기간에 바꿀 수 없는 주어진 조건으로 작용하는 것은?

   ① 인구학적 요인
   ② 거시경제적 요인
   ③ 정치정책적 요인
   ④ 역사문화적 요인

   정답 ①
   해답 인구학적 요인은 어떤 나라에서든 단기간에 바꿀 수 없는 주어진 조건으로 작용한다. 따라서 세대 문제를 분석하고자 할 때는 인구학적 요인을 가장 먼저 살펴봐야 한다.

3. 다음 중 아래 제시문이 설명하는 미국의 세대는?

> 이 세대는 1970년대 중동발 석유파동을 겪은 이후 1980년대 북미 지역을 휩쓴 경제 불황기에 청소년기를 보내며 미래에 대한 불안감을 지닌 채 성장한 세대이다. 어려워진 경제 환경 탓에 부모가 모두 맞벌이를 하거나, 또는 이전 세대의 성 해방 운동 등의 영향으로 부모가 이혼 또는 별거 중인 상태에서 성장한 경우가 많았다. 이들은 가족 환경이 상대적으로 불안정한 상황에서 성장한 탓에 가족을 동경하거나 반대로 가족주의에 반발하는 경향을 나타낸다. 아울러, 현실의 냉혹함을 일찍 깨닫고 숭고한 이상을 추구하기보다는 각자가 처한 상황에서 현실에 적응하는 것을 중시하는 개인주의적 성향을 보인다.

① 침묵 세대   ② X세대
③ 밀레니얼 세대   ④ 홈랜드 세대

정답 ②

해답 1960년대 후반과 1970년대에 출생한 X세대에 관한 설명이다. 경제적으로 위축된 상황에서 부모의 보살핌을 덜 받고 성장한 탓에 자아정체성이 중요한 문제로 여겨진 세대이다.

4. 다음 중 일본의 세대에 관한 설명으로 알맞지 <u>않은</u> 것은?

① 단카이 세대는 제2차 세계대전 이후 1947년~1949년 사이에 출생한 약 800만 명에 달하는 베이비붐 세대를 가리킨다.
② 신인류 세대는 사회 진출기에 버블 경제의 붕괴를 경험하여 이전과는 전혀 다른 새로운 환경에서 살게 된 세대를 말한다.
③ 사토리 세대는 여유 교육을 받으며 청소년기를 보냈으며, 일과 생활의 구분이 뚜렷하고 SNS 활동이 두드러진 세대이다.
④ 빙하기 세대는 소비에 소극적이고 결혼과 출산을 기피하며 히키코모리라는 사회병리적 현상과 밀접한 관련이 있다.

정답 ②

해답 신인류 세대는 1970년대와 1980년대 일본의 급속한 경제성장을 배경으로 '일본이 최고'라는 소리를 들으며 성장했다. 사회진출기에 버블 경제 붕괴를 경험한 세대는 빙하기 세대이다.

5. 다음 중 미국과 일본의 세대 및 사회보장 관련 문제에 관한 설명으로 알맞지 않은 것은?

① 미국의 베이비붐 세대는 국가가 세금을 많이 걷어 사회보장 프로그램을 확대하는 '큰 정부'를 반대하는 경향이 있다.

② 최근 미국은 고령층과 청장년층 세대의 인종·에쓰닉 구성이 달라, 세대 문제가 인종·에쓰닉 문제의 형태로 전개되고 있다.

③ 일본의 사회보장제도 개혁은 각 사회보장 항목의 실제 수혜자가 자신의 부담액을 확대하는 방향으로 추진되어 왔다.

④ 일본의 사회보장제도 개혁안은 초당적 합의를 거쳐 마련되었으나 실버 민주주의의 영향으로 실제 시행이 지연되었다.

정답 ③

해답 일본의 사회보장제도 개혁은 세제 개혁, 특히 소비세 인상을 통해 재원을 확보하는 방법으로 추진되고 있다. 즉, 수혜자의 자기 부담액을 올리기보다는 모든 세대가 부담을 나눠 갖는 방식이다.

제12장

디지털 세대의 새로운 시민성과 시민교육

① AI시대의 도래와 기술적 실업

다가오는 특이점

■ 4차 산업혁명을 주도하는 인공지능

- 다트머스 회의(Dartmouth Conference)에서 '생각하는 기계'에 대한 논의를 시작으로 인공지능이란 용어가 처음 등장했음.

- 그 이후 2016년에 국외의 '4차 산업혁명'과 국내의 '알파고 충격'에 대한 논의는 우리 사회의 주요 이슈가 됨.

- 과학기술과 융합 학문의 발전으로 도래한 인공지능(artificial intelligence)으로 우리 사회는 큰 도전에 직면해 있음.

- 구글(Google)의 엔지니어링 이사인 레이 커즈와일(Ray Kurzweil)은 컴퓨터의 능력과 인간의 전체 지능 수준에 차이가 없어져 전통적인 사고체계로 예측할 수 없는 시기를 특이점(singularity)으로 규정함. 인간의 능력이 선형적 증가에서 생물학적 인간의 능력과 기술의 융합으로 기하급수적 증가의 형태로 발전할 수 있다는 것임.

- 커즈와일(2005: 34-47)은 인간이 개발하는 인공지능이 기하급수적으로 발전하여 2045년이면 특이점에 도래할 것으로 추론함.

- 이 장에서는 4차 산업혁명 시대의 특징과 전개 양상을 살펴보고, 기술이 인간의 고유영역으로 여겨져 왔던 지적 능력에 도전하는 시대에, 인간을 위한 시민교육의 방향을 탐색하고자 함.

■ 특이점

- 특이점(singularity)을 최초로 언급한 사람은 존 폰 노이만임. 그 외에 미국의 수학자인 버너 빈지와 AI 연구자 한스 모라벡이 커즈와일 이전에 기술적 특이점을 논했음(Inoue, 2016: 42-43; Kurzweil, 2005: 44-45).
- 특이점은 인공지능이 인간의 지능을 추월하는 변곡점으로 해석할 수 있음.

■ 인공지능의 진화

- 인공지능은 인간이 개발한 고도의 지적 기술을 의미함.
- 설(Searle)은 인공지능을 약인공지능(weak AI)과 강인공지능(strong AI)으로 구분하고, 약인공지능은 인간의 활동을 지원하는 도구로 활용되지만, 강인공지능은 그 자체가 하나의 마음으로 인간과 같은 사고를 할 수 있다고 함(Searle, 1980: 417).
- 한국전자통신연구원(ETRI)은 인공지능기술의 진화 단계를 세 단계로 제시함. 인공지능은 인간의 지적 활동을 지원하는 빅데이터 인공지능과 인간능력증강 인공지능 단계를 거쳐 스스로 사고하고 판단할 수 있는 강인공지능으로 진화할 것으로 예상됨.
- 인공지능은 인간의 고유영역으로 알려진 언어 개발과 소통, 호기심과 추론 능력 분야에서 지속적으로 진화하고 있음.
- 최근 페이스북 인공지능연구소(Facebook AI Research Lab, FAIR)의 연구는 인공지능이 스스로 언어를 개발하는 단계에 이르렀다는 연구 결과를 공개했음. 인공지능의 언어 개발과 그들 사이의 소통은 고차원적으로 사유하는 새로운 종의 탄생으로 귀결될 수 있음.
- 구글의 자회사인 딥마인드(DeepMind)는 다양한 정보를 연결해 상황을 해석하거나 통찰할 수 있는 '관계형 추론(relational reasoning)' 기능의 인공지능을 구현함.

인공지능의 빛과 그림자

- 인공지능이 인간을 돕고 풍요로운 삶을 보장할 수 있다는 낙관적인 관점이 있음. 21세기 사회의 인간이 개인화될수록 인간관계 형성으로 느낄

수 있는 감성을 충족시킬 대체재가 필요함. 이러한 맥락에서 사람과 감성적 소통을 목적으로 하는 감성로봇은 지속적으로 진화해 왔음.

- 한편, 인공지능의 등장은 자본주의 사회에서 인간의 생존에 필수적인 일자리와 소득의 문제를 야기함. 아마존 고나 스피드 팩토리의 사례는 인공지능 기술이 인간의 노동시장을 붕괴시킬 수 있음을 암시함.

- 자본주의 시스템에서 노동시장이 붕괴하면 인간의 소득은 급격히 감소할 수 있음. 이는 극단적인 빈부격차를 유발함. 결국 자본주의 체제에서 인공지능을 관리하거나 진화시킬 수 있는 일부의 테크노크라트(technocrat)나 경영자만이 고소득 일자리를 점유하며, 대부분의 인간은 극빈층이나 실업 상황에 몰릴 수 있음.

- 미국의 소득 추세를 보면, 1980년대부터 가계 소득의 중앙값(중위가구 소득)이 1인당 GDP의 성장률을 따라잡지 못하고 있음. 평균값과 중앙값의 차이는 양극화가 심화되고 있는 것으로 해석할 수 있음.

- 맥아피(McAfee)는 노동자의 생활상과 거시경제의 추세가 보이는 이와 같은 괴리를 '거대한 탈 동조화(great decoupling)'라고 규정하고, 그 주된 요인은 정보 기술의 발달이라는 '스킬 편향적인 기술 진보'라고 말함. 이러한 추세는 정보기술 능력을 소유한 일부 테크노크라트가 미래의 자본과 권력을 독점할 수 있다는 추론을 가능케 함.

- 이노우에(Inoue, 2006)는 중산층을 이루는 사무노동자의 일자리는 AI로 대체될 가능성이 높으며, 이로 인해 기술적 실업이 유발되고, 대부분의 실업자는 육체노동자로 전직하게 된다는 논리를 펼침(Inoue, 2016: 34).

- 슈밥(Schwab)은 4차 산업혁명으로 창출되는 직업은 과거의 산업혁명으로 발생한 직업의 수보다 적을 것임을 밝힘.

- 세계경제포럼(WEF, 2016: 15)이 발표한 '일자리의 미래(The Future of Jobs)' 보고서는 4차 산업혁명으로 15개 국가에서 2020년까지 약 710만 개의 일자리가 사라지고 약 200만 개의 일자리가 탄생할 것으로 예측함.

- 일본의 경제학자 이노우에(2016)는 향후 인공지능 시대에 중산층 이상의 삶을 유지할 수 있는 경제계층은 10%에 불과할 것으로 예측함. 경제적 효율성을 따지는 자본주의 체제에서 고비용의 고급 일자리를 대체하는

데 집중할 것이기 때문임.

- 결국 인공지능은 우리 사회를 유지시키는 민주주의와 자본주의 체제를 위협할 수 있음.

- 인공지능은 교육 분야에서도 대변혁의 동인으로서 작용할 수 있음.

- 《사피엔스》의 저자인 유발 하라리(Harari, 2015)는 지식의 반감기 단축으로 학교에서 배우는 내용의 80~90%는 학생이 40대가 됐을 때 거의 무용지물이 될 수 있다고 예견함.

- 과학계량학자 아브스만(Arbesman)에 따르면 지식의 양은 18개월마다 2배씩 증가함(Arbesman, 2013).

- 전통적인 방식으로 학습하는 것은 한계를 드러낼 뿐만 아니라 비효율적임(박기범, 2017: 66에서 재인용). 디지털 기술의 발달이 학교 교육의 패러다임 전환을 요구할 시기가 도래하고 있음.

② 20세기 교육 계약의 종말과 새로운 시민성

20세기 교육 계약의 종말

- 19세기 말부터 오늘날까지 보통 교육을 지향하는 학교교육은 학습 받아야 할 연령의 모든 학생에게 평등한 교육을 제공하는 데 주력했음.

- 국가와 사회 발전을 위하여 효율성 있는 시민을 양성하는 도구적 교육관이 요구되었음.

- 역량 중심 교육과정으로 상징되는 2015 개정 교육과정에는 교육이 국가와 사회 발전에 기여해야 한다는 도구적 교육관이 함의되어 있음.

- 이제 도구적 교육관과 실력주의 교육관을 견지하는 전통적 교육의 시대는 종말을 맞이할 가능성이 큼. 인간의 본질적 가치를 추구하는 새로운 교육 비전이 필요함.

디지털 시대의 새로운 시민성과 시민교육

■ 새로운 보상 기제의 필요

- 우리는 국가와 사회적 요구를 반영하는 기존의 실력주의 교육관에 대한 성찰이 필요함.
- 국가와 사회가 요구하는 실력주의 교육관은, 자본주의적 관점에서 개인과 국가가 공진화(coevolution)한다는 입장에서 타당했음. 그러나 국가와 사회에서 요구받았던 인간의 능력은 인간이 개발한 지적 능력에 대체될 수 있음.
- 이는 노동 제공자로서 인간의 역할을 극단적으로 축소시켜 소득에 기반한 시민의 소비를 약화시켜 자본주의 경제시스템의 근간을 위협할 수 있음.
- 지속 가능한 인간 사회를 위해, 자본주의에 기반한 능력 있는 시민 육성과 이에 상응하는 사회적 보상(자본, 권력 등)이 새로운 보상 기제로 대체될 시점이 도래하고 있음.
- 가설적 수준이지만, 새로운 보상 기제는 자신의 존재와 가치를 추구하는 과정 그 자체일 필요가 있음.
- 인공지능은 인간이 담당했던 생산적 역할(도구적 존재)로 존재하고, 인간은 충분한 자아실현(목적적 존재)으로 공동체 이익에 기여할 수 있음.
- 충분한 자아실현이 공동체의 이익에 항상 기여하는 것은 아님. 따라서 약한 사회적 기여자에게 보상할 수 있는 대안이 필요한데, 2016년 유럽의회가 쟁점화하고, 최근 캘리포니아주 샌프란시스코에서 구체화되고 있는 로봇세(robot tax)는 대안 모색의 단초를 제공할 수 있음.
- 나아가, 교육적 차원에서 목적적 존재로서의 인간 교육을 위해 맞춤형 교육으로 나아가는 대전환이 필요함.
- 인간과 인공지능이 관계 맺기와 상호작용을 통해 보편적 가치를 공유하며 공진화할 때 건전한 사회 생태계가 지속될 수 있을 것임.

■ 디지털 시민성

- 디지털 시민성은 기술 기반의 네트워크 환경에서 권리와 의무의 차원에

서 합리성, 실천성, 도덕성을 맥락적으로 부여받는 시민성을 의미함.

- 특히 21세기 4차 산업혁명 시대에 시민에게 필요한 역량은 합리성 측면의 연결 역량과 도덕성 측면의 책임 역량임.

- 디지털 네트워크를 통해 끝없이 연결되는 시민에게 인간과 지식의 합리적 연결을 통한 새로운 대안의 창출과 이에 대한 책임이 필요함.

■ 도덕성과 보편적 가치의 추구

- 인공지능 시대의 시민교육은 도덕과 가치에 주목할 필요가 있음.

- 도덕성에 기반한 시민교육이 필요함. 디지털 네트워크 시대에 발생하는 다양한 문제는 도덕적 책임감의 결여에서 그 원인을 찾을 수 있음. 시민교육은 책임감을 함양시키는 방향으로 전개될 필요가 있음.

- 보편적 가치를 추구하는 시민교육이 필요함. 인간의 욕구를 사적 욕망의 추구보다는 보편적 공동선으로 유도하는 교육의 방향 전환이 필요함. 최근 역량 중심 교육과정으로 알려진 우리의 2015 개정 사회과교육과정을 면밀히 따져 보면 이러한 보편적 가치를 추구하려는 움직임이 일부 보임.

■ 휴머니즘에 기반한 자아실현 교육관

- 역사 이래로 인간 행동의 기제는 선함과 아름다움을 온전히 추구하는 것이었음.

- 그러나 20세기 사회는 전통적 자본주의에 기반한 경쟁 중심의 교육이 주류를 이루었음.

- 인공지능 시대에 교육이 주목해야 할 것은 자유, 정의, 평등과 같은 인간의 기본권을 추구하는 휴머니즘을 바탕으로 하는 인간교육임.

📘 연습문제

1. 다음 중 인공지능에 대한 설명으로 바르지 <u>않은</u> 것은?

　① 커즈와일은 인간이 개발하는 인공지능이 기하급수적으로 발전하여 2045년이면 특이점에 도래할 것으로 추론한다.

　② 강인공지능은 그 자체가 하나의 마음으로 인간과 같은 사고를 할 수 있다.

　③ 한국전자통신연구원에 따르면 인공지능은 빅데이터 인공지능과 강인공지능 단계를 거쳐 인간능력증강 인공지능으로 진화할 것으로 예상된다.

　④ 약인공지능은 인간의 활동을 지원하는 도구로 활용된다.

　정답 　③

　해설 　인간 능력을 보완하는 인공지능은 약인공지능의 특징이다.

2. 다음 중 인공지능의 발전이 초래할 수 있는 문제로 바르지 <u>않은</u> 것은?

　① 중산층을 이루는 사무노동자의 일자리는 AI로 대체될 가능성이 높다.

　② 인공지능은 우리 사회를 유지시키는 민주주의와 자본주의 체제를 위협할 수 있다.

　③ 인공지능을 관리하거나 진화시킬 수 있는 개발자가 자본과 권력을 독점할 수 있다.

　④ 인간관계 형성으로 느낄 수 있는 감성을 충족시킬 대체재로 사용된다.

　정답 　④

　해설 　개인주의의 심화에 따른 인간의 감성 욕구 충족을 지원할 수 있는 인공지능의 역할은 문제로 보기 힘들다.

3. 다음 중 21세기 교육 현장에서 새롭게 요구되는 사항은?

　① 국가와 사회 발전을 위하여 효율성 있는 시민을 양성하는 도구적 교육관

　② 개인은 교육을 통해 국가적 요구를 수용하고 국가가 설정한 성취 목표에 따라 좋은 결과를 산출하도록 요구받는 것

　③ 인간의 본질적 가치를 추구하는 새로운 교육 비전

　④ 경쟁에 기반한 실력주의 교육

　정답 　③

전통적 자본주의 시스템의 한계를 인식하고, 도구적 교육관을 극복하고 인간의 본질적 가치를 추구하는 새로운 교육 비전을 제시할 필요가 있다.

4. 다음 중 디지털 시대의 새로운 시민교육으로 적절하지 <u>않은</u> 것은?

① 도덕성에 기반한 시민교육
② 도구적 교육관을 기반으로 하는 시민교육
③ 보편적 가치를 추구하는 시민교육
④ 휴머니즘 기반 자아실현 교육관에 토대를 둔 시민교육

정답 ②

해설 20세기 자본주의 시스템에서 일반화된 도구적 교육관을 탈피할 필요가 있다.

5. 다음 중 '시민성과 시민교육의 변화'에 대한 설명과 일치하지 <u>않는</u> 것은?

① 20세기 전통적 시민성은 합리성과 실천성에 비하여 상대적으로 도덕성은 약화되는 경향을 보인다.
② 21세기 디지털 시대의 시민성은 합리성과 실천성에 비하여 상대적으로 도덕성은 약화되는 경향을 보인다.
③ 적절한 경쟁은 긍정적인 긴장감을 유발하고, 이는 개인과 사회 발전에 기여할 수 있다는 것이 20세기의 통념적 인간관이었다.
④ 21세기 교육 현장에서는 인간의 욕구를 사적 욕망의 추구보다는 보편적 공동선으로 유도하는 방향전환이 요구된다.

정답 ①

해설 20세기 시민은 합리성과 실천성에 비하여 상대적으로 도덕성이 활성화되었다.

제13장

디지털 세대의 지적 역량(연결 역량)

① 왜 연결인가?

지식의 성격(가변성과 다면성)

– 정보 폭발로 상징되는 정보사회에서 지식의 생성과 소멸의 주기는 매우 짧으며, 그 의미도 다원적임.

– 지식을 정태성이 아닌 동태적 측면에서 가변성과 다면성에 주목할 필요가 있음.

– 지식의 가변성의 예는 다양한 학문 영역에서 찾아볼 수 있음. 지난 2006년 8월 24일 국제천문연맹(IAU)은 태양계의 행성 가족에서 명왕성을 퇴출시킴. 최근 아메리카 대륙을 최초로 발견한 탐험가는 콜럼버스라는 역사적 해석도 새로운 가설로 인해 조금씩 힘을 잃는 듯함.

– 한편 지식은 시간과 공간의 구별에 따라 다양한 의미로 해석될 수 있음.

– 황사의 경우, 과거에는 긍정적 관점(땅을 비옥하게 함)에서 해석되었던 자연 현상이 시간과 환경의 변화로 정반대의 부정적 측면을 갖게 됨.

– 지구 생태계에서 부정적 의미로 받아들여지는 온실 효과는 공간이 다른 행성에서는 새로운 인류의 보금자리를 건설하는 데 매우 유용한 지식이 될 수 있음.

지식의 성격에 기반한 시민교육의 방향

– 지식은 가변성을 전제로 하고 있으며, 시간 및 공간적 맥락성이 있음.

- 전통적 학습은 시민에게 끊임없는 학습을 요구함.
- 디지털 네트워크에 기반한 지식의 팽창 시기에 행동주의, 인지주의, 구성주의와 같은 전통적인 학습이론에 기반한 학습에 익숙한 시민에게 학습은 과도한 부담으로 작용

② 디지털 시대의 시민의 지적 역량

21세기 사회의 요구

- 21세기 학습역량 협의회(Partnership for 21st Century Skills)에서 학습과 혁신의 역량으로 소통, 협업, 비판적 사고력, 창의성을 제시하고 있음.
- 소통과 협업은 사회구성원들의 연결과 지식의 연결을 의미하며, 이러한 연결을 통해 현상을 객관적으로 해석하고(비판적 사고), 새로운 아이디어를 창출(창의성)할 필요가 있음.
- 블룸의 교육목표 분류학은 목표 공유와 소통을 통한 체계적인 문항 개발을 위한 논의에서 출발함.
- 교육목표 분류학에서 인지적 단계는 단순한 것에서부터 복잡한 인지과정까지 설정되어 있으며, 상위 단계가 하위 단계를 포함하도록 되어 있음.
- 교육목표 분류학(인지영역)은 지식, 이해, 적용, 분석, 종합, 평가로 목표를 분류하고, 이를 다시 하위 요소로 세분화함.
- 교육목표 분류학의 문제점을 인식한 연구자들은 블룸의 신교육목표 분류표를 개발했음.
- 신교육목표 분류학의 가장 큰 특징은 인지적 목표를 지식과 인지 과정으로 구분하여 2차원적인 분류체계를 고안하고, 인지적 위계에서 가장 높은 인지 수준인 평가(evaluation)를 5단계로 내리고, 종합(synthesis)을 창안하기(create)로 수정하여 가장 높은 인지 수준으로 수정함.
- 이와 같은 동향을 볼 때, 21세기 교육의 핵심 키워드는 창의성임.

창의성은 어디에서 오는가?

■ 융통성 있는 사고(인지적 융통성 이론)

– 스피로(1988)는 환원적 편견(reductive biases)이라는 개념으로 기존 인지
주의 이론의 문제점을 설명함.

> *** 환원적 편견의 유형**
> – 복잡하고 불규칙적인 구조에 대한 지나친 단순화
> – 개인의 정신적 표상 도출에 기초가 되는 단편적 원리에 대한 지나친 신뢰
> – 전체적인 구성에서 세부에 이르는 자신의 하향식 절차에 대한 지나친 신뢰
> – 탈맥락적인 개념적 표상
> – 사전에 구성된 지식 구조에 대한 지나친 신뢰
> – 실제 속에서 상호의존적인 지식의 구성요소에 대한 엄격한 구획화
> – 추상적 기호화를 통한 수동적이며 기계적인 지식 유통

– 요컨대, 환원적 편견이란 학습자가 실제로 경험하는 다양한 현상을 기
존에 구성하고 있는 스키마에 맞추려는 경향임.
– 학습자가 사물의 본질을 이해하지 못하고 이와 같은 오개념을 갖는 가
장 큰 요인은 환원적 편견에 있음.
– 인지적 융통성 이론은 실제 접하는 다양한 상황을 고려한 이론으로서
실제 세계는 비구조화되어 있음을 전제로 함.
– 상황을 적절하게 해석하고 문제를 합당하게 처리하거나 해결하려면 사
례나 자료에 대한 다면적 해석과 관련 정보의 연결을 통한 상황 맥락적
사고가 필요함.

■ 연결을 통한 생각 만들기

– 21세기 디지털 시대의 시민은 상황과 관련된 다양한 지식과 인간을 연
결하여 비판적으로 해석하고, 이를 바탕으로 창의적인 아이디어를 창출
해야 함.
– 박기범(2017)은 시민교육의 핵심 과제로 창의적 시민성의 함양을 규정하

고, 시민교육에서 추구해야 할 핵심능력은 연결능력을 함양하는 것이라고 했음.
- 시민은 상황에 관련된 지식으로서 무엇을 알고 있는가에 주목하기보다는, 직면한 문제를 해결하기 위하여 다양한 지식을 어떻게 연결하여 대안을 모색할 수 있는지에 초점을 맞추어야 함.

지멘스의 커넥티비즘

- 지멘스(2005)는 디지털 시대의 학습을 설명할 때 기존의 행동주의, 인지주의, 구성주의의 전통적인 학습 이론의 한계를 지적함.
- 4차 산업혁명과 인공지능의 발달로 사회는 급변하고 있으며, 이에 따라 교육 분야에서도 많은 변화가 이루어지고 있음.
- 박기범(2016)은 학습을 개인에게 내면화되는 것을 넘어 지식의 연결과정으로 해석하는 탈내면화적 관점에서 보고, 학습을 상황과 관련하여 지식의 연결을 통한 변화 그 자체로 해석해야 함을 제언함.
- 이는 기존의 전통적인 학습 이론(행동주의, 인지주의, 구성주의)은 디지털 네트워크사회의 학습 현상을 설명하는 데 한계가 있기 때문임.
- 이러한 배경에서 지멘스(2005a, 2005b)는 기술이 발전하고 네트워크화된 현재의 세계에서 학습자의 학습을 설명하는 새로운 학습 이론이 필요하다고 주장하며 커넥티비즘(Connectivism)을 제언했음.

*** 커넥티비즘의 원리**
- 학습과 지식은 의견들의 다양성에 기인한다.
- 학습은 전문적인 정보나 자원들의 연결과정이다.
- 학습은 비인간적인 장치에 의해 발생할 수 있다.
- 좀 더 알 수 있는 능력은 현재 알고 있는 것보다 중요하다.
- 지속적인 학습을 위해 연결을 유지하고 풍요롭게 하는 것이 요구된다.
- 각 영역, 아이디어, 개념 사이의 연결을 파악할 수 있는 능력이 핵심 능력이다.
- 지식의 최신성은 모든 연결 학습활동의 목적이다.
- 의사결정 과정 그 자체가 학습 과정이다. 현재의 답이 또 다른 정보 환경과 새롭게 연결되면 내일은 오류일 수 있다.

– 커넥티비즘(Siemens)은 끊임없이 변화하는 학습 네트워크의 진화, 복잡성 및 기존 학습 네트워크의 촉진과 새로운 학습 네트워크의 생성을 설명하는 학습 이론임.

– 커넥티비즘은 학습을 지식의 끊임없는 연결 과정으로 해석함.

– 커넥티비즘에 기반한 학습에 대한 이해를 21세기 교육의 방향을 제시해 주는데, 그것은 교육이 지식의 기억보다는 지식의 연결 능력에 주목해야 한다는 것임.

1. 다음 중 지식의 성격을 모두 고르면? (2개)

   ① 지식의 가변성
   ② 지식의 불변성
   ③ 지식의 다면성
   ④ 지식의 일면성

   정답 ①, ③
   해설 지식은 시간과 공간의 변화에 따라 가변적이고 다면적이다.

2. 다음 중 '커넥티비즘 이론'에 대한 설명으로 적절하지 <u>않은</u> 것은?

   ① 연결지식(connective knowledge)을 구성하는 과정 자체를 학습으로 간주한다.
   ② 지식을 끊임없이 맥락과 연결되어 변화되는 것으로 해석하지 않고, 완결되고 정형화된 것으로 간주한다.
   ③ 연결지식은 문제를 해결하기 위한 아이디어를 생성하고 적용하는 과정이기 때문에 창의적 문제 해결력과 불가분의 관계가 있다.
   ④ '다양한 정보를 활용하여 사회의 문제를 창의적으로 해결하여 적극적으로 참여하는 능력' 함양에 긍정적인 영향을 줄 수 있다.

   정답 ②
   해설 지식은 맥락과 연결되어 끊임없이 변화한다.

3. 다음 중 스피로가 제시한 환원적 편견의 유형으로 적절하지 <u>않은</u> 것은?

   ① 복잡하고 불규칙적인 구조에 대한 지나친 단순화
   ② 사전에 구성된 지식 구조에 대한 지나친 신뢰
   ③ 실제 속에서 상호 의존적인 지식의 구성요소들에 대한 엄격한 구획화
   ④ 사례나 자료들에 대한 다면적 해석과 상황 맥락적 사고

   정답 ④
   해설 환원적 편견은 상황에 대한 탈맥락적 경향을 갖는다.

4. 다음 중 4차 산업혁명과 함께 변화하고 있는 교육환경에 대한 설명으로 바르지 않은 것은?

① 폐쇄된 공간에서 교수자가 학습자에게 지식을 전달하는 방법을 뛰어넘어 원격 교육, 온라인 교육 등 다양한 방법이 시도되고 있다.

② 인간의 기억뿐만 아니라 판단과 인지와 같은 지적 활동 영역에서도 인간의 두뇌를 보조할 수 있는 것들이 등장했다.

③ 21세기 디지털 네트워크 시대에 학습의 목적은 지식의 기억에 있다.

④ 학습은 지식의 연결을 통한 변화 그 자체로 해석해야 한다.

정답 ③

해설 4차 산업혁명시대에 기억과 내면화 중심의 학습관에 더하여 탈내면화 측면의 학습관을 고려할 필요가 있다.

5. 다음 중 지멘스의 커넥티비즘에 대한 설명으로 옳은 것은? (2개)

① 학습은 전문적인 정보나 자원들의 연결 과정이다.

② 학습은 비인간적인 장치에 의해 발생할 수 없다.

③ 현재 알고 있는 것이 좀 더 알 수 있는 능력보다 중요하다.

④ 학습과 지식은 의견들의 다양성에 기인한다.

정답 ①, ④

해설 '커넥티비즘'에 따르면 인공지능과 같은 비인간적 기술과의 연결 과정도 학습으로 해석할 수 있으며, 알고 있는 지식보다 알 수 있는 능력이 중요하다.

제14장

디지털 세대의 책임

① 왜 책임인가?

21세기 시민의 특징

- 시민성의 속성은 합리성, 도덕성, 실천성 측면에서 논의 가능.
- 전통적 시민은 사회적 규범에 기반한 도덕성이 상대적으로 활성화됨.
- 21세기 디지털 네트워크는 합리성과 실천성 측면에서 시민에게 무한한 권리를 부여하지만, 네트워크의 익명성과 분산성은 사회적 압력을 약화시켜 도덕성 측면의 문제를 야기할 수 있음.
- 시민성교육은 도덕성에 주목할 필요가 있음. 특히 네트워크가 부여하는 권리 확장에 따른 책임에 대한 심도 있는 논의가 필요함.
- 박기범(2014)은 합리성과 도덕성에 기반한 시민성의 논의에 21세기 역동적 시민성향을 반영하여 21세기 디지털 시민성에 대한 논의를 합리성, 도덕성, 실천성으로 범주화했음.
- 요컨대, 디지털 시민성은 디지털 네트워크 환경에서 살아가고 있는 시민에게 부여되는 합리성, 실천성, 도덕성 역량(competencies)의 연결로 해석할 수 있음.

디지털 사회의 문제

- 디지털 미디어의 발달은 시민의 삶을 변화시키고, 21세기 사회변화의 요인이 됨. 디지털 문화는 시민의 참여와 합리적 사고의 기반이 됨.
- 네트워크에 기반한 디지털 미디어는 순기능과 동시에 역기능의 가능성

을 동시에 갖기도 함.

– 디지털 사회에서 발생하는 문제는 디지털 미디어의 오용과 남용에 따른 것으로, 근본적인 원인은 디지털 시대를 살아가는 시민으로서의 책임(accountability) 결핍에서 찾을 수 있음.

디지털 네트워크 환경과 책임

– 디지털 네트워크의 익명성과 평등성 → 전통적 억압 관계 약화 → 민주화 조장 → 시민의 참여와 자율성 보장
– 시민의 자율성 보장이 공동체의 유지와 발전을 위한 필요충분조건은 아님.
– 자율성을 스스로 통제하는 성찰적 책임은 자신뿐만 아니라 타자를 설득할 수 있는 보편적 가치에 기반한 도덕적 역량으로 해석할 수 있음.
– 디지털 네트워크 사회에서 시민은 자율성과 함께 타당한 설명 책임(accountability)으로서 성찰적 책임이 필요함.

② 책임의 의미

책임의 시작과 어원

– 옥스퍼드 사전에서 찾은 책임의 의미
　→ accountability: 설명할 수 있는 사실이나 상황(일련의 과정에 대한 책임의 성격)
　→ responsibility: 과제나 사물을 다루는 의무를 가진 사실이나 상황(결과적 책임과 처벌의 성격)
– 책임(accountability)의 개념은 그리스 아테네의 민주정치에서 발원(아테네 공직자의 회계 관련 업무보고서(account).

- 아테네에서는 정치가나 행정가 등 공직자가 책임을 이행하지 않는 것 (unaccountability)은 법을 지키지 않는 것과 같은 의미로 해석함.
- 일반 시민은 공직자의 보고 내용과 설명이 부적절하거나 부족하다고 판단하면 재판에 회부했음.

- 데이(Day, 1987)는 이러한 책임의 의미를 확장하여 개인과 개인이 스스로 정당화하기 위해 해명하고 설명하면서 대화를 나누는 것이 책임의 출발이자 본질로 간주함.

다양한 학문 분야에서의 책임

- 미디어, 행정학, 기록학에서 책임

미디어, 행정학, 기록학의 전문성이 진화
⬇
투명하고 정당한 과제 수행
⬇
책임의 문제 등장

- 기록연구사(archivist)들은 설명 책임이 기록(memory)에 기반한다고 함. 개인과 공동체는 활동에 대한 주요 기록을 통해 설명하고 정당화할 수 있는 능력이라는 의미로 책임을 설명함.
- 교육학에서는 책무성을 법적 책무성, 계약적 책무성, 도덕적 책무성, 전문적 책무성으로 유형화함.
- 학교 교육의 책무는 학교 교육 결과에 미치는 요인들을 찾아내고 그 이유를 설명하는 데 더 주안점을 둠.

책임의 의미

- 디지털 시민성 차원에서 책임의 의미 구성을 위한 몇 가지 시사점을 도출함.

- 'accountability' 타당성: 네트워크는 가상공간에서 개인의 자유를 극대화시킴. 시민이 부여받은 자유는 자율성으로 실현되어야 하며, 이러한 자율성은 시민 자신의 행위에 대한 설명 능력을 요구함. 제도적 성격이 강한 'responsibility'보다는, 자기 통제적 자율성을 함의하는 책임을 논할 때, 'accountability'는 어의(語義)적 측면에서 합당함.
- 시민성에서 책임의 도덕적 성격에 주목: 공동체 내의 시민은 사회공동체의 구성원으로서 일상의 삶에서도 책임을 부여받음. 시민 스스로 자신을 통제할 수 있는 자율적 성격의 책임이 필요함.
- 내적 책임으로서 메타 책임(reflective accountability): 타자에 대한 책임과 더불어 시민 자신을 향한 합리적 설명에 주목할 필요가 있음. 이러한 성찰적 책임은 사회문제 발생을 억제할 수 있는 자기통제적 기제로 작동함.

③ 21세기 디지털 사회에서 책임

설명 책임

- 책임은 시민의 행위 과정에 대한 일련의 설명 책임으로 해석할 필요가 있음.
- 건전하고 지속 가능한 사회와 시민들의 공진화를 위해서는 결과에 대한 책임에 더하여, 자신의 행위 과정에 대한 책임의식이 필요함.

도덕적 책임

- 시민성에서 책임은 도덕적 책임에 주목함.
- 일상의 삶에서의 시민의 행위는 법적인 강제 의무보다는, 자연권적으로 부여받은 권리와 의무를 기반으로 시민 스스로 자신을 통제할 수 있는 자율적 성격의 책임이 필요함.

성찰적 책임

– 성찰적 책임(reflective accountability)은 네트워크를 통해 발생하는 부작용을 감소시켜 사회적 비용을 최소화하고 공동체 발전과 건전함을 유지시킴.

– 디지털 시민성으로서 책임은 타자에 대한 설명 책임에 더하여 자신을 향해 합리적으로 설명할 수 있는 성찰적 책임이 필요함.

– 성찰적 책임은 사회 문제 발생을 억제할 수 있는 자기통제적 기제로 작동함.

1. 다음 중 디지털 사회의 문제에 대한 원인은?

    ① 합리성의 부족　　　　　　　② 책임의 부족

    ③ 실천성의 부족　　　　　　　④ 익명성의 부족

    정답 ②

    해설 디지털 사회의 문제는 시민의 책임 부족에서 그 원인을 찾을 수 있다.

2. 다음 중 '책임'의 두 가지 표현 (accountability와 responsibility)에 대한 설명으로 바르지 <u>않은</u> 것은?

    ① 옥스퍼드 사전에는 책임(accountability)을 '설명할 수 있는 사실이나 상황'으로 정의한다.

    ② 옥스퍼드 사전에서 'responsibility'는 '과제나 사물을 다루는 의무를 가진 사실이나 상황'으로 정의한다.

    ③ 'accountability'는 과정에 대한 책임의 성격이 있다.

    ④ 'responsibility'는 모든 과정에 대한 책임의 성격이 강하다.

    정답 ④

    해설 'responsibility'는 결과에 대한 책임의 성격이 강하다.

3. 다음 중 교육학에서 책무성에 대한 설명으로 바르지 <u>않은</u> 것은?

    ① 교육학에서 책무성을 법적 책무성, 계약적 책무성, 도덕적 책무성, 전문적 책무성으로 유형화한다.

    ② 책무성은 교육의 효과나 결과에 대한 책임 소재를 밝혀내어 징벌하는 데 집중한다.

    ③ 책무성은 산출된 결과의 원인을 밝히고 설명하는 데 역점을 둔다.

    ④ 책무의 대상에 따라 외부와 내부로 나눈다.

    정답 ②

    해설 책무성은 책임 소재를 밝혀내어 징벌하는 데 중점을 두기보다는 산출된 결과의 원인을 밝히고 설명하는 데 주목한다.

4. 다음 중 디지털 네트워크가 조장하는 분산성과 익명성의 특징으로 옳은 것은? (2개)

① 분산성은 네트워크를 권력화시킨다.

② 익명성은 아날로그 사회에서 결정된 전통적인 권력관계를 약화시킨다.

③ 분산성은 전문가, 권력가, 자본가가 소유했던 정보 생산의 독점을 강화한다.

④ 익명성은 시민 개개인에게 정보 생산과 의사 표현의 자유를 부여한다.

정답 ②, ④

해설 분산성은 전문가, 권력가, 자본가가 소유했던 정보 생산의 독점을 약화시킨다.

5. 다음 중 디지털 시민성으로서 책임의 의미에 대한 설명으로 적절하지 <u>않은</u> 것은?

① 책임은 시민의 행위 과정에 대한 일련의 설명 책임으로 해석할 필요가 있다.

② 21세기 프로슈머(prosumer)로서 시민은 자신의 행위에 대해 타자를 설득력 있게 설명할 필요가 있다.

③ 사회 공동체에서 성문화된 법적 제도에 따르는 책임에 국한하여 해석해야 한다.

④ 결과로서 책임뿐만 아니라 과정에 대한 책임이 필요하다.

정답 ③

해설 디지털 시대의 책임은 결과에 대한 책임이나 성문화된 책임에서 나아가 과정에 대한 설명 책임에 주목해야 한다.

제15장

세대 갈등, 어떻게 할 것인가

① 갈등 관리의 관점

- 갈등은 나쁜 것일까? 상이한 생각, 이익, 가치를 가지고 사는 사람들과 집단에게 상존해 있으므로 갈등은 사회의 본성일 수도 있음. 따라서 갈등을 소멸시킬 수는 없음. 실제 갈등은 세상을 발전시키는 원동력이 될 수 있음. 변증법의 정반합의 원리에 따르면 갈등은 새로운 합, 즉 새로운 정을 만드는 에너지라는 점에서 나쁜 것도 좋은 것도 아님. 갈등은 적절하게 다루면 사회를 진보와 창조로 이끌지만, 부적절하게 다루면 사회를 폭력과 파괴로 이끔.
- 갈등은 어떻게 다루어야 할까? 국가의 성격에 따라 갈등과 위험은 다르게 다루어지는데, 특히 주목할 것은 국가 안에서도 마을, 가족, 친족에 따라 대응이 다르다는 점임. 국가, 가족, 마을에 상이한 세대가 존재하지만 이들의 갈등은 어떤 제도, 경험, 유산, 특징을 갖고 있는가에 따라 다름. 이때 세대는 갈등을 설명하는 하나의 요소이고 이 밖에도 인종, 젠더, 계급 등이 존재함. 이런 점에서 하나의 현상을 설명하는 데 다양한 관점의 접합이 필요함.
- 세대는 분명 존재하지만 세대 자체는 문제가 되지 않음. 그런데 세대가 세대주의로 가면 문제가 됨. 세대주의는 모든 문제를 세대의 관점에서 이해하려고 하지만 코호트적으로 동시대에 존재했다고 해서 동시대의 사람들이 모두 동일한 시선을 갖는 것은 아님. 산업화 세대가 모두 가난을 극복하고 잘 산다고 할 수는 없는데, 현재 노인의 빈곤율은 거의 50%에 달하기 때문임.

- 금수저와 흙수저 논쟁을 볼 때, 부자 부모를 둔 청년은 일자리를 걱정하지 않음. 모든 청년들이 비정규직과 N포 세대에 있는 것은 아님. 금수저의 아이들은 금수저가 될 개연성이 높기 때문임. 이처럼 계급이나 계층의 관점에서 시민의 삶을 깊이 통찰할 수 있는 요소들이 있음.

- 세대 문제를 바라볼 때 반드시 고려해야 할 시각이 계층과 계급의 시선임. 20대 남성은 어느 순간에 정부 여당에 대한 지지율이 낮아졌는데, 이에 대한 원인이 정부의 젠더 정책에 있다고 분석되었음. 그런데 젠더 문제보다는 그 근간에 깔려 있는 취업과 고용의 문제 등 사회경제적 조건이 해결돼야 근본적으로 20대 남성의 문제가 해결될 것임.

- 이상에서 보듯이 세대는 특정한 한 현상을 보여 주는 데 유용하지만, 주의할 점은 한 측면이라는 점임. 즉 모든 것을 설명해 주는 통찰을 제공하지 않고, 오히려 세대가 계급 문제를 덮어버릴 수도 있음. 즉 세대의 눈으로 보면 계급 간의 격차나 불행이 보이지 않기 때문임. 이런 점에서 세대는 하나의 접근일 뿐이므로 세대를 포함해서 총체적인 시각을 가져야 함.

- 노인세대와 청년세대가 대립할 수 있지만 세대 내의 대립이 훨씬 심각할 수도 있음. 즉 부자 노인과 빈곤 노인, 부자 청년과 빈곤 청년의 계급과 계층의 불평등이 보다 본질적인 문제일 수 있음. 부자 노인과 부자 청년 대 빈곤 노인과 빈곤 청년이 대립 구도가 더 현실적인 분석일 수 있음.

② 갈등의 두 갈래 길과 문제 제기식 대화

갈등의 두 길

- 세대 갈등을 어떻게 다룰까? 두 갈래 길 중에서 A는 세대 갈등이 나타나면 혐오와 배제로 가는 것으로 필연코 전쟁으로 귀결되지만, B는 차이와 공존으로 가고 갈등이 관리됨.

- 그렇다면 어떻게 이런 차이가 발생한 것일까? A의 경우 세대는 기업, 정

치권, 언론 등의 자신의 목적에 따라 세대주의로 제조됨. 이 과정에서 차이는 우열이 되고 갈등 관계는 세대라는 유일한 기준에 따라 규정되는 것임. 마치 모든 갈등이 세대 때문에 발생하는 것처럼 이야기되면 모든 갈등의 원인을 여기서 찾게 됨.

- B의 경우 세대는 분명히 존재하고 갈등도 잠재되어 있음. 갈등을 규정하는 주체가 시민이며, 시민교육을 통해 상호 이해하고 시민 정치를 통해 갈등을 관리함. 따라서 비판을 통해 성찰하고, 소통을 통해 갈등의 구조와 갈등의 당사자를 이해함. 특히 사회 구조가 안전을 추구하도록 하는 과정에서 배고프지 않는 사회에 합의하는 방법으로 결핍을 해결하려고 함. 이 과정에서 세대 간 공감대가 형성됨.

문제 제기식 대화

- 갈등을 관리하기 위해서는 우선 'A에 대한 얘기'보다 'A의 얘기'를 먼저 들어야 한다는 것임. 즉 당사자의 이야기를 먼저 들어야 함.
- 앎의 경우에도 주입식보다는 문제 제기식으로 접근해야 함. 문제 제기식 대화의 태도는 '모든 것을 아는 사람도 없고 아무것도 모르는 사람도 없다'는 것에 전제함. 이것은 상대에게 항상 놀랄 준비가 되어 있어야 한다는 것을 의미함.
- 이상에서 보듯이 세대 갈등은 상대방을 대화의 파트너로 인정하고, 그에게 놀랄 준비가 된 상태에서 시작되어야 함. 즉 산업화, 민주화, 정보화 세대는 그 자체로 상대의 세대가 볼 때 놀랄 만한 것이 잠재되어 있음. 내가 알고 있는 것을 상대방에게 진리로 주입하는 것이 아니라, 아는 것을 말한다는 관점에서 대화를 시작해야 한다는 것임. 듣는 사람은 상대의 이야기를 들을 때 문제를 제기한다는 관점에서 자신이 알고 있는 것과 대비하면서 성찰해야 함. 이 과정에서 서로 배우고 서로 가르칠 수 있음.

③ 선배 시민의 갈등 관리

- 세대로서 노인을 시민으로서의 노인으로 보면 어떻게 될까? 노인을 국가의 일원으로 일정한 지위가 있는 시민이라는 관점에서 본다면, 노인은 인권, 즉 자유권은 물론이고 사회권을 가진 시민임. 그리고 노인의 특징으로 차별받지 않을 권리가 있음.
- 선배 시민은 자신을 사회적 관계와 공동체 속에서 규정하고, 더 나은 공동체를 상상하고 실천하는 존재임. 그리고 돌봄의 대상이 아니라 국가에 사회권을 요구하고 이를 위해 조직하는 시민임. 따라서 선배 시민은 잔여주의 복지가 아니라 제도주의 복지를 위해 학습하고, 토론하고, 실천하는 시민임.
- 이런 맥락에서 선배 시민은 후배 시민인 청년들과 소통함. 즉 양자가 시민이라는 공통의 정체성을 공유하면서 시민의 권리와 의무를 이야기한다면 공감대가 만들어질 수 있고 세대는 하나의 차이가 될 수 있음.

1. 다음 중 갈등에 대한 설명으로 거리가 먼 것은?

   ① 갈등은 나쁜 것이다.
   ② 갈등은 좋은 것도 나쁜 것도 아니다.
   ③ 갈등은 창조적인 것도 파괴적인 것도 될 수 있다.
   ④ 갈등을 소멸하기보다 관리해야 한다.

   정답 ①
   해설 갈등은 나쁜 것이 될 수도 있지만 어떻게 관리되는가에 따라 에너지가 될 수
   있다.

2. 다음 중 세대에 대한 설명으로 타당한 것은?

   ① 세대는 세대주의로 귀결된다.
   ② 세대 그 자체는 문제가 되지 않는다. 이것이 어떻게 관리될지에 따라 문
   제가 될 수 있다.
   ③ 세대 문제와 계급 문제를 항상 분리해서 보아야 한다.
   ④ 노인은 반드시 청년과 이해관계가 대립적이다.

   정답 ②
   해설 세대주의로 갈지에 대해서는 세대 정치에 따라 달라질 수 있다. 세대 갈등은
   계급 문제와 깊이 연관되어 있다.

3. 다음 중 갈등의 경로에 대한 설명으로 거리가 먼 것은?

   ① 세대 갈등은 혐오와 배제로 귀결되어 전쟁으로 갈 수도 있다.
   ② 세대 갈등은 차이와 공존으로 귀결되어 관리가 될 수도 있다.
   ③ 세대 갈등의 이면에는 언론, 기업, 정치권이 있을 수 있다.
   ④ 세대 갈등의 이면에는 생물학적인 차이가 결정적이다.

   정답 ④
   해설 세대 갈등에서 생물학적인 차이는 하나의 요인일 수 있다.

4. 다음 중 문제 제기식 대화와 거리가 먼 것은?

① 모든 것을 아는 사람도 없고 아무것도 모르는 사람도 없다.

② 상대를 보고 놀랄 준비를 해야 한다.

③ 진리는 무조건적으로 주입해야 한다.

④ 토론하는 동료를 만날 수 있다.

정답 ③

해설 문제 제기식 대화는 상대와 나의 진리를 동의하지는 않을지라도 각각 인정하면서 차이 속에서 공감대를 만들어 가는 것이다.

5. 다음 중 선배 시민의 소통과 관련하여 거리가 먼 것은?

① 선배 시민은 사회권과 깊이 연관되어 있다.

② 선배는 권위주의적이기 때문에 선배 시민은 권위주의적인 노인의 모습을 보여 준다.

③ 선배 시민은 후배 시민과 짝을 이루며 양자는 시민이라는 공통성을 갖는다.

④ 선배 시민의 실천은 공동체의 변화를 위한 실천으로 귀결된다.

정답 ②

해설 선배 시민에서 선배는 코호트적인 생물학적 나이와 연관성이 있다. 즉, 권위주의적인 특성과 거리가 멀다.